Das urheberrechtliche Entstellungsverbot im Umgang mit Originalwerken der bildenden Kunst

Schriftenreihe zum Urheber- und Kunstrecht

Herausgegeben von Thomas Hoeren

Band 12

PL ACADEMIC RESEARCH

Donata von Gruben

Das urheberrechtliche Entstellungsverbot im Umgang mit Originalwerken der bildenden Kunst

Unter besonderer Berücksichtigung der Eigenarten zeitgenössischer Kunst

PL ACADEMIC RESEARCH

Bibliografische Information der Deutschen Nationalbibliothek
Die Deutsche Nationalbibliothek verzeichnet diese Publikation in der Deutschen Nationalbibliografie; detaillierte bibliografische Daten sind im Internet über http://dnb.d-nb.de abrufbar.

Zugl.: Münster (Westfalen), Univ., Diss., 2012

Erster Berichterstatter: Prof. Dr. Thomas Hoeren
Zweiter Berichterstatter: Prof. Dr. Thomas Klicka
Dekan: Prof. Dr. Thomas Hoeren
Tag der mündlichen Prüfung: 9. Oktober 2012

D 6
ISSN 1860-076X
ISBN 978-3-631-64491-1 (Print)
E-ISBN 978-3-653-03336-6 (E-Book)
DOI 10.3726/978-3-653-03336-6

PL Academic Research ist ein Imprint der Peter Lang GmbH.

Peter Lang – Frankfurt am Main · Bern · Bruxelles · New York · Oxford · Warszawa · Wien

www.peterlang.de

Vorwort der Verfasserin

Die vorliegende Dissertation wurde im Mai 2012 bei der Rechtswissenschaftlichen Fakultät der Westfälischen Wilhelms-Universität Münster eingereicht. Literatur und Rechtsprechung wurden bis einschließlich April 2012 berücksichtigt.

Sehr herzlich danken möchte ich – auch wenn er Danksagungen dieser Art nicht liebt – meinem „Doktorvater" Prof. Dr. Thomas Hoeren, der meine Arbeit betreute und mir dabei allergrößte Freiheiten einräumte. Mein Dank gilt weiter Prof. Dr. Thomas Klicka für die zügige Erstellung des Zweitgutachtens sowie Prof. Dr. Peter Raue für seine wertvollen Anregungen zum Thema meiner Arbeit. Außerdem bedanke ich mich bei meinen Eltern für ihre immerwährende Unterstützung all meiner Vorhaben.

Inhaltsverzeichnis

Literaturverzeichnis

art Das Kunstmagazin: Nach geglückter Operation bleiben Narben, in: art Das Kunstmagazin 3/2002, S. 132, zitiert: Nach geglückter Operation bleiben Narben, in: art Das Kunstmagazin 3/2002.

Bahtsetzis, Sotirios: Geschichte der Installation; Situative Erfahrungsgestaltung in der Kunst der Moderne, Berlin 2006.

Barta, Janusz / *Markiewicz*, Ryszard: Urheberrechtliche Fragen der Restaurierung von Baudenkmälern, GRUR Int. 1986, 705 ff.

Barthes, Roland: Der Tod des Autors, in: Texte zur Theorie der Autorschaft, Fotis Jannidis / Gerhard Lauer / Matias Martinez / Simone Winko (Hrsg.) Stuttgart 2000, S. 185–193, zitiert: Barthes, in: Texte zur Theorie der Autorschaft.

Bastian, Heiner: Der Gefangene von Moyland, in: Welt am Sonntag vom 16.08.2009, abrufbar unter http://www.welt.de/die-welt/kultur/literatur/article4330209/Der-Gefangene-von-Moyland.html, zuletzt aufgerufen am 05.03.2012, zitiert: Bastian, in: Welt am Sonntag vom 16.08.2009.

Beater, Axel: Verbreitungsrecht des Urhebers und aufgedrängte Kunst – Der Streit über Graffiti-Bemalungen der Berliner Mauer, UFITA 127 (1995), 61 ff.

Beck'scher Online-Kommentar BGB, Heinz Georg Bamberger / Herbert Roth (Hrsg.) Edition 22, München 2012.

Beck'sches Rechtsanwalts-Handbuch, Hans-Ulrich Büchting / Benno Heussen (Hrsg.),10. Auflage, München 2011.

Benjamin, Walter: Das Kunstwerk im Zeitalter seiner technischen Reproduzierbarkeit, Stuttgart 2011.

Berg, Stefan: Giftige Schriftsätze, in: DER SPIEGEL 52/2010, S. 34 ff., zitiert: Berg, in: DER SPIEGEL 52/2010.

Bernstein, Roberta: Jasper Johns und Marcel Duchamp, in: Übrigens sterben immer die anderen – Marcel Duchamp und die Avantgarde seit 1950, Alfred M. Fischer / Dieter Daniels (Hrsg.), Ausstellungskatalog Museum Ludwig, Köln 1988, S. 143–160, zitiert: Bernstein, in: Fischer/Daniels.

Beunen, Annemarie: Moral Rights in Modern Art: An International Survey, in: Modern Art: Who Cares?, Ijsbrand Hummelen / Dionne Sillé (Hrsg.), Amsterdam 1999, zitiert: Beunen, in: Hummelen/Sille.

Beuys, Eva / *Beuys*, Wenzel / *Beuys*, Jessyka: Joseph Beuys, Block Beuys, München 1990, zitiert: Eva Beuys u. a.

Bindhardt, Walter: Erweiterung und Veränderung des Bauwerks und Urheberrecht des Architekten, BauR 1989, 412 ff.

Bischoff, Ulrich: Über das Ausstellen von Kunst in: Zeitgenössische Kunst und Kunstwissenschaft. Zur Aktualisierung ihres Verhältnisses, Holger Birkholz / Mathias Butte / Martina Dlugaiczyk / Jörg Meissner / Thomas Niemeyer / Janine Roloff (Hrsg.), Weimar 1995, S. 54 ff., zitiert: Bischoff, in: Zeitgenössische Kunst und Kunstwissenschaft.

Blomberg, Katja: Wie Kunstwerte entstehen, Das Geschäft mit der Kunst, 3. Auflage, Hamburg 2008.

Boch, Gaby: Kunststreit; Schokolade Jahrgang 1964 gesucht, in: NRZ, 11.02.2009, abrufbar unter http://www.derwesten.de/nrz/nrz-info/schokolade-jahrgang-1964-gesucht-id753130.html, zuletzt aufgerufen am 09.02.2013, zitiert: Boch, in: NRZ vom 11.02.2009.

Braun, Johann: Kunstprozesse von Menzel bis Beuys, 18 Fälle aus dem Privatrecht, 2. Auflage, München 2009.

Briegleb, Till: Glühbirnen in Museen; Dealer gesucht, in: Sueddeutsche.de vom 24.07.2009, abrufbar unter http://www.sueddeutsche.de/kultur/gluehbirnen-in-museen-dealer-gesucht-1.157587, zuletzt aufgerufen am 05.03.2012, zitiert: Briegleb, in: Sueddeutsche.de vom 24.07.2009.

Bullinger, Winfried: Kunstwerkfälschung und Urheberpersönlichkeitsrecht: der Schutz des bildenden Künstlers gegenüber der Fälschung seiner Werke, Berlin 1998.

Czernik, Ilja: Die Collage in der urheberrechtlichen Auseinandersetzung zwischen Kunstfreiheit und Schutz des geistigen Eigentums, Berlin 2008.

Dahlem, Franz: Kein Bestandteil der Beuys-Installation, in: F.A.Z. vom 12.12.2006 Nr. 289, S. 10, zitiert: Dahlem, in: F.A.Z. vom 12.12.2006 Nr. 289, S. 10.

Danicke, Sandra: Block Beuys; Hessisches Landesmuseum; „Beuys wird durch die chemische Reinigung gejagt“, in: art Das Kunstmagazin vom 23.04.2008, abrufbar unter http://www.art-magazin.de/szene/5856.html, zuletzt aufgerufen am 05.03.2012, zitiert: Danicke, in: art Das Kunstmagazin vom 23.04.2008.

Dies.: Die Rettung der Kartoffelchips, in: art Das Kunstmagazin 11/2011, S. 84–88, zitiert: Danicke, in: art Das Kunstmagazin 11/2011.

Dies.: Kunst interessiert keine Sau…, Stuttgart 2011, zitiert: Danicke.

Dies.: Kommentar, in: art 03/2009, S. 107, zitiert: Danicke, in: art 03/2009, S. 107.

Dies.: Mauerkunst Berlin; Kunst unter Wasserdampf, in: art Das Kunstmagazin vom 07.04.2009, abrufbar unter http://www.art-magazin.de/szene/17235/mauerkunst_berlin, zuletzt aufgerufen am 05.03.2012, zitiert: Danicke, in: art Das Kunstmagazin vom 07.04.2009.

Daniels, Dieter: Kleine Objekt-Geschichte des Flaschentrockners, in: Übrigens sterben immer die anderen – Marcel Duchamp und die Avantgarde seit 1950, Alfred M. Fischer / Dieter Daniels (Hrsg.), Ausstellungskatalog Museum Ludwig, Köln 1988, S. 73 ff., zitiert: Daniels, Kleine Objektgeschichte, in: Fischer/Daniels

Ders.: „Der Fortschritt ist nur eine enorme Anmaßung unsererseits" – Aus Interviews mit Marcel Duchamp, in: Übrigens sterben immer die anderen – Marcel Duchamp und die Avantgarde seit 1950, Alfred M. Fischer / Dieter Daniels (Hrsg.) Ausstellungskatalog Museum Ludwig, Köln 1988, S. 95 ff., zitiert Daniels, Interview, in: Fischer/Daniels.

DER SPIEGEL: Blamage für Berlin, in: DER SPIEGEL 29/2011, S. 16, zitiert: Blamage für Berlin, in: DER SPIEGEL 29/2011.

DER SPIEGEL: Das Schicksal sieht uns an, in: DER SPIEGEL 42/1995, S. 240 ff., zitiert: Das Schicksal sieht uns an, in: DER SPIEGEL 42/1995.

DER SPIEGEL: Der zweimalige Schöpfungsakt des Joseph Beuys, in: DER SPIEGEL 15/1977, S. 198 ff., zitiert: Der zweimalige Schöpfungsakt des Joseph Beuys, in: DER SPIEGEL 15/1977.

DER SPIEGEL: Rasierter Kaktus, in: DER SPIEGEL 12/1975, S. 162 ff., zitiert: Rasierter Kaktus, in: DER SPIEGEL 12/1975.

DER SPIEGEL: Schlemmer unter Laken, in: DER SPIEGEL 43/1995, S. 254, zitiert: Schlemmer unter Laken, in: DER SPIEGEL 43/1995.

Der Tagesspiegel: Kunstvandalin in Nervenklinik, in: Der Tagesspiegel vom 25.09.2004, abrufbar unter http://www.tagesspiegel.de/berlin/kunstvandalin-in-nervenklinik/549910.html, zuletzt aufgerufen am 19.03.2012.

von Detten, Urban: Kunstausstellung und das Urheberpersönlichkeitsrecht des bildenden Künstlers, Frankfurt am Main 2010.

Deutsch, Erwin: Allgemeines Haftungsrecht, 2. Auflage, Köln, Berlin, Bonn, München 1996

De Wit, Mariska J.: Law and Visual Arts; An Introduction to the legal issues related to the visual arts, in: Law and Policy Review, Volume 1, Issue 2, December 2010, S. 139, zitiert: De Wit, in: Law and Policy Review, Vol. 1, Issue 2, December 2010.

Dietz, Adolf: Das Droit Moral des Urhebers im neuen französischen und deutschen Urheberrecht, München 1968, zitiert: Dietz

Dietz, Claire: Der Werkintegritätsschutz im deutschen und US-amerikanischen Recht, Berlin 2009, zitiert: Dietz, Werkintegritätsschutz.

Dönch, Julia: Anmerkung zum Urteil des OLG Köln: Entstellen einer Skulptur durch Standort- und Formationsveränderung – „Pferdeskulptur", GRUR-Prax 2009, 62.

Dorment, Richard: Anish Kapoor at the Royal Academy, review, in: The Telegraph vom 21.09.2009, abrufbar unter http://www.telegraph.co.uk/culture/culturecritics/richarddorment/6215818/Anish-Kapoor-at-the-Royal-Academy-review.html, zuletzt aufgerufen am 26.03.2012, zitiert: Dorment, in: The Telegraph vom 21.09.2009.

Dreier, Thomas: Copyright Aspects of the Preservation of Nonpermanent Works of Modern Art, in: Mortality Immortality?: The legacy of 20th-century art, Miguel Angel Corzo (Hrsg), Getty Conservation Institute, Los Angeles 1999, zitiert: Dreier, in: Corzo.

Ders.: Urheberpersönlichkeitsrecht und die Restaurierung von Werken der Architektur und der bildenden Kunst, in: Aktuelle Herausforderungen des geistigen Eigentums, Festgabe von Freunden und Mitarbeitern für F.-K. Beier zum 70. Geburtstag, Joseph Straus (Hrsg.), Köln u. a. 1996, S. 365–378, zitiert: Dreier, in: FS Beier.

Ders.: Restoration and Moral Rights of the Artist under Comparative Law, in: La restauration des objets d'art/the restoration of works of art, Quentin Byrne-Sutton / Marc-André Renold / Beatrice Rötheli-Mariotti (Hrsg.), Zürich 1994, S. 101–107, zitiert: Dreier, in: Byrne-Sutton/Renold/Rötheli-Mariotti.

Dreier, Thomas / *Schulze*, Gernot: Urheberrechtsgesetz, Urheberrechtswahrnehmungsgesetz, Kunsturhebergesetz, Kommentar, 3. Auflage, München 2008, zitiert: Bearbeiter, in: Dreier/Schulze.

Dreyer, Gunda / *Kotthoff*, Jost / *Meckel*, Astrid: Heidelberger Kommentar zum Urheberrecht, 1. Auflage, Heidelberg 2004, zitiert: Bearbeiter, in: Dreyer/Kotthoff/Meckel.

Eberl, Wolfgang / *Martin*, Dieter / *Petzet*, Michael: Bayerisches Denkmalschutzgesetz, Kommentar; Unter besonderer Berücksichtigung finanz- und steuerrechtlicher Aspekte, 6. Auflage, Stuttgart 2007, zitiert: Bearbeiter, in: Eberl/Martin/Petzet.

Eco, Umberto: Das offene Kunstwerk, Frankfurt am Main 1973.

Elmenhorst, Lucas / *Gräfin von Brühl*, Friederike: Wie es Euch gefällt? Vom Antagonismus zwischen Urheberrecht und Eigentümerinteressen, GRUR 2012, 126 ff.

Erdmann, Willi: Benachteiligt das geltende Ausstellungsrecht den Künstler?, GRUR 2011, 1061 ff.

Ders.: Sacheigentum und Urheberrecht, in: Festschrift für Henning Piper zum 65. Geburtstag, Willi Erdmann / Wolfgang Gloy / Rolf Herber (Hrsg.), München 1996, S. 655–677, zitiert: Erdmann, in: FS Piper.

Fierdag, Hanno: Die Aleatorik in der Kunst und das Urheberrecht unter besonderer Berücksichtigung der Computer generated works, Berlin 2005.

Flatau, Sabine: Nach der Sanierung; East-Side-Gallery, Künstler verklagen Berlin, in: Berliner Morgenpost vom 03.05.2011, abrufbar unter http://mobil.morgenpost.de/kultur/article1627003/East-Side-Gallery-Kuenstler-verklagen-Berlin.html, zuletzt aufgerufen am 02.03.2012, zitiert: Flatau, in: Berliner Morgenpost vom 03.05.2011.

Foundation for the Conservation of Modern Art, Netherlands Institute for Cultural Heritage: The Decision-Making Model for the Conservation and Restoration of Modern and Contemporary Art, Amsterdam 1999, zitiert: Decision-Making Model.

Frankfurter Rundschau: Museum Schloss Moyland: Beuys-Witwe fordert Werke zurück, in: Frankfurter Rundschau vom 15.01.2009, abrufbar unter http://www.fr-online.de/kultur/beuys-witwe-fordert-werke-zurueck/-/1472786/3269278/-/index.html, zuletzt aufgerufen am 05.03.2012, zitiert: Museum Schloss Moyland: Beuys-Witwe fordert Werke zurück, in: Frankfurter Rundschau vom 15.01.2009.

Frasco, Lizzie: The Contingency of Conservation: Changing Methodology and Theoretical Issues in Conserving Ephemeral Contemporary Artworks with Special Reference to Installation Art, University of Pennsylvania 2009.

Fromm, Friedrich Karl / *Nordemann,* Wilhelm: Urheberrecht, Kommentar zum Urheberrechtsgesetz, zum Verlagsgesetz und zum Urheberrechtswahrnehmungsgesetz, 10. Auflage, Stuttgart 2008, zitiert: Bearbeiter, in: Fromm/Nordemann.

Fritz, Elisabeth: „To remove the work is to destroy the work", Kunsttexte.de, 01/2009, abrufbar unter http://edoc.hu-berlin.de/kunsttexte/2009-1/fritz-elisabeth-5/PDF/fritz.pdf, zuletzt aufgerufen am 02.03.2012, zitiert: Fritz, „To remove the work is to destroy the work".

Freiherr von Gamm, Otto-Friedrich: Urheberrechtsgesetz, Kommentar, München 1968, zitiert: v. Gamm.

Geimer, Peter: Das gefälschte Denkmal, in: F.A.Z. vom 01.12.2009 Nr. 279, S. 34.

Gerhardt, Rudolf: Gehört das Ambiente auch zum Kunstwerk, in: DIE ZEIT vom 31.07.1987 Nr. 32, S. 21, zitiert: Gerhardt, in: DIE ZEIT vom 31.07.1987 Nr. 32.

Gerstenberg, Eckehardt: Die Urheberrechte an Werken der Kunst, der Architektur und der Photographie, München 1968.

Göbel, Malte: East Side Gallery Berlin; Schluss mit Bruderkuss, in: SPIEGEL ONLINE vom 27.03.2009, abrufbar unter http://www.spiegel.de/kultur/gesellschaft/0,1518,615616,00.html, zuletzt aufgerufen am 05.03.2012, zitiert: Göbel, in: SPIEGEL ONLINE vom 27.03.2009.

Gorkow, Alexander: „Ich war ein Idiot", Interview mit Sylvester Stallone, in: sueddeutsche.de vom 19.01.2007, abrufbar unter http://www.sueddeutsche.

de/kultur/interview-mit-sylvester-stallone-ich-war-ein-idiot-1.417300, zuletzt abgerufen am 02.03.2012, zitiert: Gorkow, in: süddeutsche.de vom 19.01.2007.

Grabes, Herbert: Einführung in die Literatur und Kunst der Moderne und Postmoderne: Die Ästhetik des Fremden, Stuttgart 2004.

Gries, Reinhold: Weiße Wände verändern den Werkcharakter, in: op-online.de vom 22.01.2009, abrufbar unter http://www.op-online.de/nachrichten/kultur/weisse-waende-veraendern-werkcharakter-61802.html, zuletzt aufgerufen am 05.03.2012, zitiert: Gries, in: op-online.de vom 22.01.2009.

Grimm, Dieter: Die Meinungsfreiheit in der Rechtsprechung des Bundesverfassungsgerichts, NJW 1995, 1697–1705.

Grob, Rose-Maria: Hirsts Hai; Unfrischer Fisch, in: F.A.Z. vom 30. Juni 2006, abrufbar unter http://www.faz.net/artikel/C30997/hirsts-hai-unfrischer-fisch-30073226.html, zuletzt aufgerufen am 05.03.2012, zitiert: Grob, in: F.A.Z. vom 30. Juni 2006.

Grohmann, Hans: Das Recht des Urhebers, Entstellungen und Änderungen seines Werkes zu verhindern, Erlangen 1971.

Haas, Daniel: Verstehen Sie Haas? Ich glaub, mein Haifisch schimmelt, in: SPIEGEL ONLINE vom 29.06.2006, abrufbar unter http://www.spiegel.de/kultur/gesellschaft/0,1518,424168,00.html, zuletzt aufgerufen am 05.03.2012, zitiert: Haas, in: SPIEGEL ONLINE vom 29.06.2006.

Hamann, Wolfram: Der urheberrechtliche Originalbegriff der bildenden Kunst unter besonderer Berücksichtigung grafischer Vervielfältigungsarten, Frankfurt am Main 1980.

Ders.: Urheberrechtsprobleme um Beuys-Badewanne, FuR 1976, S. 166 f.

Häret, Daniel Philipp: Der Einfluss des Urheberrechts auf die Restaurierung von Werken der bildenden Künste, DS 2008, 169 ff.

Hegemann, Jan: Der Schutz des bildenden Künstlers vor Entstellung und sonstigen Beeinträchtigungen seines Werkes durch direkte und indirekte Eingriffe, in: Festschrift für Paul W. Hertin zum 60. Geburtstag, Christian Schertz / Hermann-Josef Omsels (Hrsg.), München 2000, S. 87–111, zitiert: Hegemann, in: FS Hertin.

Hoch, Jenny: Anish Kapoor in München; Blutrote Apokalypse auf Schienen, in: SPIEGEL ONLINE vom 18.10.2007, abrufbar unter http://www.spiegel.de/kultur/gesellschaft/0,1518,512150,00.html, zuletzt aufgerufen am 16.03.2012, zitiert: Hoch, in SPIEGEL ONLINE vom 18.10.2007.

Hoffmann, Justin: Destruktionskunst; Der Mythos der Zerstörung in der Kunst der frühen sechziger Jahre, München 1995.

Hohmeyer, Jürgen: Beuys-Deutung; Gelächter, in: DER SPIEGEL 14/1997, S. 192, zitiert: Hohmeyer, in: DER SPIEGEL 14/1997.

Honscheck, Sebastian: Der Schutz des Urhebers vor Änderungen und Entstellungen durch den Eigentümer, GRUR 2007, 944–950.
Hubmann, Heinrich: Das Recht des schöpferischen Geistes, Eine philosophisch-juristische Betrachtung der Urheberrechtsreform, Berlin 1954.
Huttenlauch, Anna Blume: Appropriation Art – Kunst an den Grenzen des Urheberrechts, Baden-Baden 2010.
Dies.: Weiße Wände für den „Block Beuys"? Fetisch Gesamtkunstwerk, in: Artnet.de vom 08.05.2008, abrufbar unter http://www.artnet.de/magazine/weisse-wande-fur-den-block-beuys/, zuletzt aufgerufen am 05.03.2012, zitiert: Huttenlauch, in: Artnet.de vom 08.05.2008.
Janis, Katrin: Was darf ich, was darf ich nicht, was soll ich tun? Konservierung und Restaurierung im Wandel der Zeit, in: Die Kunst zu bewahren; Restaurierung in den preußischen Schlössern und Gärten, Jahrbuch, Band 8, Stiftung Preussische Schlösser und Gärten Berlin-Brandenburg (Hrsg.), Berlin 2006, zitiert: Janis, in: Die Kunst zu bewahren.
Dies.: Restaurierungsethik im Kontext von Wissenschaft und Praxis, München 2005, zitiert: Janis.
Jänecke, Alexander: Das urheberrechtliche Zerstörungsverbot gegenüber dem Sacheigentümer, Berlin u. a. 2003.
Jauernig, Othmar: Bürgerliches Gesetzbuch mit Allgemeinem Gleichbehandlungsgesetz, Kommentar, 14. Auflage, München 2011.
Karavan, Dani: Ma'alot, Köln 1986.
Kegel, Sandra: Kunstversicherungen; Blut, Schweiß und Tränen, Schokolade, ein Haifisch oder Elefantenhaar, in: F.A.Z. vom 14.06.2005, zitiert: Kegel, in: F.A.Z. vom 14.06.2005.
Kehrli, Thomy: Der urheberrechtliche Werkbegriff im Bereich der bildenden Kunst, Bern 1989.
Keinath, Felix: Die Ausleihe von Kunstwerken, in: Handbuch Kunst und Recht, Thomas Hoeren / Bernd Holznagel / Thomas Ernstschneider (Hrsg.), Frankfurt am Main 2008, S. 299 ff., zitiert: Keinath, in: Hoeren/Holznagel/Ernstschneider.
Kirchberg, Volker: Die McDonaldisierung deutscher Museen. Zur Diskussion einer Kultur- und Freizeitwelt in der Postmoderne, in: Tourismus Journal 1/2000, S. 117–144.
Kost, Sabine: To Destroy is to Create – To Create is to Order; Zerstörung als kreative Gestaltungsmethode, Stuttgart 2009.
Krause, Till: Jeder Mensch ist ein Künstler, in: F.A.Z. vom 11.07.2009 Nr. 158, S. 33, zitiert: Krause, in: F.A.Z. vom 11.07.2009 Nr. 158.
Kunstsammlung zu Weimar (Hrsg.): Der Weimarer Bilderstreit, Szenen einer Ausstellung, Weimar 2000, zitiert: Der Weimarer Bilderstreit.

Langer, Michael: Innovation und Kunstqualität, Worms 1998.

Lehr, Dirk: Das textile Rechtsschutzgefälle – Über die rechtliche Ungleichbehandlung bemalter beziehungsweise bedruckter Stoffe, GRUR 1999, 403 ff.

von der Leyen, Katharina: Du siehst, was Du isst, in: Welt Online vom 08.07.2001, abrufbar unter http://www.welt.de/print-wams/article613291/Du_siehst_was_Du_isst.html, zuletzt aufgerufen am 05.03.2012, zitiert: von der Leyen, in: Welt Online vom 08.07.2001.

Locher, Horst: Aktuelle Fragen aus dem Recht der bildenden Kunst, Köln 1981.

Ders.: Das Recht in der bildenden Kunst, München 1970.

Loewenheim, Ulrich: Handbuch des Urheberrechts, 2. Auflage, München 2010.

Loschelder, Michael: Die rechtliche Beziehung des Kunstwerks zu seiner Umgebung – am Beispiel des „Beuys – Blocks" in Krefeld, in: Schutz von Kreativität und Wettbewerb, Festschrift für Ulrich Loewenheim zum 75. Geburtstag, Reto M. Hilty / Josef Drexl / Wilhelm Nordemann (Hrsg.), München 2009, S. 193–203, zitiert: Loschelder, in: FS Loewenheim.

Ders.: Vervielfältigung oder Bearbeitung? Zum Verhältnis des § 16 UrhG zu § 23 UrhG, GRUR 2011, 1078–1083.

Lynen, Peter Michael: Kunst im Recht, Erläuterungen zum Spannungsfeld von Kunst, Recht und Verwaltung, Düsseldorf 1994.

Maak, Niklas: Der Kunstbunker von Berlin, in: F.A.Z. vom 19.04.2008 Nr. 92, S. 37, zitiert: Maak, in: F.A.Z. vom 19.04.2008 Nr. 92, S. 37.

Ders.: Die Beuys-Bombe, in: F.A.Z. vom 17.01.2009, Nr. 14, S. 31, zitiert: Maak, in: F.A.Z. vom 17.01.2009.

Malaka, Stephan: Die Aktualisierung der Alchemie im Werk von Joseph Beuys – Der Beuys-Block als Manifestation eines okkultistisch geprägten Weltbildes, Braunschweig 2008, abrufbar unter http://opus.hbk-bs.de/files/18/Dissertation.pdf, zuletzt aufgerufen am 05.03.2012.

Mandel, Birgit: Kontemplativer Musentempel, Bildungsstätte und populäres Entertainment-Center. Ansprüche an das Museum und (neue) Strategien der Museumsvermittlung, in: Museen neu denken Perspektiven der Kulturvermittlung und Zielgruppenarbeit, Hartmut John / Anja Dauschek (Hrsg.), Bielefeld 2008, zitiert: Mandel, in: John/Dauschek.

Martin, Dieter J. / *Krautzberger*, Michael: Handbuch Denkmalschutz und Denkmalpflege, 3. Auflage, München 2010, zitiert: Bearbeiter, in: Martin/Krautzberger.

Mead, Rebecca: Onward and upward with the Arts; The Art Doctor, in: The New Yorker vom 11.05.2009, S. 58, zitiert: Mead, in: The New Yorker vom 11.05.2009.

Millet, Catherine: Zeitgenössische Kunst, Bergisch Gladbach 2001.

Moench, Christoph: Die Entwicklung des Denkmalschutzrechts, NvWZ 1988, 304.

Möhring, Philipp / *Nicolini*, Käte: Urheberrechtsgesetz, Kommentar, 2. Auflage, München 2000, zitiert: Bearbeiter, in: Möhring/Nicolini.

Movsessian, Vera: Darf man Kunstwerke vernichten?, UFITA 95 (1983), 77–90.

Münchener Kommentar zum Bürgerlichen Gesetzbuch, Band 1, 6. Auflage 2012, München 2012, zitiert: Bearbeiter, in: MüKo zum BGB.

Münchener Kommentar zum Bürgerlichen Gesetzbuch, Band 5, 5. Auflage 2009, München 2009, zitiert: Bearbeiter, in: MüKo zum BGB.

Nemeczek, Alfred: Auch Rita Süssmuth soll es nicht „Gräberfeld" nennen, in: art 10/1996, S. 154–155, zitiert: Nemeczek, in art 10/1996.

Obergfell, Eva Inés: Entstellungsschutz post mortem? – Der Urheberrechtsfall „Stuttgart 21", GRUR-Prax 2010, 233 ff.

Otterbeck, Barbara: How Durable Is Video Art?, in: Modern Art: Who Cares?, Ijsbrand Hummelen / Dionne Sillé (Hrsg.), S. 301–304, zitiert: Otterbeck, in: Hummelen/Sillé.

Peine, Sibylle: Dem Schimmelpilz beim Wachsen zusehen, in: Welt Online vom 21.06.2003, abrufbar unter http://www.welt.de/print-welt/article241565/Dem_Schimmelpilz_beim_Wachsen_zusehen.html, zuletzt aufgerufen am 05.03.2012, zitiert: Peine, in: Welt Online vom 21.06.2003.

Petersdorff, Marc: „Ruhender Verkehr", das Betonauto auf dem Kölner Hohenzollernring, abrufbar unter http://www.kritische-ausgabe.de/artikel/»ruhender-verkehr« zuletzt abgerufen am 02.03.2012.

Pickshaus, Peter Moritz, Kunstzerstörer, Berlin 1995.

Pletl, Steffen / *Flatau*, Sabine: Tiefgarage am Bebelplatz eröffnet – Ersatz für Parkplätze vor der Lindenoper, in: Welt Online vom 26.11.2004, abrufbar unter http://www.welt.de/print-welt/article354852/Tiefgarage_am_Bebelplatz_oeffnet_Ersatz_fuer_Parkplaetze_vor_der_Lindenoper.html, zuletzt abgerufen am 05.03.2012, zitiert Pletl/Flatau, in: Welt Online vom 26.11.2004.

Potthast, Susanne / *Schmidt*, Kerstin: Kunst am Bau – Kunst im öffentlichen Raum, in: Ortsspezifische Kunst, Beispiele aus der Praxis, Johanna Staniczek (Hrsg.), S. 11 ff., Norderstedt 2005, zitiert: Potthast/Schmidt, in: Ortsspezifische Kunst.

Rau, Gerhard: Antikunst und Urheberrecht, Überlegungen zum urheberrechtlichen Werkbegriff, Berlin 1978.

Raue, Peter: Eva & Adele – der Mensch als „Werk" im Sinne des Urheberrechts, in: in: Festschrift für Paul W. Hertin zum 60. Geburtstag, Christian Schertz / Hermann-Josef Omsels (Hrsg.), München 2000, S. 197–211, zitiert: Raue, in: FS Hertin.

Rauterberg, Hanno: Maurizio Cattelan; Alles soll so sein als wäre er schon gestorben, in: Zeit Online vom 07.11.2011, abrufbar unter http://www.zeit.de/2011/45/Kuenstler-Cattelan, zuletzt aufgerufen am 05.03.2012, zitiert: Rauterberg, in: Zeit Online vom 07.11.2011.

Reynolds, Nigel: Hirst's pickled shark is rotting and needs to be replaced. Should it still be worth £6.5m?, in: The Telegraph vom 28.06.2006, abrufbar unter http://www.telegraph.co.uk/news/uknews/1522516/Hirsts-pickled-shark-is-rotting-and-needs-to-be-replaced.-Should-it-still-be-worth-6.5m.html, zuletzt aufgerufen am 19.03.2012, zitiert: Rynolds, in: The Telegraph vom 28.06.2006.

Richter, Hans: Dada – Kunst und Antikunst, der Beitrag Dadas zur Kunst des 20. Jahrhunderts, Köln 1964.

Rinken, Marina: Das Urheberrecht an der Schnittstelle zum Eigentumsschutz – insbesondere die Veränderung von Kunstwerken, in: Handbuch Kunst und Recht, Thomas Hoeren / Bernd Holznagel / Thomas Ernstschneider (Hrsg.), Frankfurt am Main 2008, S. 63 ff. zitiert: Rinken, in: Hoeren/Holznagel/Ernstschneider.

Samson, Benvenuto: Bemerkungen zu einigen Vorschriften des Urheberrechtsgesetzes, UFITA 50 (1967), 491–501.

Schack, Haimo: Ausstellungsrecht und Ausstellungsvergütung, ZUM 2008, 817–821.

Ders.: Buchkritik zu Urban von Detten: Kunstausstellung und das Urheberpersönlichkeitsrecht des bildenden Künstlers, in: ZGE 3, Band 2 2010, S. 355–359.

Ders.: Das Persönlichkeitsrecht der Urheber und ausübenden Künstler nach dem Tode, GRUR 1985, 352 ff.

Ders.: Geistiges Eigentum contra Sacheigentum, GRUR 1983, 56 ff.

Ders.: Kunst und Recht, Bildende Kunst, Architektur, Design und Fotografie im deutschen und internationalen Recht, 2. Auflage, Tübingen 2009, zitiert: Schack.

Ders.: Restaurierung und Urheberrecht, in: Russland im Kontext der internationalen Entwicklung: Internationales Privatrecht, Kulturgüterschutz, geistiges Eigentum, Rechtsvereinheitlichung, Festschrift für Mark Moiseevic Boguslavskij, Alexander Trunk / Rolf Knieper / Andrej G Svetlanov (Hrsg.), Berlin 2004, S. 433–422, zitiert: Schack, in: FS Boguslavskij.

Ders.: Urheber- und Urhebervertragsrecht, 5. Auflage, Tübingen 2010, zitiert: Schack, UrhG.

Schilcher, Theresia: Der Schutz des Urhebers gegen Werkentstellungen, München1988.

Schmelz, Christoph: Die Werkzerstörung als ein Fall des § 11 UrhG, GRUR 2007, 565 ff.

Schneider, Helmut: Hajek contra ADAC: Darf man mit Kunst wie mit Wegwerfware umgehen? Verändern verboten, vernichten erlaubt, in: DIE ZEIT vom 23.07.1982 Nr. 30, abrufbar unter http://www.zeit.de/1982/30/veraendern-verboten-vernichten-erlaubt, zuletzt aufgerufen am 02.03.2012., zitiert: Schneider, in: DIE ZEIT vom 23.07.1982 Nr. 30.

von Schoenebeck, Astrid: Moderne Kunst und Urheberrecht, Die urheberrechtliche Schutzfähigkeit von Werken der modernen Kunst, Berlin 2003.

Schöfer, Nicola: Die Rechtsverhältnisse zwischen dem Urheber eines Werkes der bildenden Kunst und dem Eigentümer des Originalwerkes, München 1984.

Schricker, Gerhard / *Löwenheim*, Ulrich: Urheberrecht, Kommentar, 4. Auflage, München 2010, zitiert: Bearbeiter, in: Schricker/Löwenheim.

Schuster, Peter-Klaus: Nationalsozialismus und „Entartete Kunst". Die „Kunststadt" München 1937, 5. Auflage, München 1998.

Schweighöfe, Kerstin: Der Streit um den „Geliebten Invaliden" des Stadelijk geht weiter, in: art Das Kunstmagazin 2/1994, S. 116, zitiert: Schweighöfe, in: art Das Kunstmagazin 2/1994.

Shafy, Samiha, Restauration; Erbe der Menschheit, in: DER SPIEGEL 8/2011, S. 136 ff., zitiert: Shafy, in: DER SPIEGEL 8/2011.

Spindler, Gerald / *Schuster*, Fabian: Recht der elektronischen Medien, Kommentar, 2. Auflage, München 2010, zitiert: Bearbeiter, in: Spindler/Schuster.

Strömholm, Stig: Das Veröffentlichungsrecht im Regierungsentwurf zur Urheberrechtsreform, GRUR 1963, 350 ff.

Süddeutsche Zeitung: Interview mit Christian Scheidemann, in: Süddeutsche Zeitung vom 16.10.2010, zitiert: Interview mit Christian Scheidemann, in: Süddeutsche Zeitung vom 16.10.2010.

Süddeutsche Zeitung: Wie einst Beuys Fettecke – Putzfrau schrubbt Kunstwerk kaputt, in: Süddeutsche.de vom 04.11.2011, abrufbar unter http://www.sueddeutsche.de/kultur/wie-einst-beuys-fettecke-putzfrau-schrubbt-kunstwerk-kaputt-1.1180540, zuletzt aufgerufen am 05.03.2012, zitiert: Wie einst Beuys Fettecke – Putzfrau schrubbt Kunstwerk kaputt, in: Süddeutsche.de vom 04.11.2011.

Thies, Wiltrud: Wie viel Schutz braucht die Kunst im öffentlichen Raum?, Marburg 2008.

Thimm, Katja: „Rembrandt kann jeder", in: DER SPIEGEL 29/2001, S. 148 ff.

Thomaschki, Kathrin: Das schwarze Quadrat: zur urheberrechtlichen Schutzfähigkeit zeitgenössischer Kunst, Konstanz 1995.

Thon, Ute: Auftrieb im Kunstbunker, in: art Das Kunstmagazin vom 07.04.2008, zitiert: Thon, in: art Das Kunstmagazin vom 07.04.2008.

Tölke, Günter: Das Urheberpersönlichkeitsrecht an Werken der bildenden Künste, München 1967.

Uechtritz, Michael: Nachbarschutz durch Kunstfreiheit?, NJW 1995, 2606 ff.
Vogel, Carol: Swimming with famous dead sharks, in: New York Times vom 01.10.2006, abrufbar unter http://www.nytimes.com/2006/10/01/arts/design/01voge.html?ex=1317355200&en=6fcefeb8359f9748&ei=5088&partner=rssnyt&emc=rss, zuletzt aufgerufen am 05.03.2012, zitiert: Vogel, in: New York Times vom 01.10.2006.
Vorkoeper, Ute: Die letzte Wissenslücke, Damien Hirst konfrontiert den Besucher mit einem Hai – und der Angst vor dem Tod, in: Zeit Online vom 10.02.2006, abrufbar unter http://www.zeit.de/feuilleton/kunst_naechste_generation/tod_1, zuletzt aufgerufen am 05.03.2012, zitiert: Vorkoerper, in: Zeit Online vom 10.02.2006.
van Waasen, Raphael: Das Spannungsfeld zwischen Urheberrecht und Eigentum im deutschen und ausländischen Recht, Frankfurt am Main 1994.
Wagner, Monika: Konstruktion der Moderne; Von der Farbe zum Material oder: Der Zwehrenturm auf der documenta IX, in: Zeitgenössische Kunst und Kunstwissenschaft. Zur Aktualisierung ihres Verhältnisses., Holger Birkholz / Mathias Butte / Martina Dlugaiczyk / Jörg Meissner / Thomas Niemeyer / Janine Roloff (Hrsg.), Weimar 1995, zitiert: Wagner, in: Zeitgenössische Kunst und Kunstwissenschaft.
Wagner, Wieland: Demütigender Ausverkauf, in: DER SPIEGEL 21/1999, S. 101.
Waidacher, Friedrich: Museologie – knapp gefasst, Wien/Köln/Weimar 2005.
Waitz, Clemens: Die Ausstellung als urheberrechtlich geschütztes Werk, Baden-Baden 2009.
Wandtke, Artur-Axel / *Bullinger*, Winfried: Praxiskommentar zum Urheberrecht, 3. Auflage, München 2009, zitiert: Bearbeiter, in: Wandtke/Bullinger.
Welsch, Wolfgang: Unsere postmoderne Moderne, 6. Auflage, Berlin 2002.
Welt Online: Glühlampenverbot bedroht zahlreiche Kunstwerke, in: Welt Online vom 27.12.2010, abrufbar unter http://www.welt.de/kultur/article11841299/Gluehlampenverbot-bedroht-zahlreiche-Kunstwerke.html, zuletzt aufgerufen am 05.03.2012, zitiert: Glühlampenverbot bedroht zahlreiche Kunstwerke, in: Welt Online vom 27.12.2010.
Welt Online: Micha Ullmann: Mahnmal am Bebelplatz retten, in: Welt Online vom 27.06.2001, abrufbar unter http://www.welt.de/print-welt/article459483/Micha_Ullmann_Mahnmal_am_Bebelplatz_retten.html, zuletzt aufgerufen am 19.03.2012.
Wharton, Glenn: The Challenges of Conserving Contemporary Art, in: Collecting the New: Museums and Contemporary Art, Bruce Altshuler (Hrsg.), Princeton, N. J.: Princeton University Press 2005, S. 163–178, zitiert: Wharton.
Wiesner, Lisa: Die Rechte des bildenden Künstlers nach Veräußerung des Werkstückes, Köln/München 2008.

Williams, Gregory: Conserving Latex and Liverwurst: an Interview with Christian Scheidemann, abgedruckt in Cabinet Magazine 2001, abrufbar unter http://www.cabinetmagazine.org/issues/2/latexandliverwurst.php, zuletzt aufgerufen am 05.03.2012.
Wimsatt, William K. / *Beardsley*, Monroe C.: Der intentionale Fehlschluss, in: Texte zur Theorie der Autorenschaft, Fotis Jannidis / Gerhard Lauer / Matias Martinez / Simone Winko (Hrsg.) Stuttgart 2000, S. 84 -101, zitiert: Wimsatt/ Beardsley, in: Texte zur Theorie der Autorenschaft.
Zeitz, Lisa: Die Gründe des Kunstmarkt-Booms; Die Sozialisierung der Sammler, in: F.A.Z. vom 12.06.2007 Nr. 133, S. 5, zitiert: Zeitz, in: F.A.Z. vom 12.06.2007.
Zeitz, Lisa: Portrait; Der Kunstflüsterer, in: F.A.Z. vom 16.04.2007, abrufbar unter http://www.faz.net/aktuell/feuilleton/kunstmarkt/portraet-der-kunstfluesterer-1434927.html, zuletzt aufgerufen am 05.03.2012, zitiert: Zeitz, in: F.A.Z. vom 16.04.2007.

Abkürzungsverzeichnis

Kirchner, Hildebert / *Pannier*, Dietrich: Abkürzungsverzeichnis der Rechtssprache, 7. Auflage, Berlin 2012.

Einleitung

A. Einführung

Ebenso wie das Recht unterliegt die Kunst einem ständigen Wandel. Seit Beginn des 20. Jahrhunderts haben sich neue Kunstformen entwickelt, die aus dem Schema der klassischen Formen reiner bildender Kunst herausfallen. Dennoch muss sich das Urheberrecht zu ihnen positionieren, sie rechtlich einordnen und beurteilen. Während aber die Kunst sich nicht eingrenzen lassen will, Tabus brechen will, zielt das Recht auf Ordnung ab, muss Sachverhalte regeln und Konflikte lösen. Die Rechtsordnung muss auf die Herausforderungen der zeitgenössischen Kunst reagieren, muss die Interessen der Künstler, ihrer Vertragspartner, der Eigentümer, der Drittbetroffenen und der Allgemeinheit gegeneinander abwägen.

Die besondere Schwierigkeit der urheberrechtlichen Erfassung zeitgenössischer Kunst liegt hierbei darin, dass die moderne Kunst für den kunstwissenschaftlichen Laien in vielen Fällen unverständlich geworden ist. Viele Kunstwerke beziehen sich auf Kunsttheorien oder auf die Kunstgeschichte selbst oder auf andere Wissenschaften. Ein spontanes Verstehen ohne Hintergrundwissen lassen sie kaum mehr zu. Für den Laien sind Werke daher häufig nicht einmal mehr als Kunst erkennbar. Darüber hinaus beschäftigen sich viele Künstler in ihren Kunstwerken mit philosophischen Fragen, die sie mit mehr oder weniger ästhetischen, jedenfalls aber künstlerischen Mitteln zu illustrieren versuchen. Auch dies erschwert den Zugang zu und das Verständnis von zeitgenössischen Kunstwerken. Hinzu kommt, dass in der zeitgenössischen Kunst eine große Spannweite an Materialien verwendet wird und die Werke oft schnell – teilweise gar mit künstlerischer Intention – verfallen und vergänglich sind. In der zeitgenössischen Kunst wird nicht mehr nur das Motiv, also das, was für jedermann sichtbar und erkennbar ist, sondern auch die Form des Werkes, das Material und seine Beziehung zu Raum und Zeit als Ausdrucksmittel genutzt. Aufgrund dessen besteht im Umgang mit zeitgenössischer Kunst im Vergleich zur „klassischen" Kunst ein besonderes Konfliktpotenzial.

B. Problemstellung

Bisher lag ein Schwerpunkt der wissenschaftlichen Auseinandersetzung mit der zeitgenössischen Kunst im Lichte des Urheberrechts auf der Frage, in wie weit neue Kunstformen urheberrechtlich geschützt sind.[1] Diese Arbeit betrachtet hingegen die Besonderheiten zeitgenössischer Kunst aus dem Blickwinkel des Rechtes des Urhebers, Entstellungen und andere Beeinträchtigungen seines Werkes zu verbieten (§ 14 UrhG) und legt damit den Schwerpunkt der wissenschaftlichen Auseinandersetzung von der Schutzfähigkeit auf den Schutzumfang von Kunstwerken.

Zwar steht dem Eigentümer eines erworbenen Kunstwerkes einerseits gem. § 903 BGB grundsätzlich das Recht zu, nach Belieben mit seinem Werkstück verfahren zu dürfen. Andererseits stellt das Kunstwerk gleichzeitig ein geistiges Werk dar, welches als Immaterialgut bis siebzig Jahre nach dem Tod des Künstlers urheberrechtlich geschützt ist (§ 64 UrhG). Das Urheberrecht an dem geistigen, immateriellen Werk bleibt untrennbar mit seinem Schöpfer verbunden. Insbesondere nach Veräußerung eines Werkstückes hat der Künstler ein großes, vor allem ideelles Interesse daran, dass sein Kunstwerk seinen Wünschen entsprechend erhalten und gepflegt wird und nur so der Öffentlichkeit zugänglich gemacht wird, wie er es geschaffen hat und wie es seiner Intention entspricht. Diese Spannungslage zwischen dem Künstler und denjenigen, die mit seinen Werken umgehen, führt häufig zu Konflikten, deren Lösung große Schwierigkeiten bereitet. Dies gilt zwar für alle Kunstwerke, nicht nur für Werke der zeitgenössischen Kunst. Jedoch stehen Konflikte um den richtigen Umgang mit Werken der zeitgenössischen Kunst besonders häufig im Mittelpunkt öffentlicher Diskussionen. Die Debatte um den Ersatz des in Formaldehyd eingelegten, verwesenden millionenschweren Hai von *Damian Hirst*,[2] der Protest gegen die Sanierung des Hessischen Landesmuseums in Darmstadt in den Räumen des „*Block Beuys*" und die damit verbundene Frage, ob der Raum in ein Kunstwerk „hineinwachsen" kann[3] sowie der Streit um den richtigen Umgang mit den *Beuys*-Werken im Museum Schloss Moyland[4] sind nur einige Beispiele für derartige Konflikte, die in der Öffentlichkeit diskutiert wurden. Dass solche Konflikte zunehmend auch in der Öffentlichkeit und nicht lediglich in kunstwissenschaftlichen Kreisen diskutiert werden, mag daran liegen, dass die bildende Kunst in den letzten Jahren zu einem Teil der Popkultur geworden ist. Immer mehr Galerien und Sammlungen öffnen

---

1 So z. B. *Fierdag*; *von Schoenebeck*; *Thomaschki*, *Rau, Czernik*, S. 149–251.

2 Siehe unten, viertes Kapitel, A. V. 8. a) aa) (1).

3 Siehe unten, viertes Kapitel, B. I. 1. a) cc).

4 Siehe unten, viertes Kapitel, A. V. 6. c) cc).

ihre Türen für die Öffentlichkeit, Werke zeitgenössischer Kunst erzielen auf dem Markt Höchstpreise,[5] der Handel mit zeitgenössischer Kunst boomt, Ausstellungen erzielen Rekord-Besucherzahlen und zeitgenössische Künstler wie *Damien Hirst, Jonathan Meese, Gerhard Richter, Jeff Koons* oder *Ai Wei Wei* werden als Popstars gefeiert.

Im Hinblick auf die Lösung von Konflikten im Umgang mit Kunstwerken, insbesondere aber mit Werken der zeitgenössischen Kunst, stellt sich die Frage, wie weit der Entstellungsschutz des § 14 UrhG gezogen werden kann und muss, um einen Schutz zu garantieren, der sowohl die Interessen des Künstlers als auch die des Eigentümers oder eines Dritten, der mit dem Kunstwerk umgeht, angemessen berücksichtigt. Es soll daher untersucht werden, ob und in wie weit das bisherige Verständnis des § 14 UrhG und seiner Schutzvoraussetzungen aufgrund neuerer Tendenzen in der zeitgenössischen Kunst einer neuen Auslegung bedarf, damit auch besondere Aspekte zeitgenössischer Kunstformen hinreichend berücksichtigt werden können.

Darüber hinaus soll die vorliegende Arbeit den Juristen für die Eigenheiten und Besonderheiten insbesondere zeitgenössischer Kunst sensibilisieren und aufzeigen, dass traditionelle Begriffe des Urheberrechtsgesetzes teilweise einer neuen Bewertung bedürfen. Da das Recht grundsätzlich aus den tatsächlichen Gegebenheiten, den Ergebnissen, Erkenntnissen und Problemen der „wirklichen Welt“ entwickelt wird, muss im Rahmen der Auslegung von Gesetzen dem zugrunde liegenden Sachverhalt ein hohes Maß an Verständnis entgegen gebracht werden.[6] Veränderungen des zugrunde liegenden Sachverhaltes können eine Neubewertung des Rechts erfordern. Gerade im Bereich der Kunst, die sich nicht ohne weiteres mit rechtlichen Schemata erfassen lässt, bedarf der Jurist eines hohen Maßes an Grundverständnis und Sensibilität für die Intentionen zeitgenössischer Künstler und die Bedürfnisse zeitgenössischer Kunst, um zu rechtlich und tatsächlich vertretbaren Ergebnissen und Lösungen zu gelangen. Dies zeigen bereits die Schwierigkeiten, die Gerichte damit haben, eine Definition für den Begriff „Kunst“ zu finden.[7] Diese Problematik soll hier aber nicht vertiefend erörtert werden, da der Kunstbegriff nicht Inhalt dieser Untersuchung ist, sondern lediglich die Voraussetzung für diese bildet.

---

5 *Zeitz*, in: F.A.Z. vom 12.06.2007 Nr. 133, S. 5.

6 So auch *von Schoenebeck*, S. 33 f.; *Czernik*, S. 7.

7 BVerfG NJW 1985, 261 (262) – *Anachronistischer Zug*; BVerfG NJW 2008, 39 (40) – *Esra*.

C. Begriffsbestimmung und Eingrenzung des Problemkreises

I. Bildende Kunst

Unter den Begriff der bildenden Kunst fallen alle zwei- oder dreidimensionalen Gestaltungen, die ihren ästhetischen Gehalt durch Ausdrucksmittel wie Farbe, Linie, Fläche, Raumkörper und Oberfläche zum Ausdruck bringen.[8] Hiervon erfasst sind die reine bildende Kunst, die Baukunst und die angewandte Kunst. Die vorliegende Arbeit soll sich jedoch allein auf die Untersuchung von Konflikten im Umgang mit der „reinen" bildenden Kunst beschränken. Dies sind solche Werke, die keinem funktionellen Gebrauchszweck dienen und bei denen der ästhetische Ausdruck des Werkes im Mittelpunkt steht, wie beispielsweise bei Zeichnungen, Plastiken, Skulpturen, Grafiken oder Gemälden.

II. Originalwerk

Der Begriff des Originalwerkes soll im Rahmen dieser Arbeit allein denjenigen körperlichen Gegenstand bezeichnen, der das geistige Kunstwerk materialisiert und der vom Künstler selbst stammt bzw. unter seiner Leitung in begrenzter Auflage hergestellt wurde.[9] Zwar handelt es sich auch bei Reproduktionen um Werkstücke, die das geistige Werk sinnlich wahrnehmbar machen, jedoch soll im Rahmen dieser Arbeit allein der Schutz des Originalwerkes vor Entstellungen und anderen Beeinträchtigungen thematisiert werden, da gerade dieses einen besonders hohen Stellenwert genießt und der Umgang mit ihm daher gesteigertes Konfliktpotenzial birgt.

D. Gang der Arbeit

Im ersten Kapitel der Arbeit werden einige besondere Aspekte der zeitgenössischen Kunst dargestellt und ihre Bedeutung sowie die Unterschiede zur sog. „klassischen Kunst" erläutert, da diese im Einzelfall im Rahmen der Prüfung eines Eingreifens des urheberrechtlichen Verbietungsrechts gem. § 14 UrhG Berücksichtigung finden können und müssen. Im zweiten Kapitel wird die Bedeutung des § 14 UrhG als zentrale Schutznorm gegen Entstellungen und andere Beeinträchtigungen herausgearbeitet. Hier wird das Verhältnis des § 14

---

8 Wandtke/*Bullinger*, § 2 Rn. 81.

9 Zu einer genaueren Darstellung des Originalbegriffs siehe unten, erstes Kapitel, C. I.

UrhG zu anderen änderungsrelevanten Normen beleuchtet. Im dritten Kapitel werden die Voraussetzungen der Anwendbarkeit der Norm und ihre Begrifflichkeiten sowie die Rechtsfolgen einer Verletzung des Entstellungsverbots untersucht. Das vierte Kapitel bildet den Hauptteil der Arbeit. Es widmet sich unterschiedlichen bedeutsamen Fallgruppen, die im Umgang mit Originalwerken der reinen bildenden Kunst häufig zu Konflikten mit den Eigentümern oder anderen Beteiligten um die Reichweite des Entstellungs- und Integritätsschutzes führen. Dies sind insbesondere die Vernichtung, die Restaurierung, der Umgang mit ortsspezifischen Kunstwerken und die Ausstellung von Kunstwerken. Hierbei richtet sich der Schwerpunkt der Ausführungen auf die besonderen Probleme, die sich in Bezug auf zeitgenössische Kunstwerke ergeben.

Erstes Kapitel: Besondere Aspekte „zeitgenössischer Kunst“

Werke zeitgenössischer Kunst weisen im Vergleich zu anderen Werkgattungen, aber auch im Vergleich zu Werken „klassischer“ Kunst Besonderheiten auf, die nicht nur für den Bereich der Kunstwissenschaft, sondern auch für den des Urheberrechts Relevanz haben können. Im Folgenden sollen einige Besonderheiten und Eigenarten zeitgenössischer Kunstformen im Vergleich zu Werken „klassischer“ Kunst beschrieben werden, damit anschließend untersucht werden kann, ob und in wie weit diese im Rahmen der rechtlichen Bewertung von Eingriffen in Kunstwerke und der Reichweite des Integritätsschutzes aus § 14 UrhG berücksichtigt werden können und müssen.

A. Zum Verständnis des Begriffs der „zeitgenössischen Kunst“

Der Begriff „zeitgenössische Kunst“ wird terminologisch nicht einheitlich definiert. Er hat sich vor allem seit den achtziger Jahren durchgesetzt und Begriffe wie „Avantgarde“, „Art Vivant“ (Lebende Kunst) und „Aktuelle Kunst“ abgelöst.[10] Aber auch die Bezeichnungen „Gegenwartskunst“ und „Contemporary Art“ stehen in ihrer Bedeutung der zeitgenössischen Kunst sehr nah und werden ebenfalls oft als Synonyme verwendet. Mit den Begriffen „zeitgenössische Kunst“, „Gegenwartskunst“ oder „Contemporary Art“ wird allerdings noch keine Aussage hinsichtlich des Konzepts, des künstlerischen Stils, der Technik, der Form oder hinsichtlich der Zugehörigkeit zu einer künstlerischen Strömung, Bewegung oder Gruppe verbunden. In erster Linie umfasst der Begriff „zeitgenössische Kunst“ zwar die Kunst, die von heute lebenden Künstlern – unseren Zeitgenossen – geschaffen wurde. Allerdings meint der Begriff nach allgemeinem Verständnis meistens nicht jede Kunst, die Zeitgenossen geschaffen haben, sondern nur bestimmte Kunstformen.

Nach *Millet* liegt das tatsächliche „Geburtsdatum“ der zeitgenössischen Kunst in der Zeit zwischen 1960 und 1969.[11] In dieser Zeit haben sich unter anderem Kunstrichtungen wie z. B. die Pop Art, die Minimal Art, die Monochrome Malerei, die kinetische Kunst und der Fluxus durchgesetzt, es fanden Happenings

10 *Millet*, S. 6.
11 *Millet*, S. 14.

statt, die Konzeptkunst, die Anti-Form, die Arte Povera, die Appropriation Art und die Body Art kamen auf.[12] All diese Kunstrichtungen werden auch der sog. Postmoderne[13] zugerechnet. Diese vollzieht einen Bruch mit den Werten der Moderne und stellt diese von Grund auf in Frage.[14] Kennzeichnend für die zeitgenössische Kunst ist vor allem die Verwendung unterschiedlichster Materialien von industriell gefertigten Objekten über natürliche oder vergängliche Materialien bis hin sogar zum Körper des Künstlers selbst.[15] Jede denkbare Verfahrensweise oder Technik, sei sie auch noch so provozierend, unbegreiflich oder verstörend, war damals erlaubt und ist es seitdem. Galt früher, dass Künstler ist, wer Kunst macht, so lautete die neue Botschaft, dass Kunst das ist, was von einem Künstler stammt, vorausgesetzt, dass dieser gerade Kunst machen will.[16] Während früher im Wesentlichen drei große Gattungen der Kunst existierten, nämlich die Malerei, die Bildhauerei und die Architektur, lassen sich im Gegensatz dazu heutzutage bestimmte Kunstrichtungen kaum noch separat betrachten, da Formen künstlerischer Auseinandersetzung und vielseitig verwendete Materialien zunehmend kombiniert wurden und werden, wodurch es zur Auflösung von Gattungsgrenzen innerhalb der reinen bildenden Kunst kam.[17] War es bis in die Moderne noch möglich, Werke bestimmten Stilen, wie dem Kubismus, dem Expressionismus oder dem Surrealismus zuzuordnen, kann eine solch klare Zuordnung heute nicht mehr getroffen werden. Die zeitgenössische Kunst entzieht sich einer solchen Gattungszuordnung geradezu selbst, indem sie mit den von ihr selbst gesetzten Trends und Entwicklungstendenzen immer wieder aufs Neue zu brechen versucht.

Zurückzuführen ist dieser signifikante Wandel in der Kunst auf die Kritik, die in den 1960er und 1970er Jahren an der „traditionellen" bürgerlichen Vorstellung von Kunst geübt wurde, die ihren Platz im Museum als Gegenstand der Verehrung und Bewunderung hat.[18] Künstler versuchten das Kunstwerk als etwas „Erhabenes" oder „Höheres" abzuschaffen, indem sie eine neue Art der Kunst ins Leben riefen. Viele Künstler wie z. B. *Thomas Hirschhorn* wenden sich in Ihren Werken insofern gerade gegen das Merkmal der Qualität in der Kunst.[19]

12 *Millet*, S. 14.
13 Wobei dieser Begriff allerdings umstritten ist, siehe hierzu *Welsch*, S. 9.
14 *Huttenlauch*, S. 50.
15 *Millet*, S. 14.
16 *Braun*, S. 37.
17 *Wagner*, in: Zeitgenössische Kunst und Kunstwissenschaft, S. 33.
18 *von Schoenebeck*, S. 138.
19 *Frasco*, S. 16.

Auch im Rahmen dieser Arbeit soll der Begriff der zeitgenössischen Kunst insbesondere solche Kunstwerke bezeichnen, die im Hinblick auf die verwendeten Materialien und Verfahrensweisen von traditionellen, klassischen künstlerischen Arbeitsmethoden abweichen. Dies meint vor allem Werke, die so konzipiert sind, dass insbesondere Restauratoren und Konservatoren, aber auch Kuratoren, Eigentümer und Besitzer, die mit diesen Werken umgehen, vor neue Probleme gestellt werden. Auch Juristen werden infolge dessen bei der Lösung auftretender rechtlicher Konflikte zwischen Künstlern und Eigentümern oder Besitzern um den richtigen Umgang mit diesen Werken vor neue Herausforderungen gestellt, die es zu meistern gilt.

B. Bedeutung der Intention des Urhebers in der zeitgenössischen Kunst

Im Schaffensbereich der bildenden Kunst stellt sich die Frage, wonach sich die Erklärung des Werkes zu richten hat. Diese Frage ist relevant für die rechtliche Beurteilung von Eingriffen in Kunstwerke. Schließlich kann nur dann eine Beeinträchtigung eines Werkes festgestellt werden, wenn klar ist, welcher Werkzustand der für das Werk „optimale“ Zustand ist.

I. Kritik an der Bedeutung der Intention des Urhebers bei der Interpretation von Werken

Üblicherweise wird hier, wie bei allen Werkkategorien, die Erklärung und Bedeutung eines Werkes in erster Linie bei dessen Urheber gesucht. Dieses Vorgehen erfährt allerdings seit Beginn des 20. Jahrhunderts insbesondere im Bereich der Literatur, der Philosophie und der Psychoanalyse zunehmende Kritik.[20] So spricht sich *Roland Barthes* für die „Abwesenheit des Autors“ in der Interpretation literarischer Texte aus, bei welcher der Autor lediglich noch als Nebenfigur am Rande der literarischen Bühne stehe.[21] Sein Text werde nur noch so gelesen, dass der Autor in jeder Hinsicht verschwinde. Aber auch im Bereich der bildenden Kunst wird über die Bedeutung und den Wert der Intention des Künstlers heftig diskutiert.[22] Auch hier stellt man den „Intentionalismus“ in Frage, da

20 So z. B. *Barthes*, in: Texte zur Theorie der Autorschaft, S. 185–193; *Wimsatt/Beardsley*, in: Texte zur Theorie der Autorschaft, S. 84–101.

21 *Barthes*, in: Texte zur Theorie der Autorschaft, S. 185.

22 *Frasco*, S. 29 ff.; *Eco*, S. 29 f.

der Künstler sich bei Schaffung des Kunstwerks nicht immer seiner Intention bewusst sei, so dass es zu einem Fehlschluss führe, wenn man die Intention oder den Geist eines Künstlers in irgendeiner Weise interpretieren wolle.[23]

II. Eigene Kritik an der Forderung des Bedeutungsverlustes der Intention auf urheberrechtlicher Ebene

Diese Forderung eines Bedeutungsverlustes der Intention des Künstlers kann jedoch auf rein urheberrechtlicher Ebene keine Berücksichtigung finden. Die Bedeutung der Intention des Urhebers wird vielmehr treffend in einem Zitat des Künstlers *Dani Karavan* erfasst. Über sein Kunstwerk *Ma'alot* in Köln sagte er selbst:

> *„Das Kunstwerk () hat nicht die Aufgabe, eine bestimmte Geschichte zu erzählen oder bestimmte Zusammenhänge zu bebildern. Es kann nur Widerhall hervorrufen und Assoziationen () evozieren. Aber in der Hervorrufung dieses Echos ist das Kunstwerk frei, es hat alle Rechte und jede Freiheit, Assoziationen in jede beliebige Richtung anzustoßen und die verschiedensten Phantasien und Vorstellungen bei den Menschen auszulösen, auch Vorstellungen, die ich selbst nicht hatte, die ich nicht sehe, Bilder, die ich nicht kontrollieren kann und für die ich nicht verantwortlich bin."*[24]

Diese Sichtweise wird der reinen bildenden Kunst gerecht. Sie erlaubt eine objektive und freie Betrachtung des Werkes im jeweiligen Raum und der jeweiligen Zeit. Sie sieht bei der Interpretation keinen endgültigen und richtigen Sinn vor. Allerdings bedeutet dies noch lange nicht, dass es auf die Intention und die Interpretation des Künstlers selbst aus urheberrechtlicher Sicht nicht mehr ankommt. Gerade *Karavan* war in den letzten Jahren häufiger in Konflikte um den richtigen Umgang mit seinen Werken verwickelt.[25] Dass seine Werke seiner Vorstellung entsprechend ausgeführt und gepflegt werden, ist für ihn von besonderer Wichtigkeit. Denn dass das Kunstwerk in seiner Interpretation gänzlich frei ist, bedeutet nicht, dass es auch im Hinblick auf seine Integrität nicht mehr auf die Intention des Urhebers ankäme. Schließlich besteht diese Interpretationsfreiheit nur ausgehend von der ursprünglich intendierten Form, Substanz und Integrität des Werkes.

Der Begriff der Intention des Künstlers ist hierbei allerdings wesentlich weiter zu verstehen als der Begriff der Absicht. Er entspricht vielmehr einem Bewusst-

23 *Wimsatt/Beardsley*, in: Texte zur Theorie der Autorschaft, S. 84–101.
24 *Karavan*, S. 34.
25 Hierzu unten, viertes Kapitel, A. IV. 1.

sein bei der Schaffung eines Werkes. In dem Moment, in dem ein Künstler ein Werk schafft, seine Idee umsetzt, ist er nicht nur Urheber, sondern betrachtet gleichzeitig sein Werk bereits von außen. In den meisten Fällen schafft er ein Werk in dem Bewusstsein, dass Dritte es wahrnehmen werden und meistens auch sollen. Bereits während des Schaffensprozesses versetzt sich also der Urheber in die Rolle des Wahrnehmenden und beurteilt selbst die Wirkung seines eigenen Werkes. Insofern sind er selbst und seine Intention durch die Absichtlichkeit oder das Bewusstsein seines Schaffens untrennbar mit seinem Kunstwerk verbunden. Vom Künstler als Quelle geht das geistige Werk aus. Will man die Intention des Urhebers gänzlich missachten, wird Kunst überflüssig, weil jedes Verstehen, soweit das Kunstwerk ein solches zulässt, unmöglich gemacht wird.

Schließlich ist die reine bildende und insbesondere die zeitgenössische reine bildende Kunst im Vergleich zur Literatur, bei der zumindest eine Deutungsmöglichkeit oft bereits klar durch die den Text bildenden Worte vorgegeben wird, häufig zumindest für kunstwissenschaftliche Laien weitaus schwieriger zu deuten. So ist eine Besonderheit der zeitgenössischen Kunst gerade die große Bandbreite der künstlerischen Intentionen. Auch sind in der Kunst des 20. Jahrhunderts starke Tendenzen dahingehend zu bemerken, dass auf den individuellen Ausdruck des Werkes zunehmend zu Gunsten eines Vorrangs der künstlerischen Idee, des Konzepts, verzichtet wird.[26] Die Deutung und damit ein zumindest gewisses Verstehen eines Werkes bedürfen hier meist einer intensiven Auseinandersetzung mit dem Künstler und seinem Gesamtwerk, seiner Zeit, dem Material oder dem gewählten Umfeld. So sollen einige Werke den Betrachter für seine eigenen Sinne sensibilisieren, indem sie durch Gerüche, Geräusche oder visuelle Effekte stimulieren. Andere Werke sollen eine kontemplative Interaktion oder einen Dialog des Betrachters mit dem Kunstwerk selbst anregen. Wieder andere versuchen verschiedene Inhalte durch Ihre Form zu vermitteln. Die Intention des Künstlers weitestgehend zu erforschen, ist gerade bei Werken der zeitgenössischen Kunst aufgrund der vielen komplexen Bedeutungsschichten der einzige Weg, die Aussage, die Bedeutung und die zu übermittelnde Botschaft eines Werkes umfassend betrachten zu können und herauszufinden, in welcher Form das Werk erscheinen sollte, um die für es „optimale Beschaffenheit" zu erreichen.

Der Urheber hat ein berechtigtes Interesse daran, dass zumindest *auch* seine Idee, die Assoziationen, die bei ihm selbst geweckt werden, seine Vorstellung von der Ästhetik seines Werkes im Umgang mit diesem berücksichtigt werden. Er darf erwarten, dass zumindest demjenigen, der sich intensiv mit seinem Werk auseinandersetzen und Hintergründe erfahren möchte, der Zugang zu diesem

26 *von Schoenebeck*, S. 139.

Wissen nicht durch aufgezwungene und verfälschende Veränderungen verstellt wird. Nur weil ein Künstler beispielsweise ein Werk für die Öffentlichkeit schafft, bedeutet dies nicht, dass er sich damit der Rechte an seinem Werk gänzlich entledigen muss. Spielte die Intention des Künstlers, seine Geste, keinerlei Rolle mehr, stellte man nur noch auf das ab, was das Werk bei Dritten hervorruft, nur noch auf die Bedeutung, die dem Werk oder einzelnen Facetten von Dritten zur jeweiligen Zeit und im jeweiligen Raum beigemessen wird, so führte dies bei vielen Werken unter Umständen zu einem totalen Bedeutungsverlust. Verfälschungen würden es unmöglich machen, die ursprüngliche Bedeutung und den ursprünglichen Sinn eines Werkes überhaupt zu erkennen. Werke mit symbolischer Bedeutung wären nicht mehr lesbar. Aus dem Kunstwerk würde dann schlichtes Material ohne geistigen Gehalt und ohne Bedeutung.

Selbstverständlich ist die Kunst für jegliche Interpretationen frei. Sie kann aus unterschiedlichen Blickwinkeln betrachtet und bewertet werden und von dort aus auch unterschiedlich und sogar widersprechend gedeutet werden. Ausgangspunkt aller Bewertungen des Werkes muss aber die Form sein, in welcher der Urheber das Werk geschaffen hat und in der es seiner Intention entspricht, also seine „optimale“ Beschaffenheit erlangt. Ansonsten ist das Werk auch als Allgemeingut für die Gesellschaft und für die Nachwelt wertlos, da es lediglich eine Illusion darstellt.

Auch nach *Umberto Eco* ist ein Kunstwerk eine „in ihrer Perfektion eines vollkommen ausgewogenen Organismus vollendete geschlossene Form, doch auch offen, kann auf tausend verschiedene Arten interpretiert werden, ohne dass seine irreproduzible Einmaligkeit davon angetastet würde“[27]. Damit geht auch *Eco* davon aus, dass das Werk zwar in seiner Interpretation frei und „offen“ sei, in seiner ursprünglichen vom Künstler intendierten Form letztlich jedoch geschlossen.

Hinzu kommt, dass urheberrechtlich geschützte Werke gem. § 64 UrhG erst 70 Jahre nach dem Tode des Urhebers gemeinfrei werden. Erst dann werden sie zum Allgemeingut. Bis dahin stehen der Urheber und seine Interessen sowie seine Vorstellung von seinem Werk gegenüber dem Interesse der Allgemeinheit im Vordergrund.

Bei der Auslegung des § 14 UrhG muss Ausgangspunkt also die Intention des Künstlers sein, von dem aus einzelne Eingriffe rechtlich zu beurteilen sind. Es kommt hierbei allerdings auf die ursprünglich bei der Schaffung des Werkes zum

27 *Eco*, S. 30.

Ausdruck gekommene, nicht auf eine später geäußerte Intention an. Eine solche kann lediglich auf die ursprüngliche Intention hindeuten.

III. Zusammenhang zwischen Intention und Gestaltungshöhe

Nur eine genaue Betrachtung und Erforschung der Intention des Urhebers lässt auch eine Bestimmung der Gestaltungshöhe eines Werkes zu, die im Rahmen der Interessenabwägung des § 14 UrhG erforderlich ist. Bei Werken, die mithilfe der traditionellen, klassischen Mittel wie der Zeichnung, Bildhauerei, Malerei oder Druckgrafik geschaffen sind, ist die Gestaltungshöhe oft verhältnismäßig einfach festzustellen.[28] Dies gilt nicht nur für die Werke von professionellen bildenden Künstlern, sondern auch für die Laienkunst. Denn der Einsatz dieser Medien verlangt regelmäßig eine Umsetzung der Vorstellungen des Urhebers in die zweidimensionale Ebene oder plastische Form, die mit einer schöpferischen Leistung verbunden ist, wenn der Urheber nicht eine bloße Kopie eines anderen Werkes anfertigt.[29] Das Ergebnis ist hierbei unmittelbar sichtbar, die Gestaltungshöhe schon aus ästhetischen Gesichtspunkten für jedermann erkennbar.

Probleme bereitet indessen die Frage der Gestaltungshöhe dort, wo künstlerische Konzepte von traditionellen Erscheinungsformen in der Kunst abweichen und unkonventionelle Ausdrucksformen genutzt werden. Schwierigkeiten ergeben sich z. B. bei Werken der konkreten Kunst oder der Minimal Art, einer Kunstrichtung, bei der Formen wiedergegeben werden, die nicht strikt geometrisch, aber immer noch einfach sind[30]. Beide Kunstformen umfassen Kunstwerke, die sich mit der Reduktion von Formen oder Farben auseinandersetzen. Diesbezüglich könnte man der Ansicht sein, dass beispielsweise eine rechteckige einfarbige Bildtafel lediglich eine – wenn überhaupt – geringe Schöpfungshöhe aufweise. Dem ist jedoch entgegen zu halten, dass die besondere geistige Leistung bei einem solchen Werk in der konkreten Entscheidung über das Bildformat, die Farbnuance, die Oberflächenstruktur und die Pigmenteigenschaft liegen kann. Hier lässt sich die künstlerische Leistung nicht schlicht auf die sprachliche Beschreibung eines Werkes reduzieren. Nach *von Schoenebeck* ist in dieser Kunstrichtung das Ausdrucksmittel die Form, ebenso wie es beispielsweise in der Malerei *Jackson Pollocks* die Farbe ist.[31] Hierin ist die Gestaltungshöhe zu sehen. Auch das Beispiel *Malewitschs* mit seinem „*Schwarzen Quadrat auf weißem Grund*" zeigt, dass

28 Wandtke/*Bullinger*, § 2 Rn. 86.
29 Wandtke/*Bullinger*, § 2 Rn. 86.
30 *Millet*, S. 116.
31 *von Schoenebeck*, S. 163.

Vorsicht geboten ist, will man ein Werk auf einfache sprachliche Beschreibungen über den Darstellungsgegenstand reduzieren.[32] Diese sind häufig nicht geeignet, dem Werk gerecht zu werden. Es bedarf stattdessen einer genauen Überprüfung aller gestalterischen Elemente des Originalwerkes durch den Beurteiler.

Auch bei der Verwendung alltäglicher oder bekannter Gegenstände ist es schwierig, ohne näher gehende Betrachtung des Werkes dessen Gestaltungshöhe zu bestimmen. Grundsätzlich kann aber auch bei solchen Werken ein hoher Grad an schöpferischer Eigenart und eine geistig-ästhetische Wirkung auf den Betrachter gegeben sein, wenn aus der Vielzahl an möglichen Gegenständen aus bestimmten Gründen ein bestimmter Gegenstand ausgewählt, aus seinem bisherigen Rahmen herausgenommen und in einen gänzlich anderen Rahmen versetzt wird, so dass er eine völlig neue Bedeutung und einen „innovativen Charakter“[33] erhält, den er dem Betrachter vermittelt.[34] Erst recht gilt dies, wenn mehrere Gegenstände ausgewählt, kombiniert und dann als Kunstwerk präsentiert werden, wie dies z. B. *Joseph Beuys* mit Fett, Filz, Heftpflastern und weiteren Utensilien getan hat.[35]

Marcel Duchamp beschrieb es beispielsweise als entscheidend bei der Wahl seiner Objekte, der sog. „Ready-mades“, dass er von diesen nicht angezogen wurde wegen ihrer Form oder etwas anderem. Er pflegte seine Objekte mit dem Gefühl der Indifferenz diesen gegenüber auszuwählen. Sein persönlicher Geschmack sollte bei der Wahl vollständig auf Null reduziert sein, es sollte sich um ein Objekt handeln, das ihn absolut nicht interessierte, und zwar nicht nur am Tag der Auswahl, sondern für immer. Das Objekt sollte eine möglichst geringe Chance haben, schön, hübsch, oder angenehm zum Anschauen oder hässlich zu werden.[36] Kunst sollte nach Ansicht *Duchamps* nicht mehr ausschließlich visuell oder ritinal sein, sondern das Interesse der grauen Zellen, den Appetit auf Intellektualisierung wecken.[37] So schrieb *Jasper Johns* 1968 über ihn: „Marcel Duchamp (...) setzte sich mit seinem Werk über die Schranken der Netzhaut hinweg, die der Impressionismus etabliert hatte und schuf ein Gebiet, in dem Sprache, Denken und Vorstellung aufeinander einwirken.“[38] Diese Verknüpfung, dieser geistige Gedanke, die geistige Arbeit bei der Auswahl der Objekte und bei der Entwicklung einer neuen Vorstellung von Kunst, rechtfertigen es, bei Kunstformen mit großem Anteil an vorgefundenen Gegenständen zumindest nicht von

32 Wandtke/*Bullinger*, § 2 Rn. 90.
33 *Kehrli*, S. 131.
34 Dreier/*Schulze*, § 2 Rn. 154.
35 Dreier/*Schulze*, § 2 Rn. 154.
36 *Daniels*, Kleine Objektgeschichte, in: Fischer/Daniels, S. 73 (75 f.).
37 *Bernstein*, in: Fischer/Daniels, S. 143 (147).
38 Zitiert nach *Bernstein*, in: Fischer/Daniels, S. 143 (147).

vorn herein von einer nur geringen Gestaltungshöhe auszugehen. Gleiches gilt auch für andere neuere Kunstformen, bei denen mehr die Idee, das Konzept, der Anstoß zu einer geistigen Auseinandersetzung im Vordergrund stehen, als das letztlich sichtbare materialisierte Werk. Auch nach *Hubmann* solle im Hinblick auf das Erfordernis der Individualität das Gewicht nicht zu sehr auf die Formgebung verlegt und so letztlich verlangt werden, dass diese eine individuelle sein müsse, sondern es solle gleichgültig sein, ob sich die Individualität im Inhalt oder in der Form eines Kunstwerks ausdrücke.[39]

Zwar stellen viele zeitgenössische Künstler für die rechtliche Einordnung ihrer Werke eine Herausforderung dar, indem sie beispielsweise die Zerstörung der Museumskultur[40] fordern und gegen künstlerische und gesellschaftliche Konventionen rebellieren. So strebte *Duchamp* durch seine Ready-mades die völlige Beseitigung der Kunst an.[41] Dennoch stellen die Entmaterialisierung der Kunst, wie sie beispielsweise in der Konzeptkunst angestrebt wird, die Verwendung kunstfremder Materialien und die Präsentation trivialer Gegenstände keinen Bruch in der kulturellen Entwicklung dar.[42] Denn hinter all der Ablehnung, Rebellion und Provokation steht letztendlich dennoch der Wille, eine neue, andere und aktuelle Kunst, eine Art Anti-Kunst, zu schaffen.[43] *Duchamp* sagte selbst, ein Antikünstler habe genauso viel von einem Künstler wie ein gewöhnlicher Künstler. Infolgedessen wolle er selbst ein „A-Künstler" sein, nämlich überhaupt kein Künstler.[44]

Die Beantwortung der Frage der Beeinträchtigung eines Kunstwerkes und die entsprechende Gewichtung der Interessen des Urhebers bedürfen daher im Ergebnis einer sensiblen und sorgfältigen Prüfung im Einzelfall. So mag zwar eine klassische Landschaftsmalerei in Öl insbesondere auf den kunstwissenschaftlichen Laien eine angenehme ästhetische Wirkung ausüben, jedoch im Vergleich zu einem Werk der zeitgenössischen Kunst, welches möglicherweise technisch oder handwerklich besonders simpel erscheint, letztlich bedeutungslos sein. Im Gegensatz dazu nutzen einige zeitgenössische Künstler zwar extreme, aber konsequente Verwirklichungsmöglichkeiten, bei denen einerseits beispielsweise die Geringschätzung der Form, eine Formvernachlässigung, die bis hin zur Formlosigkeit, zum gänzlichen Verzicht auf Formung, eine Rolle spielen kann, andererseits aber auch eine Betonung der Form, die bis zum Verzicht auf jeglichen

---

39 so auch RGZ 81, 120 (123) – *Kochrezepte*; *Hubmann*, S. 80 f.

40 So z. B. Filippo Marinetti 1909, siehe *Millet*, S. 49.

41 *Daniels*, Interview, in: Fischer/Daniels, S. 95 (99).

42 So auch *Rau*, S. 23.

43 *Richter*, S. 7.

44 *Daniels*, Interview, in: Fischer/Daniels, S. 95 (98).

Sachinhalt führen kann, wie z. B. im Falle des „*schwarzen Quadrats auf weißem Grund*“ von *Malewitsch.*[45] Jedenfalls kann auch ein simpel erscheinendes Werk einen besonders hohen Gehalt an Geist, Philosophie und Kreativität beinhalten.

Das Maß an geistigem Gehalt in einem zeitgenössischen Kunstwerk, welches von traditionellen Ausdrucksformen abweicht, ist als immaterielles, unsichtbares Gut für den Juristen zuweilen – wenn überhaupt – erst nach einer ausgiebigen und umfassenden Beschäftigung mit dem Künstler, seiner Intention und seinem Kunstwerk sowie deren Stellung in der Kunstwissenschaft und Kunstgeschichte und ihrer Bedeutung für die kulturelle Entwicklung zu erkennen und zu ermitteln.

C. Die Bedeutung der Originaleigenschaft in der zeitgenössischen Kunst

I. Der Begriff des Originals im Urheberrecht

Was ein Original ist, definiert das Urheberrechtsgesetz nicht. Original bedeutet aber jedenfalls keineswegs, dass ein so bezeichnetes Kunstwerk nur in einem einzigen Exemplar existieren kann. Ein Original ist nämlich nicht nur das Unikat, sondern auch ein Serienprodukt, wie zum Beispiel die industriell gefertigten Ready-mades von *Marcel Duchamp*. Bei der Definition der Originaleigenschaft aus rechtlicher Sicht wird daher regelmäßig zwischen Unikatwerken und Serienwerken unterschieden.

Im Unikatbereich der bildenden Kunst wird als Original nach nahezu einhelliger Meinung das durch den Urheber eigenhändig oder unter seiner Aufsicht und mit seiner Billigung geschaffene Kunstwerk angesehen.[46] Unproblematisch als Originale zu betrachten sind daher eigenhändig vom Urheber hergestellte Werkstücke, wie Gemälde und Zeichnungen sowie Skulpturen, die der Künstler selbst aus einem Werkstoff hergestellt hat.

Viele Stimmen in der Literatur verlangen über die vom Urheber herstammende Fertigung im Bereich der Unikatkunst hinaus, dass es sich um die erstmalige Fixierung des Werkes handeln müsse.[47] Malte ein Künstler demnach ein Gemälde

---

45 *Rau*, S. 23.

46 *Ahlberg*, in: Möhring/Nicolini, § 6 Rn. 21; Wandtke/*Bullinger*, § 26 Rn. 7; *Katzenberger*, in: Schricker/Loewenheim, § 26 Rn. 26; *Wiesner*, S. 49; *Hamann*, S. 89.

47 *Ahlberg*, in: Möhring/Nicolini, § 6 Rn. 21; *Katzenberger*, in: Schricker/Loewenheim, § 26 Rn. 26; Fromm/*Nordemann* § 44 Rn. 6; *Wandtke*/Bullinger, § 44 Rn. 17.

mehrfach, so handelte es sich dieser Ansicht zufolge nur bei der ersten Verkörperung um ein Original.[48]

Auf die Erstfixierung des Werkes kann es jedoch nicht ankommen, da die Abgrenzung zwischen Unikatkunst und Serienwerken insbesondere im Bereich der zeitgenössischen Kunst, in der Kunstgattungen und Techniken zunehmend verschmelzen, schwierig ist und die Grenzen fließend sind, letztlich aber auch Serienwerke wie Abzüge von Druckgrafiken oder Abgüsse von Plastiken unter Umständen als Originale angesehen werden können.[49]

Bei Serienwerken, insbesondere im grafischen Bereich, und bei Abgüssen kommt es bei der Feststellung der Originaleigenschaft zum einen darauf an, was üblicherweise von den beteiligten Kreisen des Kunstmarktes als Original angesehen wird[50] und zum anderen, dass der Urheber selbst bei ihrer Schaffung zumindest durch Weisungen mitgewirkt hat.[51] Posthum hergestellte Abgüsse oder Abzüge sind daher keine Originale, da der Urheber hieran nicht mehr mitgewirkt haben kann. Der Originalbegriff ist im Bereich der Serienwerke insofern stark vom Verständnis der am Kunstmarkt beteiligten Personen geprägt.

Auch im Bereich der Unikatkunst sollte die Bestimmung dessen, was Original ist, nach der Sichtweise der beteiligten Verkehrskreise bewertet werden, da keinerlei Rechtfertigung für eine pauschal unterschiedliche Behandlung von Serienwerken und Unikatwerken erkennbar ist.[52] Insofern handelte es sich bei der Anfertigung eines identischen zweiten Gemäldes zwar nicht mehr um ein Unikatwerk, dennoch aber um ein Originalwerk.[53]

Demnach müssen auch Multiplikatwerke, die aus leicht reproduzierbarem Material bestehen, wie beispielsweise *Beuys* Capri-Batterien, die zum Großteil aus vorgefundenen Gegenständen (Glühbirne, Zitrone) zusammengesetzt sind, als Originale betrachtet werden, auch wenn es sich nicht um typische Serienwerke wie Abgüsse, Grafiken, Drucke o. ä. handelt. Es widerspräche der Sichtweise der beteiligten Verkehrskreise, eine der Ausfertigungen der Capri-Batterien nicht als

---

48 A. A. *Loewenheim*, § 70 Rn. 50; Dreier/*Schulze*, § 44 Rn 17.

49 A. A. *v. Gamm*, § 26 Rn. 5, der „trotz ihres besonderen Wertes" bereits die ersten Abzüge von Kupferstichen und Radierungen als Vervielfältigungen betrachtet.

50 *Vogel*, in: Schricker/Loewenheim, § 44 Rn. 23, § 26 Rn. 10; *Dreyer*/Kotthoff/Meckel, § 26 Rn. 13; *Samson*, UFITA 50 (1967), 491 (499).

51 *Vogel*, in: Schricker/Loewenheim § 44 Rn. 25; Dreier/*Schulze*, § 10 Rn. 7, *Kreuzer/Schwarz*, in: Loewenheim, § 95 Rn. 26; *Thum*, in: Wandtke/Bullinger § 10 Rn. 22; a. A. wohl *Ahlberg*, in: Möhring/Nicolini, § 10 Rn. 7.

52 So auch *Wiesner*, S. 51.

53 So auch Dreier/*Schulze*, § 44 Rn. 17.

Original zu betrachten, nur weil es sich um ein Werk handelt, welches in mehrfacher Ausgabe existiert.

Abzugrenzen ist eine Auflage zudem von einer Reihe. Im Gegensatz zu Auflagenwerken, bei denen es sich um exakt identische Werke handelt, handelt es sich bei Werken einer Reihe oder Serie um solche, die in ihrer Art nach ähnlich sind und unter Umständen nur minimale Unterschiede aufweisen. Hier ist von Unikatwerken auszugehen, so dass jedes Werk ein einmaliges Original darstellt.

II. Autonomisierung der Kunst bis in die Moderne

Das Original ist nach allgemeinem Verständnis allein das ursprüngliche, vom Urheber bzw. unter seiner Leitung geschaffene Werk. Der Kopist schafft hingegen immer nur eine Vervielfältigung, auch wenn sie sich äußerlich durch nichts vom Original unterscheidet.[54] Wesentliche Erkenntnis der Aufklärung und Moderne ist es schließlich, dass die Einmaligkeit und Subjektivität des künstlerischen Prozesses anerkannt und in den Vordergrund gestellt wurde, wodurch die Authentizität eines Werkes selbst zu einem der tragenden Qualitätsmerkmale geworden ist.[55] Während in vergangenen Epochen noch die Wertschätzung der Betrachter vorrangig der geistigen Schöpfung von Werken selbst, ihrer Ästhetik oder Schönheit[56] sowie deren handwerklicher Ausführung galt und die Rolle des Künstlers selbst dem untergeordnet war, fühlt sich heute ein Betrachter eines Gemäldes betrogen, wenn er erfährt, dass Teile eines Werkes von anderer Hand als der des Künstlers selbst stammen.[57] War man also bis zum späten 18. Jahrhundert überwiegend an den objektiven Eigenschaften eines Kunstwerkes, seiner sach- und regelgerechten Herstellung orientiert gewesen, so trat von diesem Zeitpunkt an zunehmend der Künstler als Subjekt selbst in den Vordergrund.[58] Künstler wurden zunehmend unabhängig von ihren Auftraggebern und erlangten erstmals einen autonomen Status in der bürgerlichen Gesellschaft. Hierdurch gewann auch ihre schöpferische Individualität an Bedeutung.[59] Im Laufe des 20. Jahrhunderts löste sich schließlich die Kunst mehr und mehr von ihrem Abbildungszweck, verlor zunehmend ihren Verweisungscharakter und deutete nunmehr nicht länger auf eine andere Realität hin, sondern allein auf sich selbst.[60]

---

54 *Schack*, Rn. 22.
55 *Bullinger*, S. 92; *Langer*, S. 136 ff.
56 *Schack*, Rn. 21 f.
57 *Bullinger*, S. 92.
58 *von Schoenebeck*, S. 42 f.
59 *Huttenlauch*, S. 45.
60 *Huttenlauch*, S. 46.

III. Die Bedeutung der Originaleigenschaft und der Urheberschaft im Bereich der reinen bildenden Kunst im Vergleich zu anderen Werkkategorien

Bei Werken der reinen bildenden Kunst besitzen die Originale auch heute noch eine Bedeutung, die im Vergleich beispielsweise zu Schriftwerken oder Lichtbildwerken weitaus höher anzusiedeln ist. Denn ein wertbildender Faktor eines Kunstwerks besteht gerade in der eigenhändigen Schaffung durch den Künstler, in seiner Einmaligkeit, die trotz der Möglichkeit der Reproduktion nach wie vor als unersetzbar betrachtet wird. Im Bereich der reinen bildenden Kunst existiert schließlich häufig nur ein einziges vom Urheber herrührendes Originalwerkstück bzw. eine begrenzte Anzahl an Auflagenwerken. Ein Originalmanuskript hat demgegenüber, abgesehen von seiner Beweisfunktion als Urtext hinsichtlich späterer Änderungen, nur einen Liebhaberwert, es sei denn, es handelt sich um das einzige vorhandene Exemplar.[61] Sprach- und Musikwerke werden beispielsweise regelmäßig in zahlreichen Werkstücken konkretisiert. Hier entfaltet sich die vom Urheber intendierte Botschaft, indem sich die Bedeutung der gewählten Sprachzeichen, der Töne oder Geräusche im Geiste des Lesers oder Hörers zu einer Gedankenführung formt. Auf den Träger, auf dem die geistigen Werke enthalten sind, wie das Papier, das Notenbild oder die CD, kommt es hierbei nicht an. Vielmehr genügen Buch, Notenbild oder CD allein nicht, damit der Rezipient den geistigen Gehalt des enthaltenen Werkes wahrnehmen kann. Erst durch die Umsetzung durch das Lesen oder das Spielen der Partitur wird das Werk für den Rezipienten wahrnehmbar.

Im Bereich der reinen bildenden Kunst kann der Rezipient das vom Künstler geschaffene geistige Werk hingegen allein durch die Anschauung des Werkstücks wahrnehmen. Eine Beschreibung des Werkes kann eine solche Betrachtung niemals ersetzen.[62] Hier fließen die geistige und körperliche Formung ineinander, so dass sich das Werk voll adäquat meist erst durch das vom Künstler herrührende Werkoriginal mitteilen kann.[63] Die vom Künstler eigenhändig vorgenommene Werkverkörperung prägt die Individualität des Werkes entscheidend mit. Nur diese so von ihm geschaffene Werkverkörperung macht sein Geisteswerk authentisch wahrnehmbar.[64]

---

61 *Schöfer*, S. 118; *Grohmann*, S. 117; *Schilcher*, S. 124 f.
62 *Wiesner*, S. 10, *Tölke*, S. 28.
63 *Wiesner*, S. 10.
64 *Schöfer*, S. 118.

Originalkunstwerke werden von der Gesellschaft als unersetzliche Kulturgüter mit besonderem künstlerischen, historischen, dokumentarischen, ästhetischen, wissenschaftlichen, geistigen oder religiösen Wert betrachtet.[65] Nur durch Erhaltung der weitestgehenden Authentizität und Originalität können sie also in unverfälschter Form Zeugnis für die Nachwelt abgeben.

IV. Zunehmende Auflösung des Originalbegriffs durch die Avantgarde

Dennoch gebieten aber einige neuere Erscheinungsformen in der Kunst eine differenzierte Betrachtungsweise hinsichtlich der Bedeutung der Originaleigenschaft. Hatte *Walter Benjamin* dem Originalkunstwerk noch eine Aura zugesprochen, die seine einmalige Existenz an seinem jeweiligen Ort – sein „Hier und Jetzt" – bezeichnet hatte,[66] werden Begriffe wie Dauerhaftigkeit, Einzigartigkeit, Originalität, Autorenschaft und Authentizität in der Postmoderne durch zeitgenössische Kunstwerke und ihre Urheber häufig selbst kritisiert und in Frage gestellt.[67]

So fallen beispielsweise im Bereich der Konzeptkunst sichtbares materielles Kunstwerk und immaterielles Kunstwerk deutlich auseinander.[68] Denn Besonderheit der Konzeptkunst ist es, dass es hier zu einer Entmaterialisierung der Kunst kommt. Die Realisierung des Werkes wird hier durch die bloße Idee oder das Projekt eines Werkes ersetzt.[69] Hierbei formuliert der Künstler die Realisierung des Werkes etwa durch eine verbale Anweisung, einzelne Objekte oder Fotografien, die für sich genommen aber nicht unbedingt eine ästhetische Qualität haben müssen.[70] Die sichtbare Formgebung oder Materialanordnung ist hier im Wesentlichen nur noch Beleg für das im Grunde allein geistige Kunstwerk. Hier gibt es kein Original im eigentlichen Sinne mehr. Allenfalls erlangt das materielle „Beleg"-Stück eine gewisse Authentizität[71] und dadurch wohl auch einen bestimmten Marktwert. Aus Sicht vieler Konzeptkünstler ist dieser materielle

65 *Janis*, S. 118; Präambel der E.C.C.O. Professional Guidelines, erarbeitet von der Europäischen Vereinigung der Restauratorenverbände (E.C.C.O.) und verabschiedet von ihrer Mitgliederversammlung Brüssel, 1. März 2002.

66 *Benjamin*, S 13.

67 *Millet*, S. 44.

68 *Dreier*, in: FS Beier, S. 365 (377).

69 *Millet*, S. 115.

70 *Millet*, S. 115.

71 *Dreier*, in: FS Beier, S. 365 (377).

Werkbeleg, wenn auch nicht völlig, so aber doch weitgehend austauschbar.[72] So übergibt der Konzeptkünstler *Lawrence Weiner* seine Werke meistens lediglich in verbaler Form und versieht sie mit Anweisungen, die alle gestalterischen Möglichkeiten offen lassen.[73] Seiner Ansicht nach könne der Künstler selbst das Stück realisieren oder auch jemand anders. Es müsse aber auch nicht unbedingt realisiert werden.[74] Dies gilt auch für viele Werke des Künstlers *Sol LeWitt*, der den Begriff der Konzeptkunst bedeutend geprägt hat. Auch er gibt in seinen Werken der Idee den Vorrang gegenüber der konkreten Form. Es kommt ihm nicht auf die eigenhändige Ausführung der Werke an, so dass hier die Bedeutung der Authentizität in der Kunst in Frage gestellt wird.[75]

Auch bei handlungs- und aktionsbetonten Kunstrichtungen des 20. Jahrhunderts, wie dem Happening oder Fluxus, wird der künstlerische Schöpfungsakt in den Vordergrund gerückt und nicht etwa ein Werk als Endprodukt. Hier wird die Bedeutung auf die flüchtige, situationsgebundene künstlerische Handlung verlagert.[76] Auch hier bleiben häufig nur Relikte zurück, die eine gewisse Authentizität aufweisen können.

Ebenso problematisiert die Kunstform der Appropriation Art durch den künstlerischen Akt der Aneignung fundamentale Werte der Kunstwelt wie beispielsweise die Autorschaft, Originalität, Kreativität oder den Marktwert. Der Appropriation Art werden solche Kunstwerke zugeordnet, bei denen der Künstler bewusst und mit strategischer Überlegung die Werke anderer Künstler kopiert. Der Akt des Kopierens und das Resultat selbst werden hier als Kunst verstanden. Diese Aneignung kann sowohl in kritischer Absicht als auch als Hommage an den Künstler des angeeigneten Werkes erfolgen. Die Appropriation Art ist ein Beispiel für das Selbstreflexivwerden des Kunstsystems. Sie gehört damit zu den Kunstrichtungen, die aktiv die Grenzen der Kunst ausloten und das Kunstsystem auf diese Weise zwingen, sich immer wieder neu zu definieren.

Der postmoderne Bedeutungsverlust der Originaleigenschaft wird ebenfalls deutlich bei Werken, welche aus einer Zusammenstellung von Alltagsgegenständen, aus „kunstfremden" Gegenständen bestehen und ohne großen Aufwand und ohne jede technische Schwierigkeit ersetzt werden könnten, ohne dass dies auffiele und ohne dass es hierfür eines Künstlers bedürfte, der eine besondere handwerkliche Begabung oder Fähigkeit innehätte. Die einzelnen Gegenstände hat der Künst-

72 *Dreier*, in: FS Beier, S. 365 (377).
73 *Millet*, S. 38.
74 *Millet*, S. 38.
75 *Frasco*, S. 35.
76 *von Schoenebeck*, S. 145.

ler nicht eigenhändig hergestellt, sondern nur eigenhändig zusammengefügt. So lässt sich das Beispiel des Schauspielers *Sylvester Stallone* anführen, der als Liebhaber deutscher Künstler auch ein Werk des Künstlers *Anselm Kiefer* besaß. Als das Werk begann, sich zu „dematerialisieren", indem täglich Strohhalme von dem Bild abfielen, befestigte *Stallone* diese kurzerhand selbst wieder mit Klebstoff.[77] Nachdem er das Werk für 1,7 Millionen Dollar erworben hatte, wollte er dessen langsame Auflösung nicht ohne weiteres hinnehmen. Als er den Kunsthändler auf das aus seiner Sicht mangelhafte Werk ansprach, erklärte dieser allerdings nur, dass dies so sein müsse, das Bild gehe durch eine Entwicklung, es lebe.[78] Auch hier stellt sich die Frage, welche Bedeutung Originalität und Authentizität haben und welche Rolle ihnen im Umgang mit Kunstwerken zukommt.

Darüber hinaus gibt es zahlreiche Kunstwerke, welche eine Interaktion durch den Eigentümer, Besitzer oder Rezipienten geradezu einfordern, um die Aussage des geistigen Werkes weiterhin unverfälscht übermitteln zu können. Dies gilt beispielsweise für Werke wie die bereits erwähnte Capri-Batterie von *Beuys*. Dieses Werk, bestehend aus einer Glühlampe und einer Fassung aus schwarzem Plastik, die am Sockel mit einem Stecker an einer Zitrone befestigt ist, fordert vom Besitzer in der zugehörigen Gebrauchsanweisung *„Nach 1000 Stunden Batterie auswechseln"*. Der Ersatz der alten Zitrone durch eine frische mindert hier insofern ebenso wenig die Authentizität wie die Originalität. Im Gegenteil würde das Unterlassen des Ersatzes und das Ausstellen des Werkes mit einer vermodernden Zitrone oder einer künstlichen Zitrone aus Plastik zu einer Verfälschung des Werkes führen.[79] Denn auch hier steht die Idee im Vordergrund, dass die von der Zitrone als Pflanzenorganismus umgewandelte Sonnenenergie als elektrischer Strom durch die Glühlampe fließen und sie so kontinuierlich zum Leuchten bringen könne. Es kommt hier nicht zum Verlust der Originalität oder Authentizität, nur weil der Künstler nicht alle Schritte der Erstellung seines Kunstwerkes selber vornimmt oder diese überwacht. Bei diesen Werken kommt es vielmehr auf das Konzept und das Material an, die diese Idee vermitteln sollen, nicht aber auf die Eigenhändigkeit oder Einmaligkeit.

Bei manchen Werken lässt der Künstler gar bewusst einen gewissen Spielraum hinsichtlich der Installation oder Ausführung eines Werkes. Die Vorstellungen des Künstlers sollen den Besitzer dann nur in einigen Punkten binden. So fordert *Santiago Sierra* von dem, der seine massiven schwarzen mit Teer beschichteten Stelen erwerben oder ausstellen will, dass er eine Wand durchbreche, durch

77 *Gorkow*, in: Süddeutsche.de vom 19.01.2007.
78 *Gorkow*, in: Süddeutsche.de vom 19.01.2007.
79 Zur Pflicht zur Erhaltung von Kunstwerken siehe unten, viertes Kapitel, A. V. 6.

welche die Stelen dann ragen sollen. Sammler *Christian Boros* musste hierfür gar mit einem Diamantschneider mehrere meterdicke Fenster in eine Wand seines Boros-Bunkers in Berlin schneiden.[80] Daraus kann aber nicht geschlossen werden, dass das Werk nie wieder an einem anderen Ort ausgestellt werden dürfe. Denn darauf, welche Wand durchbrochen wird, kommt es dem Künstler wohl nicht an, solange der radikale Eindruck dieses Werkes erhalten bleibt.

Noch deutlicher wird der Bedeutungsverlust der Originalität und Authentizität im Bereich der Objektkunst, in der zeitgenössische Künstler keine Gegenstände mehr verwenden, die von ihnen selbst geschaffen sind, sondern Produkte der Massenfertigung, sog. „Ready-mades".[81] Hier wird nicht einem Gedanken eine Form, sondern einer Form ein Gedanke unterlegt,[82] was dazu führt, dass die eigentliche Leistung des Urhebers das geistige Werk, der Gedanke oder die Assoziation ist, welche die Form hervorrufen soll. Dieser Gedanke benötigt allerdings, um beim Betrachter hervorgerufen zu werden, eines Trägers, des industriell gefertigten Gegenstandes. Im Vordergrund steht bei dieser Art von Kunst allein das geistige Werk, die zu übermittelnde Botschaft, der Gedanke, die Assoziation oder Reaktion. Das konkrete Objekt ist nur Mittel zum Zweck und meist gegen ein identisches anderes Objekt austauschbar. Bereits zu Beginn des 20. Jahrhunderts hat *Marcel Duchamp*, Vorreiter der Objektkunst, die materielle Ausführung seines berühmten 1914 signierten Flaschentrockners zu Lebzeiten mehrfach ersetzt und exakt gleiche oder – je nach Erhältlichkeit – ähnliche Exemplare aus der Hand gegeben.[83] So wurden von Dritten Repliken selbst nachgebaut oder Exemplare von Flaschentrocknern aus anderen Quellen erworben, die später von *Duchamp* teils mit dem Zusatz, teils ohne den Zusatz „copie conforme" signiert wurden.[84] Man konnte letztlich in den Jahren 1963/64 einen Flaschentrockner sowohl selber bauen als auch bei der Galerie Schwarz erwerben, wo eine Multiple-Edition mit 8 signierten und nummerierten Exemplaren angeboten wurde, die von einem Handwerksbetrieb ausgeführt worden waren.[85] Die Exemplare kosteten hier 2000–3000 USD. Ebenfalls konnte man sich ein normales Exemplar kaufen und durch *Duchamp* signieren lassen. Außerdem konnte man schon 1962 von Duchamp die briefliche Erlaubnis erhalten, einen neuen, nicht signierten Flaschentrockner unter seinem Namen ausstellen zu dürfen.[86] Laut *Duchamp*

---

80 *Maak*, in: F.A.Z. vom 19.04.2008, Nr. 92, S. 37.
81 *Millet*, S. 117.
82 so *von Schoenebeck*, S. 165.
83 *Daniels*, Kleine Objektgeschichte, in: Fischer/Daniels, S. 73 ff.
84 *Daniels*, Kleine Objektgeschichte, in: Fischer/Daniels, S. 74.
85 *Daniels*, Kleine Objektgeschichte, in: Fischer/Daniels, S. 74.
86 *Daniels*, Kleine Objektgeschichte, in: Fischer/Daniels, S. 74.

wurden seine Ready-mades in manchen Fällen gerade deshalb dupliziert, um dadurch den Kult der Einmaligkeit zu vermeiden.[87]

Allein im allgemeinen Kunstverständnis hält sich auch in Bezug auf diese neueren Tendenzen in der Kunst noch die besondere Bedeutung und Wertschätzung des Originals, da der Kunstmarkt diese erfordert. Schließlich folgt gerade aus der Knappheit von Werken auch deren Wertsteigerung.

D. Bedeutung des Materials und der künstlerischen Technik in der zeitgenössischen Kunst

Dem Ausdrucksmittel der Farbe hat sich in jüngerer Zeit aufgrund der Vorstellung von unmittelbaren Affektqualitäten das Material hinzugesellt.[88] Insbesondere seit den späten 1950er Jahren entstand eine Kunstproduktion, die „kunstfremde" Materialien in großem Umfang mit einbezog.[89] Oft wird seitdem bewusst mit alltäglichen, gebrauchten, vergänglichen, anorganischen, organischen und synthetischen, häufig kurzlebigen, „kunstfremden" Materialien gearbeitet. So benutzte *Joseph Beuys* vielfach Fette und Filz, *Anselm Kiefer* fügt, wie bereits erwähnt, Stroh in seine Bilder, *Felix Droese*, ein Schüler von *Joseph Beuys*, arbeitet mit Mist und *Dieter Roth* fertigte Bilder aus Schokolade. Das Material spielt also in der zeitgenössischen Kunst im Vergleich zur „klassischen" Kunst eine wesentlich wichtigere Rolle. In der „klassischen" Kunst hat das verwendete Material regelmäßig eine eindeutige Aussage. Das Material und die angewandte Technik dienen hier in erster Linie der Aussage, die durch das konkrete Erscheinungsbild des Werkes bestimmt wird.[90] Dies führt dazu, dass beispielsweise etwaige Restaurierungsmaßnahmen zumindest im Hinblick auf den Aspekt der Materialeigenschaft nicht auf Kosten des Werkes vorgenommen werden müssen, solange dieses Erscheinungsbild erhalten bleibt. Im Gegensatz dazu ist die Beziehung zwischen Material und Bedeutung bei Objekten der „nicht-traditionellen" zeitgenössischen oder modernen Kunst meistens zweideutig. Hier haben das Material selbst und die angewandte Technik je nach Künstler häufig eine eigenständige Bedeutung.[91] Denn im Gegensatz zur Farbe besitzen die „kunstfremden" Materialien auch außerhalb des Kunstkontextes eine Bedeutung, angereichert etwa mit historischen oder alltäglichen Erfahrungen, die nunmehr in das Kunstwerk mit

87 *Daniels*, Interview, in: Fischer/Daniels, S. 95 (98).
88 *Wagner*, in: Zeitgenössische Kunst und Kunstwissenschaft, S. 33.
89 *Wagner*, in: Zeitgenössische Kunst und Kunstwissenschaft, S. 39.
90 Decision-Making Model, S. 1.
91 Decision-Making Model, S. 1.

eingebracht werden.[92] Durch die Verwendung authentischer Materialien wird die außerkünstlerische Bedeutung und Geschichte dieser Materialien in den Kunstraum mit einbezogen[93] und verleiht dem Kunstwerk außerhalb des dargestellten und sichtbar Wahrnehmbaren unter Umständen eine weitergehende Bedeutung und Aussage. Je weniger „traditionell" oder „klassisch" ein verwendetes Material ist, desto mehr trägt es häufig zu der Bedeutung und Aussage des Werkes bei. So kann die Ausdruckskraft eines Werkes gerade in der Fragilität oder Vergänglichkeit seines Materials liegen.

Das zur Bedeutung des Materials in der zeitgenössischen Kunst Gesagte gilt gleichermaßen für die Bedeutung der künstlerischen Technik, also der Art und Weise der Herstellung eines Kunstwerkes. In die Kunst hat insbesondere in den letzten Jahrzehnten eine ungeheure Vielfalt an neuen Techniken Einzug gehalten. In der kinetischen Kunst beispielsweise werden bewegliche Elemente eingebaut und so vom Künstler gewollte Geräusche, Bewegungen und ganze Choreographien erzeugt. Ebenso werden die unterschiedlichsten Medien verwendet und unter Umständen miteinander kombiniert, wobei den einzelnen Medien oft jeweils selbst eine eigene Bedeutung zukommen kann. Sie dienen dann nicht lediglich als Träger oder Mittel zur Darstellung eines Kunstwerks, sondern sind Teil des Kunstwerks selbst. Insgesamt ist in der Kunst des 20. Jahrhunderts die Tendenz zu bemerken, dass sich das Interesse der Künstler vom Endprodukt, dem Kunstwerk, auf den Schöpfungsprozess verlagert.[94]

E. Bedeutung der Umgebung in der zeitgenössischen Kunst

Die Idee, die Umgebung eines Kunstobjektes mit in die künstlerische Konzeption einzubeziehen, ist nicht neu. Bereits in früheren Epochen wie dem Barock, der Renaissance oder dem Jugendstil wurden Gesamtkunstwerke geschaffen, welche die umliegende Architektur mit in ihre Konzeption aufnahmen.[95] In der zeitgenössischen Kunst kommt der sogenannten „Ortsspezifik", der Verbindung eines Werkes mit seiner Umgebung, heute allerdings im Vergleich dazu eine noch weitergehende Rolle zu. Heute beinhaltet der Begriff der „Ortsspezifik" im Vergleich zu dem früher häufig verwendeten Begriff der „Kunst am Bau" nicht mehr lediglich den konkreten Bezug auf ein Bauwerk, sondern impliziert das gesamte Umfeld eines Werkes, welches nicht lediglich auf geschlossene Räume eines

92 *Wagner*, in: Zeitgenössische Kunst und Kunstwissenschaft, S. 41.
93 *Wagner*, in: Zeitgenössische Kunst und Kunstwissenschaft, S. 41.
94 *von Schoenebeck*, S. 139.
95 *Potthast/Schmidt*, in: Ortsspezifische Kunst, S. 11.

Bauwerks beschränkt ist. „Ortsspezifische“ Kunstwerke werden nicht schlicht in einer bestimmten Umgebung platziert, sondern beziehen diese Umgebung ganz konkret in die Arbeit mit ein. Das Umfeld wird hier also nicht lediglich als Raum oder Hintergrund für das Werk genutzt, sondern es wird selbst zu einem Teil der Kunst. Die Aufmerksamkeit des Betrachters soll hierbei auf die Relationen zwischen Raum, Licht und seinem Gesichtsfeld gelenkt werden.[96] Der Raum und die Umgebung haben sich zu einem zusätzlichen ästhetischen Ausdrucksmittel in der Kunst entwickelt, wobei die Bezugspunkte unterschiedlich sein können.[97] So kann der Ortsbezug durch die Wahl der verwendeten Materialien oder durch die Art und Weise der Ausführung entstehen.[98] Insbesondere in der Minimal Art, einer Kunstform, die zu Beginn der 1960er Jahre entstand und in der die Reduktion auf einfache und übersichtliche, meist geometrische Grundstrukturen im Vordergrund steht, wird ein Schwerpunkt auf den das Objekt umgebenden Raum gelegt.[99] Auch der Begriff des „Environments“ wurde in den späten 1950er Jahren geprägt. Environments bezeichnen Kunstwerke, die meist einen spirituellen oder konzeptuellen künstlerischen Ansatz verfolgen, wobei Ansatzpunkt oft die Auseinandersetzung mit der Alltags- und Warenwelt ist und die Beziehung zwischen Objekt und Umgebung thematisiert wird. Hier werden auch Begriffe wie „begehbare Raumgestaltung“ oder „Ambientekunst“ verwendet. Als Erweiterung des Kunstwerks wird hier ein szenisches Element hinzugefügt. Seit Ende der 1970er Jahre wird zudem häufig der Begriff der „Installation“ verwendet, welcher meist für raumgreifende, ortsgebundene und oft auch orts- oder situationsbezogene dreidimensionale Kunstwerke verwendet wird. Diese Abkehr vom Objekt und seiner ihm innewohnenden Ästhetik als alleinigem Garant des Ausdrucks eines Kunstwerkes und die damit einhergehende Hinwendung zum Blickwinkel des Betrachters führen dazu, dass Raum und Umfeld durch den Künstler und die Kunstwissenschaft in vielen Werken eine neuartige und wichtige Funktion beigemessen werden.[100]

F. Zusammenfassung

Nachvollziehbarerweise fragt sich *Dreier*, ob es tatsächlich noch eine Frage des Rechts sei, zu entscheiden, was mit einem „Urinal“ (dem von *Marcel Duchamp*),

---

96 *Bahtsetzis*, S. 39.

97 Zu den rechtlichen Ausführungen zur „ortsspezifischen“ Kunst siehe unten, viertes Kapitel, B. I.

98 *Bahtsetzis*, S. 39.

99 *Fritz*, „To remove the work is to destroy the work“, S. 2.

100 *Bahtsetzis*, S. 39.

das unter der Bezeichnung „1917; ersetzt 1961“ ausgestellt sei, stimme und was nicht.[101] Tatsächlich aber haben viele Konflikte um den richtigen Umgang mit einem Kunstwerk nicht allein kunstwissenschaftliche oder philosophische Relevanz, sondern berühren ebenso Fragen des Urheberrechts. Letztendlich muss im Falle eines rechtlichen Konfliktes über den „richtigen Umgang“ mit einem Werk also der Richter urteilen. Aber auch außerprozessual müssen Eigentümer und Besitzer sowie andere Beteiligte mit Konflikten mit den jeweiligen Künstlern umgehen. Hierfür werden Richtlinien benötigt, die ihnen eine gewisse Rechtssicherheit hinsichtlich ihres Handelns verschaffen. Zwar haben viele Sammler, Galeristen und Kuratoren enge Kontakte zu den jeweiligen Künstlern, viele Abmachungen erfolgen per Handschlag, Eingriffe werden in regelmäßiger Kommunikation mit dem Künstler vorgenommen. Gerade dies birgt aber auch das Risiko, dass sich bei einer Veränderung in dem engmaschigen sozialen Kommunikationsnetzwerk der Kunstwelt Beziehungen verschlechtern und Konflikte entstehen. Aufgrund fehlender schriftlicher Dokumente können Einigungsprozesse nicht mehr nachvollzogen werden, so dass gesetzliche Regelungen greifen. Auch für die Zeit nach dem Tod haben Künstler selten Vorkehrungen getroffen, wie mit dem Werk zu verfahren ist. Dies eröffnet Spielraum für immer häufiger auftretende Konflikte mit den Künstler-Erben,[102] die es als ihre Aufgabe betrachten, die (vermeintlichen) Interessen des verstorbenen Künstlers auch nach seinem Tode zu wahren.

Trotz des weitgehend anerkannten Schutzbedürfnisses auch neuerer Kunstformen müssen die Besonderheiten zeitgenössischer Kunst im Rahmen der Frage der Reichweite des Integritätsschutzes berücksichtigt werden. So bedeutet die gesellschaftliche Anerkennung der Wertschätzung des Originals im Vergleich zur Reproduktion nicht automatisch, dass die Bedeutung der Originaleigenschaft bei neueren Kunstformen im Vergleich zu „traditionellen“, „klassischen“ Kunstformen juristisch immer gleich hoch bewertet werden muss. Ebenso ist zu berücksichtigen, dass ein Eingriff in die Integrität eines zeitgenössischen Kunstwerkes beispielsweise durch die Veränderung eines bei der Schaffung des Kunstwerkes verwendeten Materials als intensiver bewertet werden kann, als dies bei einem „traditionellen“ Werk der Fall wäre, wenn es gerade auf dieses Material entscheidend ankommt. Gleiches gilt für die Vornahme von Veränderungen im Umfeld eines ortsspezifischen Kunstwerkes. Auch hier können die Intensität und das Ausmaß eines Eingriffs nur unter Berücksichtigung der Bedeutung für das

101 *Dreier*, in: FS Beier, S. 365 (378).

102 Dies zeigen beispielsweise die zahlreichen Konflikte der Beuys-Witwe Eva Beuys um den Umgang mit Werken ihres verstorbenen Mannes, hierzu unten, z. B. viertes Kapitel, A. V. 6. c) cc), viertes Kapitel, A. V. 8. c), aa).

jeweilige Kunstwerk bestimmt werden. Ausgangspunkt für die Festlegung des Umfangs des Integritätsschutzes bei zeitgenössischen Kunstwerken muss – wie festgestellt – die Intention des Künstlers sein, da ansonsten schon die Bedeutung des Materials, der Originaleigenschaft, der Umgebung oder der Einmaligkeit nicht zutreffend bewertet werden können. Vorstehend wurden nur einige besondere Aspekte zeitgenössischer Kunst aufgeführt, um beispielhaft zu dokumentieren, wie vielschichtig ein möglicherweise zunächst simpel oder unverständlich erscheinendes Werk sein kann. In der zeitgenössischen Kunst sind aber keine Grenzen hinsichtlich der Hervorhebung und Kombination einzelner Aspekte gesetzt, die in Werken thematisiert werden können. Umso bedeutender ist es hier, die Intention des Künstlers zu untersuchen und diese im Rahmen der rechtlichen Bewertung eines Eingriffs in die Integrität zu berücksichtigen.

Trotz der Verschiebung der Bedeutung einzelner Aspekte in der Kunst in den letzten 50 Jahren bedingt der kulturelle Wert zeitgenössischer Kunstwerke den notwendigen Respekt vor neueren Kunstformen. Dieser Respekt ist auch im Rahmen der juristischen Betrachtung des Schutzumfanges zeitgenössischer Kunstwerke gefordert. Die Besonderheiten zeitgenössischer Kunst in der Rechtswissenschaft zu ignorieren, würde eine Wertung und Nichtakzeptanz eines gesamten Genres zeitgenössischen Kunstschaffens bedeuten. Der Schutzumfang muss bei neueren Kunstformen im Rahmen einer Einzelfallbetrachtung also unter Umständen je nach Intention und Bedeutung einzelner Aspekte für das betreffende Kunstwerk vergleichsweise enger oder weiter gezogen werden.

Im Folgenden wird untersucht, wie und in wie weit diese Aspekte besondere Berücksichtigung finden können und müssen und in welchen Lebensbereichen der Kunst neuere Tendenzen künstlerischen Schaffens auch die Lösung rechtlicher Konflikte tangieren.

Zweites Kapitel: § 14 UrhG als zentrale Schutznorm gegen Entstellungen und andere Beeinträchtigungen

A. Spannungsverhältnis zwischen Urheberrecht und Sacheigentum

Zwischen dem Urheberrecht und dem Sacheigentum an einem urheberrechtlich geschützten Werk besteht ein Spannungsverhältnis. Einerseits steht dem Urheber das Urheberrecht an seinem geistigen Werk zu. Andererseits hat der Eigentümer gem. § 903 BGB das Recht, mit seinem Eigentum nach Belieben zu verfahren. Während also das Urheberrecht die Rechtslage an dem geistigen Werk regelt, regelt das Sachenrecht die Rechtslage am körperlichen Werkstück.[103] Urheberrecht und Sacheneigentum sind unabhängig voneinander und stehen selbständig nebeneinander.[104] Es stellt sich also die Frage, ob und in wie weit derjenige, der das Eigentum an einem Originalkunstwerk erworben hat, oder ein anderer mit dem Kunstwerk Umgehender gegen den Willen des Künstlers Handlungen vornehmen darf, die das Werk berühren.

B. § 14 UrhG als Ausfluss des Urheberpersönlichkeitsrechts

Gem. § 14 UrhG hat der Urheber das Recht, eine Entstellung oder eine andere Beeinträchtigung seines Werkes zu verbieten, die geeignet ist, seine berechtigten geistigen oder persönlichen Interessen am Werk zu gefährden. Damit ist § 14 UrhG die zentrale Bestimmung des urheberrechtlichen Werkschutzes[105] und Hauptausfluss des Urheberpersönlichkeitsrechts, welches im Kern in §§ 12 bis 14 UrhG geregelt ist. Während das Veröffentlichungsrecht gem. § 12 UrhG es dem Urheber ermöglicht, zu bestimmen, in welcher konkreten Form er sein Werk in die Öffentlichkeit entlassen will, schützt das Recht aus § 14 UrhG hingegen den Bestand dieser konkreten Form und des darin zum Ausdruck gelangenden konkreten geistig-ästhetischen Gesamteindrucks des Werkes.[106] Die Norm schützt den Urheber vor verfälschenden und entstellenden Eingriffen in sein Werk. Denn

103 *Wiesner*, S. 12.
104 BGH GRUR 1974, 675 (676) – *Schulerweiterung*; *Wiesner*, S. 12.
105 Wandtke/*Bullinger*, § 14 ff. Rn. 1.
106 *v. Gamm* § 15 Rn. 10; Dreier/*Schulze*, § 14 Rn. 1.

nur so wie der Urheber sein Werk geschaffen hat, ist es Ausdruck seines Geistes und nicht anders. Dabei bezieht sich § 14 UrhG in erster Linie auf körperliche Störungen, die das Werk in seiner Substanz verändern. Die Vorschrift erfasst darüber hinaus aber auch Umfeldeinwirkungen auf das Werk, die es herabsetzen, ohne es selbst zu ändern.

Gegenstand des Urheberpersönlichkeitsrechts ist gem. § 11 UrhG die persönliche und geistige Beziehung zwischen dem Urheber und seinem Werk. Es bezweckt in erster Linie den Schutz der ideellen Interessen des Urhebers in Bezug auf sein Werk.[107] Dieser besondere Schutz rechtfertigt sich aus der innigen, engen Verbindung zwischen dem Urheber und seiner Schöpfung. Denn das künstlerische Werk bringt das Wesen, die Wahrnehmung, die Gefühle sowie die Einsichten seines Schöpfers in einer individuellen Form zum Ausdruck.[108] Im Hinblick auf das urheberrechtliche Werk wird häufig das Bild eines „geistigen Kindes" verwendet, welches durch eine unsichtbare Nabelschnur mit seinem Schöpfer verbunden bleibe.[109] Das urheberrechtlich geschützte Werk ist dabei allein das Immaterialgut, das geistige Werk, welches in dem körperlichen Werkstück, also dem sichtbaren Produkt der geistigen Arbeit, lediglich konkretisiert wird.[110] Insofern ist zwischen dem Werk einerseits und dem Werkstück andererseits zu unterscheiden und strikt voneinander zu trennen.[111] Bei Werken der reinen bildenden Kunst fließen die geistige und die körperliche Formung allerdings weitgehend ineinander,[112] so dass sich hier die Trennung zwischen Werk und Werkstück schwerer darstellen als beispielsweise bei Werken der Literatur oder Musik.

Der Schutz der engen Verbindung zwischen dem Urheber und seinem Werk wird auch nach Entlassung des Werkes in die Außenwelt nicht aufgehoben, sondern bleibt aufgrund der Unübertragbarkeit des Urheberrechts bestehen. Dem Urheberpersönlichkeitsrecht kommt nämlich gerade dann eine besondere Bedeutung zu, wenn der Urheber sein Werk veräußert oder Dritten Nutzungs- oder Bearbeitungsrechte daran eingeräumt hat. Schließlich kann er in diesem Fall nicht mehr unmittelbar auf das Werk einwirken und allein über das Werk bestimmen.

---

107 Wandtke/*Bullinger,* Vor. §§ 12 ff. Rn. 1; *Schöfer*, S. 9.

108 Wandtke/*Bullinger,* Vor. §§ 12 ff. Rn. 1.

109 Wandtke/*Bullinger*, Vor. §§ 12 ff. Rn. 1; *Grohmann*, S. 8.

110 BGH GRUR 2002, 532 (534) – *Unikatrahmen.*

111 *Kreuzer*, in: Loewenheim § 95 Rn. 4.

112 *Wiesner*, S. 10.

C. Verhältnis des § 14 UrhG zu anderen änderungsrelevanten Vorschriften

Das Urheberrecht enthält mehrere änderungsrelevante Vorschriften, denen der Gedanke des Integritätsschutzes zugrunde liegt. Im Folgenden soll daher zunächst dargestellt werden in welchem Verhältnis diese Regelungen zueinander stehen, ob diese Normen neben der Bestimmung des § 14 UrhG zur Anwendung kommen und ob sie bei deren Auslegung berücksichtigt werden müssen.

I. Bearbeitungen und Umgestaltungen, § 23 UrhG

§ 23 Satz 1 UrhG erlaubt die Veröffentlichung oder Verwertung einer Bearbeitung oder einer anderen Umgestaltung eines Werkes nur mit Einwilligung dessen Urhebers. Diese Vorschrift verdeutlicht, dass dem Urheber nicht nur die Verwertung seines Originalwerkes vorbehalten bleibt, sondern auch die seines Werkes in veränderter Form.

Oberbegriff ist nach dem Wortlaut der Vorschrift ("Bearbeitung oder andere Umgestaltung") die Umgestaltung. Hierbei handelt es sich um eine abhängige Nachschöpfung, also eine Gestaltung, bei der die wesentlichen Züge des umgestalteten Werkes übernommen wurden und erkennbar sind.[113] Hierdurch unterscheidet sich die Umgestaltung von der freien Benutzung i. S. d. § 24 UrhG, bei der das Originalwerk lediglich als Anregung für ein neues eigenes Werk dient, weshalb es hier keiner Einwilligung des Urhebers bedarf.

1. Abgrenzung zwischen Bearbeitung und anderer Umgestaltung

a) Abgrenzung nach dem Zweck

Laut amtlicher Begründung zum Urheberrechtsgesetz sollen Bearbeitungen solche Umgestaltungen sein, die stets den Zweck verfolgen, das Originalwerk bestimmten Verhältnissen anzupassen.[114] Die Identität des Originalwerks solle hierbei nicht berührt werden, sondern es sollen lediglich die Verwertungsmöglichkeiten des Werkes erweitert werden. So fielen hierunter z. B. die Übersetzung in eine andere Sprache oder die Übertragung in eine andere Kunstform. Demgegenüber liege eine „andere Umgestaltung“ vor, wenn der Verfasser der

113 Schricker/*Loewenheim*, § 23 Rn. 3.

114 BT-Drucks. IV/270, S. 51; der Ansicht, dass diese Abgrenzungsmethode veraltet ist, ist Wandtke/*Bullinger*, § 23 Rn. 5.

Umarbeitung nicht das Originalwerk zur Geltung bringen, sondern das Ergebnis seiner Arbeit als eigenes Werk ausgeben wolle (Plagiat) oder bei dem Versuch scheitere, das fremde Werk zu einer neuen selbstständigen Schöpfung frei zu benutzen, weil es ihm nicht gelinge, sich von seinem Vorbild genügend frei zu machen.[115] Der Gesetzesbegründung folgend gehen auch einige Stimmen in der Literatur und Rechtsprechung davon aus, dass eine Bearbeitung also immer dem Werk selbst diene und es einem veränderten Zweck anpassen wolle, während dies bei Umgestaltungen nicht der Fall sei.[116]

b) Abgrenzung nach der Schöpfungshöhe

Nach anderer Ansicht sei diese Art der Abgrenzung veraltet.[117] Vielmehr setze der Begriff der Bearbeitung eine Veränderung des Werkes voraus, die selbst den Grad einer persönlichen geistigen Schöpfung erreiche, während dies beim Begriff der Umgestaltung nicht der Fall sei.[118] Unter den Begriff der Umgestaltung könne mithin jegliche Veränderung des Werkes fallen, die nicht die Schöpfungshöhe einer Bearbeitung erreiche. Zugunsten dieser Ansicht wird darauf verwiesen, dass auch solche Änderungen, die nicht die Schöpfungshöhe einer persönlichen geistigen Leistung erreichten, zulässig sein müssten, falls der Urheber einwillige.[119] Zwar erfasse auch das Änderungsverbot des § 39 UrhG Bearbeitungen und Umgestaltungen, da es sich hierbei um Änderungen handele, jedoch gelte dieses nur für den Nutzungsberechtigten. Insofern müsse § 23 UrhG die Lücke schließen, indem der Begriff der „anderen Umgestaltung" alle Veränderungen erfasse, die nicht den Grad einer persönlichen geistigen Schöpfung erreichen. Diese Argumentation lässt erkennen, dass man davon ausging, dass nach der Gesetzesbegründung sowohl die Bearbeitung als auch die andere Umgestaltung eine persönliche geistige Schöpfung voraussetzten.

c) Eigene Stellungnahme

Die Ansicht, die nach der Schöpfungshöhe unterscheidet, überzeugt nicht. Zum einen ist bereits zweifelhaft, ob die Gesetzesbegründung einer Norm schlicht als

115 BT-Drucks. IV/270 S. 51.

116 OLG Düsseldorf GRUR 1990, 263 (266) – *Automaten-Spielplan*; KG GRUR-RR 2004, 129 (131) – *Modernisierung einer Liedaufnahme*; Schricker/*Loewenheim*, § 23 Rn. 4; Dreier/*Schulze*, § 23 Rn. 5 ff.; *Loschelder*, GRUR 2011, 1078 (1081).

117 So Wandtke/*Bullinger*, § 23 Rn. 3.

118 LG Köln GRUR 1973, 88 (88) – *Kinder in Not*; Fromm/*Nordemann*, § 23 Rn. 1; *v. Gamm*, § 23 Rn. 8.

119 Fromm/*Nordemann*, § 23 Rn. 9.

überholt erklärt werden kann, solange weder der Gesetzestext verändert wird noch sich der Gesetzgeber anders äußert.[120] Zum anderen ist diese Ansicht auch systematisch nicht zwingend. Zunächst gibt die Gesetzesbegründung nicht vor, dass sowohl die Bearbeitung als auch die „andere Umgestaltung" die Schwelle einer persönlichen geistigen Schöpfung erreichen müssen, so dass es auf die Frage, ob eine solche vorliegt oder nicht, erst ankommt, wenn es darum geht, ob eine Umgestaltung selbst Urheberrechtsschutz genießt. Die Frage der hinreichenden Schöpfungshöhe ist daher ein Problem des § 3 UrhG und nicht des § 23 UrhG.[121] Nach hier vertretener Ansicht werden außerdem solche Eingriffe, die nicht die Gestaltungshöhe einer persönlichen geistigen Schöpfung erreichen, bereits von § 14 UrhG erfasst, wobei eine Einwilligung des Urhebers im Rahmen der Interessenabwägung Berücksichtigung finden kann. Eine zu schließende Lücke liegt also überhaupt nicht vor.[122] Auch das Urheberrechtsgesetz stellt an keiner Stelle fest, dass Bearbeitungen begrifflich urheberrechtlich schützbare Werke seien. So normiert § 3 UrhG lediglich, dass auch Bearbeitungen und andere Umgestaltungen das Erfordernis der persönlichen geistigen Schöpfung erfüllen müssten, um selbst Werkschutz zu genießen.[123]

Aber auch die Ansicht, die der Gesetzesbegründung folgt, weist Nachteile auf. So erweist sich die subjektive Zwecksetzung einer Veränderung nicht als zuverlässiges Abgrenzungskriterium, vor allem, da sie unter Umständen schwer festzustellen sein mag.[124]

Letztendlich bietet es sich an, unter den Begriffen der Bearbeitung und der anderen Umgestaltung jede Veränderung zu verstehen, die das Werk objektiv *neuen* Verwertungsmöglichkeiten zuführt.[125] Auf eine exakte juristische Abgrenzung der Begriffe Bearbeitung und Umgestaltung kann dabei verzichtet werden, da die Rechtsfolge des Einwilligungsvorbehalts ohnehin in beiden Fällen greift. Diese Ansicht löst auch die Problematik im Rahmen der Anwendung des § 23 UrhG bei Veränderungen an Originalwerkstücken der bildenden Kunst. Nähme man hier nämlich an, auf derartige Veränderungen sei § 23 UrhG ohne Weiteres anwendbar, da sie wohl in den meisten Fällen jedenfalls unter den Begriff der Umgestaltung i. S. d. § 23 UrhG zu subsumieren wären, so stünde die Veröffentlichung und Verwertung derartiger Veränderungen grundsätzlich unter einem Einwilligungsvorbehalt. Würden also Veränderungen an einem Originalwerkstück vor-

---

120 So Dreier/*Schulze*, § 23 Rn. 5; Schricker/*Loewenheim*, § 23 Rn. 5.
121 Schricker/*Loewenheim*, § 23 Rn. 5.
122 So auch *Schilcher*, S. 87.
123 So auch *Schilcher*, S. 87.
124 *Grohmann*, S. 66; *Schilcher*, S. 89.
125 So auch *Schöfer*, S. 89.

genommen, welches sich aufgrund eines festen Standortes in der Öffentlichkeit befindet oder welches jedenfalls nach seiner Veränderung wieder öffentlich ausgestellt wird, so müsste man streng genommen von einer Veröffentlichung dieser Bearbeitung oder anderen Umgestaltung sprechen, die unter dem Einwilligungsvorbehalt des Urhebers stünde. Dieses Ergebnis ist jedoch nicht tragbar. Schließlich hat der Eigentümer eines Originalwerkstücks erhebliche Interessen daran, sein Eigentum gem. § 903 BGB nach seinem Belieben zu behandeln. Die Absolutheit des Einwilligungsvorbehalts würde den Weg zur Interessenabwägung nach § 14 UrhG versperren, welche die unter Umständen berechtigten Interessen des Eigentümers mit denen des Urhebers in Einklang zu bringen vermag. Besonders deutlich wird dies im Bereich architektonischer Zweckbauten. Durch den Einwilligungsvorbehalt könnte der Urheber hier gem. § 23 UrhG alle Änderungen des Bauwerks unterbinden, ohne dass die berechtigten Interessen des Eigentümers Berücksichtigung finden könnten. Auch wenn der Wortlaut des § 23 UrhG dies nicht ausdrücklich vorsieht, muss insofern davon ausgegangen werden, dass die Begriffe der Bearbeitung oder Umgestaltung voraussetzen, dass das Werk *neuen* Verwertungsmöglichkeiten zugeführt wird. Im Bereich der Originalwerkstücke der bildenden Kunst führt dies regelmäßig dazu, dass jeweils die Verwertung bzw. Veröffentlichung eines weiteren, neuen, zusätzlichen Werkstücks neben dem Originalwerkstück erfolgen muss. Schließlich handelt es sich bei § 23 UrhG um eine Norm mit zumindest überwiegend vermögensrechtlichem Charakter,[126] während § 14 UrhG zentrale Norm für den Schutz der Integrität von Werken ist. Wird im Rahmen der Bearbeitung oder Umgestaltung eines Originalkunstwerkstücks kein zusätzliches Werkstück geschaffen, so werden auch die Verwertungsmöglichkeiten in der Regel nicht erweitert, da allein das ursprüngliche Werkstück betroffen ist. Insofern ist in der Regel allein das Interesse des Urhebers betroffen, dass sein Werk nur in der Gestalt an die Öffentlichkeit gelange, wie er es geschaffen habe, also das von § 14 UrhG geschützte Integritätsinteresse. Bei derartigen Veränderungen des Werkstücks muss sich die rechtliche Bewertung des Eingriffs also allein nach § 14 UrhG bzw. beim Nutzungsberechtigten nach § 39 UrhG richten.

Auch die Rechtsprechung geht offenbar – allerdings ohne sich zum Verhältnis zwischen § 23 UrhG und § 14 UrhG ausdrücklich zu äußern – davon aus, dass § 23 UrhG die Schaffung eines neuen Werkstücks voraussetze, welches dann verwertet oder veröffentlicht werde. In allen bekannten Entscheidungen, die Gerichte im Falle der Vornahme von Veränderungen an Originalwerkstücken getroffen

126 BGH GRUR 1986, 458 (458) – *Oberammergauer Passionsspiele I.*

haben, wurden diese Eingriffe allein anhand der §§ 14, 39 UrhG bewertet, die eine Berücksichtigung der Interessen des Eingreifenden erlauben.[127]

Ebenso wird in der Literatur der Integritätsschutz von Originalwerkstücken allein im Lichte der §§ 14, 39 UrhG betrachtet.[128] Auch hier geht man also – jedoch ebenfalls ohne das Verhältnis zwischen § 23 UrhG und § 14 UrhG bei Originalwerkstücken zu thematisieren – davon aus, dass Veränderungen von Originalwerkstücken allein anhand von §§ 14, 39 UrhG zu prüfen sind.

Da im Rahmen dieser Arbeit nur Eingriffe im Umgang mit Originalwerkstücken untersucht werden sollen, stellt insofern § 14 UrhG und nicht § 23 UrhG die zentrale Schutznorm dar.

2. Reichweite der Begriffe

Umstritten ist zudem, ob die Begriffe der Bearbeitung und Umgestaltung nur Eingriffe in die Substanz eines Werkes erfassen[129] oder ob auch Eingriffe in die Umgebung erfasst sind, die das Werk lediglich in einen anderen Sachzusammenhang stellen.[130] Befürwortenswert ist es diesbezüglich, zwar nicht nur solche Eingriffe unter die Begriffe der Bearbeitung und Umgestaltung zu fassen, welche die Substanz des Werkes berühren, die Begriffe aber auch nicht so weit auszulegen, dass jeder Eingriff im Umfeld eines Werks hiervon erfasst sein könnte. Unter die Begriffe der Bearbeitung und Umgestaltung sollten demnach nur solche Eingriffe gefasst werden, die im Ergebnis dazu führen, dass die Substanz eines Werkes verändert scheint, auch wenn diese selbst nicht verändert wurde. Dies ist beispielsweise dann der Fall, wenn ein nicht zum ursprünglichen Werk gehörender Teil durch Hinzufügen zum Werk als Teil seiner ursprünglichen Werksubstanz erscheint.[131] Entscheidend ist schließlich nicht, ob ein Eingriff in den materiellen Träger eines Werkes, also die materielle Substanz erfolgt, sondern ob ein Eingriff zu einer Veränderung des immateriellen Gehalts eines Werkes geführt hat.[132] Subsumierte man allerdings jede Veränderung im Umfeld eines

127 So z. B. BGH GRUR 2008, 984 – *St. Gottfried*; BGH NJW 1982, 639 – *Kirchen-Innenraumgestaltung*; OLG Hamm ZUM-RD 2011, 343 – *Brunnen*; OLG Köln ZUM 2010, 180 – *Pferdeskulptur*; OLG Stuttgart GRUR-RR 2011, 56 – *Stuttgart 21*; LG Köln ZUM-RD 2009, 90; LG Berlin ZUM 2007, 424 – *Berliner Hauptbahnhof*; VG Sigmaringen NJW 2001, 628.

128 So z. B. *Wiesner*, S. 122 ff.; *Schilcher*, S. 47 ff.; *Schöfer*, S. 43 ff.

129 So wohl *Ahlberg*, in: Möhring/Nicolini, § 23 Rn. 11.

130 Nicht ganz eindeutig BGH GRUR 2002, 532 (534) – *Unikatrahmen*, so aber Dreier/*Schulze*, § 23 Rn. 8; *von Detten*, S. 90; Schricker/*Loewenheim*, § 23 Rn. 7.

131 BGH GRUR 2002, 532 (534) – *Unikatrahmen*, ähnlich auch BGH ZUM 2006, 318 (320) – *Alpensinfonie*

132 So auch *Czernik*, S. 359.

Werkes, welches dieses in einen anderen Sachzusammenhang stellt, unter den Begriff der Bearbeitung oder Umgestaltung, so führte dies dazu, dass solche Veränderungen im Umfeld eines Werkes immer unter einem Einwilligungsvorbehalt i. S. d. § 23 UrhG stünden. Dies ist jedoch nicht interessengerecht.[133] Vielmehr bietet § 14 UrhG in diesen Fällen Raum für eine Interessenabwägung und damit für die Berücksichtigung unter Umständen starker Interessen des Eingreifenden. Insofern kann das Vorliegen einer Bearbeitung oder anderen Umgestaltung bei Eingriffen im Umfeld des Werkes, die nicht die Substanz des Werkes betreffen, jeweils nur dann angenommen werden, wenn das Ausgangswerk unverändert in einer Weise in ein neues „Gesamtkunstwerk" integriert wird, dass es als dessen Teil erscheint. Eingriffe, die diese Anforderungen nicht erfüllen, sind allein im Lichte des § 14 UrhG zu betrachten.

3. Bearbeitungen und andere Umgestaltungen als Beeinträchtigung des Werkes

Unabhängig von den erläuterten Streitfragen können jedenfalls sowohl die Umgestaltung als auch die Bearbeitung eines Werkes gleichzeitig unzulässige Beeinträchtigungen i. S. d. § 14 UrhG darstellen, da beide regelmäßig Änderungen am Werk und damit die Verletzung der Integrität eines Werkes beinhalten. Ganz gleich, ob eine Einwilligung zur Bearbeitung oder anderen Umgestaltung erteilt wurde oder nicht, können je nach Umfang, Art, Gestaltungshöhe und Zweck des Werkes die Änderungen am Werk zu einer Gefährdung der ideellen Interessen des Urhebers führen.[134] Die Einwilligung in die Ausübung des Bearbeitungsrechts gem. § 23 UrhG, bei dem es sich in erster Linie um eine verwertungsrechtliche Vorschrift handelt,[135] lässt die urheberpersönlichkeitsrechtlichen Befugnisse des Originalwerkurhebers unberührt.[136] Schließlich darf derjenige, dem eine Veröffentlichung oder Verbreitung der Bearbeitung oder einer anderen Umgestaltung des Werkes seitens des Urhebers erlaubt wurde, dieses Werk noch lange nicht in einer verstümmelten Form veröffentlichen und verbreiten. §§ 14 und 23 UrhG stehen damit selbstständig nebeneinander, wobei § 14 UrhG die urheberpersönlichkeitsrechtliche Grenze des verwertungsrechtlichen Bearbeitungsrechts darstellt.[137]

---

133 Siehe hierzu bereits oben, zweites Kapitel, C. I. 1. c).

134 *Schöfer*, S. 128 f.

135 *Grohmann*, S. 142.

136 RGZ 102, 134 (141 f.) – *Strindberg-Übersetzung*; *Schöfer*, S. 129

137 *Schöfer*, S. 129.

II. Freie Benutzung, § 24 UrhG

Keine Kollision mit dem Recht des Urhebers, Entstellungen und Beeinträchtigungen seines Werkes zu verbieten, liegt im Falle einer freien Benutzung i. S. d. § 24 UrhG vor. Danach darf ein Werk, welches in freier Benutzung eines anderen urheberrechtlich geschützten Werkes geschaffen wurde, ohne Zustimmung von dessen Urhebers veröffentlicht und verwertet werden. Grund hierfür ist, dass kulturelles Schaffen in der Regel nicht ohne vorangegangene frühere Leistungen anderer Urheber möglich ist. Eine Auseinandersetzung mit fremden früheren Werken gehört schließlich gerade zum Wesen der Kulturentwicklung.[138]

Eine freie Benutzung wird allerdings nur dann angenommen, wenn ein neues urheberrechtlich geschütztes Werk entsteht, also eine persönliche geistige Schöpfung i. S. d. § 2 Abs. 2 UrhG geschaffen wird.[139] Darüber hinaus muss das so neu entstandene Werk in seiner schöpferischen Ausdruckskraft gegenüber dem benutzten Werk Selbständigkeit besitzen.[140] Ob eine solche vorliegt, richtet sich nach dem Abstand, den das neue Werk zu den entlehnten eigenpersönlichen Zügen des benutzten Werkes hält.[141] Das fremde Werk darf weder als Vorbild noch als Werkunterlage genutzt werden, sondern darf lediglich als Anregung für das eigene Werkschaffen dienen.[142] Dies wird nur angenommen, wenn dem geschützten älteren Werk entnommene individuelle Züge gegenüber der Eigenart des neu geschaffenen Werkes verblassen.[143] Etwas anderes gilt nur in begrenzten Einzelfällen wie z. B. bei Parodien.[144]

Aufgrund des erforderlichen Abstands zum fremden Werk kann es bei einer freien Benutzung im Sinne des § 24 UrhG nie zu einer Entstellung oder Beeinträchtigung dieses Werkes kommen.

---

138 Schricker/*Loewenheim*, § 24 Rn. 2.

139 Schricker/*Loewenheim*, § 24 Rn. 9; Dreier/*Schulze*, § 24 Rn. 5; *Ahlberg*, in: Möhring/Nicolini, § 24 Rn. 2; Wandtke/*Bullinger*, § 24 Rn. 2.

140 BGH GRUR 2009, 403 (406) – *Metall auf Metall*; BGH GRUR 2008, 693 (695) – *TV-Total.*

141 BGH GRUR 2009, 403 (406) – *Metall auf Metall*; BGH GRUR 2008, 693 (695) – *TV-Total*; BGH GRUR 2002, 799 (800) – *Stadtbahnfahrzeug*; BGH GRUR 1994, 191 (193) – *Asterix-Persiflagen.*

142 BGH GRUR 2003, 956 (958) – *Gies-Adler*; BGH GRUR 2002, 799 (801) – *Stadtbahnfahrzeug*; BGH GRUR 1994, 191 (193) – *Asterix-Persiflagen*; BGH GRUR 1994, 206 (208) – *Alcolix.*

143 BGH GRUR 2008, 693 (695) – *TV-Total*; BGH GRUR 1994, 191 (193) – *Asterix-Persiflagen*; BGH GRUR 1994, 206 (208) – *Alcolix.*

144 BGH GRUR 2008, 693 (695) – *TV-Total*; BGH GRUR 2003, 956 (958) – *Gies-Adler*; BGH GRUR 1994, 191 (193) – *Asterix-Persiflagen*; BGH GRUR 1994, 206 (208) – *Alcolix.*

III. Änderungen des Werkes, § 39 UrhG

§ 39 UrhG regelt in Abs. 1, dass der Inhaber eines Nutzungsrechts das Werk nicht ändern darf, wenn nichts anderes vereinbart ist. Nach Abs. 2 sind Änderungen des Werkes, zu denen der Urheber seine Einwilligung nach Treu und Glauben nicht versagen kann, zulässig. Die Vorschrift bezieht sich insofern anders als § 14 UrhG nur auf die Rechtsbeziehungen zwischen dem Urheber und dem Inhaber eines durch Verwertungsvertrag gem. § 31 Abs. 1 UrhG eingeräumten Nutzungsrechts. § 39 UrhG findet gem. § 62 Abs. 1 Satz 2 UrhG entsprechende Anwendung auf die wegen der Schrankenregelungen aus §§ 45 ff. UrhG gesetzlich zugelassene Werknutzung. Dies bedeutet, dass auch für den Fall, dass eine Werknutzung gem. §§ 45 ff. UrhG ausnahmsweise ohne Einwilligung stattfinden kann, das Werk dennoch nicht geändert werden darf, es sei denn, dass eine Vereinbarung hierzu vorliegt oder eine Einwilligung nach Treu und Glauben nicht versagt werden kann.

1. Verhältnis des § 39 UrhG zu § 14 UrhG

a) § 14 und § 39 UrhG als jeweils selbstständige Regelungen

Die Rechtsprechung und ein Teil der Literatur betrachten § 39 UrhG und § 14 UrhG als Regelungen, die selbständig nebeneinander stehen.[145] Während das Änderungsverbot sich allein gegen Eingriffe in den Bestand und die Unversehrtheit des Werkes selbst in seiner konkreten Form, seiner Substanz, richte,[146] schütze § 14 UrhG auch vor Eingriffen, welche die persönlichen oder geistigen Interessen des Urhebers durch die Form oder die Art der Werkwiedergabe oder der Werknutzung beeinträchtigen.[147] Bleibe also die körperliche Substanz des Werkexemplars unverändert, werde das Werk aber in einen anderen Sachzusammenhang gebracht, der den Gesamteindruck des Werkes mit präge, liege nach verbreiteter Meinung keine Änderung vor, sondern der Eingriff falle unter § 14 UrhG.[148] Es sei daher zwar möglich, dass es zu einem Gleichlauf der beiden Vorschriften komme, ebenso seien aber auch Beeinträchtigungen eines Werkes denkbar, die

145 BGH GRUR 1982, 107 (109) – *Kirchen-Innenraumgestaltung; Kroitzsch*, in: Möhring/Nicolini, § 14 Rn. 2; Fromm/*Nordemann*, § 39 Rn. 7; *v. Gamm*, § 14 Rn. 4.

146 so BGH GRUR 1982, 107 (109) – *Kirchen-Innenraumgestaltung;* OLG Saarbrücken GRUR 1999, 420 (425) – *Verbindungsgang*; KG ZUM 2001, 590 (591) – *Gartenanlage*

147 OLG Köln ZUM-RD 2009, 90 (93) – *Pferdeskulptur.*

148 BGH GRUR 1982, 107 (109) – *Kirchen-Innenraumgestaltung*; *Spautz*, in: Möhring/Nicolini, § 39 Rn. 1; OLG Köln ZUM-RD 2009, 90 (93) – *Pferdeskulptur.*

das Änderungsverbot des § 39 UrhG nicht berührten.[149] Demnach komme § 14 UrhG neben § 39 UrhG eigenständige Bedeutung zu. Zudem richte sich § 39 UrhG lediglich an den vertraglichen oder gesetzlichen „Inhaber eines Nutzungsrechts". Im Gegensatz dazu richte sich § 14 UrhG an jedermann, womit der Regelung auch diesbezüglich eine eigenständige Bedeutung zukomme. Außerdem seien im Rahmen des § 14 UrhG und des § 39 UrhG jeweils selbständige und voneinander unabhängige Interessenabwägungen vorzunehmen.[150]

b) Lehre von der Gesamtschau

Ein Teil der Literatur betrachtet §§ 14 und 39 UrhG hingegen in einer Gesamtschau der Normen.[151] Danach sei in § 39 UrhG keine selbständige Regelung zu sehen und ein selbständiges Nebeneinander der Vorschriften zu verneinen. § 14 UrhG bilde vielmehr die änderungsrechtliche Grundnorm, die das allgemein geltende gesetzesimmanente Änderungsverbot normiere[152] und deren Regelungsinhalt sich erst aus einer Gesamtschau der änderungsrechtlichen Vorschriften ergebe.[153] Eine eigenständige Bedeutung komme § 39 UrhG ohnehin nicht zu, da § 14 UrhG bereits sowohl Eingriffe in die Substanz erfasse, als auch solche, die durch Umfeldeinwirkungen verursacht würden.[154] Eine vertragliche Vereinbarung einer Änderung werde im Rahmen der Interessenabwägung des § 14 UrhG mitberücksichtigt und konkretisiere daher diese Interessenabwägung lediglich. § 39 UrhG sei nur eine Auslegungsvorschrift für die im Rahmen des § 14 UrhG vorzunehmende Interessenabwägung.[155] Im Ergebnis sei also nur eine einheitliche Interessenabwägung vorzunehmen, da im Rahmen des § 14 und des § 39 Abs. 2 UrhG weitgehend gleiche Wertungsmaßstäbe gälten. Komme das Gericht zu dem Ergebnis, dass die Interessen des Eingreifenden im Rahmen des § 14 UrhG überwögen, so könne man in einer Interessenabwägung im Rahmen des § 39 Abs. 2 UrhG nicht zu einem anderen Ergebnis kommen.[156]

---

149 *Kroitzsch*, in: Möhring/Nicolini, § 14 Rn. 4.

150 OLG Frankfurt GRUR 1976, 199 – *Götterdämmerung*; OLG Frankfurt GRUR 1986, 244 – *Verwaltungsgebäude*.

151 *Dietz/Peukert*, in: Schricker/Loewenheim, § 14 Rn. 4; *Gass*, in: Möhring/Nicolini, § 62 Rn. 3.

152 *Grohmann*, S. 25, 30; *Schilcher*, S. 55.

153 *Grohmann*, S. 23; *Schilcher* S. 54 ff.; *Dietz/Peukert*, in: Schricker/Löwenheim, § 14 Rn. 4 f.

154 *Honscheck*, GRUR 2007, 944; *Dietz/Peukert*, in: Schricker/Löwenheim, § 14 Rn. 5.

155 *Schilcher*, S. 56.

156 *Dietz/Peukert*, in: Schricker/Löwenheim, § 14 Rn. 4; *v. Gamm*, § 39 Rn. 8; *Honscheck*, GRUR 2007, 944 (944).

c) *Eigene Stellungnahme*

Die Ansicht, nach der § 14 UrhG und § 39 UrhG selbständig nebeneinander stehen, ist vorzugswürdig.

aa) Unterschiedlicher personeller Anwendungsbereich der Normen

§ 14 UrhG besitzt einen sich von § 39 UrhG klar unterscheidenden Anwendungsbereich. So richtet sich § 14 UrhG an einen weiteren Personenkreis als § 39 UrhG. Während § 39 UrhG sich lediglich an Inhaber eines vertraglichen oder gesetzlichen Nutzungsrechts richtet, richtet sich das Entstellungsverbot aus § 14 UrhG an jedermann. Da gem. § 44 Abs. 1 UrhG der Grundsatz gilt, dass der Eigentümer eines Werkes nicht automatisch auch Inhaber der Nutzungsrechte ist, ist der Anwendungsbereich des § 39 UrhG diesbezüglich deutlich enger als der des § 14 UrhG.

Zwar nehmen Teile der vornehmlich älteren Rechtsprechung und Literatur an, es gäbe neben den normierten änderungsrechtlichen Vorschriften ein allgemeines urheberrechtliches Änderungsverbot, welches als allgemeiner Grundsatz schon aus dem Urheberrecht an sich folge. Demnach sei dem Urheberrecht als Herrschaftsmacht des schöpferischen Menschen über sein Geisteswerk immanent, dass dieser allein bestimmen könne, in welcher Gestalt seine Schöpfung an die Öffentlichkeit trete.[157] Dieses Recht finde seine Grundlage im Wesen des Urheberrechts und werde von den Bestimmungen der §§ 11 ff. UrhG als selbstverständlich vorausgesetzt.[158] Daher habe § 39 UrhG lediglich klarstellenden Charakter dahingehend, dass das Änderungsverbot auch gegenüber dem vertraglich berechtigten Werknutzer bestehe.[159] Teile der Rechtsprechung und Literatur wenden insofern unter Verweis auf dieses ungeschriebene urheberrechtliche Änderungsverbot § 39 UrhG auch analog auf den Eigentümer und nicht nur auf den Nutzungsrechtsinhaber eines Werkes an.[160] Folgte man dieser Ansicht, so käme § 14 UrhG in personeller Hinsicht kein selbständiger Anwendungsbereich zu.

---

157 BGH GRUR 675 (676) – *Schulerweiterung*; BGH RUR 1971, 35 (37) – *Maske in Blau*; BGH GRUR 1982, 107 (109) – *Kirchenraum-Innenraumgestaltung*; OLG Saarbrücken GRUR 1999, 420 (425) – *Verbindungsgang; Kroitzsch*, in: Möhring/Nicolini, § 14 Rn. 23.

158 *Schilcher*, S. 48.

159 BGH GRUR 1974, 675 (676) – *Schulerweiterung*; BGH GRUR 1999, 230 (231) – *Treppenhausgestaltung*, LG Berlin GRUR 2007, 964 (967) – *Berlin Hauptbahnhof*; Dreier/*Schulze* § 39 Rn. 1; *Dietz/Peukert*, in: Schricker/Loewenheim § 39 Rn. 1; *Honscheck*, GRUR 2007, 944 (945); *Wandtke/Grunert*, in: Wandtke/Bullinger, § 39 Rn. 3.

160 BGH GRUR 1974, 675 (676) – *Schulerweiterung*; LG Köln ZUM-RD 2009, 90 (92) – *Pferdeskulptur*; *Schöfer*, S. 123; *Grohmann*, S. 31; *Schilcher*, S. 58 f.; *van Waasen*, S. 42 f.; *Schack*,

Entgegen der Ansicht der Rechtsprechung und von Teilen der Literatur ist eine analoge Anwendung des § 39 UrhG unter Verweis auf ein etwaiges ungeschriebenes urheberrechtliches Änderungsverbot auf den Werkeigentümer bzw. auf einen anderen nicht nutzungsberechtigten Dritten jedoch abzulehnen, da eine planwidrige Regelungslücke, derer es zur Herleitung einer Analogie bedarf, aufgrund des weit gefassten § 14 UrhG nicht besteht.[161] Die Annahme, es existiere ein ungeschriebenes Änderungsverbot, geht auf die Rechtsprechung des Reichsgerichts im Falle „Felseneiland mit Sirenen" aus dem Jahr 1912 zurück. Zu diesem Zeitpunkt bestanden sowohl in dem damaligen Gesetz betreffend das Urheberrecht an Werken der Literatur und der Tonkunst (LUG) als auch in dem Gesetz betreffend das Urheberrecht an Werken der bildenden Künste und der Photographie (KUG) nur Regelungen hinsichtlich des Integritätsschutzes von Werken für den Bereich der vertraglichen oder gesetzlichen Nutzungsverhältnisse.[162] Mit Einführung des § 14 UrhG in das Urheberrechtsgesetz im Jahre 1965 erhielt das Urheberrecht jedoch eine Vorschrift, die den Integritätsschutz sowohl gegenüber dem vertraglichen oder gesetzlichen Nutzungsberechtigten als auch gegenüber dem Eigentümer, zudem aber auch gegenüber jedem anderen regelt. Mit der Einführung des § 14 UrhG sollte das geschriebene Recht im Wesentlichen nur an die bereits zuvor entwickelte Rechtsprechung angepasst werden.[163] Ein Rückgriff auf ein ungeschriebenes Änderungsverbot oder eine analoge Anwendung des § 39 UrhG ist daher mit Einführung des § 14 UrhG nicht nur obsolet geworden, sondern verbietet sich geradezu aufgrund des Fehlens einer planwidrigen Regelungslücke.[164]

bb) Unterschiedlicher inhaltlicher Anwendungsbereich der Normen

Auch im Hinblick auf den Inhalt der Normen unterscheiden sich § 14 UrhG und § 39 UrhG. Während § 39 UrhG lediglich „Änderungen" des Werkes verbietet, verbietet § 14 UrhG Entstellungen und andere Beeinträchtigungen. Der Begriff „Änderungen" umfasst dabei nach herrschender Ansicht in Literatur und Rechtsprechung lediglich Eingriffe in die Substanz eines Werkes.[165] Der Mindermeinung, nach welcher Änderungen des Werkes auch andere Sachzusammenhänge

---

UrhR, Rn. 394; Dreier/*Schulze*, § 39 Rn. 2; *Dietz/Peukert*, in: Schricker/Löwenheim, § 39 Rn. 25.

161 So auch *Honschek*, GRUR 2007, 944 (945); *von Detten*, S. 90; *Schöfer*, S. 127; *Dietz*, Werkintegritätsschutz, S. 38 f.; *Jänecke*, S. 79.

162 §§ 9, 24 LUG; §§12, 21 KUG.

163 Amtl. Begründung zum RegE (1961), UFITA 45 (1965), 240 (259).

164 So im Ergebnis auch *Wiesner*, S. 125 ff.; *Honschek*, GRUR 2007, 944 (945); *von Detten*, S. 90.

165 BGH GRUR 1982, 107 (109) – *Kirchen-Innenraumgestaltung;* OLG Saarbrücken GRUR 1999, 420 (425) – *Verbindungsgang*; KG ZUM 2001, 590 (591) – *Gartenanlage;* OLG Köln ZUM-RD 2009, 90 (93) – *Pferdeskulptur*; *Spautz*, in: Möhring/Nicolini, § 39 Rn. 1.

oder sonstige den Gesamteindruck des Werkes verändernde Maßnahmen seien, ohne dass dabei die Substanz tangiert werde,[166] ist nicht zu folgen. Vielmehr ist davon auszugehen, dass der Begriff der Beeinträchtigung den Begriff der Änderung umfasst, der Begriff der Änderung also deutlich enger zu verstehen ist als der Begriff der Beeinträchtigung. Dies zeigt auch die Gesetzgebungsgeschichte des § 14 UrhG. Nach der amtlichen Begründung zum Regierungsentwurf folgte man in der Formulierung des § 14 UrhG im Wesentlichen Art. 6bis der Revidierten Berner Übereinkunft (RBÜ). Diese gewährte dem Urheber das Recht, „sich jeder Entstellung, Verstümmelung oder sonstigen Änderung (...) oder jeder anderen Beeinträchtigung des Werkes zu widersetzen, welche seiner Ehre oder seinem Ruf nachteilig sein könnten". Die Formulierung „andere Beeinträchtigung" zeigt, dass die Beeinträchtigung als Oberbegriff zu verstehen sein sollte. Bei der Formulierung des § 14 UrhG verzichtete man daher auf den Begriff der Änderung ausdrücklich deshalb, weil man davon ausging, dass dieser von dem Begriff der Beeinträchtigung bereits umfasst sei.[167] Dass die Änderung im Vergleich zur Beeinträchtigung als „Minus" zu verstehen sein soll, zeigt, dass der Begriff der Änderung enger sein muss, sich also nur auf Eingriffe in die Substanz eines Werkes beziehen soll.

cc) Unterschiedlicher Maßstab bei der Interessenabwägung

Zu guter Letzt ist entgegen einiger Ansichten in der Literatur[168] auch davon auszugehen, dass der Maßstab der im Rahmen des § 39 Abs. 2 UrhG einerseits und des § 14 UrhG andererseits vorzunehmenden Interessenabwägungen ein unterschiedlicher ist. Im Rahmen der Interessenabwägung des § 14 UrhG sind schon deshalb andere Kriterien zu berücksichtigen als im Rahmen des § 39 Abs. 2 UrhG, weil berechtigte Interessen eines Eigentümers oder eines sonstigen Dritten anders zu bewerten sein können als die Interessen einer im Rahmen eines Vertrages zu einer bestimmten Nutzung befugten Person. Schließlich ergibt eine Anwendung des Auslegungsprinzips von Treu und Glauben gem. § 242 BGB nur dort Sinn, wo vertragliche oder gesetzliche Nutzungsrechtseinräumungen auszulegen sind.

Auch spricht der unterschiedliche Wortlaut der Normen gegen eine einheitliche Interessenabwägung. Denn die Begriffe Treu und Glauben sind wesentlich enger

166 *Grunert*, in: Wandtke/Bullinger, § 39 Rn. 8; Dreier/*Schulze*, § 39 Rn. 6; *Honschek,* GRUR 2007, 944 (944 f.); *von Detten*, S. 89.

167 Deutscher Bundestag, 4. Wahlperiode, 12. Ausschuss, Unterausschuss Urheberrecht, Kurzprotokoll vom 16.11.1964, S. 14.

168 *Dietz/Peukert*, in: Schricker/Loewenheim, § 14 Rn. 4, *v. Gamm*, § 39 Rn. 8; *Honscheck*, GRUR 2007, 944; *Schilcher*, S. 58.

auszulegen,[169] als die Interessenabwägung nach § 14 UrhG es gebietet. Nach der amtl. Begründung zu § 39 Abs. 2 UrhG ist besonders an Änderungen gedacht worden, die durch Art oder Zweck der erlaubten Nutzung des Werkes geboten sind.[170] Der Grundsatz von Treu und Glauben, der ein aus § 242 BGB bekanntes Prinzip der vertraglichen Auslegung und Abwägung darstellt, betrachtet zudem bei der Abwägung vor allen Dingen die sich aus dem Nutzungsvertrag ergebenden Aspekte.[171] Im Gegensatz dazu bezieht sich die Interessenabwägung im Rahmen des § 14 UrhG auf die Eignung zur Gefährdung der berechtigten geistigen und persönlichen Interessen des Urhebers und stellt auf dessen Seiten ausschließlich auf Interessen ab, die sich aus einer besonderen Beziehung zu seinem Werk ergeben.[172] Solche Änderungen, zu denen der Urheber gem. § 39 Abs. 2 UrhG die Einwilligung nach Treu und Glauben nicht versagen kann, werden zwar auch im Rahmen der Interessenabwägung des § 14 UrhG regelmäßig dazu führen, dass die Interessen des Nutzungsberechtigten überwiegen. Änderungen, die nicht nach Treu und Glauben gem. § 39 Abs. zulässig sind, können demgegenüber am Maßstab des § 14 UrhG gemessen unter Umständen zulässig sein. Aber auch dann, wenn der Urheber einer Änderung gem. § 39 Abs. 1 UrhG zuvor zugestimmt hat, kann diese in ihrer konkreten Form wegen des unverzichtbaren Kerns des Urheberpersönlichkeitsrechts im Nachhinein das Entstellungsverbot aus § 14 UrhG auf den Plan rufen. Insofern ist es denkbar, dass § 14 UrhG und § 39 UrhG – wenn auch selten – im Einzelfall zu unterschiedlichen Ergebnissen führen.[173] Liegt also keine vertragliche oder gesetzliche Nutzungseinräumung vor, so richtet sich die Interessenabwägung allein nach § 14 UrhG.

2. Verhältnis des § 39 UrhG zu § 23 UrhG

Im Gegensatz zu § 23 UrhG, der durch die Einräumung eines dem Bearbeitungsrecht entsprechenden Nutzungsrechts der vermögensrechtlichen Komponente im Hinblick auf Veränderungen am Werk Genüge tut, trägt § 39 Abs. 1 UrhG der einer Übertragung des Bearbeitungsrechts innewohnenden urheberpersönlichkeitsrechtlichen Relevanz Rechnung.[174] Die Vorschrift dient der Auslegung von Verträgen über Nutzungsrechte. So kann auch dann, wenn eine ausdrückliche

169 Für eine enge Auslegung BGH GRUR 1974, 675 (676) – *Schulerweiterung;* OLG München ZUM 1992, 307 (311) – *Christoph Columbus*; *Spautz*, in: Möhring/Nicolini, § 39 Rn. 10; Dreier/*Schulze*, § 39 Rn. 14.

170 Amtl. Begründung zu § 39, BT-Drucks. IV/270, UFITA 45 (1965), 240 (275).

171 *Schöfer*, S. 122; *von Detten*. S. 88.

172 *von Detten*. S. 88.

173 So auch *Thies*, S. 145 ff.

174 *Grohmann*, S. 144.

Gestattung einer Änderung fehlt, eine stillschweigende Vereinbarung i. S. d. § 39 Abs. 1 UrhG von den Parteien gewollt sein, wenn beispielsweise der Vertrag über die Einräumung von Nutzungsrechten eine Änderung des Werkes notwendig mit einschließt.[175] Die vorherige Zustimmung zur Veröffentlichung oder Verbreitung einer Bearbeitung oder anderen Umgestaltung des Werkes i. S. d. § 23 UrhG ist von der Vereinbarung über eine Änderung des Werkes, der Urheberbezeichnung oder des Titels nach § 39 Abs. 1 UrhG zu unterscheiden. Allerdings setzt eine Bearbeitung oder Umgestaltung eine Änderung meistens voraus, so dass in der Einwilligung zur Veröffentlichung oder Verbreitung der Bearbeitung oder Umgestaltung regelmäßig eine Abrede über die Änderungsbefugnis enthalten ist.

Relevant ist die Unterscheidung zwischen § 39 Abs. 1 UrhG bzw. dem allgemeinen Änderungsverbot und § 23 UrhG insbesondere im Hinblick auf den Anspruch auf Ersatz des immateriellen Schadens gem. § 97 Abs. 2 UrhG. Denn Ersatz eines immateriellen Schadens kann nur bei der Verletzung von Urheberpersönlichkeitsrechten verlangt werden, nicht bei der Verletzung von Verwertungsrechten. Insofern stellt die urheberpersönlichkeitsrechtliche Vorschrift des § 39 Abs. 1 UrhG klar, dass die Änderung eines Werkes durch den Nutzungsberechtigten ohne Zustimmung des Urhebers auch einen Anspruch auf Ersatz eines solchen immateriellen Schadens begründen kann.

IV. Zusammenfassung

Die Ausführungen zum Verhältnis des § 14 UrhG zu anderen änderungsrelevanten Vorschriften zeigen, dass diese Norm im Hinblick auf den Integritätsschutz von Kunstwerken letztendlich den weitesten Anwendungsbereich aufweist. Sie regelt das Verhältnis zwischen dem Urheber und jedem anderen Dritten, der auf irgendeine Art und Weise auf das Werk einwirkt, sei es ein Eigentümer, Besitzer, ein Nutzungsrechtsinhaber oder ein beliebiger Dritter. Da es im Bereich der reinen bildenden Kunst naturgemäß ohnehin selten zur Einräumung von Nutzungsrechten kommt, weil der Erwerber eines Kunstwerkes das für ihn meist wichtigste Ausstellungs- und Veröffentlichungsrecht gem. § 44 Abs. 2 UrhG regelmäßig mit Eigentumserwerb erlangt, ist § 14 UrhG in diesem Bereich die zentrale Vorschrift. Ein Rückgriff auf ein ungeschriebenes urheberrechtliches Änderungsverbot oder eine analoge Anwendung des § 39 UrhG verbietet sich hingegen aus den oben erläuterten Gründen. Hinzu kommt, dass § 14 UrhG nach Ansicht sowohl der Rechtsprechung als auch der Literatur im Gegensatz zu § 39 UrhG und § 23

175 *Grohmann*, S. 144.

UrhG[176] unstreitig nicht allein Substanzeingriffe, sondern auch Umfeldeinwirkungen erfasst. Überdies findet § 23 UrhG nach hier vertretener Ansicht nur Anwendung, wenn objektiv neue Verwertungsmöglichkeiten geschaffen werden. Im Rahmen dieser Arbeit werden allein Eingriffe in die Integrität von Originalwerkstücken betrachtet, bei denen es naturgemäß nicht zur Schaffung neuer, zusätzlicher Verwertungsmöglichkeiten kommt. Insofern kommt als Schutznorm des Urhebers auch aus diesem Grunde allein § 14 UrhG in Betracht. Im Ergebnis ist § 14 UrhG die Norm, die dem Künstler den am weitesten reichenden Schutz bieten kann. Im Folgenden ist daher die Norm des § 14 UrhG näher darzustellen.

176 Hier nicht ganz eindeutig BGH GRUR 2002, 532 – *Unikatrahmen*.

Drittes Kapitel: Begrifflichkeiten des § 14 UrhG

A. Vorliegen eines urheberrechtlich geschützten Werkes und der Begriff der reinen bildenden Kunst

Voraussetzung des Bestehens des Rechts des Urhebers, eine Entstellung oder andere Beeinträchtigung zu verbieten, ist es, dass sein Werk dem Schutz des Urheberrechts unterfällt. Schutzgegenstand des Urheberrechts und damit auch des Entstellungsverbots sind gem. § 1 UrhG die Urheber von Werken der Literatur, Wissenschaft und Kunst. Den Werkbegriff selbst bestimmt hingegen § 2 UrhG. Diese Vorschrift enthält in Abs. 1 eine nicht abschließende Aufzählung der unterschiedlichen Werkgattungen, auf die sich der urheberrechtliche Schutz bezieht. Weitere Anforderungen an die Schutzfähigkeit eines Werkes enthält § 2 Abs. 2 UrhG. Danach muss das Werk eine persönliche geistige Schöpfung des Urhebers darstellen. Wie bereits ausgeführt, soll sich die vorliegende Arbeit allein auf die Untersuchung von Konflikten im Umgang mit der „reinen" bildenden Kunst beschränken, die unter die Werkgattung der bildenden Kunst i. S. d. § 2 Abs. 1 Nr. 4 UrhG fällt.

Die Gerichte fordern für das Vorliegen eines urheberrechtlich geschützten Werkes der bildenden Kunst das Vorliegen einer eigenpersönlichen Schöpfung, die mit den Darstellungsmitteln der Kunst durch formgebende Tätigkeit hervorgebracht wurde und vorzugsweise für die ästhetische Anregung des Gefühls durch Anschauung bestimmt ist. Das Kunstwerk muss einen solchen Grad an ästhetischem Gehalt aufweisen, dass nach der im Leben herrschenden Anschauung der für Kunst empfänglichen und mit Kunstanschauung einigermaßen vertrauten Verkehrskreise von einer künstlerischen Leistung gesprochen werden kann.[177] Im Bereich der hier behandelten „reinen" bildenden Kunst gibt die Zweckfreiheit des Werkes dem Urheber einen weitgehenden Spielraum, dem jeweiligen Werk eigenpersönliche Züge zu verleihen.[178] Daher sind die meisten Werke der „reinen" bildenden Kunst urheberrechtlich geschützt. Die Rechtsprechung stellt außerdem die geringen Anforderungen der sog. „kleinen Münze" an das Vor-

177 RGZ 124, 68 (71 ff.); BGH GRUR 1972, 38 (39) – *Vasenleuchter;* BGH GRUR 1981, 517 (519) – *Rollhocker*; BGH GRUR 1988, 690 (692) – *Kristallfiguren.*

178 Wandtke/*Bullinger*, § 2 Rn. 86.

liegen einer persönlichen geistigen Schöpfung.[179] Die kleine Münze bestimmt die unterste Grenze urheberrechtlich schutzfähiger Werke. Der Begriff „kleine Münze“ besagt also, dass die Messlatte im Hinblick auf die Gestaltungshöhe sehr niedrig angelegt sein kann. So sind auch einfache Werke urheberrechtlich schutzfähig, die lediglich über ein schwaches Maß an individueller, schöpferischer und gestalterischer Ausdruckskraft verfügen.

Im Gegensatz dazu werden an die urheberrechtliche Schutzfähigkeit von Werken der angewandten Kunst verhältnismäßig strenge Anforderungen gestellt.[180] Denn das, was bei Werkarten wie der Literatur, der reinen bildenden Kunst oder der Musik als „kleine Münze“ gerade noch urheberrechtlich geschützt ist, ist im Bereich der angewandten Kunst geschmacksmusterrechtlich schutzfähig, so dass es hier eines urheberrechtlichen Schutzes der „kleinen Münze“ nach Auffassung der Rechtsprechung grundsätzlich nicht bedarf.[181]

Im Rahmen der vorliegenden Arbeit wird jeweils die Schutzfähigkeit der behandelten Kunstwerke vorausgesetzt. Eine Auseinandersetzung mit der Frage, ob es sich auch bei neueren Kunstformen im Einzelnen jeweils tatsächlich um persönliche geistige Schöpfungen im Sinne des § 2 Abs. 2 UrhG handelt, würde den Rahmen dieser Arbeit sprengen, die sich vornehmlich mit dem Schutzumfang von Kunstwerken und nicht mit ihrer Schutzfähigkeit befassen soll.[182]

B. Beeinträchtigung

Weitere Voraussetzung für das Entstehen eines Verbietungsrechts aus § 14 UrhG ist das Vorliegen einer Beeinträchtigung. Beim Begriff der Beeinträchtigung handelt es sich dem Wortlaut des § 14 UrhG nach um den Oberbegriff.[183] Dieser umfasst also sowohl Entstellungen als auch andere Beeinträchtigungen, die unterhalb der Schwelle einer Entstellung liegen.

Der Rechtsbegriff der Entstellung i. S. d. § 14 UrhG entspricht dem allgemein gebräuchlichen sprachlichen Wortsinn.[184] Er meint einen Eingriff, der zu einer

179 Dreier/*Schulze*, § 2 Rn. 152.

180 BGH GRUR 1995, 581 (582) – *Silberdistel.*

181 BGH GRUR 1995, 581 (582) – *Silberdistel.*

182 Diesbezüglich kann auf andere Arbeiten verwiesen werden, die sich ausführlich mit dem Thema der Schutzfähigkeit zeitgenössischer Kunstwerke befasst haben, wie z. B. *von Schoenebeck, Thomaschki, Rau, Fierdag.*

183 LG München ZUM 1996, 165 (166) – *Dachgauben*; KG ZUM 2001, 590 (591) – *Urheberrechtsschutz für Gartenanlage*; Dreier/*Schulze* § 14 Rn. 5; Wandtke/*Bullinger,* § 14 Rn. 3.

184 Wandtke/*Bullinger,* § 14 Rn. 3.

tief greifenden Verfälschung oder Verstümmelung des Werkes führt.[185] Eine solche liegt vor, wenn der das Werk prägende Aussagegehalt oder seine Wesenszüge infolge der Beeinträchtigung vollkommen zerstört, verändert oder verzerrt werden, so dass das Werk eine andere Aussage, Färbung oder Tendenz erhält.[186]

Beeinträchtigungen sind alle Eingriffe, die das Werk in seiner Wirkung hemmen, behindern, einschränken oder diese schmälern.[187] „Andere Beeinträchtigungen" i. S. d. § 14 UrhG sind demnach solche Eingriffe, die das Werk zwar verfälschen, aber nicht den Grad einer Entstellung erreichen.

Vom Begriff der Beeinträchtigung werden auch solche Eingriffe erfasst, die zwar nicht das Werk selbst in seiner Substanz verändern, jedoch das Umfeld betreffen, in welches das Werk gestellt wird.[188] Denn bei der Reformierung des Urheberrechtsgesetzes wurde bewusst auf das Merkmal der Werkänderung als Tatbestandsvoraussetzung verzichtet, um auch negative Umwelteinflüsse auf das Werk erfassen zu können.[189] Auch nach Ansicht des BGH genügt es für eine Beeinträchtigung i. S. d. § 14 UrhG, wenn die urheberpersönlichkeitsrechtlichen Interessen des Urhebers auch ohne inhaltliche Änderung des Werkes durch Form und Art der Werkwiedergabe und -nutzung beeinträchtigt werden.[190] Dies kann beispielsweise durch Zutaten zum Werk, einen veränderten Sachzusammenhang oder andere Mittel erfolgen, die sich auf den geistig-ästhetischen Gesamteindruck des Werkes auswirken und es den Betrachter des Kunstwerks anders als sonst wahrnehmen lassen.[191] Es kann insofern unterschieden werden zwischen direkten Eingriffen, bei denen in die Substanz des geistigen Werkes eingegriffen und das Werk selbst verändert wird,[192] und indirekten Eingriffen durch Umfeldeinwirkungen, bei denen das Werk zwar nicht in seiner Substanz verändert wird, es aber dennoch zu einer Verfälschung des Werkes kommen kann.[193]

185 *Kroitzsch*, in: Möhring/Nicolini, § 14 Rn. 9; Wandtke/*Bullinger*, § 14 Rn. 3.

186 BGH GRUR 1986, 458 (459) – Oberammergauer Passionsspiele I; LG München I GRUR-RR 2007, 226 (228); Dreier/*Schulze* § 14 Rn. 7; *Schöfer*, S. 86 f.

187 Wandtke/*Bullinger*, § 14 Rn. 3.

188 Wandtke/*Bullinger*, § 14 Rn. 3.

189 BT-Drucks. IV/270, S. 45; Wandtke/*Bullinger*, § 14 Rn. 8.

190 BGH GRUR 2002, 532 (534) – *Unikatrahmen*.

191 Dreier/*Schulze*, § 14 Rn. 11.

192 *Bullinger*, S. 88; *Schilcher*, S. 68; *Dietz/Peukert*, in: Schricker/Loewenheim, § 14 Rn. 23 f.; *Hegemann*, in: FS Hertin, S. 92.

193 *Bullinger*, S. 88; *Schilcher*, S. 71; *Dietz/Peukert*, in: Schricker/Loewenheim, § 14 Rn. 23 f.; *Hegemann*, in: FS Hertin, S. 93 f.

C. Gefährdung berechtigter Interessen des Urhebers

Das sehr weit gefasste Verbietungsrecht aus § 14 UrhG wird im zweiten Halbsatz beschränkt durch das Erfordernis, dass die Entstellung oder andere Beeinträchtigung des Werkes geeignet sein muss, die berechtigten geistigen oder persönlichen Interessen des Urhebers an seinem Werk zu gefährden. Dieses Element verdeutlicht den persönlichkeitsrechtlichen Charakter der Norm. Es genügt eben nicht lediglich die Beeinträchtigung des Werkes selbst, wie bei einer Eigentumsverletzung, sondern sie muss mit einer Beeinträchtigung der urheberpersönlichkeitsrechtlichen Interessen einhergehen.[194] Führt ein Eingriff nicht zu einer Gefährdung der Interessen des Urhebers, so kommt es auch auf eine nachfolgende Interessenabwägung nicht mehr an.

I. Systematik

Nach einer Ansicht in der Literatur bezieht sich der zweite Halbsatz des § 14 UrhG lediglich auf andere Beeinträchtigungen, nicht aber auf Entstellungen.[195] Bei einer Entstellung sei der Schutz des § 14 UrhG absolut.

Diese Ansicht überzeugt jedoch nicht, da sie nicht der Intention des Gesetzgebers entspricht. Aus der Gesetzesbegründung zu § 14 UrhG ist keine solche Einschränkung ersichtlich.[196] Darüber hinaus lässt sich kein triftiger Grund erkennen, weshalb gegen eine Entstellung im Vergleich zu einer anderen Beeinträchtigung ein absoluter Schutz bestehen sollte. Zum einen sind die Grenzen zwischen Entstellung und anderer Beeinträchtigung fließend, so dass die Abgrenzung schwierig sein kann, zum anderen können bei der Entstellung ebenso wie bei einer anderen Beeinträchtigung triftige Gründe für ein Überwiegen der Interessen des Eingreifenden und damit gegen ein Verbietungsrecht sprechen. Diesen Interessen keinerlei Berücksichtigung zu schenken, kann im Einzelfall zu unbilligen Ergebnissen führen. Überdies ergibt sich das Erfordernis einer Interessenabwägung sowohl im Falle einer Entstellung als auch im Falle einer anderen Beeinträchtigung aus der verfassungskonformen Auslegung des § 14 UrhG, da die Grundrechtspositionen sowohl des Urhebers (allgemeines Persönlichkeitsrecht nach Art. 2 Abs. 1, Art. 1 Abs. 1 GG), als auch die des Eigentümers oder Besitzers (Eigentumsfreiheit nach Art. 14 GG) miteinander konkurrieren und daher miteinander

194 Wandtke/*Bullinger*, § 14 Rn. 7.
195 *Bullinger*, S. 75 ff.
196 BT-Drucks. IV/270, S. 45.

in Einklang gebracht werden müssen.[197] Insofern kommt ein absoluter Schutz bei einer Entstellung nicht in Betracht. Auch hier muss eine Eignung zur Gefährdung der berechtigten Interessen des Urhebers positiv festgestellt werden.

II. Indiz für eine Gefährdung

Da die bloße Gefährdung der Interessen genügt, ist bereits das Vorliegen einer Beeinträchtigung, also jede objektiv nachweisbare Änderung des Werkes, sei sie direkt oder indirekt, ein ausreichendes Indiz für die Eignung, hierdurch die berechtigten Interessen des Urhebers zu gefährden.[198] Entkräftet wird dieses Indiz aber beispielsweise dann, wenn der Urheber die vorgenommene Beeinträchtigung gestattet hat.[199] Nach hier vertretener Ansicht wird das Indiz ebenfalls entkräftet, soweit keinerlei Anhaltspunkte dafür vorliegen, dass das Werk in dieser beeinträchtigten Gestalt an die Öffentlichkeit gelangt. Hierzu im Folgenden.

III. Öffentlichkeitsbezug

Umstritten ist die Frage, ob die Gefährdung der berechtigten Interessen gem. § 14 UrhG eine Beeinträchtigung des Werkes in der Öffentlichkeit voraussetzt.

1. Ansichten in der Literatur für das Erfordernis eines Öffentlichkeitsbezuges

Nach Ansicht der (noch) herrschenden Meinung[200] in der Literatur scheidet eine Verletzung der persönlichen Interessen des Urhebers aus, solange das beeinträchtigte Werk allein dem privaten Kreis des Eigentümers oder Besitzers zugänglich ist. Es gehe bei den geistigen und persönlichen Interessen nur um das Ansehen des Urhebers, seine Wertschätzung sowie seine Beziehungen und Bindungen zum Werk in den Augen der Öffentlichkeit.[201] Schließlich habe der Urheber seine

---

197 *Honschek*, GRUR 2007, 944 (946 f.).

198 OLG München ZUM 1992, 307 (310) – *Christoph Columbus*; Dreier/*Schulze*, § 14 Rn. 15; *Dietz/Peukert*, in: Schricker/Loewenheim, § 14 Rn. 27; *Dustmann*, in: Fromm/Nordemann, § 14 Rn. 15.

199 OLG München ZUM 1992, 307 (310) – *Christoph Columbus*.

200 *Kroitzsch*, in: Möhring/Nicolini, § 14 Rn. 23; *v. Gamm*, § 14 Rn. 5, 13; Wandtke/*Bullinger*, § 14 Rn. 8, *Dustmann*, in: Fromm/Nordemann, § 14 Rn. 16; *Grohmann*, S. 111.

201 *Schöfer*, S. 111.

Schöpfung dadurch, dass er sie in den Verkehr gebracht habe, selbst den Risiken des Verkehrslebens ausgesetzt. Dies verdeutliche auch § 23 UrhG, wonach Bearbeitungen – abgesehen von den dort aufgezählten Ausnahmen – die Einwilligung des Urhebers nur für den Fall der Veröffentlichung oder Verwertung, noch nicht aber für die alleinige Herstellung einer Bearbeitung bedürfen. Aus dem Umkehrschluss folge, dass eine Verletzung der urheberpersönlichkeitsrechtlichen Interessen erst aus der Möglichkeit der Kenntnisnahme und Wahrnehmung von Änderungen bzw. Beeinträchtigungen durch die Öffentlichkeit resultiere.[202] Denn erst bei der Veröffentlichung entstellter oder beeinträchtigter Werkexemplare könne der Eindruck entstehen, der Urheber habe das Werk selbst in dieser Form geschaffen oder zumindest in die Entstellung eingewilligt. Insofern könne es nur dann zu einer Beeinträchtigung der Reputation des Urhebers kommen.

2. Ansichten in der Literatur gegen das Erfordernis eines Öffentlichkeitsbezuges

Es gibt allerdings auch Stimmen in der Literatur, nach denen ein Öffentlichkeitsbezug nicht erforderlich sei, da das Urheberrechtsgesetz sowohl von den persönlichen als auch von den geistigen Beziehungen des Urhebers zu seinem Werk spreche, so dass auch das Interesse des Urhebers daran, dass der Bestand und die Wirkung seines Werkes erhalten bleibe, geschützt sei.[203] Daher seien auch Änderungen im privaten Bereich grundsätzlich vom Anwendungsbereich des § 14 UrhG erfasst und die Frage des Zugangs der Öffentlichkeit neben allen anderen Bewertungskriterien allein in die Interessenabwägung einzustellen,[204] da schon die bloße Änderung des Werkes die Ehre und den Ruf des Urhebers unstatthaft berühre.

3. Ansicht der Rechtsprechung für das Erfordernis eines Öffentlichkeitsbezuges

Letztlich hat sich die Rechtsprechung dazu entschieden, einen Öffentlichkeitsbezug des Werkes zu fordern.[205] Allerdings lässt sie zur Gefährdung der urheberpersönlichkeitsrechtlichen Interessen bereits die Möglichkeit der Kenntnisnahme des entstellten Kunstwerkes durch einen größeren Personenkreis genügen. An diese Voraussetzung hat die Rechtsprechung in der Vergangenheit keine hohen Anforderungen gestellt. So hat das Reichsgericht in seinem Urteil *„Felsenei-*

202 *Schilcher*, S. 122; *Dietz/Peukert*, in: Schricker/Loewenheim § 14 Rn. 16, 32.
203 *Schöfer*, S. 111 f.; *Schilcher* S. 122 ff.
204 *Schöfer*, S. 112 f.; *Schilcher*, S. 123.
205 RGZ 79, 397 – *Felseneiland mit Sirenen*.

land mit Sirenen“[206] bereits 1912 entschieden, dass es genüge, wenn das beeinträchtigte Werk einem unbestimmten und unkontrollierbaren Kreis von Personen zugänglich sei. In dem Fall ging es um ein Fresko, das sich im Treppenhaus eines Hauses, in dem zwei Parteien wohnten, befand. Durch die Anbringung des Bildes im Treppenhaus eines bewohnten Gebäudes in der Großstadt sei für das Bild von vornherein eine gewisse, wenn auch beschränkte Öffentlichkeit gegeben gewesen. Denn wer auch immer in der Wohnung der beiden dort wohnhaften Parteien verkehrte, werde sich den Anblick des Bildes verschaffen können, und selbst wenn geeignete Vorkehrungen hiergegen getroffen würden, so sei doch im Falle eines Verkaufs des Hauses dem Urheber keinerlei Sicherheit dafür gegeben, dass das veränderte Bild dauernd dem Anblick der in dem Hause verkehrenden Personen entzogen bliebe.

Auch andere Gerichte folgen seither dieser Rechtsprechung des Reichsgerichts und fordern ebenfalls das Vorliegen eines Öffentlichkeitsbezuges.[207]

4. Eigene Stellungnahme

Die Ansicht, die für die Eignung zu einer Gefährdung der berechtigten Interessen des Urhebers einen Öffentlichkeitsbezug fordert, ist zu befürworten. Zwar ist der Mindermeinung zuzugeben, dass auch das Interesse des Urhebers an der Integrität seines Werkes grundsätzlich vom Urheberrechtsschutz erfasst ist. Allerdings sind auch hiervon lediglich solche Eingriffe in die Integrität erfasst, die geeignet sind, eine Gefährdung der *berechtigten* Interessen des Urhebers herbei zu führen. Nicht jede Verletzung der Integrität eines Werkes ist aber geeignet, die *berechtigten* Interessen des Urhebers zu verletzen. Berechtigt sind nur solche Interessen, die vom Schutzzweck des Gesetzes erfasst sind. Grund für den Schutz der Integrität im Urheberrecht – im Gegensatz zur Situation beim schlichten Eigentum – ist nicht für sich genommen das Interesse an der Integrität und der schlichten Existenz des materialisierten Werkes..[208] Das reine Interesse von Personen an der Erhaltung der Sachsubstanz eines Kunstwerkes ist vielmehr durch das allgemeine bürgerliche Recht hinreichend geschützt.[209] Schließlich knüpft der zivilrechtliche Persönlichkeitsschutz, dem auch das Urheberpersönlichkeitsrecht entspringt, an die Urheberpersönlichkeit an und nicht an die bloße Beeinträchtigung des Wer-

---

206 RGZ 79, 397 (402) – *Felseneiland mit Sirenen.*

207 BGH GRUR 1971, 35 (37) – *Maske in Blau*; BGH NJW 1974, 1381 (1381) – *Schulerweiterung*; OLG Schleswig-Holstein ZUM 2006, 426 (427); LG Mannheim ZUM-RD 1997, 405 (407) – *Freiburger Holbein-Pferd.*

208 So auch Wandtke/*Bullinger*, § 14 Rn. 24.

209 OLG Rostock NJOZ 2007, 4885 (4391).

kes.[210] Der urheberrechtliche Schutz der Integrität und des Bestandes des Werkes dienen daher allein dem Interesse des Urhebers daran, dass sein Werk in unverfälschter Form auch außerhalb seiner Sphäre so wahrgenommen werden kann – wenn es denn von anderen wahrgenommen wird – wie er es geschaffen hat und so wie es Abbild seines Geistes ist.[211] Ist dem Urheber die reine Erhaltung der Sachsubstanz derart wichtig, so hat er die Möglichkeit, das Werk nicht zu übereignen, sondern lediglich zu verleihen oder vermieten, lediglich Reproduktionen zu verkaufen oder lediglich Nutzungsrechte an dem Werk einräumen.[212] Dies entspricht zugegebenermaßen nicht den Realitäten auf dem Kunstmarkt; zudem wäre die Kunst dann noch brotloser als sie es ohnehin schon für die meisten Künstler ist. Doch geht der Urheber mit der Entlassung seines Kunstwerkes in den Verkehr bewusst das Risiko ein, dass zumindest derjenige, an den es veräußert wird, Eingriffe hieran vornehmen werde, so wie dies bei jeder Übereignung von Gegenständen der Fall ist. Indem der Künstler sein Werk verkauft, nimmt er schließlich ebenso in Kauf, dass dieses unter Umständen auch für immer der Öffentlichkeit vorenthalten bleibt oder irgendwo verloren geht. Auch dies muss der Urheber dulden, was verdeutlicht, dass er auf die Behandlung seines Werkes im Privatbereich des Eigentümers keinerlei Einfluss ausüben kann. So hat der Urheber keinen Anspruch darauf, dass sein Werk überhaupt von jemandem gekauft wird oder vom Eigentümer oder Besitzer veröffentlicht oder ausgestellt wird. Ein solcher Anspruch des Urhebers auf Veröffentlichung oder Ausstellung seines Werkes folgt weder aus § 14 UrhG, noch aus §§ 12, 18 UrhG. Sinn und Zweck des § 14 UrhG sind nicht darauf gerichtet, dass das Werk der Öffentlichkeit überhaupt zur Verfügung steht.[213] Der Urheber kann daher nicht verlangen, dass das Werk von anderen wahrgenommen wird und damit eine bestimmte Wirkung erzeugen kann. Behält der Eigentümer oder Besitzer das Werk also für immer oder bis zum Ablauf der Schutzfrist in seinem rein privaten Bereich, so kann es ohnehin auf niemanden wirken.

Fasste man auch Eingriffe im Privatbereich unter den Anwendungsbereich des § 14 UrhG, so wäre es einem Eingreifenden zudem nicht mehr möglich, einem Anspruch des Urhebers auf Beseitigung einer Beeinträchtigung sicher durch Entfernung des Werkes aus der Öffentlichkeit zu entgehen, da man auch im rein privaten Bereich noch von einer Gefährdung der Interessen des Urhebers ausgehen müsste. Der Eigentümer müsste es immer gänzlich wiederherstellen – falls dies überhaupt möglich wäre – oder vollständig vernichten, was unter Umstän-

---

210 Wandtke/*Bullinger*, § 14 Rn. 7.

211 BGH GRUR 1971, 35 (37) – *Maske in blau*; BGH GRUR 1974, 675 (676) – *Schulerweiterung.*

212 So auch *Dustmann*, in: Fromm/Nordemann, § 14 Rn. 33.

213 So auch *Dustmann*, in: Fromm/Nordemann, § 14 Rn. 32.

den mit erheblichen Kosten und Aufwand – möglicherweise bei einem Restwert des Werkes auch mit einem erheblichen Wertverlust – verbunden wäre, zuweilen sogar gänzlich unmöglich sein mag. Auch dieses Ergebnis ist widersinnig und nicht tragbar.

5. Begriff des Öffentlichkeitsbezuges

An den Begriff des Öffentlichkeitsbezuges sind allerdings keine hohen Anforderungen zu stellen. Der Begriff der Öffentlichkeit ergibt sich aus der Bestimmung des § 15 Abs. 3 UrhG. Zur Öffentlichkeit gehört danach jeder, der nicht mit demjenigen, der das Werk verwertet, oder mit anderen Personen, denen das Werk in unkörperlicher Form wahrnehmbar oder zugänglich gemacht wird, durch persönliche Beziehungen verbunden ist. Diese Legaldefinition beschränkt sich zwar auf die Werkwiedergabe in unkörperlicher Form gem. § 15 Abs. 2 UrhG. Da das Gesetz jedoch ganz allgemein davon spricht, dass das Werk veröffentlicht ist, wenn es der Öffentlichkeit zugänglich gemacht worden ist, bezieht sich der Begriff der Veröffentlichung in § 15 Abs. 3 UrhG auch auf die Veröffentlichung in körperlicher Form gem. § 6 Abs. 1 UrhG.[214] Danach ist ein Werk der Öffentlichkeit zugänglich gemacht worden, wenn die Allgemeinheit die Möglichkeit erhalten hat, es mit Auge oder Ohr wahrzunehmen.[215] Kein Öffentlichkeitsbezug liegt demnach vor bei einem durchschnittlichen privaten Haushalt, in dem von Zeit zu Zeit selbstverständlich auch Besucher verkehren. Auch private Veranstaltungen führen noch zu keiner anderen Wertung. Werden Räumlichkeiten aber etwa z. B. teilweise als geschäftliche Räume genutzt, so dass das Werk dem Anblick einer unüberschaubaren, unkontrollierbaren und unbestimmten Anzahl an Personen ausgesetzt ist (z. B. in Kanzleiräumen, Räumen zum Empfang von Kunden etc.), so ist der Öffentlichkeitsbezug zu bejahen. Auch das Treppenhaus eines Mehrfamilienhauses ist üblicherweise einer gewissen Öffentlichkeit zugänglich.

Zwar ist bei der Vornahme von Veränderungen an dem Kunstwerk im rein privaten Kreis nicht auszuschließen, dass das Werk durch einen Weiterverkauf in der Zukunft irgendwann einmal einer größeren Öffentlichkeit ausgesetzt werden wird, jedoch muss bei der Frage, ob ein Verbietungsrecht aus § 14 UrhG greift, dann unmittelbar auf den Weiterverkauf als Eingriff abgestellt werden. Denn erst hierdurch wird das beeinträchtigte Werk in eine gewisse Öffentlichkeit entlassen. Maßgebend ist also grundsätzlich immer erst die jeweilige Verletzungshandlung, mit welcher das Werk in beeinträchtigter Form der Öffentlichkeit präsentiert

214 *Marquardt*, in: Wandtke/Bullinger, § 6 Rn. 4.
215 BT-Drucks. IV/270, S. 40.

wird.[216] Da aber § 14 UrhG lediglich von der Eignung zur Gefährdung der Interessen des Urhebers spricht, genügt es auch, dass konkrete Tatsachen vorliegen, die nach allgemeiner Erfahrung unter Berücksichtigung aller Eigenschaften des Werkes und aller Umstände des Eingriffs die Möglichkeit begründen, dass das beeinträchtigte Werk von der Öffentlichkeit wahrgenommen werden wird.[217]

D. Interessenabwägung

Zu guter Letzt bedarf die Entscheidung über die Zulässigkeit einer festgestellten Beeinträchtigung einer sorgfältigen Abwägung im jeweiligen Einzelfall. Im Rahmen dieser Interessenabwägung werden die Interessen des Urhebers, selbst darüber bestimmen zu können, in welcher Gestalt sein Werk in der Öffentlichkeit gezeigt wird, gegen die des Eigentümers, Besitzers oder des Nutzungsberechtigten, der einen bestimmten Eingriff in das Werk vornehmen will, gegeneinander abgewogen. Es bedarf also jeweils einer genauen Untersuchung des der Abwägung zugrunde liegenden konkreten Sachverhaltes. Im Rahmen der Interessenabwägung haben Rechtsprechung und Literatur Kriterien entwickelt, die für alle Werkgattungen gleichermaßen gelten. Dies dient einer größeren Rechtssicherheit hinsichtlich der Auslegung des § 14 UrhG und der damit einhergehenden Frage, ob ein Verbietungsrecht besteht oder nicht.

I. Kriterien innerhalb der Interessenabwägung des § 14 UrhG

1. Intensität des Eingriffs

In Rechtsprechung, Literatur und Gesetzgebung anerkannt ist das Maß, also die Intensität des Eingriffs, als Kriterium im Rahmen der Interessenabwägung.[218] Das heißt, je schwerer die Beeinträchtigung des Werkes ist, desto intensiver ist die Verletzung der berechtigten Interessen des Urhebers am unveränderten Fortbestand seines Werkes und dementsprechend schwerer wiegt sein Interesse, eine solche Beeinträchtigung zu untersagen. Maßgebend ist bei der Beurteilung der Intensität eines Eingriffs nicht, ob eine Verbesserung oder Verschlechterung des

216 So auch Dreier/*Schulze,* § 14 Rn. 14.

217 Ähnlich auch *Honschek*, GRUR 2007, 944 (946) und *Kroitzsch*, in: Möhring/Nicolini, § 14 Rn. 23.

218 OLG Stuttgart ZUM 2011, 173 – *Stuttgart 21*; *Wiebe*, in: Spindler/Schuster, § 14 UrhG Rn. 7; *Dietz/Peukert*, in: Schricker/Loewenheim, § 14 Rn. 30; Dreier/*Schulze*, § 14 Rn. 31.

Werkes eingetreten ist, sondern das Maß der Veränderung des im Werkkörper zum Ausdruck kommenden geistig-ästhetischen Gesamteindrucks.[219]

2. Schöpferische Eigenart und Gestaltungshöhe

Weiteres wichtiges Kriterium ist der Grad der schöpferischen Eigenart des Werkes. Ist das Werk komplex und weist es ein hohes Maß an Individualität auf, so wiegen die Interessen des Urhebers grundsätzlich schwerer.[220] Denn Gegenstand des urheberpersönlichkeitsrechtlichen Schutzes ist die persönliche Beziehung des Urhebers zu seinem Werk. Die Bindung zwischen Urheber und Werk findet ihren Ausdruck und ihren Umfang in der im Werk durch den Urheber mitgeteilten Eigenprägung.[221] Je mehr geistige und persönliche Gestaltungskraft im Werk zum Ausdruck kommt, desto stärker ist die persönliche Bindung des Urhebers an sein Werk.[222] Je stärker die persönliche Bindung, desto schwerer wiegen insofern die urheberpersönlichen Interessen. Die Interessen des Urhebers wiegen umso schwerer, je stärker höchstindividuelle Züge des Werkes durch den Eingriff betroffen sind.[223] Die berechtigten Interessen des Eigentümers oder Nutzers wiegen dagegen umso schwerer, je mehr sich ein Eingriff lediglich auf inhaltlich vorgegebene oder gemeinfreie Elemente erstreckt. Insofern erlauben Werke der sog. „kleinen Münze", die aufgrund ihrer geringen Individualität gerade noch schutzfähig sind, eher einen Eingriff in die Werkintegrität als Werke mit einem großen Maß an schöpferischer Eigenart.[224]

3. Künstlerischer Rang

Zu unterscheiden ist das Kriterium der schöpferischen Eigenart von dem Begriff des künstlerischen Ranges. Dieser meint die Einordnung eines Werkes und damit auch seines Künstlers im kunsthistorischen Sinne.[225] Gemeint ist dabei weder der Bekanntheitsgrad des Künstlers, noch die Qualität des Werkes im Sinne von „gut" oder „schlecht", „ästhetisch" oder „unästhetisch", sondern, ob dem Künstler und/oder seinen Werken seitens der Fachwelt eine besondere künstlerische Bedeutung beigemessen wird, ob ihm eine gewisse Anerkennung zuteil wird. Es

---

219 *Schöfer*, S. 86.
220 Dreier/*Schulze*, § 14 Rn. 31; Wandtke/*Bullinger*, § 14 Rn. 16.
221 *Schöfer*, S. 96.
222 *Schöfer*, S. 96.
223 Dreier/*Schulze*, § 14 Rn. 31; *Dietz/Peukert*, in: Schricker/Loewenheim § 14 Rn. 31.
224 *Schilcher*, S. 110.
225 Wandtke/*Bullinger*, § 14 Rn. 17; *Wiesner*, S. 147.

ist umstritten[226], ob der künstlerische Rang als rechtliches Kriterium geeignet ist, da dies eine künstlerische Bewertung des Werkes im Rahmen der Interessenabwägung mit sich bringen würde.

Die Rechtsprechung des BGH in dem Fall „Oberammergauer Passionsspiele II“[227] belegt, dass sich das künstlerische Ansehen des Urhebers in der Entscheidung unmittelbar auf die Beurteilung des Rangs der betroffenen Werke durch das Gericht ausgewirkt hat. Dass die Urheberinteressen durch eine die künstlerische Konzeption berührende Veränderung besonders in Mitleidenschaft gezogen werden, habe nach Ansicht der Rechtsprechung regelmäßig seine Ursache darin, dass der Urheber mit der veränderten Fassung seines Werkes identifiziere und ihm auch eine Verfälschung der künstlerischen Konzeption zugerechnet werde.[228] Weil der Urheber den meisten Betrachtern seines Werkes nicht bekannt gewesen sei, habe eine solche Gefahr hier nicht bestanden.

Nach Ansichten in der Literatur könne der künstlerische Wert eines Werkes hingegen nicht durch ein Gericht beurteilt werden.[229] Die Rechtsprechung im Falle „*Oberammergauer Passionsspiele II*“ berücksichtige nach Ansicht *Bullingers* nicht ausreichend, dass § 14 UrhG dem Urheber Schutz im Hinblick auf ein bestimmtes Werk gewähre. Die Interessen müssen seiner Ansicht nach anhand der Beeinträchtigung des konkreten Werkes gewichtet werden und nicht mit Blick auf die vermeintliche kunstgeschichtliche Stellung des Urhebers. Die Gefahr solle vermieden werden, dass ein bekannter und anerkannter Urheber für seine Werke umfassenderen Schutz erhalte als ein unbekannter Urheber, da der Rang seiner Werke höher eingestuft werde.

Dem ist zwar im Grundsatz zuzustimmen. Tatsächlich wäre es fatal, dem Gericht ein Recht einzuräumen, solchen Kunstwerken einen höheren Rang einzuräumen, die von einem berühmten Künstler stammen. Selbst wenn es wünschenswert erscheint, Werke bekannter Künstler unverändert für die Nachwelt zu erhalten, so zielt § 14 UrhG nicht auf den Schutz des Interesses der Allgemeinheit an der Erhaltung bestimmter Kunstwerke ab. Hierdurch könnte es zudem zu einer Art „Staatskunst“ kommen. Andererseits kann der künstlerische Rang gerade bei Werken zeitgenössischer Künstler, die für den Richter, der zumeist – selbst wenn er mit künstlerischen Dingen vertraut ist – nicht die Kenntnisse eines Kunstwis-

226 **Dafür**: BGH GRUR 1989, 106 (107 f.) – *Oberammergauer Passionsspiele II*; *Dietz/Peukert*, in: Loewenheim § 16 Rn. 112; Dreier/*Schulze*, § 14 Rn. 31; **dagegen**: Wandtke/*Bullinger*, § 14 Rn. 17.

227 BGH GRUR 1989, 106 (107 f.) – *Oberammergauer Passionsspiele II.*

228 BGH GRUR 1989, 106 (107 f.) – *Oberammergauer Passionsspiele II*; BGH GRUR 1971, 35 – *Maske in Blau*; BGH GRUR 1971, 525 (526 f.) – *Petite Jacqueline.*

229 Wandtke/*Bullinger*, § 14 Rn. 17.

senschaftlers hat, sehr wohl ein Indiz dafür sein, dass es sich bei dem Werk nicht bloß um eine leere Hülle handelt, sondern tatsächlich um ein Produkt komplexer geistiger Arbeit. Ein hoher künstlerischer Rang ist häufig auch ein Indiz für eine hohe schöpferische Eigenart, die dem Juristen unter Umständen verborgen bleibt, von ihm nicht erkannt wird, während ein Kunstwissenschaftler, bzw. der Kunstmarkt, diese – wenn auch nur intuitiv – wahrnehmen kann. Enthält das Werk aber einen hohen geistigen Anteil, auch wenn dieser nicht für jedermann offensichtlich in der Form des Werkes zum Ausdruck kommt, so lässt dies ebenso wie beim Kriterium der schöpferischen Eigenart und der Gestaltungshöhe auf eine besonders enge Bindung des Urhebers zu seinem Werk schließen. Diese wiederum ist besonders schützenswert. So kann man folgern, dass bei einem Werk eines Künstlers, welchem in der Kunstwelt ein besonders hoher künstlerischer Rang zugesprochen wird, die Interessen des Urhebers besonders schwer wiegen. Andererseits bedeutet dies aber nicht automatisch umgekehrt, dass die Interessen des Urhebers, der möglicherweise (noch) relativ unbekannt ist und dem daher in der Fachwelt kein besonderer Rang eingeräumt wurde, bei einem Eingriff nicht schwer wiegen können. Hier spricht für ihn lediglich nicht bereits ein Indiz. Vielmehr muss bei einem Künstler, der keinen bestimmten künstlerischen Rang genießt, dieses Kriterium außer Acht bleiben.

Darüber hinaus führt die Einordnung eines Künstlers durch die Kunstwelt und durch Kunstwissenschaftler als hochrangiger Künstler oft auch zu einer größeren Bekanntheit des Künstlers und damit auch seiner Werke in der Öffentlichkeit, so dass aufgrund des höheren Grades an Öffentlichkeit von einer stärkeren Interessenbeeinträchtigung auszugehen ist.[230]

4. Gebrauchszweck und Werke der sog. reinen Kunst

Eingriffe in Werke der reinen bildenden Kunst, der Musik und der Literatur wiegen schwerer als solche in Werke der angewandten Kunst. Denn bei diesen Werken ist die Erwartung an die Authentizität besonders hoch. Hier bedarf es nicht schon deshalb bestimmter Änderungen, um einem bestimmungsgemäßen Gebrauchszweck gerecht zu werden. Der Schöpfer eines urheberrechtlich geschützten Werkes, das für einen Gebrauchszweck geschaffen wurde, muss hingegen damit rechnen, dass es, entsprechend den Anforderungen an seine Funktion, zu Veränderungen am Werk kommen kann.[231] Auch das Urheberrechtsgesetz selbst sieht es als zulässig an, im Rahmen der Interessenabwägung darauf

230 Zum Kriterium des Grades der Öffentlichkeit siehe unten, drittes Kapitel, D. 1. 6.
231 BGH GRUR 1974, 675 (676) – *Schulerweiterung.*

abzustellen, ob ein Werk zur sogenannten reinen Kunst gehört oder nicht.[232] So enthalten die Vorschriften der §§ 39 und 62 UrhG Regelungen, nach denen der Gebrauchszweck eines Werkes Änderungen erforderlich machen kann. Da sich die vorliegende Arbeit aber lediglich mit Werken der reinen bildenden Kunst befasst, die keinem Gebrauchszweck dient, ist bei allen im Rahmen dieser Arbeit untersuchten Fallgruppen von gewichtigen Interessen des Urhebers an der Erhaltung seines Werkes in unveränderter Form auszugehen.

5. Irreversibilität des Eingriffs

Die Unumkehrbarkeit eines Eingriffs führt ebenfalls dazu, dass die Interessen des Urhebers schwerer wiegen, da in diesem Fall das Werk in seiner ursprünglichen Form verloren geht.[233] Irreversibel ist der Eingriff allerdings nur dann, wenn es sich um einen Eingriff in ein Unikat handelt. Bei Werkexemplaren, von denen eine Vielzahl von Originalen existiert (z. B. Auflagenkunst) oder die keinen Originalcharakter aufweisen, ist ein Eingriff hingegen nur dann unumkehrbar, wenn er das letzte vorhandene Werkexemplar betrifft. Für die in dieser Arbeit in erster Linie behandelten verschiedenen Fallgruppen der Beeinträchtigung von Originalwerkstücken der Unikatkunst ist von starken Interessen des Urhebers auszugehen, da auch hier das Original regelmäßig nur in einer einzigen Ausfertigung existiert. Schließlich ist bei Einwirkungen auf das Original nicht nur das persönliche Interesse des Urhebers an der Erhaltung seines Rufs oder Ansehens betroffen, sondern auch sein Interesse an Bestand und Wirkung des Werkes in der vom ihm geschaffenen Werkverkörperung.[234]

6. Grad der Öffentlichkeit

Ein wichtiges Kriterium im Rahmen der Interessenabwägung ist nach herrschender Ansicht in Literatur und Rechtsprechung auch der Grad der Öffentlichkeit, an den das beeinträchtigte Werk gelangt. Die Auswirkungen von Eingriffen in das Werk auf die Reputation des Urhebers sind im Rahmen der Interessenabwägung zu berücksichtigen.[235] Das Ansehen des Künstlers leidet daher umso mehr, je größer der Kreis derer ist, die das entstellte Werk wahrnehmen können.[236]

---

232 Wandtke/*Bullinger*, § 14 Rn. 18; *Dietz/Peukert*, in: Schricker/Loewenheim, § 14 Rn. 31.

233 *Dietz/Peukert*, in: Schricker/Loewenheim § 14 Rn. 30; Wandtke/*Bullinger*, § 14 Rn. 19.

234 *Wiesner*, S. 144 f.

235 *Dustmann*, in: Fromm/Nordemann, § 14 Rn. 25; Wandtke/*Bullinger*, § 14 Rn. 20.

236 *Schilcher*, S. 124; *Wiesner*, S. 145

7. Grad der Bekanntheit des Künstlers und seiner Werke

Das Kriterium des Bekanntheitsgrades ist eng verwandt mit dem Kriterium des Grades der Öffentlichkeit eines Werkes. Denn der Bekanntheitsgrad eines Urhebers und seiner Werke geht mit dem Grad der Öffentlichkeit seiner Werke häufig einher. Sind der Urheber, sein Werk oder beide also bekannt, so wird das Werk regelmäßig durch eine größere Anzahl von Menschen wahrgenommen, ein Eingriff führt damit zu einer größeren Beeinträchtigung des Ansehens und damit der persönlichen Interessen als bei einem unbekannten Urheber.

8. Zeitablauf nach dem Tod des Künstlers

Nach Ansicht der Rechtsprechung und vieler Stimmen in der Literatur muss der Gedanke berücksichtigt werden, dass mit zunehmendem Abstand zum Tode des Urhebers dessen persönliche und geistige Interessen am Werk weniger schwer wiegen.[237] Dies ergebe sich daraus, dass der Rechtsnachfolger in einer weniger engen Bindung zum Werk stehe als einst der Urheber und deshalb weiterreichende Eingriffe hinzunehmen habe als dieser.[238] Einige Stimmen in der Literatur verneinen dies hingegen unter Hinweis auf die Schutzfrist des § 64 UrhG.[239] Aus dem UrhG ergebe sich kein Anhaltspunkt dafür, dass den urheberpersönlichkeitsrechtlichen Interessen mit der Vergrößerung des zeitlichen Abstands zum Tod des Urhebers geringeres Gewicht zukommen solle.[240]

Die erstgenannte Ansicht ist zu befürworten. Gem. § 30 UrhG hat der Rechtsnachfolger des Urhebers – soweit nichts anderes bestimmt ist – zwar die dem Urheber nach dem UrhG zustehenden Rechte. § 30 UrhG stellt insofern den Grundsatz auf, dass der Rechtsnachfolger in vollem Umfang in die Rechtsstellung des Urhebers einrückt. Das Urheberrecht wird demnach in dem Umfang vererbt, in welchem es dem Urheber im Zeitpunkt des Todes zur Verfügung steht. Auch im Hinblick auf das Urheberpersönlichkeitsrecht gilt der Grundsatz, dass der Rechtsnachfolger in vollem Umfang in die Rechte des Urhebers einrückt.[241]

---

237 BGH GRUR 1989, 106 (107) – *Oberammergauer Passionsspiele II*; *Schilcher*, S. 136; BGH NJW 2008, 3784 (3787), Rn. 29 – *St. Gottfried*; BGH GRUR 2012, 172 (172) – *Stuttgart 21.*; *v. Gamm* § 30 Rn. 4; *Dietz/Peukert*, in: Schricker/Loewenheim, § 15 Rn. 15, § 16 Rn. 111;

238 BGH GRUR 1989, 106, 107 – *Oberammergauer Passionsspiele II; Dietz/Peukert*, in: Schricker/Loewenheim, Vor §§ 12 ff. Rn. 31; *v. Gamm,* § 11 Rn. 7, § 30 Rn. 4.

239 Dreier/*Schulze* Vor § 12 Rn. 8; *Kroitzsch*, in: Möhring/Nicolini, § 11 Rn. 20; Wandtke/*Bullinger*, Vor § 12 Rn. 10.

240 Wandtke/*Bullinger*, Vor § 12 Rn. 10; *Obergfell*, GRUR-Prax 2010, 233.

241 Fromm/*Nordemann* § 30 Rn. 8; *Spautz*, in: Möhring/Nicolini § 30 Rn. 1; *Bullinger, S.* 196; wohl auch Dreier/*Schulze,* § 30 Rn. 4.

Dass der Rechtsnachfolger gem. § 30 UrhG in vollem Umfang in die Stellung des Urhebers aufrückt, schließt aber nicht aus, dass im Rahmen der Interessenabwägung des § 14 UrhG mit zunehmendem Zeitablauf die Interessen des Urhebers weniger schwer gewichtet werden können. Die dies ablehnende Ansicht berücksichtigt nicht hinreichend, dass der Erbe trotz der Gesamtrechtsnachfolge in der Ausübung des Urheberpersönlichkeitsrechts durch die aus der Persönlichkeit des verstorbenen Urhebers hergeleitete Natur gebunden ist.[242] Das Recht des Urhebers aus § 14 UrhG besteht allein aufgrund seiner engen Verbindung zum Werk und nicht allein um des Werkes Willen. Die Entstehung des Rechtes ist damit eng mit der Persönlichkeit des Urhebers verbunden. Der Rechtsnachfolger kann das Recht zwar in dem Umfang geltend machen, wie es dem Urheber zustand, auch das Recht des Urhebers war aber zu seinen Lebzeiten und bis zu seinem Tode an das Gewicht seiner eigenen berechtigten Interessen gebunden. Die Schutzfrist des § 64 UrhG schließt nicht aus, dass auch mit zunehmendem Zeitablauf nach dem Tode des Künstlers seine Interessen anders gewertet werden können als zu seinen Lebzeiten oder unmittelbar nach seinem Tode. Dass der Rechtsnachfolger in vollem Umfang in die Rechtsstellung des Urhebers einrückt, heißt daher nicht, dass auch die Interessen starr mit Blick auf den Todeszeitpunkt gewertet werden müssen. Denn es liegt auf der Hand, dass ein Recht im Laufe der Zeit Veränderungen unterworfen sein kann.[243] Schließlich erschiene es auch willkürlich, wenn sich der Erbe einige Tage vor Ablauf der urheberrechtlichen Schutzfrist in gleicher Weise auf die Interessen des verstorbenen Urhebers berufen könnte wie am Tage nach dessen Tod. Die Schutzfrist des § 64 UrhG wird hierdurch auch nicht in Frage gestellt oder entwertet. Vielmehr steht lediglich die Intensität des Urheberpersönlichkeitsrechts im Rahmen der vorzunehmenden Interessenabwägung in Rede. Eine solche Betrachtungsweise wird auch dem Umstand gerecht, dass sich Erben von Künstlern häufig als Hüter des Urheberpersönlichkeitsrechts gerieren, obwohl die Künstler selbst bis zu ihrem Tode unter Umständen recht freigiebig mit Ihren Werken verfahren ließen.

9. Anonymität des Urhebers

Von Bedeutung ist auch, ob der Urheber seine Urheberschaft kundtut, wenn er sein Werk veröffentlicht, oder ob er anonym bleibt. Denn ein anonymes Werk kann sein Ansehen weder positiv noch negativ beeinflussen und lässt seine persönlichen Interessen insofern unberührt.[244] Allerdings werden auch bei einem Eingriff

242 *Schilcher*, S. 43.

243 OLG Stuttgart GRUR-RR 2011, 56 (61) – *Stuttgart 21*.

244 *Schilcher*, S. 136.

in ein anonymes Werk zumindest die geistigen Interessen des Urhebers verletzt, denn auch wenn der Urheber seine Urheberschaft nicht kundtut, so besteht dennoch eine geistige Beziehung zwischen ihm und seinem Werk.[245] Auch wenn der Urheber anonym bleibt, kann er ein Interesse daran haben, dass sein Werk in der Öffentlichkeit so wahrgenommen werden kann, wie er es geschaffen hat.

10. Zurechnung einer Änderung zum Urheber

Weiteres gewichtiges Abwägungskriterium ist die Frage, ob eine Beeinträchtigung am Werk als eine vom Urheber selbst vorgenommene Änderung bzw. Schaffung seines Werkes wahrgenommen wird.[246] Auch die Rechtsprechung hob in den bisher zu entscheidenden Fällen den Aspekt hervor, ob der Betrachter erkennen kann, dass die Beeinträchtigung nicht vom Urheber selbst stammt.[247] Wird eine Beeinträchtigung des Werkes vom Betrachter dem Urheber zugerechnet, werden seine Interessen schwerer verletzt, als bei beeinträchtigenden Eingriffen, die offensichtlich nicht vom Urheber selbst herrühren. Schließlich ist hier die Gefahr einer Verfälschung als geringer zu beurteilen, auch wenn das Integritätsinteresse hierdurch verletzt wird. Es ist ein wesentliches Interesse des Urhebers, sich nicht fremde Gestaltungen zurechnen lassen zu müssen.[248] Die Zurechung einer Veränderung zu der Sphäre des Urhebers ist hierbei aber nicht schon dann ausgeschlossen, wenn der Eingriff in künstlerisch abwertender Art und Weise erfolgt, denn auch in diesen Fällen kann der Eindruck entstehen, der Urheber habe beispielsweise allein aus kommerziellen Interessen einer solchen Verwertung zugestimmt.[249]

11. Zweck des Eingriffs

Auf Seiten der Interessen des Eigentümers sind seine Motivation und der Zweck seines Eingriffs zu berücksichtigen. Je zwingender sich ein Eingriff für ihn darstellt, desto schwerer wiegen seine Interessen. So kann der Eigentümer beispielsweise im Bereich der Architektur gewichtige gebrauchsbedingte Interessen an einer Änderung des Werkes haben. Diese Interessen spielen allerdings in der hier

245 *Schilcher*, S. 136.

246 *von Detten*, S. 133.

247 BGH GRUR 2002, 532 (534) – *Unikatrahmen*; BGH GRUR 1989, 106 (108) – *Oberammergauer Passionsspiele II*; BGH GRUR 1971, 35 (38) – *Maske in Blau*; LG München I ZUM – RD 2000, 308 (311) – *filmtechnische Mittel* (das Gericht verneinte hier aber wegen der fehlenden Zurechnung unrichtigerweise bereits das Vorliegen einer Beeinträchtigung).

248 BGH GRUR 1999, 230 (232) – *Treppenhausgestaltung*.

249 BGH GRUR, 525 (526 f.) – *Petite Jaqueline*; *von Detten*, S. 134.

behandelten reinen bildenden Kunst, die keine Gebrauchszwecke verfolgt, lediglich eine geringe Rolle. Sie treten nur dann zutage, wenn es sich nicht um ein isoliertes Kunstwerk handelt, sondern um eines, welches an einem Gut des Eigentümers angebracht ist, welches Gebrauchszwecken dient. Dies ist vor allem bei Wandgemälden der Fall. Will der Eigentümer die Unterlage verändern, so kann es auch zu einer Beeinträchtigung des darauf angebrachten Kunstwerks kommen. In diesem Ausnahmefall können auch im Bereich der reinen bildenden Kunst Gebrauchsinteressen des Eigentümers Berücksichtigung finden. Schließlich hat der Urheber in diesem Fall das Werk in dem Wissen auf der Unterlage angebracht, dass gebrauchsbedingte Einwirkungen auf sein Werk erfolgen könnten.[250]

Ästhetisch motivierte Veränderungen aufgrund eines geschmacklichen Wandels des Eingreifenden muss der Urheber auch im Bereich der reinen bildenden Kunst regelmäßig nicht dulden.[251] Vielmehr ist es dem Eigentümer zumutbar, ein Kunstwerk zu verkaufen, zu verschenken oder aus den genutzten Räumlichkeiten zu entfernen, wenn es ihm nicht mehr gefällt. Praktisch schwierig handhabbar ist ein geschmacklicher Wandel der Allgemeinheit bei raumgreifenden und ortsspezifischen Kunstwerken, die sich im öffentlichen Raum befinden.[252] Jedenfalls ist aber auch hier eine ästhetische Motivation nicht dazu geeignet, Veränderungen an dem Werkstück zu rechtfertigen.

II. Irrelevante Kriterien

Keine Rolle im Rahmen der Interessenabwägung spielen sachfremde Interessen, die allein in der Sphäre der Beteiligten liegen und die keinerlei direkten Bezug zum Werk aufweisen,[253] wie z.B. politische Erwägungen des Eigentümers. Bei der Frage, ob eine Entstellung oder andere Beeinträchtigung vorliegt, kommt es zudem nicht darauf an, ob mit dem Eingriff eine künstlerische Abwertung verbunden ist.[254] Es spielt keine Rolle, ob es durch den Eingriff zu einer Verbesserung oder Verschlechterung des Werks kommt.[255] Eine persönliche Haltung des Richters gegenüber bestimmten künstlerischen Ausdrucksformen muss dabei unberücksichtigt bleiben.

---

250 *Wiesner*, S. 148, *Schöfer*, S. 158.

251 BGH GRUR 1999, 230 (231 f.) – *Treppenhausgestaltung*; *Schack*, Rn. 806.

252 Hierzu vertieft unten, viertes Kapitel, B. I.

253 *Schilcher*, S. 138.

254 So wohl BGH GRUR 1989, 106 (107) – *Oberammergauer Passionsspiele II*; OLG München ZUM 1992, 307 (310) – *Christoph Columbus*; Dreier/*Schulze*, § 14 Rn. 7.

255 *Schöfer*, S. 86.

III. Einfluss der Grundrechte auf die Interessenabwägung

In den einfachgesetzlichen Regelungen, wie dem Urheberrechtsgesetz, kommt die abstrakte Güter- und Interessenabwägung des Gesetzgebers zum Ausdruck. Diese ist zwar grundsätzlich als abschließend zu betrachten, allerdings strahlt das Verfassungsrecht nach der Rechtsprechung des Bundesverfassungsgerichts auf alle zivilrechtlichen Normen aus.[256] Diese sind daher grundsätzlich im Sinne der grundgesetzlichen Freiheitsgarantien auszulegen und anzuwenden, damit ihr wertersetzender Gehalt auch auf der Rechtsanwendungsebene gewahrt bleibt.[257] Gerade § 14 UrhG, der bereits durch die Voraussetzung der Vornahme einer umfassenden Interessenabwägung ein Einfallstor zur Abwägung der einander gegenüber stehenden Grundrechte bietet, ermöglicht damit eine umfassende Berücksichtigung aller Umstände des Einzelfalls sowie eine intensive Auseinandersetzung mit dem betroffenen Werk. Hier sind insofern auf Seiten des Urhebers das allgemeine Persönlichkeitsrecht aus Art. 2 Abs. 1, Art. 1 Abs. 1 GG und auf Seiten des Eigentümers oder Besitzers in erster Linie Art. 14 GG zu berücksichtigen und gegeneinander abzuwägen.

IV. Kein Vorrang der Urheberinteressen „In dubio pro auctore“

Fraglich ist, wie in dem Fall entschieden wird, dass ein eindeutiges Überwiegen entweder der Interessen des Urhebers oder der Interessen des eingreifenden nicht eindeutig festgestellt werden kann. Es stellt sich die Frage, ob von einem Grundsatz ausgegangen werden kann, dass im Zweifelsfall die Interessen des Urhebers überwiegen.[258] Dies wird mehrheitlich jedoch zutreffend abgelehnt.[259] Dem Urheberinteresse kann nicht schon deshalb ein Vorrang eingeräumt werden, weil etwa persönlichkeitsrechtliche Interessen grundsätzlich schwerer wögen als die primär finanziell-ökonomischen Interessen eines Dritten.[260] Weder das UrhG selbst normiert an irgendeiner Stelle eine höhere Wertigkeit des Urheberpersönlichkeitsrecht gegenüber den Rechten eines (nutzungsberechtigten) Dritten, noch sieht das Verfassungsrecht ein Überwiegen des allgemeinen Persönlichkeitsrechts aus Art. 2 Abs. 1, Art. 1 Abs. 1 GG gegenüber der Eigentumsfreiheit aus Art 14 GG

256 Grundlegend hierzu BVerfG NJW 1958, 257 ff. – *Lüth*.

257 BVerfG NJW 1958, 257 (257) – *Lüth*.

258 *Bindhardt*, BauR 1989, 412 (413).

259 *Dustmann*, in: Fromm/Nordemann, § 14 Rn. 30; *v. Gamm*, § 14 Rn. 9; *Kroitzsch*, in: Möhring/Nicolini, § 14 Rn. 20; *Schöfer*, S. 83 f.; *van Waasen*, S. 57; *Schilcher*, S. 103.

260 *Dietz/Peukert*, in: Schricker/Loewenheim, § 14 Rn. 29; *Schilcher*, S. 103.

vor.[261] Insofern stehen die Rechte des Urhebers und die Rechte des Dritten gleichrangig nebeneinander. Eine Abwägung der Interessen muss für jeden konkreten Einzelfall gesondert erfolgen.

E. Beurteilungsmaßstab

Bei den Begrifflichkeiten des § 14 UrhG handelt es sich um Rechtsbegriffe, die von den Gerichten beurteilt werden müssen. Maßstab zur Beurteilung urheberrechtlicher Werke ist nach Ansicht der Rechtsprechung die Auffassung der mit literarischen und künstlerischen Werken einigermaßen vertrauten und hierfür aufgeschlossenen Verkehrskreise.[262] Die Rechtsprechung stellt damit auf das außerrechtliche Verständnis gebildeter Personen ab, nicht aber auf die Anschauung von Fachkreisen.[263] Allein durch das Empfinden des Urhebers selbst, sein Werk sei durch einen bestimmten Eingriff herabgesetzt, wird eine Beeinträchtigung iSd § 14 UrhG daher nicht begründet. Die Gerichte beurteilen die Frage der Beeinträchtigung also zwar stets selbst, d. h. sie holen nicht etwa eine Meinungsumfrage zur Anschauung bestimmter Bevölkerungskreise ein. Allerdings sind mit Urheberrechtsfragen meist an den Amtsgerichten Fachabteilungen, bei den Landgerichten Fachkammern sowie an den Oberlandesgerichten Fachsenate befasst, da die meisten Landesregierungen von ihrer Ermächtigung nach § 105 UrhG Gebrauch gemacht haben, die es ihnen ermöglicht, für Urheberrechtsstreitsachen Sonderzuständigkeiten bestimmter Spruchkörper zu begründen.[264] Die urteilenden Richter sind daher durch ihre ständige Praxis mit der Materie nicht nur rechtlich, sondern auch tatsächlich in gewissem Maße vertraut. Hinsichtlich der Ermittlung von Tatsachen des Sachverhaltes, welcher der Beurteilung einer Beeinträchtigung zu Grunde liegt, können sich Gerichte zudem eines Sachverständigengutachtens bedienen. Dieses kann z. B. die Stellung und die Einordnung einer Schöpfung innerhalb ihrer Werkart klären und so bei der Beantwortung der Frage helfen, ob eine Beeinträchtigung des Werkes vorliegt und als wie intensiv dieser zu beurteilen ist.[265] Denn auch, wenn es sich bei dem Begriff der Entstellung i. S. d. UrhG um einen Rechtsbegriff handelt, der grundsätzlich juristisch bestimmt wird, darf die Rechtswissenschaft sich nicht gänzlich von dem sachlichen Bereich, den sie regeln will, loslösen und die Ergebnisse, Erkenntnisse

261 *Schilcher*, S. 104.
262 BGH GRUR 1972, 143 (144) – *Biografie: Ein Spiel*; BGH GRUR 1981, 267 (268) – *Dirlada.*
263 Wandtke/*Bullinger*, § 2 Rn. 6.
264 Hierzu detailliert Dreier/*Schulze*, § 105 Rn. 5.
265 Wandtke/*Bullinger*, § 2 Rn. 9.

und Bedürfnisse dieser Materie außer acht lassen.[266] Eine von der Beurteilung der zugrunde liegenden Spezialwissenschaft, wie z. B. der Kunstwissenschaft, abweichende Einschätzung von Fragen sollte nur dann erfolgen, wenn es für die Abweichung einen sachlichen Grund gibt.[267]

F. Inhalt des Verbietungsrechts im Bereich der bildenden Kunst

Die Rechtsfolgen einer Verletzung des § 14 UrhG regelt § 97 UrhG. Liegt eine Verwirklichung des Tatbestandes des § 14 UrhG vor, so kann der Urheber von dem Eingreifenden unabhängig vom Vorliegen eines Verschuldens in erster Linie Beseitigung der Beeinträchtigung verlangen. Liegt eine Wiederholungs- oder Erstbegehungsgefahr vor, so kann der Urheber auch Unterlassung verlangen. Hat der Eingreifende schuldhaft gehandelt, so steht dem Urheber auch ein Anspruch auf Ersatz des materiellen und immateriellen Schadens zu.

I. Beseitigungsanspruch

Die Beseitigung kann sowohl in der Wiederherstellung des ursprünglichen Zustandes des Werkes als auch in dessen gänzlicher Vernichtung bestehen.[268] Der Eigentümer kann den Beseitigungsanspruch aber nach hier vertretener Ansicht[269] auch dadurch erfüllen, dass er das Werk gänzlich aus der Öffentlichkeit entfernt und einen Zugang der Öffentlichkeit zu dem Werk verhindert. Dem Eigentümer obliegt die Wahl, auf welche Weise er den Beseitigungsanspruch erfüllt. Eine bestimmte Beseitigungsmaßnahme kann hingegen nur dann verlangt werden, wenn andere gleichermaßen geeignete Maßnahmen nicht in Betracht kommen.[270]

Ist die Einwirkung auf ein Kunstwerk irreversibel, kann also der ursprüngliche Zustand nicht wieder hergestellt werden, so stellt sich die Frage, ob der Urheber in diesem Fall auch einen Anspruch auf Vernichtung des Werkes geltend machen kann.[271] Dafür würde zwar sprechen, dass ein irreversibel entstelltes Werk auch

---

266 So auch *Rau*, S. 22.

267 So auch *Rau*, S. 22.

268 LG München NJW 1982, 655 (655) – *Hajek I*; Zur Frage der Zulässigkeit der Vernichtung siehe unten, viertes Kapitel, A. III.

269 Siehe oben, drittes Kapitel, C. III. 5.

270 Dreier/*Schulze*, § 97 Rn. 48.

271 Dafür *Bullinger*, S. 106 f.

weiterhin Zeugnis für das Schaffen des Künstlers ablegen kann und somit die Vorstellungen der Mit- und Nachwelt hiervon verfälschen könnte.[272] Allerdings ist zu beachten, dass der Beseitigungsanspruch dem allgemeinen Verhältnismäßigkeitsgebot unterliegt, so dass die Beseitigungsmaßnahme geeignet und dem Verletzer zumutbar sein muss. Hierzu ist eine weitere umfassende Interessenabwägung vorzunehmen.[273] Da die Vernichtung unter Umständen den tiefsten Eingriff für den Eigentümer bedeuten kann, insbesondere dann, wenn das Werk auch als Reliquie noch über einen Marktwert verfügt oder die Vernichtung mit erheblichem finanziellen oder zeitlichen Aufwand verbunden ist, ist die Zumutbarkeit in der Regel zu verneinen. Dies gilt insbesondere auch deshalb, weil gerade im Bereich der Konservierung und Restaurierung die Möglichkeit besteht, dass mit noch zu entwickelnden Techniken eine Beseitigung von Schäden auch zu einem späteren Zeitpunkt noch erfolgen kann. Zudem kann das Werk zumindest dann, wenn es von besonderem Wert für die Nachwelt ist, auch nach Ablauf der Schutzfrist noch als Zeugnis für nachfolgende Generationen dienen. Der Künstler kann insofern statt der Vernichtung nur verlangen, dass das Werk bis zum Ablauf der Schutzfrist nicht mehr der Öffentlichkeit zugänglich gemacht werde.[274] Als Minus zu einem Beseitigungsanspruch kann der Urheber auch die Nichtnennung seines Namens verlangen.[275]

II. Unterlassungsanspruch

Der ebenfalls verschuldensunabhängige Unterlassungsanspruch kann z. B. darauf gerichtet sein, den Eigentümer davon abzuhalten, das entstellte Werk öffentlich auszustellen. Dieser Anspruch kann auch vorbeugend geltend gemacht werden, wenn eine Erstbegehungsgefahr oder eine Wiederholungsgefahr zu bejahen ist.

Umstritten ist, ob ein vorbeugender Unterlassungsanspruch auch bereits im Vorfeld einer beeinträchtigenden Maßnahme an dem Werk geltend gemacht werden kann, falls der Künstler hiervon erfährt. Einige Stimmen in der Literatur sprechen sich für einen vorbeugenden Unterlassungsanspruch bereits gegen eine drohende Substanzverletzung aus.[276] Diese Ansicht ist aber zumindest im Grundsatz deshalb abzulehnen, weil nach hier vertretener Ansicht erst die öffentliche Präsen-

272 So *Wiesner*, S. 180.

273 Dreier/*Schulze*, § 97 Rn. 48; *von Wolff*, in: Wandtke/Bullinger, § 97 Rn. 41.

274 So im Ergebnis auch *Wiesner*, S. 180.

275 OLG Saarbrücken UFITA 79 (1977), 364 (366); LG Saarbrücken UFITA 79 (1977), 358 (361); Dreier/*Schulze*, § 14 Rn. 42; Wandtke/*Bullinger*, § 13 Rn. 17; *Wiesner*, S. 180.

276 *Bullinger*, S. 105; *Häret*, DS 2008, 169 (174).

tation des entstellten Werkes zur Verwirklichung des Tatbestandes des § 14 UrhG führt.[277] Bei drohenden Substanzverletzungen kommt ein vorbeugender Unterlassungsanspruch nur in Betracht, wenn konkrete Tatsachen vorliegen, welche die Annahme rechtfertigen, dass das Werk durch die Maßnahme beeinträchtigt und im Anschluss der Öffentlichkeit zugänglich gemacht werden wird und keine überwiegenden berechtigten Interessen für den Eingreifenden streiten. Solche konkreten Tatsachen, die für eine anschließende Präsentation in der Öffentlichkeit sprechen, sind beispielsweise bei einer anstehenden (unsachgemäßen) Restaurierung durch den hauseigenen Museumsrestaurator gegeben. Sie können aber auch bei einer externen Restaurierungsmaßnahme vorliegen, wenn Auftraggeber der Maßnahme ein öffentliches Museum oder ein privater Sammler ist, die ihre Sammlungen regelmäßig der Öffentlichkeit zugänglich machen oder die Werke in Katalogen abdrucken lassen und diese der Öffentlichkeit zugänglich machen. Regelmäßig wird aber auch der Eigentümer ein Interesse daran haben, bereits vor einer geplanten Maßnahme festzustellen, ob es hierdurch zu einer Beeinträchtigung kommen wird. Schließlich könnte er ansonsten das Werk künftig nicht mehr öffentlich zeigen. Dies würde für den Eigentümer einen erheblichen Wertverlust des Werkes bedeuten.

III. Schadensersatz

Nach § 97 Abs. 2 UrhG kann der Urheber sowohl materiellen als auch immateriellen Schadenersatz verlangen, soweit der Verletzer schuldhaft gehandelt hat.

1. Ersatz des materiellen Schadens

Zur Ermittlung der Schadenshöhe stehen dem Urheber wahlweise drei Berechnungsarten zur Verfügung. So kann er entweder den Ersatz der konkreten Vermögenseinbuße einschließlich des entgangenen Gewinns verlangen, die Herausgabe des Verletzergewinns oder die Zahlung einer angemessenen fiktiven Lizenzgebühr. Da es im Falle der reinen bildenden Kunst meistens um Sachverhalte gehen wird, bei denen der Künstler nicht mehr Eigentümer des Werkes ist, kommt ein konkreter materieller Schaden allerdings selten in Betracht. Der Schaden aufgrund des Wertverlustes des Werkes trifft dann in erster Linie den Eigentümer.

277 So auch *Kroitzsch*, in: Möhring/Nicolini, § 14 Rn. 23, siehe hierzu oben, drittes Kapitel, C. III. 4.

2. Ersatz des immateriellen Schadens

Ebenso kann der Künstler einen Ersatz für den Schaden, der nicht Vermögensschaden ist, verlangen. Dieser Anspruch besteht neben dem Anspruch auf Ersatz des Vermögensschadens. Es handelt sich hierbei um eine Art Schmerzensgeld. Dieses muss dem Grunde und der Höhe nach der Billigkeit entsprechen. Ein Anspruch kommt daher nur bei schwerwiegenden Eingriffen in die ideellen Interessen des Urhebers in Betracht. Hier sind Anlass und Beweggrund des Handelns, Grad des Verschuldens des Verletzers und die Genugtuungsfunktion des immateriellen Schadensersatzes zu berücksichtigen.

Viertes Kapitel: Der Schutzumfang des § 14 UrhG im Umgang mit Originalwerken der reinen bildenden Kunst

Entstellende Eingriffe sind im Bereich der reinen bildenden Kunst auf verschiedenste Weise denkbar. Bei den Gesetzgebungsarbeiten zu § 14 UrhG wurde im Vergleich zu § 39 UrhG bewusst auf das Merkmal der Werkänderung als Tatbestandsvoraussetzung verzichtet, um auch negative Umwelteinflüsse auf das Werk erfassen zu können. Insofern sind – wie bereits erläutert – nicht nur Eingriffe in die Substanz des Originalwerkes oder eines Vervielfältigungsstückes vom Schutzbereich des § 14 UrhG erfasst, sondern auch solche, bei denen das Werk selbst nicht berührt wird. Entstellungen und andere Beeinträchtigungen i. S. d. § 14 UrhG sind insbesondere bei Werken der zeitgenössischen Kunst von besonderer praktischer Relevanz. Dies liegt logischerweise zum einen daran, dass bei Kunst von Zeitgenossen die Schutzfrist von 70 Jahren p.m.a gem. § 64 UrhG noch nicht abgelaufen ist, es also hier noch zu rechtlichen Auseinandersetzungen entweder mit dem Urheber selbst oder seinen Erben kommen kann. Zum anderen ist eine besondere Entstellungsanfälligkeit aber auch dem Umstand geschuldet, dass zeitgenössische Kunst häufig aus „kunstfremden" Materialien besteht, Werke zum Teil aus komplizierten Konstruktionen bestehen oder ihnen neuartige Techniken zugrunde liegen, welche die geistige Aussage des jeweiligen Werkes für einen Kunstlaien nur schwer erkennen lassen. Dies führt dazu, dass es hier häufig zu Eingriffen im Umgang mit den Werken kommt, die den tatsächlichen oder gegebenenfalls von den Erben angenommenen Intentionen des Urhebers widersprechen.

Im Folgenden sollen daher verschiedene bedeutsame Fallgruppen von Eingriffen in Werke der bildenden Kunst betrachtet werden und untersucht werden, wie weit der Schutzumfang des § 14 UrhG hier reicht und ob Aspekte neuerer Kunstformen eine neue Auslegung des § 14 UrhG oder eine neue Bewertung im Rahmen der stets vorzunehmenden Interessenabwägung fordern.

A. Eingriffe in die körperliche Substanz von Originalwerkstücken der reinen bildenden Kunst

I. Eingriffe ästhetischer Zielsetzung

Um einen direkten Eingriff in die körperliche Substanz eines Kunstwerks handelt es sich bei der Veränderung des Werkoriginals mit dem Ziel, das Werk dem Geschmack und Empfinden seines Eigentümers anzupassen. In der Regel handelt der Eigentümer dabei in der Absicht, das Werk aus seiner Sicht zu „verbessern" oder zu „verschönern".

1. Grundsätzliches Überwiegen der Interessen des Urhebers

Im Bereich der bildenden Kunst führen Veränderungen mit ästhetischer Zielsetzung etwa aufgrund eines geschmacklichen Wandels zu einem Verbietungsrecht aus § 14 UrhG, da es sich um Beeinträchtigungen des Interesses des Urhebers handelt, dem grundsätzlich keine berechtigten Interessen des Eingreifenden gegenüberstehen. Der Urheber braucht Umgestaltungen, Übermalungen oder Erweiterungen seines Werkes mit dieser Zielsetzung nicht zu dulden.[278] Diese eindeutige und generelle Qualifizierung solcher beeinträchtigenden Eingriffe im Bereich der reinen bildenden Kunst lässt sich damit rechtfertigen, dass hier das geistige Werk zugleich mit seiner materiellen Verkörperung wächst und durch sie bedingt ist. Das geistige Werk ist hier eng verknüpft mit der Form des materialisierten Werkstücks. Neben der Leistung des Urhebers bedarf es keines weiteren Zutuns anderer Personen zur wahrnehmbaren Verkörperung des Werkes, wie dies beispielsweise bei Theaterstücken oder Werken der Musik der Fall ist. Im Bereich der bildenden Kunst kommt daher der Authentizität und Originalität des Werkstücks grundsätzlich ein besonderer Stellenwert zu.[279] Das bloße Interesse des Nutzers, dem Werk eine abweichende Form zu geben, rechtfertigt eine Werkveränderung nicht.[280] Auch ein eigenes künstlerisches Interesse des Eingreifenden aus Art. 5 Abs. 3 GG rechtfertigt die Vornahme von Veränderungen an einem Originalwerkstück nicht. Dies kann allenfalls bei Vervielfältigungsstücken der Fall sein, da hier das Original weiterhin als Ergebnis des geistigen Schaffens des Urhebers in der Öffentlichkeit Zeugnis ablegen kann.

278 *Bullinger,* S. 91 f.

279 Siehe hierzu oben, erstes Kapitel, C. 3.

280 Dreier/*Schulze*, § 14 Rn. 16.

2. Keine andere Wertung durch *GERMANIA 3*

An dieser grundsätzlichen Sichtweise ändert auch der Beschluss des BVerfG „*GERMANIA 3*“[281] nichts. Dieser Fall betraf die Buchausgabe des letzten Theaterstückes des 1995 verstorbenen Dramatikers *Heiner Müller*. In der Szene „*Maßnahme 1956*“ hatte dieser Passagen aus den Theaterstücken „*Das Leben des Galilei*“ und „*Coriolan*“ von *Bertolt Brecht* zitiert. Die Erben *Brechts* hatten die Erlaubnis zur wörtlichen Textwiedergabe nicht erteilt. Sie sahen die Verwendung der *Brecht'schen* Passagen als nicht von der Zitierfreiheit des § 51 UrhG gedeckt an, da Voraussetzung hierfür sei, dass das Zitat eigene Gedanken des Zitierenden unterstütze oder erläutere. Dies sei bei *Heiner Müllers* „*GERMANIA 3*“ nicht der Fall, da die übernommenen Textteile nicht nur Hilfsmittel für die Zwecke des zitierenden Werkes seien, sie träten vielmehr an die Stelle eigener Darlegungen, ersetzten quasi eigene Ausführungen. Das BVerfG sprach allerdings dem Verleger *Heiner Müllers* aufgrund der zu berücksichtigenden Bedeutung und Tragweite der Kunstfreiheit aus Art. 5 Abs. 3 GG Recht zu. Das BVerfG äußerte sich dahingehend, dass grundlegend zu beachten sei, dass mit der Veröffentlichung ein Werk nicht mehr allein seinem Inhaber zur Verfügung stehe. Vielmehr trete es bestimmungsgemäß in den gesellschaftlichen Raum und könne damit zu einem eigenständigen, das kulturelle und geistige Bild der Zeit mitbestimmenden Faktor werden. Es löse sich mit der Zeit von der privatrechtlichen Verfügbarkeit und werde geistiges und kulturelles Allgemeingut. Dies sei einerseits die innere Rechtfertigung für die zeitliche Begrenzung des Urheberschutzes, andererseits führe dieser Umstand auch dazu, dass das Werk umso stärker als Anknüpfungspunkt für eine künstlerische Auseinandersetzung dienen könne, je mehr es seine gewünschte gesellschaftliche Rolle erfülle. Diese gesellschaftliche Einbindung der Kunst sei damit Ursache dafür, dass die Künstler in gewissem Maß Eingriffe in ihre Urheberrechte durch andere Künstler als Teil der sich mit dem Kunstwerk auseinander setzenden Gesellschaft hinzunehmen hätten.[282]

Im Fall „GERMANIA 3“ ging es allerdings nicht um die Werkgattung der bildenden Kunst, in der dem Originalwerkstück, welches in den meisten Fällen nur ein einziges Mal existiert, eine besondere Bedeutung zukommt. Vielmehr ging es hier um die Verwendung von Passagen aus Sprachwerken *Brechts*. Diese Sprachwerke bleiben in ihrer ursprünglichen Form trotz der künstlerischen Auseinandersetzung mit ihnen erhalten. Die Interessenlage ist hier also eine gänzlich andere. Auch wenn dem BVerfG im Grundsatz zuzustimmen ist, dass ein Künstler in gewissem Maße Eingriffe in sein Kunstwerk durch andere Künstler,

---

281 BVerfG ZUM 2000, 867 – *GERMANIA 3*.

282 BVerfG ZUM 2000, 867 (869) – *GERMANIA 3*.

die sich auf den verfassungsrechtlichen Schutz der Kunstfreiheit aus Art. 5 Abs. 3 GG berufen können, hinnehmen muss, so überwiegen jedenfalls bei Eingriffen in die Substanz eines Originalwerkstücks der reinen bildenden Kunst dennoch die Integritätsinteressen des Urhebers des ursprünglichen Werks. Es ist demjenigen, der sich mit dem künstlerischen Schaffen eines anderen Künstlers auseinandersetzen will, zuzumuten, dass er dies auf andere Weise tut, z. B. indem er Vervielfältigungsstücke des Originals verwendet und bearbeitet. Die Zulässigkeit einer solchen künstlerischen Auseinandersetzung ist allerdings ebenfalls an §§ 14, 23, 24, 51 UrhG zu messen.[283]

3. Beispiele für ein Verbietungsrecht aufgrund ästhetisch motivierter Veränderungen

Als bekanntes Beispiel für eine ästhetisch-moralisch motivierte Werkverfälschung kann der Fall „*Felseneiland mit Sirenen*" herangezogen werden, der bereits zitiert wurde. In dieser Entscheidung des Reichsgerichts ließ die Hauseigentümerin, wie schon erläutert, die im Treppenflur einer Berliner Villa im Jahre 1894 entstandenen Fresken von *Arnold Böcklin* (1827–1901) „*Felseneiland mit Sirenen*" umgestalten, wobei die Blößen der nackten Figuren mit Tüchern bedeckt wurden.[284] Das Reichsgericht bejahte hier eine Verletzung der Urheberpersönlichkeitsrechte *Böcklins*.[285]

Auch die ästhetische Veränderung in rein künstlerischer Absicht stellt – wie bereits dargestellt – einen solchen direkten Eingriff dar. So besprühte beispielsweise der als „Bananensprayer" bekannte Künstler *Thomas Baumgärtl* am 17.03.1993 über Nacht die Skulptur „*ruhender Verkehr*" von *Wolf Vostell* aus dem Jahr 1969 vollständig mit seinen Bananen, wodurch seiner Auffassung nach ein „Doppelkunstwerk" entstand. Nach Protesten *Vostells* wurden die Bananen nach einiger Zeit aber wieder entfernt.[286] *Vostell* musste diesen Eingriff in das Kunstwerk nicht dulden.

Ebenso modifizierte der Künstler *Asger Jorn* Werke unbekannter Maler mit expressiv-gestischer Malerei.[287] Auch hier dienten dem Künstler die bearbeiteten Werke als Grundlage für eine neue künstlerische Aussage.

283 Hierzu ausführlich die Dissertationen von *Huttenlauch* und *Czernik*.
284 RGZ 79, 397 ff. – *Felseneiland mit Sirenen*.
285 RGZ 79, 397 (400 f.) – *Felseneiland mit Sirenen*.
286 *Petersdorff*, Ruhender Verkehr, das Betonauto auf dem Kölner Hohenzollernring.
287 *Bullinger*, S. 91.

Ein weiteres Beispiel aus der Rechtsprechung zu diesem Thema bietet die Entscheidung des OLG Celle, nach der die Hohlräume einer öffentlich aufgestellten Stahlplastik nicht mit Kies und Beton aufgefüllt werden dürfen, damit diese Hohlräume nicht als Abfalleimer oder dergleichen missbraucht werden können.[288] Dies wurde als beeinträchtigend und auch nicht als nach Treu und Glauben im Sinne des § 39 Abs. 2 UrhG gestattet angesehen, obwohl das Werk ohne die Füllung der Hohlräume eine Gefahr für die öffentliche Sicherheit und Ordnung darstellte. Nach Ansicht des Gerichts hätte die Stadt, die Eigentümerin des Kunstwerks war, andere Wege finden müssen, um die Nutzung als Abfalleimer zu verhindern, da sie das Werk an einer Stelle aufgestellt hatte, die dies erst ermöglichte. Ebenso ist laut LG Mannheim das Bemalen oder sonstige Verändern einer an einem öffentlichen Platz stehenden Pferdeplastik aus Zementguss als entstellend anzusehen.[289]

4. Sonderfall „aufgedrängte Kunst“ – Graffitis

Eine besondere Wertung verlangen Fälle der „aufgedrängten Kunst“. Hier bringt der Künstler sein Kunstwerk zumeist gegen den erklärten oder mutmaßlichen Willen des Eigentümers auf einem ihm nicht gehörenden Träger an. Besonders relevant sind hier Graffiti-Kunstwerke, wie beispielsweise die berühmten Bilder auf der Berliner Mauer oder die des Künstlers *Banksy*, die häufig auch eine Sachbeschädigung i. S. d. § 303 StGB darstellen. Dennoch genießen auch diese Werke, soweit sie das Erfordernis der persönlichen geistigen Schöpfung erfüllen, den grundsätzlichen Schutz des § 14 UrhG. Man könnte hierzu die Ansicht vertreten, dass Graffiti-Künstler sich bereits durch das Anbringen der Kunst auf fremdem Eigentum mit einer möglichen Entstellung einverstanden erklärten. Nach *Bullinger* ist diese Ansicht jedoch abzulehnen, da seiner Ansicht nach die Einwilligung in eine Entstellung einen schuldrechtlichen Vertrag voraussetze.[290] Das Anbringen der Kunst auf fremdem Eigentum könne daher höchstens ein Angebot auf Abschluss eines entsprechenden Vertrages mit dem Eigentümer darstellen, wobei das Anbringen als konkludente Willenserklärung gedeutet werden müsste. Der Graffiti-Künstler müsste dabei gem. § 151 BGB auf den Zugang dieser Annahmeerklärung verzichten. Eine solche Konstruktion der Fiktion einer Willenserklärung sei aber seiner Ansicht nach abzulehnen, da der Künstler regelmäßig keine entsprechende Willenserklärung abgeben wolle. Vielmehr sei ein Künstler

---

288 OLG Celle ZUM 1994, 437 (438).

289 LG Mannheim GRUR 1997, 364, (365) – *Freiburger Holbein-Pferd* (in der Entscheidung ging es um eine Entstellung durch Verbreitung und Veröffentlichung von Fotografien des zuvor veränderten und dadurch entstellten Werkes), hierzu vertieft unten, viertes Kapitel, A. V. 6. c) dd) (2) (a).

290 *Bullinger*, S. 113 f.

mit einer Entstellung seines – wenn auch aufgedrängten – Werkes regelmäßig nicht einverstanden. Vielmehr sei auch hier sein Interesse darauf gerichtet, sein Werk möglichst lange in einem unverfälschten Zustand erhalten zu können.

Der Ansicht *Bullingers* ist zu folgen. Dem Urheberrecht ist eine der Dereliktion des Sachenrechts vergleichbare Rechtsentäußerung unbekannt. Ein „herrenloses“ Urheberrecht gibt es nicht.[291] Aus der Anbringung eines Kunstwerks auf fremdem Eigentum gegen den Willen oder ohne das Wissen des Eigentümers kann nicht grundsätzlich geschlossen werden, dass der Urheber auf seine Rechte verzichten wolle. Vorzugswürdig und systematisch korrekt ist es vielmehr, dem Urheber auch dann den uneingeschränkten Schutz des § 14 UrhG zu gewähren,[292] wenn er sein Werk gegen den Willen des Eigentümers auf dessen Eigentum angebracht hat. Eine hinreichende Berücksichtigung der Interessen des Eigentümers kann im Rahmen der Interessenabwägung des § 14 UrhG für jeden Einzelfall gesondert erfolgen. Schließlich verbleibt dem Eigentümer nach hier vertretener Ansicht zudem die Möglichkeit, das aufgedrängte Kunstwerk zu beseitigen.[293] Grundsätzlich gilt also auch hier, dass der Eigentümer die Werke vernichten, aber nicht aus ästhetischen Gründen verändern darf.[294] Wird das Werk durch andere als den Eigentümer des Werkträgers selbst verändert oder umgestaltet, so werden die Interessen des Eigentümers regelmäßig schwerer wiegen, als die Interessen des Künstlers, dass sein Werk im ursprünglichen Zustand erhalten werde. Schließlich war sich der Künstler bei Anbringung des Werkes in besonderem Maße dessen bewusst, dass er das Werk den Risiken des Verkehrslebens aussetzen würde. Der Eigentümer muss hier nicht etwa Schutzmaßnahmen oder Wiederherstellungsmaßnahmen treffen. Gleiches gilt bei einer gebrauchsbedingten Änderung der Unterlage, auf welcher das Kunstwerk angebracht ist. Wird hierdurch das aufgedrängte Kunstwerk beeinträchtigt, so wiegen ebenfalls die Interessen des Eigentümers der Unterlage schwerer.

II. Zerteilung von Werken

1. Beeinträchtigung

Einen weiteren Unterfall der direkten Eingriffe in die Substanz stellt die Zerteilung von Kunstwerken dar. Diese Art der Beeinträchtigung ist von großer

291 BGH NJW 1995, 1556 (1557) – *Mauer-Bilder*.
292 *Beater*, UFITA 127 (1994), 61 (72 f.).
293 So auch *Bullinger*, S. 114, hierzu vertieft unten, viertes Kapitel, A. III. 3.
294 So auch Wandtke/*Bullinger*, § 14 Rn. 47.

praktischer Relevanz, da sich auf dem Kunstmarkt meist für mehrere kleinere Werke eines bestimmten Künstlers erheblich höhere Preise erzielen lassen als beim Verkauf des Gesamtwerkes.[295] So veräußerte der Künstler *Anselm Kiefer* 1982 ein 44-seitiges Malerbuch mit durch Ölmalerei und Schellack bearbeiteten Originalfotografien mit dem Titel „*Fahrt durchs Land Waterloo II*" über eine Galerie zum Preis von 20.000 DM an einen Kunstsammler. Dieser ließ das Buch durch seine Frau, eine Restauratorin, zerteilen und bearbeiten. Hierbei wurden die Doppelseiten getrennt, weiter bemalt und anschließend auf feste Träger aufgezogen. Später veräußerte der Kunstsammler die auf diese Weise veränderten Arbeiten zu einem Gesamtpreis von 178.500 DM an einen anderen Sammler.[296] Auch ein Regensburger Galerist zerschnitt 1977 ein seltenes Exemplar eines großen Holzschnittes des Künstler *Albrecht Dürer* in mehr als 60 Teile, um diese jeweils zum Stückpreis von 1000–4000 DM zu verkaufen.[297] Eine solche Zerteilung der körperlichen Einheit eines Kunstwerkes stellt eine Veränderung und damit in jedem Falle eine Beeinträchtigung des Werkes dar. Ebenfalls stellt die Teilung (und öffentliche Zurschaustellung) eines Triptychons – ein dreigeteiltes Gemälde oder eine dreigeteilte Relieftafel – oder eines Diptychons eine Beeinträchtigung i. S. d. § 14 UrhG dar, die der Urheber verbieten kann.[298]

2. Frage der Beeinträchtigung bei Zerteilung eines Gesamtkunstwerks

Schwieriger ist die Frage der Beeinträchtigung zu beantworten, wenn ein Werk aus mehreren Einzelteilen besteht. Gerade bei Werken der zeitgenössischen Kunst ist die Frage der Zusammengehörigkeit einzelner Werkteile nicht immer klar zu beantworten. In einem solchen Fall ist entscheidend, ob zwischen den einzelnen Werkteilen ein solcher innerer Zusammenhang besteht, der eine Isolation einzelner Teile ohne Bedeutungsverlust und ohne verfälschende Wirkung nicht zulässt.[299] Bei der Beurteilung dieser Frage kommt es entscheidend auf die künstlerische Absicht des Urhebers an. Da sich diese nicht immer aus dem Werk selbst erkennen lässt und im Falle eines Rechtsstreits der Urheber die Beweislast für die ihm günstigen Tatsachen trägt, ist es für den Künstler jedenfalls ratsam, ein hinter der Arbeit stehendes Konzept schriftlich zu fixieren, welches später für eine Beurteilung herangezogen werden kann.

---

295 *Schack*, Rn. 182, *Bullinger*, S. 98.

296 *Bullinger, S. 98.*

297 *Schack*, Rn. 182.

298 *Bullinger*, S. 100; a. A. *Gerstenberg*, S. 78, der in Erwägung zieht, dem Eigentümer zu gestatten, die Einzelteile eines Triptychons zu verkaufen, wenn er keinen Käufer für das Gesamtwerk findet.

299 *Bullinger*, S. 99.

Beispiel für eine Entstellung durch die Zerteilung eines aus mehreren Werkteilen bestehenden Gesamtwerkes war der Fall betreffend den Künstler *Otto Herbert Hajek*, den das LG München I im Jahre 1981 zu entscheiden hatte.[300] *Hajek* hatte für das in München gelegene Gelände der ADAC-Hauptverwaltung ein auf die Anlage bezogenes Gesamtkunstwerk mit sogenannten Strukturwegen, Farbwegen und Farbmusterungen geschaffen. Das Gesamtkunstwerk bestand aus verschiedenen körperlich abgrenzbaren und abtrennbaren Elementen, die jedoch eine untrennbare künstlerische Einheit bildeten. Im Zusammenhang mit der Umgestaltung des Gebäudes wurden einige dieser Elemente vernichtet. Das entscheidende Gericht bejahte eine Beeinträchtigung des Werkes durch die Vernichtung einzelner Teile und sprach *Hajek* das Recht zu, die Beseitigung der Entstellung zu verlangen.[301]

3. Interessenabwägung

Die Zerteilung der körperlichen Einheit eines Kunstwerkes begründet aus den für Eingriffe mit ästhetischer Zielsetzung geltenden Gründen ebenfalls stets ein Verbietungsrecht. Auch hier überwiegen grundsätzlich die Interessen des Urhebers an der Integrität seines Werkes. So konnte der Künstler *Bernard Buffet* einem Pariser Galeristen verbieten, die sechs demontierten Seitenteile eines von *Buffet* bemalten Kühlschrankes einzeln zu veräußern.[302] Zwar streiten auf Seiten des Eigentümers dessen finanzielle Interessen für ihn. Diese allein vermögen jedoch eine Entstellung nicht zu rechtfertigen,[303] da es dem Eigentümer bereits beim Erwerb des Werkes zuzumuten ist, zu kalkulieren, ob er das finanzielle Risiko einer späteren Unverkäuflichkeit eingehen will.

III. Werkvernichtung als Unterfall des § 14 UrhG

Eine höchst umstrittene Frage ist die, ob auch die Vernichtung eines Werkes der bildenden Kunst unter § 14 UrhG fällt, ob sich aus dieser Norm also ein Recht des Urhebers ergeben kann, die Vernichtung seines Kunstwerkes zu verbieten. Die Gründe für eine Vernichtung von Kunstwerken können vielseitig sein. Häufig werden Werke durch Vandalismus zerstört. Kunstvandalismus ist ein Phänomen, welches schon lange Zeit bekannt ist und belegt, wie wirkungsmächtig Kunst

300 LG München I, NJW 1982, 655 (655) – *Hajek I.*
301 LG München I, NJW 1982, 655 (655) – *Hajek I.*
302 *Schack*, Rn. 182.
303 A. A. Gerstenberg, S. 78.

unter Umständen sein kann.[304] Vandalismus kann sich gegen Dritte, aber auch gegen den Künstler oder das Kunstwerk selbst richten. Das Motiv für eine Vernichtung kann ebenfalls politisch oder religiös bedingt sein. Besonders tragisch kam eben diese Motivation bei der Sprengung der Buddhastatuen von Bamiyan in Afghanistan durch die Taliban im März 2001 zum Ausdruck. Aber auch unter dem Nazi-Regime wurden viele Werke regimekritischer Künstler vernichtet.[305] Darüber hinaus sind auch zahlreiche Attentate auf Werke beispielsweise mit Messern, Hämmern, Farbsprays oder Säure durch private Personen bekannt. So attackierte im Januar 1982 eine Person in der Neuen Nationalgalerie in Berlin das für 2,7 Mio DM erworbene Gemälde *Barnett Newmans „Who's Afraid of Red, Yellow and Blue IV"* und beschädigte es mit drei Schlägen irreparabel.[306] Nur wenige Jahre später wurde auch das dritte Bild dieser Serie im Stadelijk Museum in Amsterdam durch Messerstiche beschädigt. Auch auf *Rubens „Höllensturz der Verdammten"* wurde 1959 in der Alten Pinakothek in München ein Säureattentat ausgeübt.[307] Darüber hinaus wurden *Michelangelos „Pietà"* im Petersdom 1972 und *Rembrandts „Nachtwache"* im Amsterdamer Rijksmuseum 1975 angegriffen.[308] 2004 attackierte eine psychisch kranke Frau zwei Kunstwerke des Künstlers *Gordon Matta-Clark* im Hamburger Bahnhof in Berlin.[309]

Zentrale rechtliche Bedeutung gewinnt das Thema der Zerstörung von Kunstgegenständen dann, wenn der Eigentümer eines Werkes selbst ein ihm gehörendes Kunstwerk zerstören will. Dass ein Eigentümer ein ihm gehörendes Werk selbst vernichtet, kann viele Gründe haben. So kann die Vernichtung durch einen geschmacklichen Wandel des Eigentümers bzw. der Öffentlichkeit begründet sein. Andererseits mag er sich durch die Aussage des Werkes verletzt fühlen, wie z. B. ein gläubiger Katholik, der ein 1963 entstandenes Gemälde des Künstlers *Gustave Courbet* in der Absicht erwarb, es zu zerstören, da es eine Prozession betrunkener Priester zeigte.[310] Auch *Lady Churchill* zerstörte ein Portrait ihres Mannes von *Graham Sutherland*, ein Geschenk des britischen Parlaments zu *Winston Churchills* 80. Geburtstag 1954 , weil es diesen aufgrund der ungeschönten Darstellungsweise deprimierte.[311] Ebenso hatten die *Rockefellers* 1932 den Künstler *Diego Rivera* mit der Anfertigung eines Wandgemäldes für ihr Rockefeller Center in New York beauftragt, obwohl ihnen dessen kommunisti-

---

304 *Schack*, Rn. 175.
305 *Schack*, Rn. 175.
306 *Schack*, Rn. 177.
307 *Schack*, S. 92, Fn. 44.
308 *Pickshaus,* S. 14.
309 Kunstvandalin in Nervenklinik, in: Der Tagesspiegel vom 25. 09.2004.
310 Fall geschildert von *Schack*, Rn. 180.
311 Fall geschildert von *Schack*, Rn. 181.

sche Neigungen bekannt gewesen waren. *Rivera* malte daraufhin eine Maiparade in Moskau, doch erst als er ein Portrait *Lenins* in das Bild einfügte, ließ *Nelson Rockefeller* auf Druck der Öffentlichkeit hin das Wandgemälde noch vor seiner Vollendung zerstören.[312] Weiter erklärte der japanische Kunstsammler *Ryoei Saito* im Mai 1991, er wolle die beiden berühmten Gemälde „*Au Moulin de la Galette*" von *Renoir* und „*Bildnis des Doktor Gachet*" von *van Gogh*, die er zuvor in New York erworben hatte, mit in sein Grab nehmen.[313] Als *Saito* 1996 im Alter von 79 Jahren starb, äscherte man ihn allerdings doch ohne die kostbaren Meisterwerke ein.[314]

Solche und ähnliche Fälle rufen das Urheberrecht zumindest dann auf den Plan, wenn die urheberrechtliche Schutzfrist noch nicht abgelaufen ist. Verglichen mit Entstellungen oder anderen Beeinträchtigungen stellt sich die Vernichtung des Werkes zwar unter Umständen als der radikalste und schwerwiegendste Eingriff in die geistigen Interessen des Urhebers, seine geistige Verbindung zum Werk dar. Schließlich wird hierdurch das Zeugnis der Geisteskraft seines Schöpfers gänzlich beseitigt.[315] Andererseits besteht allerdings nach der Vernichtung des Werkes keinerlei Werk mehr in veränderter Form fort, durch welches der Ruf des Künstlers oder die künstlerische Aussage des Werkes beeinträchtigt werden könnte. Auf der einen Seite steht insofern das Interesse des Künstlers daran, dass sein Werk der Nachwelt erhalten bleibe und weiter existiere, auf der anderen Seite hingegen das Interesse des Eigentümers, gem. § 903 BGB mit dem Werk nach Belieben verfahren zu können.

1. Ansicht der Rechtsprechung

Die ständige Rechtsprechung geht davon aus, der Eigentümer dürfe das unter Urheberrechtsschutz stehende Werk nach Belieben vernichten.[316]

a) Reichsgericht – „Felseneiland mit Sirenen"

So hat das Reichsgericht in einem obiter dictum, der bereits zitierten Entscheidung „*Felseneiland mit Sirenen*", angenommen, dass der Eigentümer in der

312 Fall geschildert von *Schack*, Rn. 181.

313 Fall geschildert von *Schack*, Rn. 183.

314 *Wagner*, in: DER SPIEGEL 21/1999, S. 101.

315 *Grohmann*, S. 124.

316 RGZ 79, 397 (400) – *Felseneinland mit Sirenen*; KG Berlin GRUR 1981, 742 (743) – *Totenmaske*; OLG Schleswig-Holstein ZUM 2006, 426; LG München I NJW 1982, 655 – *Hajek I*, LG München I NJW 1983, 1205 – *Hajek II*; LG Berlin LKV 1992, 312 – *Lenindenkmal*; LG Hamburg GRUR 2005, 672 – *Astra-Hochhaus.*

Regel ein Recht zur Zerstörung eines ihm gehörenden Werkstücks habe.[317] Das Gericht führte hierzu aus, dass der Eigentümer eines Kunstwerkes es in der Regel zu dem Zwecke erworben habe, um sich an seinem Besitze zu erfreuen, um den ästhetischen Eindruck, den das Kunstwerk hervorzurufen geeignet ist, auf sich und andere, die bei ihm verkehren, wirken zu lassen. Ändere sich der Geschmack des Eigentümers, sei er des Kunstwerks aus irgendwelchen Gründen überdrüssig geworden, so werde er es veräußern, verkaufen, verschenken, oder er werde es seinem oder anderer Anblick durch Beseitigung aus den bewohnten Räumen entziehen. Man werde ihm für den Regelfall auch das Recht nicht versagen können, es völlig zu vernichten. Der Künstler, der sein Werk zu Eigentum veräußere und dafür in der Regel ein Entgelt empfangen habe, müsse von vornherein mit diesem möglichen Schicksal seines Werkes in der Hand des Besitzers rechnen.[318]

Wann eine Ausnahme dieser Regel gegeben sein soll, wurde hingegen nicht näher ausgeführt. Auch in späteren Entscheidungen der Rechtsprechung bejahten Gerichte meistens unter Bezugnahme auf die Entscheidung des Reichsgerichts die Zulässigkeit einer Vernichtung.

b) Landgericht München I – „Hajek I" und „Hajek II"

So hat auch das LG München I in seiner bereits oben zitierten Entscheidung *„Hajek I"*[319] eine Vernichtung sogar ausdrücklich angeregt. Im Falle *Hajeks* ging es um einen Umbau des Hauptverwaltungsgebäudes des ADAC in München. Der Bildhauer *Otto Herbert Hajek* hatte den Außenbereich des Gebäudes künstlerisch mit Skulpturen, Farbwegen, Strukturfeldern und Malereien an der Fassade ausgestaltet. Im Rahmen des Umbaus wurden Teile des Werkes des Bildhauers beseitigt, nämlich die Eingangszone, ein Strukturfeld, Bodenreliefs und Malerei im Innen- und Außenraum des Eingangs. In dem darauf folgenden Prozess des Künstlers gegen den ADAC vor dem LG München I wurde der ADAC letztlich dazu verurteilt, die durch die Zerstörung der zum Gesamtkunstwerk gehörenden Teile verursachte Entstellung zu beseitigen. Das Gericht gab dem Beklagten den Rat mit auf den Weg, dass er die Entstellung entweder durch die Wiederherstellung des ursprünglichen Zustands oder durch die Entfernung auch der übrigen Fragmente des Gesamtkunstwerkes beseitigen könne. Infolge dessen begann der ADAC, das Werk *Hajeks* vollständig zu entfernen und ließ zunächst zwei Betonplastiken beseitigen. Als *Hajek* allerdings vor dem LG München I eine einstweilige Verfügung beantragte, um die Beseitigung seines Gesamtkunstwerkes

317 RGZ 79, 397 (400) – *Felseneinland mit Sirenen.*

318 RGZ 79, 397 – *Felseneinland mit Sirenen.*

319 LG München I NJW 1982, 655 – *Hajek I*; LG München I NJW 1983, 1205 – *Hajek II.*

zu verhindern, wies das Gericht diese unter Berufung auf die Entscheidung des Reichsgerichts *„Felseneiland mit Sirenen“* zurück.[320]

c) Landgericht Bielefeld und Oberlandesgericht Hamm – „Mindener Keil-Stück“

Im Falle des *„Mindener Keil-Stücks“*[321] entschied das LG Bielefeld in Abweichung von der Reichsgerichtsentscheidung erstmals ausdrücklich, dass die Vernichtung eines Werks unter den Begriff der „Beeinträchtigung“ des § 14 UrhG zu subsumieren sei.[322] Das Gericht betrachtete dabei die Entfernung des seiner Ansicht nach ortsgebundenen Werkes des Bildhauers *Winfried Hagebölling* von einem Kirchhof, dem Ort, für den es geschaffen worden war, auf einen der Öffentlichkeit nicht zugänglichen Bauhof als Vernichtung des Werkes. Die Werkvernichtung sei die schärfste Form der Beeinträchtigung des Kunstwerks und daher durchaus geeignet, die berechtigten geistigen Interessen des Klägers an seinem Werk dauerhaft zu gefährden. Demgegenüber seien aber, da das Vernichtungsinteresse des Klägers kein absolutes Recht darstelle, auch die Interessen der Beklagten, der Eigentümerin des Werkes, abzuwägen. Der Eigentümer eines Kunstwerkes dürfe das Werk grundsätzlich zerstören. Das Vernichtungsabwehrinteresse des Urhebers könne deshalb in der Regel nur bei hochwertigen Originalen von Werken der bildenden Kunst, wenn es darum gehe, eine mutwillige Zerstörung abzuwehren, durchschlagen.[323] Im Endeffekt wies das Gericht die Klage des Künstlers gegen die Verbringung der Plastik auf einen nicht öffentlichen Bauhof daher ab, weil es sich hierbei seiner Ansicht nach nicht um einen Fall mutwilliger Zerstörung handelte. Schließlich habe die Beklagte das Werk trotz fehlender Akzeptanz in weiten Teilen der Bevölkerung über 13 Jahre an seinem Platz belassen. Ein Protokoll über den Beschluss des Ankaufs der Plastik weise zudem Überlegungen auf, wonach erneut darüber nachgedacht werden solle, einen anderen Standort für die Plastik zu finden, falls die ablehnende Haltung der Bevölkerung nicht nachlasse.

Auch in der durch *Hagebölling* eingelegten Berufung billigte das OLG Hamm die vom LG Bielefeld entwickelte Abwägung, führte allerdings ergänzend aus, dass bei ortsgebundenen Werken die Besonderheit bestehe, dass bei der Entfernung des Werkstücks aus einem künstlerischen Bezugsrahmen das einheitliche Kunstwerk in zwei Teile zerfalle, nämlich in den bestehen bleibenden Rahmen

320 LG München I NJW 1983, 1205 – *Hajek II.*

321 Zur Geschichte des Werkes siehe *Thies*, S. 153 ff.

322 LG Bielefeld, Urt. v. 9. 2. 2001 – 4 O 20/01 (unveröffentl.), detaillierte Schilderung des Prozessablaufs bei *Thies*, S. 169 ff.

323 LG Bielefeld, Urt. v. 9. 2. 2001 – 4 O 20/01, S. 5 (unveröffentl.).

und dessen nunmehr aussagelos gewordenen Kern. In der Vorstellung der Bevölkerung werde die Plastik an dem nun leeren Aufstellungsort fortexistieren. Daher sei das Werk des Urhebers nicht vollständig untergegangen, sondern es lebe in der entstehenden Lücke für eine gewisse Zeit fort. Es sei daher unerheblich, ob es sich also bei der Umstellung auf den Bauhof um eine Vernichtung oder lediglich um eine Beeinträchtigung handle, da bei einem ortsgebundenen Werk selbst die Vernichtung nicht im freien Belieben des Eigentümers stehe.[324] Zudem wolle die Beklagte lediglich einem Geschmackswandel Rechnung tragen. Eine andere Nutzung des Kirchhofes oder ein anderes Konzept der Kunstvermittlung stünden hingegen nicht zur Debatte. Im Ergebnis bewertete das OLG Hamm damit anders als das LG Bielefeld die Urheberinteressen den Interessen des Eigentümers gegenüber als höherrangig.

d) Landgericht Kassel und Oberlandesgericht Frankfurt – „Documenta-Treppe Kassel"

Auch bei den Entscheidungen des LG Kassel[325] und des OLG Frankfurt[326] über die „*Documenta-Treppe*" in Kassel mit dem Titel „*Treppe ins Nichts*" war Gegenstand des Rechtsstreits die Vernichtung eines Kunstwerkes. 1992 wurde auf dem kreisrunden Königsplatz im Zentrum Kassels ein „skulpturartiges Gebäude" aus Holz und Stahl – ein treppenförmiges Gebäude – errichtet.[327] Der Entwurf hierzu stammte von dem Hamburger Architekten und Landschaftsplaner *Prof. Gustav Lange*, die Errichtung seines Werkes übernahm allerdings die documenta-GmbH. So wurden in das Gebilde Klos, ein Kiosk und ein Blumenladen eingebaut. Zudem nahm der Documenta-Architekt *Paul Robbrecht* Änderungen an der Skulptur vor, so dass aus dieser ein klotzartiges Gebilde wurde, das die Bürger als „Elefantenklo" bezeichneten. Als der Oberbürgermeister der Stadt Kassel 1994 den Abriss der „Treppe" beschloss, ersuchte *Lange* einstweiligen Rechtsschutz vor dem OLG Frankfurt a.M. und erhielt Recht.[328] Das OLG Frankfurt a.M verbot der Stadt, das Werk abzureißen, solange es keine neuen Pläne für die Platzgestaltung gäbe. Daraufhin wurde letztendlich ein Planungsentwurf mit dem Titel „*Wolken des Herkules*", benannt nach der Herkules-Skulptur, die Wahrzeichen

324 OLG Hamm ZUM-RD 2001, 443 (446) – *Mindener Keil-Stück*.

325 LG Kassel, Urt. v. 22. 8. 2000 – 9 O 2612/99 (unveröffentl.).

326 OLG Frankfurt a.M., Urt. v. 28. 10. 1994 – 25 U 118/94 (unveröffentl.).

327 Zur detaillierten Schilderung des Sachverhaltes auch *Thies*, S. 179; AFP Agence France-Presse GmbH, http://www.123recht.net/Verfahren-um-documenta-Treppe-gegen-Geldbussen-eingestellt-__a2456.html und http://www.123recht.net/Prozess-um-Abriss-der-Kasseler-documenta-Treppe-beginnt-Dienstag-__a2440.html, zuletzt aufgeruden am 09.03.2012.

328 OLG Frankfurt a.M., Urt. v. 28. 10. 1994 – 25 U 118/94 (unveröffentl.).

Kassels ist, vorgelegt. Im Hauptsacheverfahren vor dem LG Kassel im Jahre 2000 genügte dieser Entwurf dem Gericht letztlich, obwohl er tatsächlich nie verwirklicht wurde, so dass *Lange* unterlag. Die Zulässigkeit eines Abrisses der „Treppe“ wurde festgestellt.[329] Im August 2000 wurde die „Treppe“ abgerissen, noch bevor das Urteil des LG Kassel rechtskräftig war. Auch die Entscheidungen des OLG Frankfurt a.M. und des LG Kassel sind Beispiele für vereinzelte Ansichten in der Rechtsprechung, welche die Werkvernichtung zumindest unter den Anwendungsbereich des § 14 UrhG subsumieren und eine Entscheidung für oder gegen ein Vernichtungsverbot erst in der Interessenabwägung treffen.

e) Landgericht Berlin – „Mauerbilder“

Ein aktuelles Beispiel für eine Werkvernichtung durch den Eigentümer ist auch die Entfernung der Mauerbilder der East Side Gallery in Berlin zwecks Sanierung der Mauer samt der auf ihr befindlichen Kunst. Die Bilder, die 118 Künstler 1990 auf die Reste der Berliner Mauer gemalt hatten, waren mit der Zeit verblasst, mit Graffitis übersprüht worden, der Beton war abgebröckelt und teilweise hatten auch Touristen Stücke aus der Mauer entfernt und als Andenken mitgenommen. Aus diesem Grund wurden die Bilder im Auftrag der Künstlerinitiative East Side Gallery Berlin unter dem Vorsitz von *Kani Alavi*, der ebenfalls als Künstler an der East Side Gallery mitgewirkt hatte, mit Wasserdampf entfernt, der Beton wurde ausgebessert und die Mehrheit der Bilder von den Künstlern selbst noch einmal mit einer speziellen lang haltbaren Farbe auf die sanierte Mauer aufgetragen. Einige der Künstler weigerten sich hingegen, die Werke noch einmal auf die Mauer zu malen. Im Mai 2011 legten drei der Mauer-Künstler Klage gegen das Land Berlin, das Eigentümer der Mauerreste ist, vor dem Landgericht Berlin ein. Der Künstler *Bodo Sperling*, einer der Kläger, wandte sich dabei gegen die Vernichtung seines Werkes, an dessen Stelle sich nunmehr eine weiße Fläche befindet, und verlangte hierfür Schadenersatz i.H.v 25.000 EUR. Die beiden anderen Künstler *Carmen Leidner Heidrich* und *Hans Jürgen Große* wandten sich gegen unerlaubte Reproduktionen ihrer Werke.[330] Nach Aussagen des die Künstler vertretenden Anwalts *Hannes Hartung* hätte man die Bilder, ähnlich wie bei Fresken, abnehmen können. Die Hinterlandmauer hätte von der Rückseite her saniert werden können. Dies wäre allerdings teurer geworden.[331] Das Landgericht Berlin verneinte jedoch eine Verletzung des Urheberpersönlichkeitsrechts durch die

329 LG Kassel, Urt. v. 22. 8. 2000 – 9 O 2612/99 (unveröffentl.).

330 http://www.berlin.de/aktuelles/berlin/1744045-958092-kuenstler-verklagt-berlin-wegen-east-sid.html, zuletzt aufgerufen am 09.03.2012.

331 *Flatau*, in: Berliner Morgenpost vom 03.05.2011.

Vernichtung der Bilder.[332] Es ließ in seiner Entscheidung allerdings offen, ob die Vernichtung des Werkes Sperlings eine Beeinträchtigung i. S. d. § 14 UrhG darstellte oder nicht, sondern berief sich lediglich darauf, dass jedenfalls die Interessen des Beklagten überwögen, da von einer mutwilligen Zerstörung des Werkes nicht ausgegangen werden könne. Der Kläger habe von Anfang an damit rechnen müssen, dass wegen der Aufbringung des Werkes auf dem fremden Eigentum der Ausübung des Urheberrechts die fremden Eigentumsinteressen entgegentreten würden. Der Beklagte habe zudem die Sanierungsmaßnahmen langfristig unter Einbindung der beteiligten Künstler geplant. Dass die Erneuerung der Mauer ohne Zerstörung des von dem Kläger geschaffenen Mauerbildes hätte erfolgen können, lasse sich nicht feststellen. Eine andere Art der sachgerechten Sanierung sei nicht möglich gewesen. Im Übrigen habe der Kläger sein Werk aus freien Stücken auf der nicht geeigneten, nicht dafür vorbereiteten und nicht grundierten Mauer aufgebracht, weshalb er nun vom Kläger keine unverhältnismäßigen Sanierungs- oder Erhaltungsmaßnahmen verlangen könne. Zudem wäre das Werk auch ohne die Sanierung zwangsläufig über kurz oder lang (durch die Witterungseinflüsse oder Dritte) zerstört worden. Auch habe der Beklagte dem Kläger nicht das Mauersegment samt dem darauf enthaltenen Werk anbieten müssen, da hiermit eine Zerstörung des gesamten Mauerdenkmals, welches als geschichtliches Dokument große Bedeutung habe, einhergegangen wäre. Schließlich sei zu berücksichtigen, dass der Kläger sich nach seinem eigenem Vortrag mit der Werkvernichtung und der anschließenden Neuherstellung gegen Zahlung eines höheren Honorars einverstanden erklärt hätte.

f) Zusammenfassung

Die Rechtsprechung spricht sich überwiegend gegen ein urheberrechtliches Vernichtungsverbot aus. Lediglich im Falle der Umstellung ortsbezogener Kunstwerke, die zumindest das LG Bielefeld als Vernichtung betrachtete, komme nach Ansicht des OLG Hamm ein Verbot in Betracht, da hier das Werk tatsächlich noch als Lücke am ursprünglichen Ausstellungsort fortbestehe. Bei ortsbezogenen Werken stehe selbst die Vernichtung nicht im Belieben des Eigentümers. Auch der Fall der „*Documenta-Treppe*“ in Kassel zeigt, dass einige Gerichte zumindest bei Werken, die für öffentliche Plätze geschaffen wurden und sich an solchen öffentlichen Plätzen befinden, dazu tendieren, eine Vernichtung grundsätzlich als Beeinträchtigung des Werks zu betrachten, die geeignet sei, die Interessen des Urhebers zu gefährden, so dass der Anwendungsbereich des § 14 UrhG und infolgedessen der Weg zu einer Interessenabwägung eröffnet seien. Werde der Abriss

332 LG Berlin, Urt. v. 07.02.2012, Az. 15 O 199/11 (unveröffentl.).

von Werken im öffentlichen Raum lediglich aufgrund eines geschmacklichen Wandels vorgenommen, so solle dies zumindest nach Ansicht einiger Gerichte zu einem Überwiegen der Urheberinteressen gegenüber den Eigentümerinteressen führen.

Ob diese Rechtsprechung auch auf solche Werke ausgedehnt werden wird, die sich nicht an solchen öffentlichen Orten befinden und/oder keinen Ortsbezug aufweisen, ist noch offen. Die Entscheidung des LG Berlin im Fall der oben geschilderten Vernichtung der Mauerbilder, die sich ebenfalls an einem öffentlichen Platz befanden, lässt aber Tendenzen erkennen, dass die Rechtsprechung im Grundsatz weiterhin nicht von einem Vernichtungsverbot ausgeht. Auch wenn das Gericht in dieser Entscheidung offen ließ, ob eine Vernichtung überhaupt unter § 14 UrhG zu subsumieren sei, so ging es jedenfalls davon aus, dass die Interessen des Eigentümers an einer Vernichtung zumindest dann überwögen, wenn die Vernichtung nicht mutwillig erscheine. Es bleibt abzuwarten, ob und in wie weit sich letztlich auch der BGH der Rechtsprechung zur Vernichtung von Kunstwerken anschließen wird.

2. Ansichten in der Literatur

a) Ansichten gegen ein Vernichtungsverbot

Auch große Teile der Literatur äußern sich gegen ein Vernichtungsverbot.[333] So könne ein nicht mehr existentes Werk auch nicht den Ruf und die Ehre seines Urhebers beeinträchtigen.[334] Häufig wird hinsichtlich eines Rechts zur Werkvernichtung auch auf die Gesetzesbegründung zu § 14 UrhG verwiesen.[335] Darin heißt es, dass es nicht angebracht sei, ein Vernichtungsverbot für Werke der bildenden Künste aufzunehmen, soweit öffentliche Interessen bestünden, da es nicht Aufgabe des Urheberrechts sei, Kunstwerke zu erhalten. Dies werde bereits durch den Denkmalschutz gewährleistet.[336] Hieraus wird gefolgert, dass der Gesetzgeber dem Eigentümer generell ein Recht zur Vernichtung zugestehen wollte. Argumentiert wird weiter, dass die Vernichtung eines Kunstwerks vom Wortlaut des § 14 UrhG nicht erfasst sei, da der Begriff der Beeinträchtigung das Fortbestehen eines Werkes voraussetze. In der Werkvernichtung könne daher

333 *v. Gamm*, § 14 Rn. 11; *Kroitzsch*, in: Möhring/Nicolini, § 14 Rn. 25; *Bullinger*, S. 108; *Grohmann*, S. 123 ff.

334 *Grohmann*, S. 125.

335 *v. Gamm*, § 14 Anm. 11; *Dustmann*, in: Fromm/Nordemann, § 14 Rn. 2.

336 BT-Drucks IV/270, S. 45.

grammatikalisch keine Beeinträchtigung eines Werkes gesehen werden.[337] Darüber hinaus habe der Künstler in der Regel ein Entgelt für die Veräußerung seines Werkes erhalten. Damit setze er es selbst allen Risiken des Verkehrslebens aus und müsse mit einem solchen Schicksal seines Werkes rechnen.[338]

b) *Ansichten für ein Vernichtungsverbot*

Es befindet sich allerdings eine Ansicht im Vordringen, die sich für ein Vernichtungsverbot ausspricht.[339] Danach habe das Reichsgericht die Befugnis zur Vernichtung nur für den Regelfall bejaht. Dieses Regel-Ausnahme-Verhältnis müsse durchbrochen werden, so dass dem Eigentümer eine Befugnis zur Vernichtung nur dann zustehe, wenn er zu seinen Gunsten besondere Umstände geltend machen könne, die zu einem Überwiegen seiner Interessen führten.[340] Zudem ergebe sich das Vernichtungsverbot auch aus einem Erst-Recht-Schluss. Denn wenn schon eine Änderung eines Werkes durch den Urheber untersagt werden könne, so müsse dies erst recht für die Zerstörung eines Werkes gelten.[341] Es handle sich bei der Vernichtung eines Werkes also um die stärkste Form der Beeinträchtigung. Darüber hinaus schütze das Urheberpersönlichkeitsrecht nicht allein die persönlichen Interessen des Urhebers, sondern gem. § 11 UrhG ausdrücklich auch die geistigen. Diese wiederum umfassten auch das Interesse daran, dass das Werk nicht zerstört werde.[342]

Nach *Rinken* falle die Werkvernichtung demnach unter den Anwendungsbereich des § 14 UrhG und es bestehe eine Pflicht des Eigentümers, dem Urheber mitzuteilen, dass er die Vernichtung beabsichtige. Diese Pflicht ergebe sich aus einer vertraglichen Nebenpflicht i. V. m. § 242 BGB. Insofern biete es sich an, ein zentral geführtes Urheberregister einzurichten.[343] Habe der Urheber ein Interesse an der Rücknahme des Werkes, so müsse der Eigentümer ihm dann ein Angebot zur Rücknahme gegen Zahlung des Materialwerts machen. Auch diese Pflicht folge aus § 242 BGB. Sei eine Rückgabe faktisch unmöglich, so müsse der Eigentümer es dem Urheber aber zumindest ermöglichen, im Rahmen seines Zugangsrechts

337 *Schmelz*, GRUR 2007, 565 (568).

338 *Hubmann*, S. 115.

339 *Dietz/Peukert*, in: Schricker/Loewenheim, § 14 Rn. 38; *Schöfer*, S. 142 ff.; *Schack*, GRUR 1983, 56 (57); *Movsessian*, UFITA 95 (1983) 77 (83); *van Waasen*, S. 151; *Schmelz*, GRUR 2007, 565 (571).

340 *van Waasen*, S. 151.

341 *Movsessian*, UFITA 95 (1983), 77 (84).

342 So *Rinken*, in: Hoeren/Holznagel/Ernstschneider, S. 83 f.

343 *Rinken*, in: Hoeren/Holznagel/Ernstschneider, S. 86 f.

aus § 25 UrhG Vervielfältigungsstücke herzustellen, bevor das Werk zerstört werde.

Auch nach *Schack* müsse das persönliche Interesse des Künstlers am physischen Fortbestand des Werkoriginals im Rahmen des § 14 UrhG anerkannt werden. Schließlich werden mit der Zerstörung des Originals positive Auswirkungen des Kunstwerkes, seine Wirkungsmacht, vereitelt. Der Schutz durch § 14 UrhG müsse insbesondere dann Anwendung finden, wenn es sich um ein Werk handle, das für das gesamte Œuvre des Künstlers charakteristisch sei, der Schutz hänge also von der künstlerischen Bedeutung des Werkes ab.[344] Auch *Schack* ist daher der Ansicht, der Urheber habe einen Anspruch darauf, die Zerstörung solange aufzuschieben, bis der Urheber sein Zugangsrecht aus § 25 UrhG habe ausüben können. Darüber hinaus handle es sich um einen Fall von Schikane i. S. d. § 226 BGB, der den Eigentümer zu Schadenersatz verpflichte, wenn der Eigentümer das Werk vernichte, um den vom Urheber bereits geltend gemachten Zugangsanspruch zu vereiteln.[345] Ebenso wie *Rinken* geht daher auch *Schack* davon aus, dass sich aus § 242 BGB eine Informationspflicht des Eigentümers gegenüber dem Urheber herleiten lässt, sollte der Eigentümer das Werk vernichten wollen. Der Eigentümer müsse sich zumindest im Rahmen des Zumutbaren anstrengen, die Adresse des Urheber bzw. seiner Erben herauszufinden.[346] Zudem müsse der Eigentümer das Werk dem Urheber zur unentgeltlichen Rücknahme anbieten. Im Übrigen komme auch eine sittenwidrige Schädigung i. S. d. § 826 BGB in Betracht. Ausnahmen seien nur dann denkbar, wenn dem Eigentümer, wie im Falle der Zerstörung von missfallenden Portraits, ein anerkennenswertes Eigeninteresse zur Seite stünde.[347]

Auch einige andere Autoren sind der Ansicht, dass zumindest hochwertige Kunstwerke der Vernichtung entzogen sein sollten.[348]

3. Eigene Stellungnahme

a) Zur Frage, ab wann eine Werkvernichtung vorliegt

In der Rechtsprechung herrscht Streit darüber, ab welchem Änderungsgrad eine Vernichtung des Werkes anzunehmen ist.

---

344 *Schack*, Rn. 185.
345 *Schack*, Rn. 190.
346 *Schack*, Rn. 190.
347 *Schack*, Rn. 191.
348 So z. B. *Dietz/Peukert*, in: Schricker/Loewenheim, § 14 Rn. 38.

Das LG Hamburg stellte in seiner Entscheidung zum Teilabrisses des Astra-Hochhauses darauf ab, ob das übrig bleibende Werk auch nach dem Eingriff noch urheberrechtlich schutzfähig sei. Hier entschied das Gericht, dass die streitgegenständlichen Baumaßnahmen an dem Gebäude zu einer Vernichtung des gesamten Bauwerkes führten und damit nicht vom Entstellungsschutz des § 14 UrhG erfasst seien.[349] Diese Ansicht sei dadurch gerechtfertigt, dass von einem Werk nicht mehr die Rede sein könne, wenn alle prägenden Gestaltungselemente entfernt würden und nur ein Rest übrig bliebe, der für sich genommen nicht urheberschutzfähig sei.

Nach Auffassung des OLG München müsse hingegen der verbleibende Rest des Werkes keinen selbstständigen Urheberschutz mehr begründen. Weise dieser Rest durch irgendwelche Merkmale noch auf das frühere Werk hin, so sei es urheberrechtlich gesehen noch nicht vollständig vernichtet.[350] Dem schloss sich auch das LG Berlin in seiner Entscheidung zur Vernichtung der Mauerbilder an.[351]

In den meisten Fällen wird es auf die Entscheidung, welche Ansicht man in dieser Frage vertritt, wohl nicht ankommen. Denn weist der Rest eines Werkes durch besondere Merkmale noch auf das ursprüngliche Werk hin, so kann wohl in der überwiegenden Zahl der Fälle auch davon ausgegangen werden, dass diese übrigen Teile für sich genommen noch urheberrechtlich schutzfähig sind. Sollte dies einmal nicht der Fall sein, so ist die Ansicht des OLG München zu befürworten. § 14 UrhG fordert weder seinem Wortlaut, noch seinem Sinn und Zweck nach, dass ein Werk auch nach einer erfolgten Beeinträchtigung noch schutzfähig sein muss. Es kommt lediglich darauf an, dass seine Wirkung verfälscht oder verändert wird. Dies ist auch dann möglich, wenn der verbleibende Rest eines Werkes noch auf das ursprüngliche Werk hinweist. Ansonsten könnte man zu dem widersinnigen Ergebnis kommen, dass eine besonders starke Verstümmelung eines Werkes, bei der alle schutzfähigen Elemente unkenntlich gemacht wurden, im Vergleich zu einer leichten Beeinträchtigung des Werkes rechtlich zulässig wäre. Eine Vernichtung liegt demnach erst dann vor, wenn das Werk unwiederbringlich nicht mehr als das ursprüngliche Kunstwerk wahrnehmbar oder erkennbar ist, wenn also nur noch Materialreste zurückbleiben. Wird das Werk hingegen lediglich so stark beschädigt, dass es nicht mehr repariert werden kann oder eine Restaurierung letztlich zu einer Replik des Kunstwerks führen würde, das ursprüngliche Kunstwerk jedoch noch erkennbar ist, so stellt dies noch nicht notwendigerweise eine Vernichtung dar. Denn gerade ein solcher Zustand ist beispielhaft für eine Entstellung oder eine andere Beeinträch-

349 LG Hamburg GRUR 2005, 672 – *Astra-Hochhaus.*

350 OLG München ZUM 2001, 339 (344) – *Abriss eines Kirchenschiffs.*

351 LG Berlin, Urt. v. 07.02.2012, Az. 15 O 199/11 (unveröffentl.).

tigung, die unter Umständen einen Anspruch auf vollständige Vernichtung oder zumindest auf Entfernung des Werkes aus der Öffentlichkeit begründet. In diesem Fall widerspricht es wohl meistens den Interessen des Urhebers, wenn das Werk der Öffentlichkeit dennoch zugänglich bleibt. Denn in diesem Zustand soll das Werk aus Sicht des Künstlers gerade nicht wahrgenommen werden.

Der Ansicht des LG Bielefeld, das in seiner Entscheidung zum „*Mindener Keil-Stück*" die Verbringung eines ortsgebundenen Kunstwerkes von dem bestimmungsgemäßen Ort an einen der Öffentlichkeit nicht zugänglichen Ort als eine Vernichtung des Werkes betrachtete, kann insofern nicht gefolgt werden. Dort ging es um die Verbringung des Werkes, welches explizit für den Marktplatz geschaffen worden war und diesen mit in das künstlerische Konzept aufgenommen hatte, auf einen der Öffentlichkeit nicht zugänglichen Bauhof. Eine Vernichtung ist hier entgegen der Ansicht des LG Bielefeld aufgrund des Wortsinns schon deshalb ausgeschlossen, weil das Werk jederzeit wieder hätte an den bestimmungsgemäßen Ort verbracht werden können. Zudem hätte es auch an einem anderen öffentlichen Ort wieder aufgestellt werden können. Dies hätte zwar möglicherweise eine Entstellung oder andere Beeinträchtigung des Werkes bedeutet, welche dessen Wirkung unter Umständen stark verändert hätte, dennoch wäre es in dieser Form noch existent und würde noch immer auf das ursprüngliche Werk hindeuten. Unter diesen Umständen blieb das Werk zudem – wenn auch in verfälschter Form – für die Nachwelt noch als Hinweis auf das ursprüngliche Werk erhalten. Das „*Mindener Keil-Stück*" wäre selbst auf dem der Öffentlichkeit nicht zugänglichen Bauhof, trotz der Zerstörung des künstlerisch wichtigen Elementes der Ortsspezifik, noch immer als Kunstwerk erkennbar gewesen und hätte an seine ursprüngliche Form auf dem Marktplatz erinnern können. Die Interessenlage des Urhebers ist hier also eine andere als bei der unwiederbringlichen, endgültigen Vernichtung eines Originalkunstwerkes. Die Sichtweise des LG München führt zudem zu einem Wertungswiderspruch. Schließlich kann es letztlich keinen Unterschied machen, ob ein standortbezogenes Werk der Öffentlichkeit entzogen wird oder eines, das nicht standortbezogen ist. Ein sachlicher Grund für eine solche Entscheidung ist nicht ersichtlich. In beiden Fällen hat der Urheber regelmäßig das gleiche Interesse daran, dass sein Werk der Öffentlichkeit zugänglich ist und von anderen wahrgenommen werden kann. Dennoch kann man weder beim Entzug eines nicht standortbezogenen Werkes aus der Öffentlichkeit noch beim Entzug eines standortbezogenen Werkes aus der Öffentlichkeit von einer Vernichtung des Werkes sprechen.

In der Berufungsinstanz ließ das OLG Hamm letztlich offen, ob eine Vernichtung oder eine Entstellung[352] vorlag, da es auch die Vernichtung eines Werkes,

352 Vertiefend zur Entstellung bei ortsspezifischen Werken siehe unten, viertes Kapitel, B. I.

welches für einen bestimmten Ort in der Öffentlichkeit geschaffen wurde, unter den Anwendungsbereich des § 14 UrhG subsumierte. Eine Vernichtung hätte aber jedenfalls schon rein begrifflich erst bei einem Auseinanderbauen der Einzelteile bzw. dem Einschmelzen oder Ähnlichem vorgelegen.

b) Kein Vernichtungsverbot bei fehlendem Öffentlichkeitsbezug

Der herrschenden Ansicht in der Rechtsprechung, die ein Recht des Eigentümers zur Vernichtung befürwortet und eine Anwendbarkeit des § 14 UrhG ablehnt, ist zuzustimmen. Nur diese Ansicht lässt sich mit dem Grundsatz vereinbaren, dass das Verbietungsrecht aus § 14 UrhG lediglich bei vorhandenem Öffentlichkeitsbezug greifen kann.[353] Ist ein Werk aber erst einmal unwiederbringlich vernichtet worden, so liegt ein Öffentlichkeitsbezug nicht mehr vor.

aa) Kritik an der Rechtsprechung zum *Mindener Keil-Stück* und zur *Documenta Treppe*

Der bereits oben dargstellten Entscheidung des LG Bielefeld zum „*Mindener Keil-Stück*", welches die Entfernung eines Kunstwerkes von seinem bestimmungsgemäßen Ort an einen der Öffentlichkeit nicht zugänglichen Ort mit einer Vernichtung gleichsetzt, kann nicht gefolgt werden. Wie bereits oben dargelegt, lag schon rein begrifflich keine Vernichtung vor.[354] Darüber hinaus ging das LG Bielefeld auch davon aus, das Vernichtungsabwehrinteresse des Urhebers könne bei hochwertigen Originalen von Werken der bildenden Kunst durchschlagen, wenn es darum gehe, eine mutwillige Zerstörung abzuwehren.[355] Das LG Bielefeld verkennt hier aber, dass zu einer Gefährdung der berechtigten Interessen ein Öffentlichkeitsbezug erforderlich ist.[356] Ein vernichtetes Werk kann keine verfälschende Wirkung mehr haben. Ebenso ist der Schutz hochwertiger Originalkunstwerke nicht Sache des Urheberrechts, sonders des öffentlich rechtlichen Denkmalschutzes.

Das Urteil des OLG Hamm ist in diesem Punkt ebenfalls nicht stringent. Auch wenn es aus künstlerischer Sicht befürwortenswert ist und der Aspekt, dass Kunst nicht lediglich eine Wahlperiode überdauern sollte[357], aus moralischer Sicht zutreffen mag, so kann es aus rechtlicher Sicht bei der Vernichtung eines Werkes den-

353 Siehe hierzu ausführlich oben, drittes Kapitel, C. III. 4.

354 Hierzu bereits oben, viertes Kapitel, A. III. 3. a).

355 LG Bielefeld, Urt. v. 9. 2. 2001 – 4 O 20/01, S. 5 (unveröffentl.).

356 Siehe hierzu ausführlich oben, drittes Kapitel, C. III. 4.

357 So der Direktor des Museums Schloss Morsbroich in Leverkusen Dr. *Gerhard Finck*, zitiert nach *Thies*, S. 179.

noch keinen Unterschied machen, ob das standortbezogene Werk auf *staatlichem* öffentlichen Grund errichtet ist oder ob es auf *privatem* Grund und Boden den Blicken der Öffentlichkeit preisgegeben wird. Einen Anspruch des Urhebers auf Öffentlichkeit für sein Werk sieht das Urheberrecht nicht vor. Spricht man dem privaten Eigentümer ein Recht zu, das Werk der Öffentlichkeit zu entziehen, wenn es ihm nicht mehr gefällt, so muss man dieses Recht auch dem Staat als Eigentümer zusprechen, da das Urheberrecht nicht zwischen hoheitlichem und privatem Eigentümer unterscheidet. Allein ein stärkerer Denkmalschutz wäre geeignet, sowohl den Staat als auch den privaten Eigentümer zu verpflichten, ein Werk für alle Zeiten oder zumindest für eine sehr lange Zeit an seinem bestimmungsgemäßen Ort zu belassen. Ein Künstler, der ein Werk für einen der Öffentlichkeit zugänglichen Ort schafft, ganz gleich ob dieser im privaten oder hoheitlichem Eigentum steht, muss vielmehr grundsätzlich damit rechnen, dass dieses von seiner Umgebung, der Allgemeinheit oder seinem Eigentümer nicht auf ewig akzeptiert wird.[358]

Ebenso wenig überzeugt es, zwischen Werken, die für einen öffentlichen Ort geschaffen wurden und solchen, bei denen dies nicht explizit der Fall ist, zu unterscheiden. Für beide Werkarten gilt gleichermaßen, dass die Entfernung des Werkes aus der Öffentlichkeit weder zu einer Vernichtung noch zu einer Gefährdung der berechtigten Interessen des Urhebers führt.

Auch das Argument des OLG Hamm, das Kunstwerk zerfalle in zwei Teile und existiere in der Vorstellung der Bevölkerung an dem nun leeren Aufstellungsort in der entstehenden Lücke fort, kann nicht geteilt werden. Hierdurch würde der durch die Umsetzung auf den nicht öffentlichen Bauhof fehlende Öffentlichkeitsbezug lediglich konstruiert. Schließlich kann der beispielsweise durch einen Architekten entworfene Marktplatz nicht plötzlich zum Werk des Künstlers des entfernten ortsbezogenen Kunstwerks werden. Mit Entfernung des ortsgebundenen Kunstwerkes entfällt nur schlicht *seine* Wirkung und *seine* Aussagekraft, nicht aber die des schon vorher existierenden Umfeldes. Schon gar nicht kann eine Lücke, ein „Nichts", ein urheberrechtlich geschütztes Werk darstellen. Es kann auch nicht ohne weiteres vermutet werden, das Werk existiere in der Vorstellung der Bevölkerung an dem leeren Ausstellungsort fort. So ist vielmehr erfahrungsgemäß davon auszugehen, dass ein großer Anteil der Bevölkerung eine Veränderung nicht einmal bemerken wird, weil diese sich schlichtweg nicht für Kunstwerke – und schon gar nicht für zeitgenössische Kunstwerke – interessiert, das Werk aber erst recht nicht vermissen oder auf dem Platz eine „klaffende" Lücke wahrnehmen wird. Darüber hinaus kann die bloße Erinnerung an ein Kunstwerk in unverfälschter Form nicht zu einer Beeinträchtigung dieses Werkes führen. Denn wenn es nunmehr überhaupt nicht mehr,

358 *Bullinger*, S. 111.

also auch nicht verfälscht wahrgenommen werden kann, dann ist diese Erinnerung ja die „richtige" Erinnerung an das unverfälschte Kunstwerk, so wie der Urheber es geschaffen hat.

Zu folgen ist vielmehr der Ansicht des OLG Schleswig, wonach dem Verbringen eines Kunstwerkes an einen Ort, an dem es der Öffentlichkeit gänzlich entzogen ist (auch hier wurde das Werk wie im Falle des „*Mindener Keil-Stücks*" auf einen Bauhof verbracht) – unabhängig davon, ob es sich um ein ortsgebundenes Werk handele oder nicht – kein Verbietungsrecht aus § 14 UrhG entgegen steht.[359] Hier wurde das fehlende Verbietungsrecht richtigerweise damit begründet, dass es an einem Öffentlichkeitsbezug fehle. Diese Sichtweise berücksichtigt stringent die ständige Rechtsprechung, die einen Öffentlichkeitsbezug für erforderlich hält.[360] Wie bereits erläutert, schützt das Urheberpersönlichkeitsrecht nicht das Interesse des Urhebers an der Existenz des Werkes an sich, welche durch die Vernichtung berührt wird, sondern lediglich das Interesse des Urhebers am Erhalt des Werkes im unverfälschten Zustand in der Öffentlichkeit.[361]

Insofern ist auch der Rechtsprechung zur „*Documenta Treppe*", die darauf abstellt, ob die Vernichtung des Werkes aus reiner Willkür geschieht oder ob stadtplanerische Interessen die Vernichtung rechtfertigen, nicht zu folgen. Auch hier verkannten die Gerichte, dass es auf eine Interessenabwägung nicht mehr ankam, da es mangels Öffentlichkeitsbezuges eines vernichteten Werkes bereits an einer Gefährdung der berechtigten Interessen des Urhebers fehlte.

bb) Kritik an der Literaturansicht, die ein Vernichtungsverbot befürwortet

Die durch *Schack* angesprochene Problematik des Entstehens einer Lücke im Gesamtschaffen des Künstlers durch Vernichtung einzelner Werke wird vom Schutzzweck des § 14 UrhG nicht erfasst.[362] § 14 UrhG bezieht sich auf die Beeinträchtigung eines konkreten Werkes, nicht aber auf die alleinige Beeinträchtigung des Rufs oder der Stellung des Urhebers in der Öffentlichkeit. Zudem würde die Annahme eines Vernichtungsverbots dem Eigentümer seiner wichtigsten Erfüllungsmöglichkeit im Hinblick auf einen etwaigen Beseitigungsanspruch des Urhebers aus §§ 97, 14 UrhG bei einer erfolgten Beeinträchtigung oder Entstellung berauben.[363] Denn diesen Beseitigungsanspruch kann er zumindest bei einer irreversiblen Beeinträchtigung nur durch die Vernichtung des gesamten Werkes oder durch Entfernen aus

359 OLG Schleswig-Holstein ZUM 2006, 426 (427).
360 Siehe hierzu ausführlich oben, drittes Kapitel, C. III. 3.
361 So auch *Bullinger*, S. 110.
362 *Bullinger*, S. 110.
363 *Bullinger*, S. 110.

der Öffentlichkeit, was aus praktischen, technischen oder Kostengründen zumindest bei raumgreifenden, sperrigen Kunstwerken häufig nicht möglich sein wird, erfüllen. Darüber hinaus hat ein Künstler eben gerade keinen Anspruch auf Wirkung und damit auch nicht auf Aufrechterhaltung der Existenz seines Werkes.[364] Ein Eigentümer kann sich ebenso dazu entschließen, ein Werk bis zum Ablauf der Schutzfrist oder gar für immer in seinem Keller zu verwahren, wie er es vernichten kann. Gegen beides kann sich der Künstler zumindest nach dem derzeit geltenden Recht nicht wehren. Will der Künstler sich einen Anspruch auf Einräumung einer Wirkungsmöglichkeit verschaffen, so muss er dies vertraglich regeln.

Hinzu kommt aber auch, dass die Ansichten in der Literatur, die gegenüber dem Urheber eine Informationspflicht des Eigentümers vor Vernichtung seines Werkes sowie eine Pflicht zur Ermöglichung des Zugangs annehmen, eines Rückgriffs auf § 14 UrhG weitgehend überhaupt nicht bedürfen. Schließlich wird dort die Argumentation auf allgemein zivilrechtliche Vorschriften wie §§ 226, 242, 826 BGB gestützt. So regelt § 226 BGB, dass die Ausübung eines Rechts unzulässig ist, wenn sie nur den Zweck haben kann, einem anderen Schaden zuzufügen. Ein Verbot der Vernichtung aus § 14 UrhG herzuleiten und gleichzeitig die Anwendung des § 226 BGB zu bejahen, wenn der Eigentümer das Werk vernichtet, bevor der Eigentümer von seinem Zugangsrecht hat Gebrauch machen können, ist widersprüchlich. Schließlich spricht § 226 BGB gerade davon, dass dem Rechtsausübenden ein Recht tatsächlich zustehen muss. Verneint man aber ein Recht zur Vernichtung unter Hinweis auf § 14 UrhG, so kann nicht gleichzeitig eine Schikane i. S. d. § 226 BGB vorliegen. Vielmehr kann man § 226 BGB in Einzelfällen auch dann anwenden, wenn man den Eigentümer für grundsätzlich berechtigt hält, das Werk zu vernichten. Nämlich dann, wenn er dies nachweislich nur tut, nur um dem Urheber zu schaden. Der avisierte Schaden muss dabei nicht notwendigerweise vermögensrechtlicher Natur sein, sondern es genügt auch die Verletzung immaterieller Werte und Interessen.[365] Von einer reinen Schikane i. S. d. § 226 BGB kann ausgegangen werden, wenn ein schützenswertes Rechtsgut oder (Eigen-)Interesse des Handelnden nicht vorliegt[366] und der Eigentümer positive Kenntnis davon hatte, dass der Urheber das Werk zurückhaben oder zumindest Kopien davon anfertigen wollte. Insofern bedarf es in diesen Fällen keines Rückgriffs auf § 14 UrhG. Ein Schadenersatzanspruch ergäbe sich dann aus § 823 Abs. 2 i.V.m § 226 BGB. Gleiches gilt für die sittenwidrige vorsätzliche Schädigung gem. § 826 BGB. Auch hier bedarf ein Schadenersatzanspruch keines Rückgriffs auf § 14 UrhG. Da sich zuletzt auch

364 Siehe hierzu ausführlich oben, drittes Kapitel, C. III. 4.
365 *Grothe*, in: MüKo zum BGB, § 226 Rn. 4.
366 *Dennhardt*, in: Beck'scher Online-Kommentar BGB, § 226 Rn. 5.

die in der Literatur vereinzelt angenommene Informationspflicht des Eigentümers aus § 242 BGB ergeben könne, ist auch hier kein Bezug auf § 14 UrhG notwendig.[367]

Im Ergebnis wird also in der Literatur zwar befürwortet, dem § 14 UrhG ein Vernichtungsverbot zu entnehmen, andererseits aber auf allgemeines Zivilrecht zurückgegriffen. §§ 226, 242 und 826 BGB können aber üblicherweise nur in begrenzten und krassen Einzelfällen zur Anwendung kommen und nicht für einen allgemeinen Grundsatz des Verbots der Vernichtung von Kunstwerken herhalten, da die Anforderungen an die Begriffe wie „sittenwidrig“ oder „wider Treu und Glauben“ regelmäßig hoch sind.

Hinzu kommt, dass es zu weit ginge, aus § 14 UrhG so komplexe Pflichten wie die Informationspflicht oder die Pflicht zum Angebot zum Rückkauf des Werkes herauszulesen. Derartige Pflichten könnten lediglich durch eine Änderung des Gesetzes in Form der ausdrücklichen Normierung dieser Pflichten aufgenommen werden.

c) Beeinträchtigung bei Vorliegen eines Öffentlichkeitsbezuges

Wird ein Werk vernichtet, so ist es durch die Öffentlichkeit nicht mehr in verfälschter Weise wahrnehmbar, womit es regelmäßig am erforderlichen Öffentlichkeitsbezug fehlen wird. Es kann allerdings dann eine andere Wertung erforderlich sein, wenn dieser Öffentlichkeitsbezug ausnahmsweise hergestellt wird. Dies kann beispielsweise dann der Fall sein, wenn nur ein Teil des Werkes vernichtet wird und der Rest der Öffentlichkeit zugänglich bestehen bleibt oder wenn der Akt der Vernichtung aufgrund der Art und Weise ihrer Durchführung von der Öffentlichkeit wahrgenommen werden kann (und möglicherweise auch soll).[368]

aa) Teilvernichtung

Wie schon im Rahmen der Abhandlung des Eingriffs der Zerteilung erläutert, ist die teilweise Vernichtung eines Werkes als Entstellung i. S. d. § 14 UrhG zu bewerten, welche den Weg zu einer Interessenabwägung eröffnet. Schließlich bleiben hierbei Fragmente des ursprünglichen Werkes bestehen, so dass diese eine entstellte, verfälschte Form des ursprünglichen, vollständigen Werkes darstellen können.[369] In Übereinstimmung mit der Auffassung des OLG München

---

367 Für eine Trennung von urheberrechtlichem Schutz und Schutz nach allgemeinem Zivilrecht auch *Tölke*, S. 90 f.; *Hubmann*, S. 115.

368 So auch *von Detten*, S. 129.

369 LG München I NJW 1982, 655 – *Hajek I*; OLG München ZUM 2001, 339 (344) – *Abriss eines Kirchenschiffs*.

muss – wie bereits ausgeführt – der verbleibende Rest des Werkes keinen selbständigen Urheberrechtsschutz mehr begründen.[370] Es genügt, dass dieser Rest noch durch irgendwelche Merkmale auf das frühere Werk hinweist. In diesem Fall ist nicht von einer vollständigen Vernichtung auszugehen.

bb) Beeinträchtigung durch die Art und Weise der Vernichtung

Eine Beeinträchtigung der Interessen des Urhebers durch die Art und Weise der Vernichtung ist beispielsweise denkbar, wenn es sich um ein (großes) Kunstwerk handelt, das sich an einem öffentlichen Ort befindet und das bei der Demontage in seine Einzelteile zerlegt werden muss. So kann es durchaus als Beeinträchtigung betrachtet werden, dass aufgrund des großen öffentlichen Interesses an der Beseitigung des Lenin-Denkmals des russischen Monumentalbildhauers *Nikolaj Tomskij* in Berlin eine Veröffentlichung einer Vielzahl von Pressefotografien der Demontage in ihren unterschiedlichen Stadien erfolgte. Besonders häufig wurden Fotografien der geköpften Leninstatue veröffentlicht.[371] Hier wären allerdings die berechtigten Interessen der Fotografen an einer Berichterstattung zu berücksichtigen gewesen. Als Beeinträchtigung kommt hier aber auch der öffentliche und entwürdigende Abbau des Denkmals selbst als Durchgangsstadium zur Vernichtung in Betracht, bei dem das Werk über einen längeren Zeitraum hinweg halb demontiert zu sehen war, bis es schließlich vollständig abmontiert war.[372]

In Fällen wie diesen muss es wie üblich zu einer Interessenabwägung kommen. Allerdings werden bei der Demontage von Kunstwerken meistens die Interessen des Eigentümers überwiegen. Schließlich ist eine Demontage großer Werkskonstruktionen und Plastiken lediglich stückweise möglich. Der Künstler muss grundsätzlich damit leben, dass sein Kunstwerk nicht für alle Ewigkeit akzeptiert wird.[373] Der Eigentümer muss allerdings eine Art der Demontage wählen, welche die Interessen des Urhebers möglichst wenig beeinträchtigt. So darf das Kunstwerk nicht unverhältnismäßig lange, also regelmäßig nicht länger als zum Abbau nötig, in beeinträchtigtem Zustand verbleiben.

Auch im bereits oben beschriebenen Falle der Vernichtung des Gesamtkunstwerkes des Künstlers *Hajek* wurden zwei Betonskulpturen im Rahmen von Bundeswehrübungen gesprengt. Hierüber berichtete die Presse ausführlich.[374] Dies stellte

370 OLG München ZUM 2001, 339 (344) – *Abriss eines Kirchenschiffs.*

371 So beispielsweise im Tagesspiegel vom 6.11.1991 und in der Süddeutschen Zeitung vom 6.11.1991, Nr. 256, S. 6.

372 So auch *Bullinger*, S. 111.

373 RGZ 79, 397 ff. – *Felseneiland mit Sirenen*; *Bullinger*, S. 111.

374 *Movsessian*, UFITA 95 (1983) 77 (77); *Schneider*, in: DIE ZEIT vom 23.07.1982 Nr. 30.

neben der Beeinträchtigung des Werkes im Durchgangsstadium zur Vernichtung jedenfalls eine Gefährdung des Ansehens des Urhebers und seinem Interesse an der unverfälschten Integrität seines Werkes dar. Schließlich kann in dieser Vernichtungsmethode eine gewisse Wertung gesehen werden. *Hajek* selbst soll daraufhin einen Brief an den Verteidigungsminister geschrieben haben, in dem er die Bundeswehr als eine „Beseitigungsarmee" bezeichnete, die Kulturgüter vernichte.[375] Zwar wies das LG München I seinen Antrag auf Erlass einer einstweiligen Verfügung gegen die Vernichtung zurück, jedoch ausdrücklich nur deshalb, weil der Antragsteller lediglich die Vernichtung an sich beanstandet hatte, nicht aber deren Art und Weise. Das LG München I ließ anklingen, dass ein dahingehender Antrag möglicherweise zu einer anderen Wertung geführt hätte.[376] In diesem Fall hätten die Interessen des Urhebers überwiegen müssen, da es dem Eigentümer ohne weiteres möglich gewesen wäre, den Abbau auf neutralere Art und Weise vorzunehmen. Es muss also bei der Vernichtung von Werken, die sich in der Öffentlichkeit befinden, darauf ankommen, ob eine andere, die Rechte des Urhebers weniger beeinträchtigende Vernichtung dem Eigentümer ohne besondere Aufwendungen möglich ist.

d) Zwischenergebnis

Im Ergebnis ist daher die Geltendmachung eines Rechts aus § 14 UrhG gegen die Vernichtung eines Kunstwerkes mangels Öffentlichkeitsbezuges nur in begrenzten Einzelfällen denkbar. § 14 UrhG bietet damit nie ein absolutes Recht gegen die Vernichtung. Es kann lediglich die „mildeste" Art der Vernichtung verlangt werden, wenn sich das Werk in der Öffentlichkeit befindet oder ein solcher Bezug zur Öffentlichkeit hergestellt wird. Im Übrigen kann der Urheber in wenigen besonderen Einzelfällen auf allgemein zivilrechtliche Ansprüche wie §§ 226, 242 oder 826 BGB zurückgreifen. Deren Anwendbarkeit ist jedoch regelmäßig an strenge Voraussetzungen geknüpft.

Zwar ist es durchaus wünschenswert, dass Werke von großer künstlerischer Bedeutung für die Nachwelt erhalten werden. Doch letztlich kann das Kriterium der Hochwertigkeit und Bedeutsamkeit in der urheberrechtlichen Diskussion nur insoweit berücksichtigt werden, als es sich in der Gestaltungshöhe eines Werkes widerspiegelt. Es wäre schon fraglich, wer überhaupt befugt wäre, darüber zu entscheiden und abschließend zu bestimmen, welche Werke als hinreichend hochwertig zu betrachten sind, um in den Genuss eines Vernichtungsverbots zu kommen. Ohnehin erschließt sich die Bedeutung eines Kunstwerkes häufig erst in der Retrospektive, so dass die Gefahr bestünde, dass zu vorschnell über die Qualität und den Wert

---

375 *Schneider*, in: DIE ZEIT vom 23.07.1982 Nr. 30.
376 LG München I NJW 1983, 1205 (1205) – *Hajek II*.

eines Werkes für die Nachwelt geurteilt würde. Sinnvoll und denkbar wäre vielmehr ein denkmalschutzrechtlich ausgestalteter Bestandsschutz für Originalwerke von großer ästhetischer, wissenschaftlicher und historischer Bedeutung wie er in erster Linie für Baudenkmäler schon lange praktiziert wird.[377] Die Entscheidung über das „Ob" eines Schutzes würde dann wie im Bereich der Baudenkmäler auch – im besten Falle – fachlich geschulten Behörden obliegen. Darüber hinaus können der Staat, aber letztlich auch private Personen, durch den Betrieb von Museen und Sammlungen und den Ankauf von Kunstwerken in gewissem Maße zur Erhaltung von wichtigen Kulturgütern beitragen. Auch hierdurch findet bereits eine zumindest gewisse Selektion zwischen „guter" und in irgendeiner Hinsicht „bedeutender" Kunst und weniger bedeutender Kunst aus der Masse an Kunstwerken statt. Eine museale Welt hingegen, in der es dem Eigentümer eines Kunstwerkes untersagt ist, dieses zu vernichten, wenn es ihm nicht mehr zusagt, in der er gezwungen ist, dieses bis zum Ablauf der Schutzfrist irgendwo aufzubewahren oder es anderweitig loszuwerden, ist abzulehnen.

IV. Entstellungen bei der Ausführung von Entwürfen

Beeinträchtigungen eines Werkes können auch bei der Ausführung von Entwürfen von Werken der bildenden Kunst ähnlich wie in der Architektur[378] auftreten. So haben Kuratoren und andere Auftraggeber meistens für eine zu kuratierende Ausstellung oder für ein bestimmtes Kunstprojekt lediglich ein bestimmtes Budget zur Verfügung. Soll ein Kunstwerk eines Künstlers hergestellt werden, welches unter Umständen eine große Menge an unterschiedlichen Materialien, einen erheblichen wirtschaftlichen und handwerklichen Aufwand erfordert, um installiert zu werden, besteht das Risiko, ähnlich, wie dies oft im Bereich der Architektur geschieht, dass das Budget überschritten wird, weil das Werk den Vorstellungen des Künstlers (noch) nicht entspricht.

1. Konfliktfall: Denkmal für die im Nationalsozialismus ermordeten Sinti und Roma Europas – *Dani Karavan*

Aktuelleres Beispiel für eine öffentliche Diskussion um eine beeinträchtigende Bauausführung eines Kunstwerkes ist das im Oktober 2012 eingeweihte Denkmal für die im Nationalsozialismus ermordeten Sinti und Roma Europas in Berlin. Mit dem Entwurf des Kunstwerkes war der Künstler *Dani Karavan* 2007 beauftragt

377 So *Hegemann*, in: FS Hertin, S. 87 (105).

378 z.B. LG Berlin ZUM 2007, 424 – *Berliner Hauptbahnhof.*

worden. Er entwarf ein kreisrundes Wasserbecken („Brunnen") mit schwarzem – „endlos tiefen" – Grund. In der Beckenmitte platzierte er einen Stein, auf dem eine jeweils frische Blume liegt. Immer wenn diese verwelkt ist, soll der Stein in der Brunnentiefe versinken, um sich dann wieder mit einer frischen Blume emporzuheben.[379] Rund zwei Millionen Euro waren für den Bau des Werkes vorgesehen. *Karavan* hatte zeitweise jedoch eine weitere Zusammenarbeit mit der „absolut unfähigen Verwaltung" des Landes Berlin nach Angaben seines Rechtsanwaltes *Peter Raue* abgelehnt, da der Künstler mit der Bauausführung der Gedenkstätte in unmittelbarer Nähe des Reichstags unzufrieden gewesen war.[380] Sie habe in vielen Punkten nicht seinen Vorgaben entsprochen. Nach Angaben *Raues* habe die Verwaltung das Vorhaben wie den Bau einer Brücke und nicht wie den eines Kunstwerkes begleitet.[381] In seinen Schriftsätzen hatte *Peter Raue* die Frage erhoben, wie viel Abweichung vom Perfekten der Künstler eigentlich dulden müsse.[382] Es ging dort in erster Linie um die Frage, ob der verbaute Stahl, wie vom Künstler gefordert, wirklich rostfrei sei, ob das Wasser in der Schale wirklich so dunkel erscheine, wie es der Künstler wünsche. Auch „unakzeptable Unebenheiten" hatte *Karavan* einmal an der Schale moniert.[383] Nach Angaben der Berliner Verwaltung hätten *Karavans* Sonderwünsche hingegen das Vorhaben um mindestens zwei Jahre in die Länge gezogen. *Raue* hatte sogar angekündigt, der Künstler werde seinen Namen zurückziehen, wenn die Arbeit nicht seinen Vorgaben entsprechend ausgeführt werde.[384]

2. Interessenabwägung

In der Tat kann man sich fragen, wie viel Abweichung ein Künstler bei der Ausführung seines Entwurfes dulden muss. Denn nicht jede Abweichung stellt automatisch eine Beeinträchtigung oder Entstellung i. S. d. § 14 UrhG dar, die das Verbietungsrecht auslöst. Vielmehr sind auch hier berechtigte Interessen des Auftraggebers zu berücksichtigen.

a) Interessen des Urhebers aus Art. 2 Abs. 1, Art. 1 Abs. 1 GG

Einerseits hat der Urheber zwar ein gewichtiges Interesse daran, dass sein Werk nur in der Form gezeigt werden darf, die seinen Geist widerspiegelt, also so, wie

379 Beschreibung bei http://de.wikipedia.org/wiki/Denkmal_für_die_im_Nationalsozialismus_ermordeten_Sinti_und_Roma_Europas, zuletzt aufgerufen am 15.04.2013.
380 Blamage für Berlin, in: DER SPIEGEL 29/2011, S. 16.
381 Blamage für Berlin, in: DER SPIEGEL 29/2011, S. 16.
382 Zitiert nach *Berg*, in: DER SPIEGEL 52/2010, S. 34.
383 *Berg*, in: DER SPIEGEL 52/2010, S. 34.
384 *Berg*, in: DER SPIEGEL 52/2010, S. 34.

er es für vollkommen hält. Schließlich hat die reine Kunst keinerlei Gebrauchszweck, sie muss nur sich selbst dienen. Ebenso besteht die Gefahr, dass ein Werk insgesamt als ein von dem Künstler zu verantwortendes Werk angesehen wird, auch wenn die Ausführung nicht in allen Punkten den Vorgaben des zugrunde liegenden Entwurfs entspricht. Dies gilt insbesondere bei Werken mit besonderer künstlerischer oder historischer Bedeutung, die einer großen Öffentlichkeit zugänglich sind. Wird ein bestimmter Künstler mit dem Entwurf eines Kunstwerkes beauftragt, so erfolgt – vergleichbar mit der Sachlage im Bereich der Architektur – anschließend die Abnahme eines bestimmten Entwurfs. Entscheidet sich der Auftraggeber anschließend für die Ausführung dieses Entwurfs, so muss er sich auch an die Vorgaben aus dem Entwurf halten. Der Urheber muss grundsätzlich keine Änderungen dulden, die lediglich auf einem geschmacklichen Wandel des Auftraggebers beruhen.[385] So können Änderungen der Farbigkeit, der Oberflächenstruktur und der Materialien zu einer Beeinträchtigung oder gar Entstellung des Kunstwerkes i. S. d. § 14 UrhG führen, bei der regelmäßig die Interessen des Urhebers überwiegen werden.

b) Interessen des Auftraggebers

Gleichwohl können auch auf Seiten des Auftraggebers erhebliche Interessen zu seinen Gunsten streiten.

aa) Wirtschaftliche Interessen

Wurde ein zumindest grober Finanzierungsplan für das Kunstwerk aufgestellt, selbst wenn dieser nicht schriftlich im Vertrag festgelegt war, so hat der Auftraggeber ein erhebliches wirtschaftliches Interesse daran, dass dieser auch in etwa eingehalten wird. Dem Künstler ist üblicherweise auch bewusst, wie viel Geld dem Auftraggeber für das jeweilige Projekt in etwa zur Verfügung steht. Unverhältnismäßig hohe Kosten braucht der Auftraggeber zumindest im Bereich der Architektur regelmäßig auch zur Wahrung der Urheberinteressen nicht zu tolerieren.[386] So kann sich z. B. in der Architektur ein Architekt im Einzelfall Änderungswünschen des Bauherrn nicht widersetzen, wenn die vorgesehene Bausumme in relevantem Umfang überschritten wird.[387] Zu beachten ist aber, dass

385 Wandtke/*Bullinger*, § 14 Rn. 34.

386 OLG Frankfurt am Main ZUM 1986, 397 – *Verwaltungsgebäude*; OLG Frankfurt am Main NJW 1976, 677 (679) – *Götterdämmerung.*

387 Wandtke/*Bullinger*, § 14 Rn. 34.

selbst im Bereich der Architektur nicht jede, sondern nur eine nachhaltige Überschreitung der prognostizierten Baukosten eine Änderung rechtfertigen kann.[388]

(1) Die Grundsätze zur Architektenhaftung wegen Kostenüberschreitung bei Beeinträchtigung von Werken der Architektur

Das LG Berlin hat in seinem Urteil im Falle des Berliner Hauptbahnhofs entschieden, dass auch im Rahmen der Interessenabwägung des § 14 UrhG im Ansatz die zur Architektenhaftung wegen Kostenüberschreitung entwickelten Grundsätze herangezogen werden können, wenngleich die notwendige Interessenabwägung im Einzelfall auch höhere Kostentoleranzen als zumutbar erscheinen lassen könne, da die Interessenabwägung nach anderen Grundsätzen als die vertragliche Haftung eines Architekten erfolge. Beides schließe einander nicht aus, weil der Bauherr dadurch, dass er mit einem möglicherweise höheren Kostenaufwand als geplant einen Entwurf umsetze, vertragliche Schadensersatzansprüche aus einer Schlechterfüllung des Architektenvertrages nicht verliere. Nach den Grundsätzen der Architektenhaftung wegen Kostenüberschreitung ist dem Architekten beim Kostenvoranschlag ein gewisser Toleranzrahmen zuzubilligen, wenn sich eine verbindliche Absprache über eine Kostenhöchstgrenze im Sinne einer Beschaffenheitsgarantie nicht feststellen lässt. Der BGH hat insoweit deutlich gemacht, dass es keinen „generellen Toleranzrahmen“ nach bestimmten Prozentsätzen gibt.[389] Vielmehr ist die Toleranz im Einzelfall je nach Genauigkeitsgrad der Kostenermittlung anzusetzen.[390] Wurde der Kostenrahmen lediglich geschätzt, so ist dem Architekten eine Toleranz von 30–40 % einzuräumen, wurden die Kosten berechnet, so beträgt die Toleranz etwa 20–25 %, wurde ein Kostenvoranschlag gemacht, ist in etwa eine Toleranz von 10–15 % einzuräumen.[391] Die Darlegungs- und Beweislast hinsichtlich der Überschreitung des Toleranzrahmens trifft dabei jeweils den Auftraggeber.[392]

(2) Zur Frage der Anwendbarkeit der Grundsätze zur Architektenhaftung wegen Kostenüberschreitung im Bereich der bildenden Kunst

Die Grundsätze, die die Rechtsprechung auf dem Gebiet der Architektur entwickelt hat, können auch bei vergleichbaren Konstellationen in der bildenden

388 LG Berlin ZUM 2007, 424 (429) – *Berliner Hauptbahnhof.*
389 BGH NJW 1994, 856.
390 BGH NJW-RR 1997, 850.
391 *Locher*, in: Beck'sches Rechtsanwalts-Handbuch, § 23 Rn. 32; ebenso für 14,86 % beim Kostenanschlag OLG Hamm BauR 1991, 246.
392 BGH NJW-RR 1988, 1361.

Kunst Anwendung finden. Vergleichbar sind solche Sachverhaltskonstellationen, bei denen die Herstellung komplexerer künstlerischer Installationen in Auftrag gegeben wird und der Auftraggeber das Kostenrisiko für die Herstellung zu tragen hat. Wie das LG Berlin aber zutreffend festgestellt hat, kann die Interessenabwägung im Rahmen des § 14 UrhG im Einzelfall auch höhere Kostentoleranzen als im Bereich der Architektenhaftung für Kostenüberschreitungen als zumutbar erscheinen lassen. Dies gilt für den Bereich der hier streitgegenständlichen bildenden Kunst umso mehr, da es bei einem Kunstwerk der bildenden Kunst vergleichsweise einzig auf seine ästhetische Wirkung und auf die sichtbar gewordene Form des Kunstwerkes ankommt. Bereits geringe Abweichungen von den Vorstellungen des Künstlers können das Werk unter Umständen in seiner geistigen Form stark verändern und beeinträchtigen. Anders als bei einem architektonischen Werk wird der Betrachter des Werkes der bildenden Kunst auch etwaige Abweichungen vom Entwurf des Künstlers allein diesem zuschreiben. Schließlich existiert das Kunstwerk einzig, um eine ästhetische oder sonst wie geartete Wirkung auf den Betrachter auszuüben, während das architektonische Werk in erster Linie einem Gebrauchszweck dient. Anstatt ein Werk in Abweichung von dem Entwurf auszuführen, kann der Auftraggeber üblicherweise auch das Projekt durch Kündigung des Vertrages gänzlich abbrechen und/oder Schadensersatz wegen Schlechterfüllung des Werkvertrags i. S. d. § 631 BGB wegen der Überschreitung des Kostenrahmens verlangen. Allerdings trägt der Ausstellende in diesem Falle das Liquiditätsrisiko des Künstlers. Bedenkt man, dass die Mehrheit der bildenden Künstler in Deutschland am Rande der Armutsgrenze mit einem durchschnittlichen Bruttoeinkommen von 13.185 EUR lebt,[393] erscheint dieses Risiko für den Ausstellungsmacher oder Auftraggeber relativ hoch, sein Interesse daran, ein Werk auch mit zumindest geringen Abweichungen von den Entwürfen ausführen und zeigen zu dürfen, umso größer. Zum anderen erfordern Schadensersatzansprüche ein Verschulden des Künstlers. Unter Umständen kann es aber schwierig sein, festzustellen, aus wessen Sphäre das Verschulden für die Kostenüberschreitung stammt. Insofern wird die Kostenüberschreitung nur dann, wenn sie erhebliche Ausmaße annimmt, geringe Änderungen des Werkes rechtfertigen können.

393 Übersicht der Künstlersozialkasse zum Durchschnittseinkommen der aktiv Versicherten zum 1.1.2011, abrufbar unter http://www.kuenstlersozialkasse.de/wDeutsch/ksk_in_zahlen/statistik/durchschnittseinkommenversicherte.php, zuletzt aufgerufen am 11.03.2012.

bb) Zeitliche Interessen

Auch eine rechtzeitige Fertigstellung des Kunstwerkes liegt im Interesse des Auftraggebers. Liegt ein ungefährer Zeitplan für die Herstellung des Werkes vor, so hat der Auftraggeber ein erhebliches Interesse daran, dass dieser auch in etwa eingehalten wird. Denn beispielsweise ein Museum muss Ausstellungen langwierig planen und vorbereiten. Zudem kann die Absage von angekündigten Ausstellungen den Ruf eines Museums beeinträchtigen. Auch hier besteht zwar die Möglichkeit, Schadensersatzansprüche wegen Nichteinhaltung vertraglicher Pflichten geltend zu machen, ebenso bestehen aber auch hier die oben genannten Risiken.

cc) Interessen an der Bausicherheit

Ebenso wie in der Architektur können für den Auftraggeber auch sicherheitsrelevante Änderungen erforderlich werden.[394] Stellt sich heraus, dass das Kunstwerk bestimmte Gefahren für die öffentliche Sicherheit oder Ordnung birgt, obwohl der Künstler wusste, dass das Werk an einem Ort aufgestellt sein würde, an dem diese Gefahren auftreten könnten, so muss der Künstler im Einzelfall unter Umständen kleinere sicherheitsrelevante Änderungen dulden.

3. Zusammenfassung

Insgesamt wird es bei der Ausführung von Entwürfen der bildenden Kunst darauf ankommen, wie klar die finanziellen und zeitlichen Vorgaben seitens des Auftraggebers für den Künstler waren und wie willkürlich das Verhalten des Künstlers auf der anderen Seite erscheint. Verweigert er etwa den Einbau bestimmter im Entwurf vorgesehenen Materialien ohne sachlich gerechtfertigten Grund, so wiegen seine Interessen weniger schwer. Weiter kommt es darauf an, welche Teile des Werkes von den Angaben in dem Entwurf abweichen. An eine Rechtfertigung von Änderungen, die der Auftraggeber bei der Ausführung von Entwürfen wegen der Überschreitung des Kostenrahmens vornimmt, wird man jedenfalls sehr hohe Anforderungen stellen müssen.

---

394 Hierzu für den Bereich der Architektur Wandtke/*Bullinger*, § 14 Rn. 32.

V. Restaurierungs- und Konservierungsmaßnahmen

1. Beeinträchtigung

Restauratorische Eingriffe in Originalkunstwerke stellen ebenfalls regelmäßig eine Beeinträchtigung des Werkes dar. So bestimmt im Bereich der Unikatkunst häufig jeder Pinselstrich eines Gemäldes, jede Kerbe in einer Skulptur die Individualität des geistig-ästhetischen Gesamteindruckes mit.[395] Allerdings ist Ziel einer Restaurierung der Ausgleich eventuell eingetretener Schäden und die größtmögliche Annäherung an den ursprünglichen Zustand des Werkes, so dass eine Maßnahme regelässig auch im Interesse des Urhebers liegen wird. Dennoch sind Fälle denkbar, in denen es zu Interessenkonflikten kommen kann. Solche Konflikte ergeben sich insbesondere auf dem Gebiet der Restaurierung zeitgenössischer Kunst. Restauratoren und Konservatoren waren in den vergangenen Jahrzehnten gezwungen, in diesem Bereich der Kunst ihre Rolle und ihre Arbeitsweisen von Grund auf zu überdenken.

2. Die Problematik bei der Restaurierung und Konservierung zeitgenössischer Kunst

„Ars longa vita brevis“ lautet ein lateinisches Zitat, das ursprünglich von dem griechischen Architekten und Arzt *Hippokrates* stammt.[396] Vielfach trifft dieses Zitat aber insbesondere in der zeitgenössischen Kunst nicht mehr zu. Vielmehr kommt heute der Restaurierung von Kunstwerken als Quelle urheberpersönlichkeitsrechtlicher Beeinträchtigungen eine zunehmend wachsende Bedeutung zu. Dies hängt insbesondere mit der häufig geringen Haltbarkeit zeitgenössischer Kunst zusammen. Viele Künstler stehen einem „Ewigkeitsanspruch“ in der Kunst kritisch gegenüber und lehnen die Berücksichtigung einer „musealen“ Verwertbarkeit des Werkes im Schaffensprozess ab.[397] Zudem altern viele heute verwendete Materialien auf noch unerforschte Weise, Installationen aus organischem Material lösen sich schnell auf.

„Einen Rembrandt kann jeder“.[398] Die Restaurierung zeitgenössischer Kunst hingegen stellt Restauratoren teilweise vor unlösbare Aufgaben. So stellen Werke aus Materialien wie Blut, Penaten-Creme, Nutella, Latex, Leberwurst oder Kar-

395 *Wiesner*, S. 152.
396 http://www.zeno.org/Meyers-1905/A/Ars+longa,+vita+brevis, zuletzt aufgerufen am 11.03.2012.
397 *Bullinger*, S. 100.
398 So die Restauratorin *Elisabeth Jägers*, Chemikerin und Dekanin an der Fachhochschule in Köln, zitiert nach *Thimm*, in: DER SPIEGEL 29/2001, S. 148 ff.

toffelchips für Restauratoren einen Albtraum dar. Aber selbst Ölbilder, die als Klassiker für Restauratoren „traditioneller" Kunst eine Routinearbeit darstellen, verursachen in ihrer modernen Variante Schwierigkeiten bei der Restaurierung. Sind sie mit neuen, synthetischen Farben gemalt, so trocknen diese im Unterschied zu traditionellen Farben, die mit trocknungsbeschleunigenden Pigmenten wie Bleiweiß und Kobaltblau durchsetzt sind, außen schneller als innen.[399] Hierdurch kommt es beim Transport solcher Bilder leicht zu Beschädigungen, da die nasse Farbe sich unter dem Oberflächenfilm bewegt. Dies führt im schlimmsten Fall zu Rissen im Oberflächenfilm, so dass die Farbe ausläuft.

Dementsprechend hat sich das Berufsbild der Restauratoren und Konservatoren in den vergangenen Jahrzehnten massiv verändert. Im Bereich der zeitgenössischen Kunst beschäftigen diese sich nicht mehr mit Firnis-Verfärbungen und Craquelés, sondern mit der Erforschung und Erhaltung von Nahrungsmitteln, Kunststoffen und Medien. So fragte sich auch *Barbara Sommermeyer*, Restauratorin an der Hamburger Kunsthalle, ob nun die schmutzige Tischdecke einer Installation der Künstlerin *Mona Hatoum* in die Kochwäsche oder zur Textilrestauratorin gehöre.[400]

Obwohl man sich bei laienhafter Betrachtung zunächst die Frage stellen könnte, warum zeitgenössische Kunst überhaupt bereits restauratorische Maßnahmen erfordere, sie sei ja schließlich noch ganz neu, leuchtet bei genauerer Betrachtung dieser neueren Erscheinungen in der Kunst ein, dass diese im Vergleich zu „traditioneller" Kunst, die meistens erst nach mehreren Jahrzehnten beim Restaurator landet, im Grunde bereits direkt nach Fertigstellung zum Pflegefall wird. Ein wichtiger Teil der Arbeit von Restauratoren und Konservatoren besteht daher heute in der Vorsorge. So werden bereits vor Eintritt von Schäden Proben von Materialien genommen, um diese zu untersuchen und zu erforschen, um sie gegebenenfalls eines Tages selbst herzustellen und zu ersetzen. Schließlich weiß man nie, ob die Materialien zukünftig überhaupt noch erhältlich sein werden.

Die Kurzlebigkeit und Fragilität vieler zeitgenössischer Kunstwerke lässt die Frage aufkommen, weshalb solche Werke überhaupt einen neuen Eigentümer finden. Dies ist wohl in erster Linie damit zu erklären, dass Museen und andere Institutionen kaum eine andere Wahl haben, als auch solche Werke zu erwerben. Dies nicht zu tun, würde eine Ignoranz gegenüber einem gesamten Genre zeitgenössischen Kunstschaffens darstellen. Nur weil viele zeitgenössische Kunstwerke eine Herausforderung darstellen, können Museen und Institutionen die

399 *Thimm*, in: DER SPIEGEL 29/2001, S. 148 ff.
400 *Danicke*, in: art Das Kunstmagazin 11/2011, S. 84 (86).

Bedeutung der Kunst unseres Zeitalters nicht ignorieren und sie durch das Nichtsammeln abwerten. Sie müssten sich dann zumindest der Tatsache stellen, dass sie lediglich einen kleinen Teil zeitgenössischer Kunst präsentieren, nämlich den Teil, der in seinem Umgang im Vergleich zu „traditionellen" Kunstwerken keine besonderen Probleme hervorruft. Zwar besagt eine Faustregel von Museen, dass ein Kunstwerk mindestens 50 Jahre lang halten sollte.[401] Jedoch zeigt eine große Anzahl von Werken schon nach wenigen Jahren oder gar Monaten Alterungsspuren.

Private Sammler erwerben solche fragilen Werke häufig, weil sie sich ihrer Vergänglichkeit unter Umständen überhaupt nicht bewusst sind[402] oder weil gerade dieser Aspekt auf sie einen besonderen Reiz ausübt. Im Ergebnis hat jedenfalls die Restauratoren-, Kuratoren- und letztlich die gesamte Kunstgemeinschaft den Willen und die Fähigkeiten entwickelt, mit den Problemen zeitgenössischer Kunst umzugehen und sich ihrer anzunehmen. Für die Ewigkeit lassen sich jedoch viele Kunstwerke dennoch nicht erhalten. Während einige Restauratoren sich damit abfinden, dass man einige Alterungsprozesse nicht aufhalten kann und jedes Kunstwerk irgendwann einmal „sterben" muss, ist dies für andere Restauratoren keine Option. Nach Ansicht *Ulrich Langs*, Restaurator des Frankfurter Museums für Moderne Kunst, dürfe man es sich nicht zu leicht machen. Man wisse schließlich nicht, wie ein zeitgenössisches Werk in zehn oder zwanzig Jahren beurteilt werde. Für die Restaurierung moderner Klassiker würden schließlich auch Millionen ausgegeben.[403]

Mittlerweile haben sich zahlreiche Forschungsgruppen gebildet, die auf dem Gebiet der Restaurierung und Konservierung zeitgenössischer Kunst tätig sind. Eine der größten Organisationen, die sich mit der Frage der Konservierung und Restaurierung zeitgenössischer Kunst befasst, ist das International Network for the Conservation of Contemporary Art (INCCA). Erst kürzlich hat der Restaurator *Erich Gantzert-Castrillo* die Plattform „Artemak"[404] gegründet. Hierbei handelt es sich um ein Archiv für Arbeitsmaterialien und Techniken zeitgenössischer Künstler. Die Künstler sollen hier Auskunft über künstlerische Intentionen, Arbeitstechniken, verwendete Materialien und zum Teil auch über den gewünschten Umgang mit ihren Werken im Hinblick auf ihre Erhaltung geben. Auch die EU fördert im Rahmen des Programms „Popart" – Preservation of Plastic Arte-

401 *Shafy*, in: DER SPIEGEL 8/2011, S. 136.

402 *Kegel*, in: F.A.Z. vom 14.06.2005, abrufbar unter http://www.faz.net/artikel/C30703/kunstversicherungen-blut-schweiss-und-traenen-schokolade-ein-haifisch-oder-elefanten haar-30127780.html, zuletzt aufgerufen am 11.03.2012.

403 Zitiert nach *Danicke*, in: art Das Kunstmagazin 11/2011, S. 84 (88).

404 http://artemak.hfg.edu/index.php/Hauptseite, zuletzt aufgerufen am 26.03.2012.

facts – die Forschung auf dem Gebiet der Konservierung und Restaurierung von Kunststoffen.[405]

Auch die rechtliche Betrachtung spielt im Rahmen der Frage des „Ob" und des „Wie" einer Maßnahme eine Rolle. Schließlich können Eingriffe, die regelmäßig die Substanz eines unter Umständen wertvollen Kunstwerkes betreffen, empfindliche Interessen des Eigentümers berühren, der hierbei immer auch einen Wertverlust zu befürchten hat, andererseits aber auch ein Interesse an der Erhaltung hat. Erst recht aber berühren solche Eingriffe die Interessen des Künstlers, der sein Werk der Gefahr ausgesetzt sieht, dass seine ursprüngliche Intention und die Werkaussage durch stetiges Ausbessern und Bearbeiten verwässert werden.

3. Beispiele aus der Praxis für Probleme bei der Restaurierung und Konservierung von Werken der zeitgenössischen Kunst

Erhebliche Probleme bei der Restaurierung bereitete beispielsweise das Werk „*Blaues Schwammrelief (Kleine Nachtmusik)*" von *Yves Klein*. Dieses Bild aus dem Jahre 1960 gehört zu einer Serie von Schwammreliefs, in welcher *Yves Klein* zwischen 1957 und 1960 sein „International-Klein-Blue", eine von ihm eigens entwickelte und patentierte Farbe, mit natürlichen Produkten des Meeres kombinierte.[406] Hierbei brachte *Klein* kleine Steine und Naturschwämme verschiedener Größe auf einer Holzplatte an, die dann mit einer monochromen Blauschicht überzogen wurden. Um das Betrachten dieser besonderen Bildoberfläche nicht durch Spiegelungen zu stören, wurde längere Zeit auf eine Verglasung des Schwammreliefs verzichtet. Dies hatte jedoch zur Folge, dass sich eine dicke Staubschicht auf der Oberfläche ablagerte und die Blauschicht hierdurch matt und porös wirkte. Zudem verloren Teile der Schwämme und einige Steine mit der Zeit ihre feste Verbindung mit der Holzplatte. Es wurden umfangreiche Versuche mit diversen Festigungs- und Lösemitteln durchgeführt, um bei der Konservierung und Restaurierung eine Veränderung der Bildoberfläche zu vermeiden. Mittlerweile ist das Schwammrelief in einer Wandvitrine mit entspiegelter Frontscheibe montiert, die ein erneutes Einstauben der Bildoberfläche verhindert. Das Werk wird immer nur für kurze Zeiträume ohne Verglasung präsentiert.[407]

Ebenfalls einen Problemfall für den Restaurator und Konservator des Frankfurter Museums für Moderne Kunst, *Ulrich Lang,* stellt das Herrenrad „*Ohne Titel*", bekannt als „*Fahrrad eines Wohnsitzlosen*" des Künstlers *Andreas Slominski* aus

405 Abrufbar unter http://ec.europa.eu/research/headlines/news/article_08_12_08_en.html, zuletzt aufgerufen am 11.03.2012.

406 *Danicke*, S. 81.

407 Abbildung und Schilderung der Problematik bei *Danicke*, S.81.

dem Jahr 1991, dar.[408] Hierbei handelt es sich um ein Herrenfahrrad, welches über und über mit Plastiktüten behängt ist und somit aussieht wie das Fahrrad eines Obdachlosen. Das Kunstwerk ist außerordentlich fragil. Die Griffe der Plastiktüten wurden nach einiger Zeit brüchig und die Aufdrucke (SPAR) blichen aus. Die Erhaltung des Werkes erwies sich damit als äußerst schwierig: Abgesehen davon, dass SPAR heute Edeka heißt, schrecken Restauratoren häufig davor zurück, kaputte Gegenstände schlicht gegen neue auszutauschen. Auch die Kunstledertaschen und die Fahrradreifen weisen keine dauerhafte Haltbarkeit auf. Insbesondere bei Plastik handelt es sich um ein Material, welches nur schwer zu restaurieren und zu konservieren ist.[409] Aus diesem Grunde wird das Werk äußerst sorgfältig gelagert. Für das Rad wurde eigens ein Transportrahmen konstruiert, in welchem das Rad schwebend fixiert wird, um insbesondere die Kunststoffelemente zu entlasten. Auch für das Hinterrad existiert ein Eisengestell, das mit Filz ausgelegt ist, damit es nicht direkt auf dem Kistenboden steht. Molltontücher wurden um die Tüten und Taschen gewickelt und so an dem Gestell befestigt, dass sie das Gewicht tragen.[410] Mittlerweile gehört das Rad jedoch ebenso wie die *Mona Lisa* und *Dürers Hase* zu den Kunstwerken, die nicht mehr auf Reisen geschickt werden.[411]

Gleichsam beschreibt der Restaurator *Wharton* einen Auftrag, in dessen Rahmen er das Werk „*Building Steam – 190*" des Künstlers *Donald Lipski* restaurieren sollte.[412] Hierbei handelt es sich um eine Skulptur aus einem industriell gefertigten Neopren-Handschuh, der mit Reis aus China gefüllt und über den Rand des Bullauges eines Schiffs gestülpt ist. Durch das Fenster des Bullauges kann man den Reis sehen. Nach einer Zeit entwickelten sich an den Stellen des Handschuhs, die stark gedehnt waren, kleine Risse. Zudem befielen Insekten den Reis. Nach längeren Diskussionen mit dem Künstler und dem Eigentümer des Kunstwerkes über einen restauratorischen Eingriff entschloss man sich, dass der Künstler neuen chinesischen Reis besorgen und dem Restaurator zukommen lassen sollte. *Wharton* selbst erwarb einen neuen Neopren-Handschuh, der den Vorstellungen des Künstlers entsprach. Bevor nun der frische Reis in den Handschuh gefüllt wurde, wurde er einem Wechsel von Einfrieren und Auftauen ausgesetzt, um jedwede Larven oder Insekten zu töten. Mit diesem Verfahren waren seinerzeit alle Beteiligten einverstanden. Die Lösung war jedoch nur von temporärer Dauer.

408 *Danicke*, S. 85.

409 Siehe http://www.getty.edu/conservation/our_projects/science/plastics/index.html, zuletzt aufgerufen am 11.03.2012.

410 *Danicke*, S. 85.

411 *Danicke*, S. 85.

412 *Wharton*, S. 163 (167 ff.).

Zwei Jahre später befielen Läuse den Handschuh. Aus diesem Grund schlug der Künstler vor, den Reis durch „Streusel" aus Plastik zu ersetzen. Nach eigenen Aussagen stieß *Wharton* bei der Entscheidung über die Vornahme dieser Maßnahme an die Grenzen seiner (restaurierungs-)ethischen Vorstellungen. Da aber auch der Eigentümer diesen Vorschlag befürwortete, nahm der Restaurator den Eingriff vor. Der Künstler erwarb die Plastikstückchen und *Wharton* befüllte damit den Handschuh erneut. Alle Parteien einigten sich aber darauf, das Werk nunmehr wie folgt zu datieren: „1983 (reconstructed in 1990)".

Große Sorgen bereitet auch der Zustand des Werkes „*Doppelgarage*" (2002) des Künstlers *Thomas Hirschhorn*. Es handelt sich hierbei um eine raumgreifende Installation aus Wegwerfmaterialien, die im aufgebauten Zustand 120 Quadratmeter einnimmt. Sie besteht aus Zeitungsausschnitten, 16 Neonlampen, Modelleisenbahnen, Papppilzen und vor allem aus hunderten von Rollen verklebter Klebebänder. Mittlerweile sind die Papppilze umgeknickt, die Zeitungsausschnitte vergilbt und verblasst, auch das Klebeband löst sich ab und die darauf angebrachte Farbe blättert ab. Es ist noch unklar, ob das Werk zumindest kurzfristig „gerettet" werden kann.[413]

Die geschilderten Fälle zeigen nur beispielhaft die Probleme auf, die sich insbesondere Restauratoren und Konservatoren zeitgenössischer Kunst häufig stellen. Einige Künstler haben klare Vorstellungen davon, wie und ob ihre Werke erhalten werden sollen. So traf beispielsweise der Künstler *Sigurdur Gudmundsson* eine Vereinbarung mit dem Amsterdamer Stadtrat, dass seine Skulptur „*Wildzang*" (1976), bestehend aus einer Reihe von hölzernen Pfählen, die in einem Stadtpark aufgestellt war, nicht erhalten werden, sondern langsam verrotten dürfen solle.[414] Die wenigsten Künstler sind sich jedoch so klar über die Art und Weise, wie ihre Werke im Falle des Zerfalls behandelt werden soll. Häufig machen sie sich hierüber keinerlei Gedanken oder halten ihre Intention nicht ausdrücklich für den Eigentümer oder Besitzer bzw. die Nachwelt fest. Insofern kann es sowohl zu Lebzeiten als auch nach dem Tode eines Künstlers aufgrund der unterschiedlichen möglichen Betrachtungsweisen von restauratorischen oder konservatorischen Maßnahmen zu Konflikten zwischen Künstler bzw. dessen Erben, Eigentümer und Restaurator über die Art und Weise, aber auch das „Ob" der Erhaltung kommen.

---

413 *Danicke*, in: art Das Kunstmagazin 11/2011, S. 84 (87).

414 *Beunen*, in: Hummelen/Sillé, S. 222 ff.

4. Die Tätigkeit des Restaurators

Die Tätigkeit des Restaurators widmet sich vor allem der Bestandserhaltung und Pflege von Kunst- und Kulturgut.[415] Die Hauptaufgaben des Restaurators sind daher die Restaurierung und die Konservierung von Werken, je nach dem Zustand des jeweiligen Werkes. Der Restaurator führt aber auch Untersuchungen und Forschungen durch und muss alle Verfahren dokumentieren. Unter Umständen können Restauratoren auch bereits in der Schöpfungsphase wichtige Aufgaben wahrnehmen. Bei seiner Arbeit trägt der Restaurator die Verantwortung für das Kulturgut, gegenüber dem Eigentümer oder Träger, dem Urheber oder Schöpfer aber auch gegenüber der Öffentlichkeit und der Nachwelt.[416] Aufgabe von Restauratoren ist es jedoch nicht schlicht, den ursprünglichen ästhetischen Zustand wieder herzustellen. Vielmehr haben sich seit dem Ende des 19. Jahrhunderts ethische und berufliche Standards herausgebildet, nach denen bei der Erhaltung der Objekte ihre Geschichtlichkeit, ihr Lebenslauf im Vordergrund steht.

Kunstwerke verbleiben die kürzeste Zeit ihres „Lebens" in dem Zustand, in dem sie vom Künstler geschaffen wurden. Schäden an Kunstwerken können unterschiedliche Ursachen wie einen natürlichen Alterungsprozess, eine unsachgerechte Behandlung oder einen Unfall haben. Schädigende Einflüsse sind vor allem fragiles Material, Licht, chemische Schadstoffe, Schmutz, Pflanzen und Tiere, der Gebrauch von Objekten und ihr Transport, Klimawechsel, mutwilliges Einwirken, Wettereinflüsse oder Katastrophen.[417] Zu den restauratorischen Maßnahmen gehören aber auch solche Eingriffe in das Werk, die dessen künftigem Verfall entgegenwirken sollen. Während noch im 19. Jahrhundert meist unbekannte Künstler die Kunst ihrer Kollegen ausbesserten und dabei häufig übermalten, was ihnen nicht gefiel, gelten heute die Grundsätze des Respekts für das Original[418] und seine Geschichte sowie der Grundsatz der Reversibilität[419]

---

415 E.C.C.O. Professional Guidelines I, erarbeitet von der Europäischen Vereinigung der Restauratorenverbände (E.C.C.O.) und verabschiedet von ihrer Mitgliederversammlung Brüssel, 1. März 2002; § 1 Restauratorengesetz Sachsen-Anhalt (ReG LSA); § 1 Restauratorgesetz Mecklenburg-Vorpommern (RG M-V).

416 E.C.C.O. Professional Guidelines I, erarbeitet von der Europäischen Vereinigung der Restauratorenverbände (E.C.C.O.) und verabschiedet von ihrer Mitgliederversammlung Brüssel, 1. März 2002.

417 *Waidacher*, S. 64 ff.

418 Artikel 15 der E.C.C.O. Professional Guidelines II, erarbeitet von der Europäischen Vereinigung der Restauratorenverbände (E.C.C.O.) und verabschiedet von ihrer Mitgliederversammlung Brüssel, 7. März 2003.

419 Artikel 9 der E.C.C.O. Professional Guidelines II, erarbeitet von der Europäischen Vereinigung der Restauratorenverbände (E.C.C.O.) und verabschiedet von ihrer Mitgliederversammlung Brüssel, 7. März 2003.

einer Maßnahme. Endergebnis einer Restaurierung soll nach heutigem Verständnis eine möglichst umfassende Lesbarkeit des Werkes sein.[420] Die Lesbarkeit bezieht sich einerseits auf die Aussagen, die durch ein Objekt intendiert waren, wobei hiervon nicht allein der primäre Anlass erfasst wird, sondern auch sekundäre Nach- und Umdeutungen. Weiter bedeutet Lesbarkeit aber auch, dass der heute vorhandene Zustand aus der Werkgeschichte heraus verständlich bleiben soll. Des Weiteren sind Restauratoren dazu angehalten, keinerlei interpretative Maßnahmen zu treffen, sondern es jedem Betrachter selbst zu ermöglichen, das Werk aus sich heraus zu verstehen. Das Verstehen kann sich dabei wiederum auf unterschiedliche Aspekte, wie materialwissenschaftliche Studien, auf kunstgeschichtliche Schlüsse oder auch schlicht auf die ästhetische Betrachtung beziehen. Der Zugang zu diesen Informationen soll durch den Restaurator nicht verfälscht werden.

Die urheberrechtliche Relevanz von Restaurierungs- und Konservierungsmaßnahmen kann je nach Ausmaß und Intensität der jeweiligen Maßnahme sehr unterschiedlich sein.

a) Vorbeugende Konservierung

Kein urheberrechtliches Konfliktpotenzial haben grundsätzlich rein vorbeugende Konservierungsmaßnahmen. Hierzu gehören solche Maßnahmen, deren Zielsetzung die Erhaltung der Objekte im gegenwärtigen Zustand ist, ohne dass eine direkte Einflussnahme auf das Objekt stattfindet, wie z. B. die Schaffung idealer Umweltbedingungen durch den Schutz vor Temperaturschwankungen. Ebenfalls zur Schadensvorbeugung gehört die Sorge für angemessene Verpackung und Transport eines Kunstwerkes.[421]

b) Behandelnde Konservierung

Ebenfalls begrenztes Konfliktpotenzial bieten sogenannte behandelnde Konservierungsmaßnahmen. Sie dienen der Sicherung des materiellen Bestandes, dem Erhalt des Kunstwerkes in einem stabilen Zustand und der Vorbeugung vor weiteren Substanzverlusten sowie dem Erhalt der Integrität des Objekts (so genannter

---

420 http://www.museumsbund.de/de/das_museum/themen/konservierung_restaurierung/restaurierung/, zuletzt aufgerufen am 14.05.2012.

421 E.C.C.O. Professional Guidelines I, erarbeitet von der Europäischen Vereinigung der Restauratorenverbände (E.C.C.O.) und verabschiedet von ihrer Mitgliederversammlung Brüssel, 1. März 2002.

„state of frozen decay").[422] Konfliktpotential ist allerdings dann gegeben, wenn ein Erhalt gerade nicht der Intention des Urhebers entspricht.[423] Auch dann, wenn schützende Maßnahmen getroffen werden, z. B. die Ausstellung eines Werkes in einer Vitrine, welche ideale Umweltbedingungen garantiert oder Absperrungen und Glasvorkehrungen, die ein Werk vor Beschädigung durch Dritte schützen sollen, können bereits urheberpersönlichkeitsrechtliche Interessen berührt werden.[424]

c) *Restaurierung*

Restaurierungsmaßnahmen bedeuten hingegen einen aktiven Eingriff in die Substanz eines beschädigten oder verfallenen Werkes mit dem Ziel, seine Lesbarkeit so weit wie möglich wieder herzustellen,[425] sich also dem ursprünglichen Zustand des Werkes wieder anzunähern.[426] Hier kann es leicht zu Konflikten zwischen Eigentümer, Künstler und Restaurator mit urheberrechtlicher Relevanz kommen.

d) *Beratung in der Schöpfungsphase*

Eine neuere Erscheinung ist das Tätigwerden des Restaurators bereits in der Schöpfungsphase eines Werkes.[427] Während die Künstler selbst sich häufig zumindest in den frühen Jahren ihrer Karriere weniger für die Haltbarkeit ihrer Werke interessieren, haben Galerien und Sammler ein großes Interesse daran, dass sich Kunstwerke möglichst lange halten. Aber auch die eigene Sorge vieler

---

422 *Waidacher*, S. 84.

423 Siehe hierzu unten, viertes Kapitel, A. V. 8. d).

424 Siehe hierzu vertieft unten, viertes Kapitel, B. II. 3. d) bb) (3).

425 E.C.C.O. Professional Guidelines I, erarbeitet von der Europäischen Vereinigung der Restauratorenverbände (E.C.C.O.) und verabschiedet von ihrer Mitgliederversammlung Brüssel, 1. März 2002.

426 Der Begriff der Restaurierung ist zu unterscheiden vom Begriff der Restauration – ein Gaststättenbetrieb – was häufig verwechselt wird.

427 *Frasco*, S. 63; Unter dem Gesichtspunkt der Mitwirkung in der Schaffensphase ist es denkbar, dass der Restaurator bei seiner Tätigkeit – bewusst oder unbewusst – selbst ein eigenes Bearbeiter-Urheberrecht gem. § 3 UrhG erwirbt. Denn Voraussetzung dafür ist gem. § 3 Abs. 1 UrhG allein, dass es sich bei der Bearbeitung um eine persönliche geistige Schöpfung i. S. d. § 2 Abs. 2 UrhG handelt. Das Entstehen eines solchen Rechts ist allerdings keineswegs die Regel sondern eine in nur wenigen Einzelfällen mögliche Ausnahme. Schließlich ist es gerade nicht Aufgabe und Wunsch des Restaurators, das ihm anvertraute Werk eigenschöpferisch umzugestalten, sondern es lediglich möglichst werkgetreu wieder herzustellen, soweit dies möglich ist, oder es äußerstenfalls im Geiste des Urhebers zu ergänzen. Hierzu vertiefend *Barta/Markiewicz*, GRUR Int 1986, 705 ff.

Künstler um den Erhalt ihrer Werke, wächst häufig, sobald sich ein gesteigertes Interesse von Sammlern und Museen am jeweiligen Künstler entwickelt.[428] Auch die Künstler selbst haben häufig den Wunsch, dass auch ein relativ fragiles Kunstwerk möglichst lange für die Nachwelt erhalten bleibt. So berät beispielsweise *Christian Scheidemann,* der als „Hausarzt zeitgenössischer Kunst" gilt,[429] den Künstler *Dan Colen,* der Bilder aus Kaugummi herstellt, hinsichtlich der Verbesserung seiner Techniken. Denn die Lebensmittelfarben von Kaugummi halten nur wenige Monate, bevor sie ausbleichen. *Scheidemann* führte Experimente und Tests durch und recherchierte, welcher Latex in verschiedenen Kaugummisorten verwendet wird. So fand er beispielsweise heraus, dass man den Lebensmittelfarbstoffen ein Pigment aufziehen kann, was zu einer längeren Haltbarkeit der Farbpigmente führt.[430]

5. Beurteilungsmaßstab für Restaurierungs- und Konservierungsmaßnahmen im Rahmen des § 14 UrhG

Meistens liegt die Restaurierung oder Konservierung von Kunstwerken im Interesse sowohl des Urhebers als auch des Eigentümers. Eine Verletzung des Urheberpersönlichkeitsrechts kommt daher regelmäßig nur dann in Betracht, wenn die Maßnahme misslingt oder wenn der Künstler den Verfallsprozess seines Werkes gewollt hat. Fraglich ist, anhand welchen Maßstabes im Bereich der Restaurierung und Konservierung von Kunstwerken zu messen ist, ob eine Maßnahme das Verbietungsrecht des § 14 UrhG begründet oder nicht.

a) Maßstab des BGH

Der BGH stellt bei der Beurteilung der Frage, ob eine Beeinträchtigung i. S. d. § 14 UrhG vorliegt – wie bereits festgestellt – auf das Durchschnittsurteil des für Kunst empfänglichen und mit Kunstdingen einigermaßen vertrauten Menschen ab.[431] Dies birgt allerdings die Gefahr, dass der bzw. die entscheidenden Richter sich zu Unrecht zu diesem Personenkreis zählen. Die Frage, ob eine Beeinträchti-

---

428 *Williams*, Conserving Latex and Liverwurst: An Interview with Christian Scheidemann, abgedruckt in Cabinet Magazine, http://www.cabinetmagazine.org/issues/2/latexandliverwurst.php, zuletzt aufgerufen am 11.03.2012.

429 Interview mit *Christian Scheidemann*, in: Süddeutsche Zeitung vom 16.10.2010; *Mead*, in: The New Yorker vom 11.05.2009; *Zeitz*, in: F.A.Z. vom 16.04.2007, abrufbar unter http://www.faz.net/s/RubBC09F7BF72A2405A96718ECBFB68FBFE/Doc~E47C5A1F251F740C1A1FCBBF4C6D1A383~ATpl~Ecommon~Scontent.html, zuletzt aufgerufen am 11.03.2012.

430 Interview mit *Christian Scheidemann*, in: Süddeutsche Zeitung vom 16.10.2010.

431 BGH GRUR 1982, 107 (110) – *Kirchen-Innenraumgestaltung*.

gung des Werkes vorliegt, kann im Bereich der Restaurierung und Konservierung zeitgenössischer Kunst komplexe kunstwissenschaftliche Fragen betreffen und unter Umständen eine umfassende Beschäftigung mit dem Künstler und seinem Werk erfordern, um die Vielschichtigkeit des Werkes und damit auch die Intensität des Eingriffs richtig einschätzen zu können.[432] Eine angemessene Abwägung der Interessen durch den Richter bei der Frage, ob eine Verletzung des § 14 UrhG vorliegt, kann nur vorgenommen werden, wenn er die einzelnen Interessen versteht und richtig gewichten kann.

b) Heranziehung von Kunstsachverständigen

Zu Recht nimmt der *BGH* an, dass die Einholung von Sachverständigengutachten notwendig sei, soweit das Gericht nicht über die erforderliche eigene Sachkunde verfüge.[433] Das Gericht kann also die Frage, ob eine Restaurierungsmaßnahme unsachgerecht vorgenommen wurde, mithilfe von Sachverständigen mit restaurierungs- und kunstwissenschaftlicher Expertise beantworten. So ist es zu befürworten, dass Gerichte bei den komplexen Fragen wie der Schöpfungshöhe und dem Grad der Beeinträchtigung eines urheberrechtlich geschützten Werkes umfangreiche sachverhaltliche Klärungen vornehmen, da diese Fragen regelmäßig kunstspezifisches Fachwissen verlangen.[434] Zu den für die Schöpfungshöhe maßgeblichen Sachverhaltsprämissen zählen sowohl der künstlerische Rang des Kunstwerkes als auch dessen künstlerischer Charakter und seine schöpferische Einzigartigkeit.[435] Allerdings kann auch ein Gutachter nur diejenigen Tatsachen liefern, auf deren Grundlage letztlich der Richter den Sachverhalt rechtlich würdigen muss.[436] Darüber hinaus wird auch erwartet werden können, dass ein Richter, der in urheberrechtlichen Kunstprozessen entscheidet, mit der Materie so weit vertraut ist, dass er die vom Gutachter gelieferten Tatsachen rechtlich erfassen und bewerten kann. Selbst wenn also ein Gutachter eine Maßnahme als unsachgemäß bewertet, muss der Richter immer noch selbst entscheiden, ob dies letztendlich zu einer Entstellung oder anderen Beeinträchtigung i. S. d. § 14 UrhG geführt hat, ob berechtigte Interessen des Urhebers gefährdet wurden und ob die Interessen des Urhebers oder die des Eingreifenden überwiegen. Denn wird eine Maßnahme in der Restaurierungspraxis als unsachgemäß betrachtet, heißt dies

432 Zur Kritik an einer Entscheidung durch die Richter ohne entsprechende Sachverständigengutachten im Fall „*Stuttgart 21*" auch *Elmenhorst/Gräfin von Brühl*, GRUR 2012, 126 (128).

433 BGH GRUR 2005, 136 (138) – *Pressefotos*; BGH GRUR 2008, 984 (986) – *St. Gottfried.*

434 So auch *Elmenhorst/Gräfin von Brühl*, GRUR 2012, 126 (128).

435 *Elmenhorst/Gräfin von Brühl*, GRUR 2012, 126 (128).

436 So auch *Lynen*, S. 67.

nicht automatisch, dass damit auch ein Verbietungsrecht des Urhebers gem. § 14 UrhG einhergeht.

c) „Der Künstler hat immer Recht"

Nach dem Motto „Der Künstler hat immer Recht" verfährt der Restaurator *Christian Scheidemann*.[437] Dieser Ansatz kann zwar vom Restaurator verfolgt werden, bietet jedoch keine Hilfe für eine rechtliche Lösung von Konflikten, sondern allein zu deren Vermeidung. Die Devise *Scheidemanns* ist nicht nur hinsichtlich der zur Anwendung gebrachten künstlerischen Techniken und Materialien sinnvoll, sondern ermöglicht auch eine höchstmögliche Authentizität und Originalität durch die Berücksichtigung der Absichten des Künstlers.[438] Ebenso dient sie der Vorbeugung späterer Differenzen über eine mögliche Entstellung i. S. d. § 14 UrhG. Im Gegensatz zum Restaurator, der einen Auftrag ablehnen kann, wenn aus seiner Sicht die Intentionen des Urhebers nicht mit den Wünschen des Eigentümers hinsichtlich der vorzunehmenden Maßnahme in Einklang zu bringen sind, muss sich das Urheberrecht zu einem solchen Interessenkonflikt positionieren und darf dem Urheber hier aufgrund der nach § 14 UrhG erforderlichen Interessenabwägung nicht ohne weiteres den Vorrang einräumen.

Auch einige Kunstsammler wie *Christian Boros* verfahren nach der gleichen Devise wie *Scheidemann*. Im Boros-Bunker in Berlin wurden alle Werke fast ausschließlich von den Künstlern selbst installiert[439] und der Eigentümer *Boros* steht in engem Kontakt zu allen Künstlern, so dass diese bzw. deren Ateliers in Schadensfällen mit einbezogen werden können. Ein solches Vorgehen ist den meisten Eigentümern zeitgenössischer Kunst jedoch schon aus praktischen Gründen nicht möglich. So können Künstler über die ganze Welt verteilt leben oder bereits verstorben sein. In jedem Fall stellte die Pflicht zur Kontaktaufnahme für den Eigentümer vor jeder einzelnen zu treffenden Maßnahme eine erhebliche Belastung dar. Im Übrigen können auch Eigentümer und Besitzer berechtigte Interessen daran haben, eine Maßnahme auch gegen den Willen eines Künstlers durchführen zu lassen.

---

437 *Zeitz*, in: F.A.Z. vom 16.04.2007, abrufbar unter http://www.faz.net/artikel/C31680/portraet-der-kunstfluesterer-30013875.html, zuletzt aufgerufen am 11.03.2012.

438 *Häret*, DS 2008, 169 (172).

439 *Thon*, in: art Das Kunstmagazin vom 07.04.2008, abrufbar unter http://www.art-magazin.de/szene/5381.html, zuletzt aufgerufen am 11.03.2012.

d) Die Bestimmungen der Richtlinien für Restauratoren

Eine Anzahl von Richtlinien und internationalen Chartas, die für die Tätigkeit von Restauratoren entwickelt wurden und den Wandel moralischer und ethischer Vorstellungen im Bereich der Restaurierungswissenschaft widerspiegeln, können ebenfalls dabei helfen, festzustellen, ob eine Maßnahme sachgerecht durchgeführt wurde und eine Beeinträchtigung des Werkes, welche die berechtigten Interessen des Urhebers gefährdet, demnach ausscheidet.

aa) Die Charta von Athen

Die Charta von Athen resultierte aus einer Fachtagung des Internationalen Museumsamtes des Völkerbundes, die 1931 in Athen stattfand. Sie sah erstmals länderübergreifende Prinzipien und Richtlinien für den Umgang mit Denkmälern und archäologischen Funden vor, die als Empfehlungen dienen sollten.[440] Im Mittelpunkt der Diskussion stand hier die Erörterung des Verhältnisses zwischen Rekonstruktion und Konservierung in der Denkmalpflege und der Archäologie.[441] Gefördert werden sollten künftig die Veröffentlichung von Informationen, von nationalen Denkmalschutzgesetzen sowie von allgemeinen Grundsätzen und Theorien, welche sich auf den Schutz von Denkmälern beziehen sollten. Die Charta von Athen stellt letztlich das Ergebnis der Konferenz in Form von Empfehlungen und Absichtserklärungen dar. So enthält die Charta unter anderem die Empfehlung, dass im Rahmen einer Restaurierung das historische und künstlerische Werk der Vergangenheit zu respektieren sei, ohne dass der Stil irgendeiner Epoche fortgeschrieben werden solle. Im Rahmen der Tagung wurde zudem erstmals die Grundhaltung einstimmig formuliert, die „das Recht der Allgemeinheit vor das private Interesse stellt".[442]

bb) Die Charta von Venedig

Die Charta von Venedig[443] stammt aus dem Jahr 1964 und gilt als zentrale und bis heute international anerkannte Richtlinie in der Denkmalpflege. Sie sollte dazu dienen, die Charta von Athen auf den Prüfstand zu stellen. Sie legt zentrale Werte und Vorgehensweise bei der Konservierung und Restaurierung von Denk-

---

440 *Janis*, in: Die Kunst zu bewahren, S. 35 (38); *Janis*, S. 151.

441 *Janis*, S. 151 f.

442 *Janis*, in: Die Kunst zu bewahren, S. 35 (38).

443 Abrufbar unter http://www.ghb-online.de/denkmalschutz/charta-von-venedig.html, zuletzt aufgerufen am 11.03.2012.

malen fest.[444] Nach Artikel 3 sollen beispielsweise Erhaltung und Restaurierung genauso auf die Bewahrung des Kunstwertes hinzielen wie auf die Bewahrung des geschichtlichen Zeugnisses. Artikel 6 sieht vor, dass die Erhaltung eines Denkmals auch die Erhaltung seiner Umgebung und die des Maßstabs mit zu umfassen hat. Wenn eine traditionelle Umgebung vorhanden sei, müsse sie erhalten werden und jede neue Baumaßnahme, jeder Abbruch, jede Umgestaltung, die dazu führen könne, die Maßverhältnisse oder etwa das Zusammenwirken der Farben zu stören, sei zu verbieten. Nach Artikel 7 sei auch eine Verschiebung des ganzen Denkmals oder eines Teiles desselben nur zu dulden, wenn die Erhaltung des Denkmals dies unbedingt erfordere oder bedeutende nationale sowie internationale Interessen dies rechtfertigten. Auch die Charta von Venedig sieht in Artikel 9 vor, dass bei der Restaurierung von Werken die ästhetischen und historischen Werte zu erhalten und aufzudecken seien. Die Restaurierung habe sich auf die Respektierung des alten Originalbestands und auf authentische Urkunden zu gründen und dort ihre Grenze zu finden, wo die Hypothese beginne.

Obwohl die Charta für den Bereich der Denkmalpflege konzipiert wurde, lassen sich aus ihr aufgrund der weit gefassten Definitionen auch entsprechende Prinzipien für den Umgang mit beweglichen Kunstwerken ableiten und anwenden.[445]

cc) Die ICOM – Definition des Berufes des Konservator-Restaurators

Die Definition des Berufes des Konservator-Restaurators des International Council of Museums (ICOM) ist das Ergebnis ausführlicher Debatten, die auf dem ICOM-Kongress 1984 in Kopenhagen zu ihrem Ende kamen.[446] Die Definition enthält grundlegende Ziele, Prinzipien und Anforderungen, die an den Restauratorenberuf gestellt werden. Die Begriffe „Konservierung" und „Restaurierung" werden hier definiert. Die ICOM-Definition enthält unter Anderem wesentliche Maßgaben für die Verantwortung und fachliche Kompetenz von Restauratoren. So müsse ein Restaurator nach Artikel 3.4 in der Lage sein, mit Feingefühl die historischen, stilistischen, ikonographischen, technologischen, intellektuellen und ästhetischen Werte und/oder geistigen Botschaften der Werke zu erkennen. Auch für die Konservierung und Restaurierung enthält die Definition Maßgaben. Nach Artikel 2.2 werde die restauratorische Tätigkeit ausgeführt, um ein verfallendes oder beschädigtes Kunsterzeugnis bei minimalem Verlust der ästhetischen und historischen Vollständigkeit verstehbar zu machen.

---

444 *Janis*, in: Die Kunst zu bewahren, S. 35 (39).

445 *Janis*, S. 158.

446 *Janis*, in: Die Kunst zu bewahren, S. 35 (39).

dd) Die E.C.C.O.-Berufsrichtlinien Professional Guidelines

Im Oktober 1991 wurde in Brüssel die Europäische Vereinigung der Restauratorenverbände (European Confederation of Conservator-Restorers' Organisations (E.C.C.O.)) gegründet. Anschließend wurden 1993 und 1994 in Brüssel die E.C.C.O. – Berufsrichtlinien verabschiedet. Diese wurden von allen E.C.C.O. – Mitgliedsverbänden anerkannt und sind außerdem für die gesamte Berufsgruppe verbindlich.[447] So hat sich beispielsweise der „Verband der Restauratoren" (VDR e.V.), der 2001 aus den sieben deutschen Restauratorenverbänden hervorgegangen ist, in der Präambel seiner Satzung ausdrücklich zu den Grundsätzen und Zielen der E.C.C.O. bekannt. Jedes Mitglied, das in den Verband eintritt, muss dessen Berufsrichtlinien und den Standeskodex als verbindliche Maximen seines Handelns anerkennen. Die Berufsrichtlinien lassen sich in drei Teile gliedern. Der erste Teil befasst sich mit dem Beruf des Restaurators, seiner Verantwortung und seinen Aufgaben. Der zweite Teil formuliert den Standeskodex mit Normen, Geboten und Verboten für das restauratorische Handeln. Der dritte Teil enthält Ziele und Richtlinien für die Ausbildung von Restauratoren. Laut Artikel 5 der Berufsrichtlinien der E.C.C.O. von 1993/94 ist das oberste Gebot der Konservierung und Restaurierung der Respekt vor der ästhetischen und historischen Bedeutung des Kulturgutes und die Wahrung seiner materiellen Unversehrtheit. Sollte eine Restaurierung erforderlich sein, so solle ein unmittelbares Tätigwerden am Objekt darauf abzielen, eine bessere Lesbarkeit des Objektes herzustellen. Die bei der Restaurierung verwendeten Materialien sollen dem Objekt, aber auch der Umwelt und den Menschen nicht schaden und möglichst leicht wieder entfernbar sein, was dem Grundsatz der Reversibilität Rechnung tragen soll. Die E.C.C.O.-Papiere werden derzeit als wichtigste Referenz für restaurierungsethische Entscheidungen in Europa angesehen.[448]

ee) Zusammenfassung

Die genannten Richtlinien betreffen in erster Linie das Vorgehen des Restaurators vor und während der Maßnahme. Es handelt sich dabei nicht um rechtlich verbindliche Richtlinien mit Außenwirkung gegenüber dem Urheber im Sinne von staatlichen Gesetzen, sondern lediglich um Selbstverpflichtungen. Bei der Frage, ob Rechte des Urhebers aus § 14 UrhG greifen, kommt es dagegen auf eine Betrachtung aus dem Blickwinkel des Urhebers an, also darauf, ob ein Restaurator auch diesem gegenüber unmittelbar verpflichtet ist. Allerdings lassen sich

447 *Janis*, in: Die Kunst zu bewahren, S. 35 (39).

448 *Janis*, S. 173.

auch aus den angewandten Ethiken und Richtlinien gültige Grundsätze für das Urteilen und Handeln der im Berufsfeld der Restaurierung arbeitenden Personen formulieren, die eine allgemeingültige und verbindliche Relevanz haben.[449] So können sie als Ausdruck einer gefestigten Verkehrssitte betrachtet werden.[450] Denn da es sich bei den aufgezählten Dokumenten um den ausgehandelten und vereinbarten Konsens aller Beteiligten handelt, bilden sie die Richtschnur für allgemein anerkanntes, akzeptiertes, moralisches Handeln auf dem Gebiet der Restaurierung. Verstöße gegen einzelne Richtlinien können letztlich zu einem Ausschluss von Mitgliedern aus dem jeweiligen Berufsverband führen. Was für den Restaurator aufgrund eines breiten Konsenses der maßgeblichen Beteiligten Personen aus Wissenschaft und Praxis als verbindlich betrachtet wird, muss auch aus Sicht des Richters, der im Streitfall über die jeweilige Maßnahme zu urteilen hat, eine gewisse verbindliche Wirkung haben. Denn was aus Sicht der Restaurierungswissenschaft als richtig oder noch vertretbar betrachtet wird, kann nicht rechtlich verboten sein oder letztlich dazu führen, dass der Urheber gegen den Restaurator oder seinen Auftraggeber Ansprüche geltend machen kann. Auch nach *Janis* sollte eine kritische Auswertung von Restaurierungsverfahren sich explizit an restaurierungsethischen Normen und Standards orientieren und diese zum Maßstab einer Beurteilung machen.[451]

Problematisch ist für den Restaurator, dass er letztlich die Aufgabe eines „Anwalts der Kulturgüter" hat. Gleichzeitig ist er aber auch dem Auftraggeber und dem Urheber gegenüber verantwortlich. Diese können divergierende Interessen haben. Der Restaurator gerät bei seiner Entscheidungsfindung im Hinblick auf eine vorzunehmende Maßnahme in eine einem Richter vergleichbare Rolle, da er zwischen einander widersprechenden Interessen und Möglichkeiten entscheiden und einen Kompromiss finden muss.[452] Ebenso wie ein Richter muss sich der Restaurator in jedem neuen Streitfall in dessen „unverwechselbare Eigentümlichkeit" einarbeiten und einfühlen.[453] Nach *Janis* sind Restauratoren aber angehalten, ihre Fähigkeiten einzig und allein in den Dienst des Kulturgutes zu stellen und notfalls sogar den Vertrag mit dem Auftraggeber zu kündigen bzw. die Tätigkeit aufzugeben.[454] Aber auch die unterschiedlichen Prinzipien restauratorischen Handelns können im Einzelfall zu Konflikten führen. So kann der Grundsatz der Achtung der Integrität des Kunstwerkes bei stark beschädigten

449 *Janis*, S. 117.
450 *Schack*, Rn. 472.
451 *Janis*, S. 129.
452 *Janis*, S. 124.
453 *Janis*, S. 124.
454 *Janis*, 120.

Objekten mit dem Prinzip der Bewahrung bzw. Wiederherstellung oder Verbesserung seiner Lesbarkeit kollidieren. Einerseits soll hier der authentische Zustand des so vorgefundenen Objektes bewahrt werden, andererseits beeinträchtigt der Zustand des Werkes möglicherweise dessen künstlerische bzw. kulturhistorische Aussage.[455] Hier muss der Restaurator einen Kompromiss finden.

Die Entscheidung des Restaurators sollte unterschiedlich ausfallen, je nachdem, ob noch ein urheberrechtlicher Schutz an dem Werk besteht oder nicht. Denn solange zumindest die Erben eines Urhebers noch Ansprüche geltend machen können, müssen die Interessen des Urhebers nicht nur aus ethischer Sicht, sondern auch aus urheberrechtlicher Sicht stärkere Berücksichtigung finden als bei Werken, bei denen die Schutzfrist bereits abgelaufen ist. Schließlich ist im Hinterkopf zu behalten, dass sich die Richtlinien für Konservatoren und Restauratoren aus dem Denkmalschutz entwickelt haben. Dieser wird in erster Linie im Interesse der Allgemeinheit an der Erhaltung von Kulturgütern betrieben. Die Interessen des Urhebers waren hier weitestgehend nicht (mehr) zu berücksichtigen. Geht es hingegen um Maßnahmen an Werken der zeitgenössischen Kunst, so ist zu beachten, dass diese im Normalfall noch nicht gemeinfrei geworden und damit nicht Allgemeingut sind. Bis zum Ablauf der urheberrechtlichen Schutzfrist müssen daher die Interessen des Urhebers gegenüber ethisch-moralischen Grundsätzen – sollten sich beide widersprechend gegenüber stehen – als vorrangig betrachtet werden.

e) Berücksichtigung des „Decision-Making Model for the Conservation and Restoration of Modern and Contemporary Art“ im Rahmen der Interessenabwägung des § 14 UrhG

Die Komplexität der Probleme, welche die Restaurierung und Konservierung von zeitgenössischer Kunst mit sich bringt, hat dazu geführt, dass das Niederländische Institut für kulturelles Erbe ein Modell entwickelt hat, das bei der Entscheidungsfindung hinsichtlich des „Ob“ und „Wie“ von Maßnahmen helfen soll.[456] Bei dem „Decision-Making Model for the Conservation and Restoration of Modern and Contemporary Art“ handelt es sich zwar um ein Modell, welches grundsätzlich lediglich Restauratoren als Hilfe bei ihrer Arbeit dienen soll und ebenfalls keine rechtlich verbindlichen Regelungen enthält, jedoch können hieraus auch für die rechtliche Bewertung Schlüsse gezogen werden, die bei der Beurteilung der Frage, ob eine Entstellung oder andere Beeinträchtigung i. S. d. § 14 UrhG vorliegt, helfen und hierdurch mittelbar zu einer gewissen Verbind-

455 *Janis*, S. 138.

456 Decision-Making Model, S. 1 f.

lichkeit führen können. Zudem kann das Modell dabei helfen, den Juristen für die Vielschichtigkeit der restauratorischen Arbeit zu sensibilisieren und die Probleme zu verdeutlichen, die sich im Zusammenhang mit Eingriffen in Werke der zeitgenössischen Kunst ergeben.

Das Modell bietet keine absolut richtigen oder falschen Antworten. So kann die Frage, ob eine restauratorische Maßnahme eine Beeinträchtigung des Werkes darstellt, sowohl aus der Sicht des Urhebers (oder seiner Rechtsnachfolger) als auch aus der Sicht von Kunstkritikern oder Kunstwissenschaftlern, der Sicht des Auftraggebers, also des Eigentümers oder Besitzers des Werkes, oder aber aus der Sicht des Restaurators betrachtet werden. Die Antworten werden wohl selten übereinstimmen. Versteht der Jurist, der über Ansprüche des Urhebers entscheiden und die Interessenabwägung vornehmen muss, aber die einzelnen Überlegungsschritte und Aspekte, die der Restaurator bei seiner Tätigkeit berücksichtigt, so wird ihm eine Abwägung der Interessen jedenfalls leichter fallen, da ihm vor Augen geführt wird, in welcher Weise die Aussage eines Werkes verfälscht werden kann. Das Modell erweitert das Bewusstsein und die Sensibilität für die Wichtigkeit unterschiedlicher Aspekte eines Werkes.

Im Folgenden werden einige Teile des Modells dargestellt, die auch im Rahmen der rechtlichen Bewertung von restauratorischen Eingriffen Berücksichtigung finden können. Diese Teile sind insbesondere für die Frage der Schöpfungshöhe eines Werkes, aber auch für die Frage der Intensität einer streitgegenständlichen Maßnahme relevant.

aa) Bestimmung des Ist-Zustands des Kunstwerks vor der Maßnahme

Zunächst sieht das Modell die genaue Feststellung des Zustands des Werkes vor der streitgegenständlichen Maßnahme vor. Dies betrifft nicht nur die Betrachtung des äußeren Erscheinungsbildes, sondern erfordert unter Umständen auch die Vornahme wissenschaftlicher (biologischer, chemischer oder physikalischer) Tests zur Bestimmung der Art und Weise der Alterung von enthaltenen Materialien.

bb) Ermittlung der Bedeutung und der Aussage des Werkes

Wichtiges Kriterium für die Frage, ob und wie ein Werk restauriert werden darf, ist laut Modell die Aussage und Bedeutung des Kunstwerkes. Diese kann anhand der Beantwortung verschiedener Fragen ermittelt werden.[457] Die Aus-

457 Decision-Making Model, S. 7.

sage eines Werkes kann allerdings vielschichtig sein und ist häufig nicht eindeutig zu bestimmen. So kann man einerseits von der Aussage sprechen, die der Künstler selbst übermitteln will. Andererseits lässt sich dem Werk auch durch einen Kontext zu seiner Kritik durch andere oder durch einen Kontext zu einer Gruppe, einem Stil oder einer Zeit, der das Werk zuzuordnen ist, eine Aussage entnehmen. Ebenso kann ein bestimmter Ort die Aussage eines Werkes beeinflussen, so beispielsweise wenn das Werk einer bestimmten Sammlung angehört, aus einem bestimmten Land stammt oder es sich um „site specific art", also ortsgebundene Kunst handelt. Zudem kann sie aus einem bestimmten Ereignis herrühren, was ebenfalls Teil der Aussage eines Werkes sein kann. Darüber hinaus haben die Wahl des Materials und die Arbeitsmethode Konsequenzen für die Bedeutung und Aussage eines Kunstwerkes. Zu guter Letzt gibt es ideologische, nämlich politische, philosophische und religiöse Bedeutungsschichten, die bei der Bestimmung der Aussage eines Werkes Berücksichtigung finden können.[458] Bei Werken der zeitgenössischen Kunst kommt bei der Überlegung, ob und wie restauriert werden darf, insbesondere dem Material und den dem Werk zugrunde liegenden Arbeitsmethoden gesteigerte Bedeutung zu.

Zur Ermittlung der Aussage ist also zunächst zu fragen, was Gegenstand oder Thema des Werkes ist. Dies kann möglicherweise vom Titel abgeleitet werden. Weiter stellt sich die Frage, wie wichtig das wahrnehmbare Erscheinungsbild des Werkes für seine Aussage ist und zwar nicht nur rein visuell, sondern unter Umständen auch auditiv, kinetisch etc. Darüber hinaus muss überlegt werden, wie wichtig die verwendeten Materialien und die Art und Weise des Herstellungsprozesses für die Aussage des Werkes sind. Ebenfalls ist zu berücksichtigen, worin die besondere Ausdruckskraft des Werkes liegt und welche anderen wichtigen Assoziationen es weckt.

cc) Diskrepanz zwischen Aussage des Werkes und Ist-Zustand des Werkes vor der Maßnahme

Im nächsten Schritt sieht das Modell vor, zu ermitteln, ob zwischen dem aktuellen Ist-Zustand und der eigentlichen Bedeutung des Werkes eine Diskrepanz besteht. Zu fragen ist demnach, ob die Aussage des Werkes durch Alterung, Beschädigung oder Zerfall verändert wird bzw. bereits verändert wurde, so dass eine restauratorische Intervention erwägt werden muss, um die ursprüngliche oder gewollte Aussage wieder herzustellen.

458 Decision-Making Model, S. 7.

(1) Ästhetische und künstlerische Faktoren

Die Antwort auf diese Frage hängt insbesondere von ästhetischen und künstlerischen Faktoren ab. So ist bei der Bestimmung einer möglichen Diskrepanz zwischen dem physikalischen Ist-Zustand eines Werkes und seiner Aussage zunächst zu fragen, ob die Alterung, der Schaden oder der Zerfall den Gegenstand oder das Thema des Werkes beeinflussen. Dies hängt auch davon ab, auf welche Gegenstände und Themen sich das Werk überhaupt bezieht und ob es Assoziationen weckt oder Reaktionen hervorruft, die wichtig für seine Aussage sind. Weiter muss man sich die Frage stellen, wie gravierend die Veränderungen durch Alterung, Beschädigung oder Zerfall in der wahrnehmbaren Erscheinungsform des Werks sind und wie wichtig diese wahrnehmbare Erscheinungsform für die Aussage des Werkes ist. Es muss festgestellt werden, ob sich die Bedeutung und Aussage der verwendeten Materialien als Ergebnis ihrer Alterung, Beschädigung oder des Zerfalls verändern. Hierfür ist es von Bedeutung, welche Wichtigkeit die unterschiedlichen verwendeten Materialien für die Aussage des Werkes haben, und welche Wichtigkeit diese Materialien im Hinblick auf einen etwaigen kultur-historischen Kontext haben, welche Materialien andere Zeitgenossen des Künstlers verwendet haben und welche Materialien im übrigen Œuvre des Künstlers verwendet wurden. Außerdem muss festgestellt werden, ob eventuell eine Beeinträchtigung der besonderen Ausdruckskraft des Werkes als Ergebnis der Alterung, Beschädigung oder des Zerfalls anzunehmen ist.

(2) Authentizität

Weiterer Faktor für die Ermittlung des Vorliegens einer Diskrepanz ist die Authentizität des Werkes. Hier stellt sich die Frage, welche Bedeutung die Abweichung vom ursprünglichen Erscheinungsbild des Werkes durch Alterung, Beschädigung und Zerfall für seine Aussage hat. Dies hängt natürlich davon ab, wie wichtig das Erscheinungsbild überhaupt für die Aussage des Werkes ist. Auch der Herstellungsprozess kann für die Aussage des Werkes von Bedeutung sein, wobei es erheblich ist, ob es sich um ein Unikat oder ein Serien- oder Auflagenwerk handelt. Außerdem muss ermittelt werden, wie wichtig die „Hand des Künstlers“ in der Herstellung des Werkes war und ob das Werk Teile aufweist, die von Dritten gemacht wurden und wenn ja, welche Bedeutung diese Teile für das Werk haben. Dann ist zu fragen, in welchem Verhältnis die Alterung, die Beschädigung oder der Zerfall zu der Wichtigkeit der ursprünglichen, originalen Schöpfung für die Aussage des Werkes stehen und ob das Werk Teile aufweist, deren Originalität weniger wichtig für die Aussage sind und daher regelmäßig ohne Probleme ausgetauscht werden können. Zuletzt soll untersucht werden, ob es weitere Argumente gibt, die dafür oder dagegen sprechen, dass das Werk oder Teile davon ersetzt werden können.

(3) Historizität

Weiteres Kriterium für die Ermittlung einer Diskrepanz ist die Historizität, die Geschichtlichkeit des Werkes, also sein Lebenslauf. Hier stellt sich die Frage, ob Spuren der Alterung am Werk vorhanden sind, die zur Aussage und Bedeutung des Werkes beitragen und zu welchem Grad die Alterung und der Verfall Teil des Kunstwerkes sind.

(4) Funktionalität

Zu guter Letzt spielt das Kriterium der Funktionalität (insbesondere beispielsweise bei Medienkunst) eine Rolle. Hier stellt sich die Frage, ob Alterung, Beschädigung oder Verfall die Funktionalität des Werkes (falls es eine solche aufweist) auf eine Art und Weise beeinträchtigen, welche für die Aussage des Werkes von Bedeutung ist.

(5) Gesamtwertung

Die vorgenannten Kriterien sind insgesamt zu betrachten und es ist abzuwägen und zu bewerten, ob die Aussage des Kunstwerkes sich als Ergebnis der Alterung, der Beschädigung oder des Verfalls so stark verändert hat, dass eine restauratorische Intervention notwendig ist/war. Kommt man im Ergebnis dazu, dass eine Diskrepanz zwischen dem Ist-Zustand des Werkes und seiner eigentlich gewollten Aussage besteht, müssen alle technisch möglichen Optionen für eine Maßnahme betrachtet werden.

dd) Entscheidung für oder gegen eine bestimmte Restaurierungsmaßnahme

Bestehen verschiedene oder auch nur eine Option, Maßnahmen am Werk vorzunehmen, müssen die Konsequenzen und Risiken einer solchen Maßnahme auf die Aussage und Bedeutung des Werkes beleuchtet und herausgearbeitet werden. Zentrale Frage ist hier, inwiefern sich die Aussage des Werkes durch die jeweilige Restaurierungsmaßnahme verändern wird bzw. bei einer bereits vorgenommenen Maßnahme verändert hat. Hierbei spielen wiederum folgende Faktoren eine Rolle:[459]

459 Decision-Making Model, S. 11 ff.

(1) Ästhetische und künstlerische Faktoren

Es muss ermittelt werden, ob der Gegenstand oder das Thema des Werkes durch die betreffende Maßnahme beeinflusst werden. Hierfür muss betrachtet werden, auf welche Themen und Gegenstände sich das Werk ausdrücklich bezieht und welche anderen Assoziationen und Reaktionen es hervorruft, die wichtig für die Bedeutung des Werkes sind. Weiter ist zu fragen, welche Auswirkungen die Veränderungen der wahrnehmbaren Erscheinungsform des Werkes als Folge der betreffenden Maßnahme für die Aussage des Werkes haben (werden). Zudem ist zu begutachten, ob die Aussage oder Bedeutung der verwendeten Materialien aufgrund der möglichen Maßnahme verändert wird. Hierfür muss wiederum geklärt werden, wie wichtig die unterschiedlichen verwendeten Materialien für die Aussage des Werkes sind und welche Bedeutung diese Materialien im Verhältnis zum Kontext haben, z.B. welche Materialien der betreffende Künstler im Rest seines Œuvre verwendete. Weiter ist zu hinterfragen, welche Bedeutung die wahrnehmbare Erscheinungsform überhaupt für die Aussage des Werkes hat. Fraglich ist auch ob und auf welche Weise die Ausdruckskraft des Werkes durch die betreffende Maßnahme berührt wird. Hierfür muss betrachtet werden, was diese Ausdruckskraft überhaupt ausmacht.

(2) Authentizität

Weiterer Faktor ist auch bei der Frage des „Ob“ und des „Wie“ einer Maßnahme wieder die Authentizität des Werkes. Fraglich ist hier, wie sich ein Eingriff durch die betreffende Maßnahme in die ursprüngliche Erscheinungsform des Werkes auf seine Aussage und Bedeutung auswirken würde. Auch hier muss wieder bewertet werden, wie wichtig die wahrnehmbare Erscheinungsform des Werkes für seine Aussage ist. Zu fragen ist weiter, ob die Maßnahme Auswirkungen auf Spuren des Herstellungsprozesses hat, so dass die Aussage und Bedeutung des Werkes verändert würde. Hierzu muss überlegt werden, wie wichtig der Herstellungsprozess und innerhalb dessen die „Hand des Künstlers“ für die Aussage und Bedeutung des Werkes ist. Auch hier ist wieder von Bedeutung, ob es sich um ein Unikatwerk oder ein Serienwerk handelt und ob das Werk Teile aufweist, die von Dritten geschaffen wurden und welche Bedeutung diese Teile ggf. im Gesamtwerk haben. Es ist zudem zu fragen, ob die Maßnahme solche Auswirkungen auf die ursprüngliche, originale Schöpfung bzw. auf deren Substanz haben wird, dass die Aussage und Bedeutung des Werkes verändert wird. Hier ist wiederum fraglich, ob das Werk Teile aufweist, bei denen die Originalität nicht bedeutend für seine Aussage ist und welche daher regelmäßig ohne Probleme ausgetauscht werden können. Es muss auch an dieser Stelle untersucht werden, ob Argumente vorgebracht werden können, die für oder gegen einen Ersatz des Werkes oder eines Teils davon sprechen.

(3) Historizität

Hinsichtlich des Faktors der Historizität des Werkes stellt sich die Frage, ob die streitgegenständliche Maßnahme Spuren der Alterung bzw. des Verfalls des Werkes betreffen wird und ob dies die Aussage und Bedeutung des Werkes beeinflussen könnte. Weiter stellt sich die Frage, ob die vorgeschlagene Maßnahme andere Spuren der Alterung beseitigen wird, die zwar nicht aus künstlerischen, möglicherweise aber aus historischen Gründen erhalten werden sollten.

(4) Funktionalität

Hinsichtlich des Faktors der Funktionalität stellt sich wieder die Frage, ob die vorgeschlagene Maßnahme eine etwaige Funktionalität des Werkes in einer Weise beeinträchtigen wird, die sich in irgendeiner Weise auf dessen Aussage und Bedeutung auswirken könnte.

(5) Relative Bedeutung des Kunstwerkes

Ein weiterer Faktor zur Ermittlung, ob die geplante Maßnahme die Aussage und Bedeutung des Werkes beeinträchtigt, ist die relative Bedeutung des Kunstwerkes. Bei der Entscheidung über die Maßnahme muss die Frage gestellt werden, welche Rolle das Werk im Hinblick auf das Œuvre des Künstlers, auf die künstlerische Bewegung, die Museumssammlung oder die nationale Sammlung spielt. Dies kann unter anderem davon abhängen, ob es sich um ein Unikat oder um ein Serien- oder Auflagenwerk handelt.

(6) Ethik-Grundsätze

Zudem sind auch ethische Grundsätze der Restaurierung zu berücksichtigen. Insgesamt muss gefragt werden, ob die Integrität des Werkes nach Vornahme der Maßnahme noch hinreichend gewährleistet ist; ob die vorangegangenen Aspekte auf Basis der vorhandenen Informationen hinreichend beantwortet werden konnten, um die betreffende Maßnahme befürworten zu können; ob der Eingriff reversibel ist. Falls all dies nicht der Fall ist, stellt sich die Frage, ob es entscheidende Gründe gibt, die dennoch für die Maßnahme sprechen.

(7) Gesamtwertung

Auch bei der Abwägung der unterschiedlichen Maßnahmenoptionen gibt es nicht immer eine eindeutig richtige oder falsche Entscheidung. Allerdings führt die Gewichtung der einzelnen Faktoren dazu, dass die Entscheidung für die eine oder andere Maßnahme oder gänzlich gegen das Ergreifen von Maßnahmen in die eine oder andere Richtung führen kann. Letztendlich stellt aber auch die Endentscheidung immer einen Kompromiss dar.

ee) Zusammenfassung und Bedeutung des Modells für die Interessenabwägung

Das hier zu Teilen erläuterte Modell zeigt, dass Restauratoren auch in der Praxis besondere Aspekte eines Werkes, wie z. B. die Originaleigenschaft oder das Material, je nach Werk unterschiedlich bewerten können und müssen. Diese Bewertung bedarf einer genauen Betrachtung des jeweiligen Kunstwerkes und seiner Eigenarten. Die zahlreichen Facetten eines Werkes und die Folgen einer Maßnahme können nur nach einer intensiven Betrachtung des bereits erfolgten oder noch bevorstehenden Eingriffs sowie einer Erforschung der Intention des Künstlers richtig gewertet und die Interessen damit richtig gewichtet werden. Wie bereits erläutert, kommt der ursprünglichen Intention des Künstlers bei zeitgenössischen Werken eine besondere Bedeutung zu, da es sich bei diesen Werken noch nicht um Allgemeingut handelt. Mithin finden Interessen der Nachwelt oder der Allgemeinheit im Rahmen der urheberrechtlichen Interessenabwägung keine Berücksichtigung. Das Modell zeigt auf, welches Maß an Komplexität eine Interessenabwägung im Rahmen des § 14 UrhG im Einzelfall haben kann und wie viele unterschiedliche Aspekte an dieser Stelle Berücksichtigung finden müssen.

6. Zur Frage einer Pflicht zur Erhaltung eines Werkes

Eine für den Eigentümer oder Besitzer eines Werkes wichtige Frage ist die, ob er dem Urheber gegenüber gesetzlich dazu verpflichtet ist, Erhaltungsmaßnahmen am Werk vorzunehmen, sollte dieses Verfallserscheinungen aufweisen oder von Dritten beschädigt worden sein.

a) Abgrenzung zur vorsätzlichen Vernichtung

Die Frage, ob ein Kunstwerk mittels restauratorischer Maßnahmen erhalten werden muss, ist abzugrenzen von der Frage, ob ein Werk vorsätzlich zerstört oder vernichtet werden darf. Während es bei der Frage einer Pflicht zur Erhaltung darum geht, ob ein Werk vor dem alters- oder materialbedingten Verfall oder vor beeinträchtigenden Eingriffen Dritter bzw. davor, dass das Werk in dieser beeinträchtigten Form an die Öffentlichkeit gelangt, zu schützen ist, geht es bei der Frage des Verbots der Vernichtung darum, ob der Eigentümer ein Werk vorsätzlich gänzlich zerstören und vernichten darf.[460] Bei schlichtem Verfall oder Beschädigung eines Kunstwerkes kann dieses noch immer von der Öffentlichkeit in verfälschter Form wahrgenommen werden, während dies bei einem vernichteten Werk nicht mehr der Fall ist. Hier liegt der bedeutende Unterschied. Ergibt sich der Verfall des Werkes also aus seiner Natur selbst oder wird das Werk durch Dritte beschädigt, so stellt sich die Frage, ob den Eigentümer Pflichten hinsichtlich restauratorischer Maßnahmen treffen, was im Folgenden untersucht werden soll.

b) Ansicht der Literatur gegen eine Erhaltungspflicht

Die Frage, ob sich für den Eigentümer eine Pflicht zur Vornahme von Erhaltungsmaßnahmen kann, ist vom UrhG nicht ausdrücklich geregelt. Auch Rechtsprechung hierzu gibt es zumindest in Deutschland nicht. Grundsätzlich soll ein Urheber aber nach herrschender Ansicht in der Literatur vom Eigentümer nicht die Vornahme von Restaurierungsmaßnahmen verlangen können.[461] Abgesehen von denkmalschutzrechtlichen Vorgaben, anderen Richtlinien für öffentlichrechtliche Träger oder vertraglichen Vereinbarungen dürfe ein Eigentümer mit seinem Eigentum gem. § 903 BGB nach Belieben verfahren und müsse dieses nicht in einem bestimmten Zustand erhalten. Er könne vielmehr frei entscheiden, ob er erhaltende Maßnahmen treffen möchte oder nicht.[462] Über den gezahlten Kaufpreis hinaus solle sich der Eigentümer nicht für den Urheber aufopfern müssen.[463] Bei einer Veräußerung seines Werkes müsse der Urheber die später auftretenden Veränderungen insofern grundsätzlich in Kauf nehmen, ohne weiter in die private Interessensphäre des Eigentümers eingreifen zu können.[464]

c) Eigene Stellungnahme

aa) Keine Erhaltungspflicht bei fehlendem Öffentlichkeitsbezug

Grundsätzlich ist der Ansicht zuzustimmen, dass der Eigentümer eines Kunstwerkes nicht mit der Verpflichtung belastet werden kann, dieses in einem

460 Hierzu bereits oben, viertes Kapitel, A. III.

461 *Kroitzsch*, in: Möhring/Nicolini, § 14 Rn. 24; *Häret*, DS 2008, 169 (171 f.); *Schack*, Rn. 466; *von Detten*, S. 119, jedoch alle ohne vertiefte Auseinandersetzung.

462 *Häret*, DS 2008, 169 (171 f.).

463 *Schack*, in: FS Boguslavskij, S. 433 (435).

464 So *Kroitzsch*, in: Möhring/Nicolini, § 14 Rn. 24.

bestimmten Zustand zu erhalten. Der Urheber hat sein Werk durch die Schöpfung in seiner konkreten Form und mit seinem konkreten Material und durch seine Entäußerung in den Verkehr selbst dem Risiko des Verfalls und der Beschädigung durch Dritte ausgesetzt. Darüber hinaus findet die einzige Vorschrift des § 14 UrhG, aus der sich – mangels einer ausdrücklichen Pflicht zur Erhaltung im Urheberrechtsgesetz – ein Verbot des Verfallenlassens und damit eine Erhaltungspflicht ergeben könnte, im rein privaten Bereich mangels einer Gefährdung der berechtigten Interessen des Urhebers ohnehin keine Anwendung.[465] Hier fehlt es an der Gefährdung der berechtigten Interessen des Urhebers. Lässt der Eigentümer sein Kunstwerk also verfallen, ohne dass es in dieser verfallenen Gestalt an die Öffentlichkeit gelangt, bzw. die konkrete Gefahr besteht, dass die Öffentlichkeit das Werk in dieser Gestalt wahrnehmen könnte, so begründet dies für den Urheber kein Recht aus § 14 UrhG.

bb) Rechtliche Möglichkeit der Verpflichtung zur Vornahme von Erhaltungsmaßnahmen unzureichend

Zwar kann der Urheber, wenn er sich seines Kunstwerkes entäußert, vertragliche Regelungen dahingehend treffen, dass die andere Vertragspartei zu bestimmten Maßnahmen zur Erhaltung des Werkes verpflichtet ist. Verträge enthalten aber nur relative Pflichten für den jeweiligen Vertragspartner. Veräußert dieser das Werk an einen Dritten weiter und trifft der Ersterwerber im Vertrag keinerlei Regelungen über etwaige Erhaltungsmaßnahmen, so kann der Urheber von dem Dritten nicht auf Grundlage des zuvor mit dem Ersterwerber geschlossenen Vertrages die Vornahme von Erhaltungsmaßnahmen verlangen. Zudem stellen solche vertraglichen Regelungen ohnehin die Ausnahme im Kunstbetrieb dar. Überwiegend hat der Urheber auf vertraglicher Basis daher keine Möglichkeit Restaurierungsmaßnahmen durchzusetzen.

cc) Erfordernis einer Pflicht zur Erhaltung bei vorhandenem Öffentlichkeitsbezug

In Betracht kommt allerdings die Pflicht zur Erhaltung eines Werkes bei Vorliegen eines Öffentlichkeitsbezuges, wenn also das Werk in verfallenem oder beschädigtem Zustand der Öffentlichkeit (weiterhin) zugänglich gemacht wird.

Auch wenn es gesellschaftlich als Aufgabe von Museen betrachtet wird, dass diese ihre Sammlungen für die Nachwelt erhalten, so stellt dies allein noch keine rechtlich durchsetzbare Verpflichtung – schon gar nicht gegenüber dem Urhe-

465 Siehe oben, drittes Kapitel, C. III. 4.

ber – dar, Sorge für dessen Werke zu tragen. Die Nichtvornahme bzw. die „normale" Behandlung eines Kunstwerks, die zu einer Verschlechterung führt, muss aber ebenso wie die absichtliche Veränderung von Werken am Maßstab des § 14 UrhG gemessen werden.[466] Eine plausible Begründung, warum eine Rechtsverletzung durch Unterlassen geeigneter Maßnahmen nicht von § 14 UrhG erfasst sein soll, ist nicht ersichtlich. Zieht ein Eigentümer oder Besitzer über die rein private Sphäre hinaus einen Nutzen aus dem Kunstwerk und sei es nur ein gewisses öffentliches Ansehen, so ist es ihm auch zumutbar, im Rahmen der rechtlichen Würdigung nach § 14 UrhG auf die Interessen des Künstlers Rücksicht zu nehmen.

Dies wird auch nicht von der Gesetzesbegründung ausgeschlossen. Diese spricht allenfalls davon, dass ein Vernichtungsverbot im UrhG nicht geregelt werden soll.[467] Hieraus kann aber nicht der Erst-Recht-Schluss gezogen werden, dass sich keinerlei Pflicht ergeben könne, ein Werk in einem bestimmten Zustand zu erhalten, wenn es durch eine gewisse Öffentlichkeit wahrgenommen werden kann. Denn anders als ein vernichtetes Werk bleibt ein verfallendes Werk in seinem beeinträchtigten Zustand bestehen und kann durch Dritte in verfälschtem Zustand wahrgenommen werden. Ebenso wenig kann daraus, dass der Urheber laut Gesetzesbegründung nicht berechtigt ist, sein Werk selbst zu restaurieren,[468] gefolgert werden, dass sich eine Pflicht zur Restaurierung durch den Eigentümer oder Besitzer nicht im Einzelfall aus § 14 UrhG ergeben kann. Das Gesetz geht hier lediglich nicht so weit, dem Urheber selbst ein Recht einzuräumen, an einer etwaigen Restaurierungsmaßnahme beteiligt zu werden. Dies schließt aber nicht aus, dass er die Vornahme einer solchen Maßnahme durch einen Dritten einfordern kann.

So ist beispielsweise nicht ersichtlich, warum es nicht unter den Tatbestand des § 14 UrhG fallen sollte, wenn die riesige lautlos schwingende Glocke von *Kris Martin*, die sich im Boros-Bunker in Berlin im Eingangsbereich befindet, auf Grund von Vernachlässigung anfinge zu quietschen, ist es doch gerade Intention des Künstlers, dass sie dem Eintretenden schweigend und in zufälligen Zeitabständen die Stunde schlägt. *Kris Martin* dürfte aus urheberpersönlichkeitsrechtlichen Gründen durchaus von *Christian Boros* verlangen, dass der Mechanismus der Glocke regelmäßig geölt wird bzw. andere Maßnahmen getroffen werden, damit die Funktion dieses Mechanismus nicht beeinträchtigt wird.[469] Wenn etwa

466 So wohl auch *Dreier*, in: FS Beier, S. 371; *Dreier*, in: Byrne-Sutton/Renold/Rötheli-Mariotti, S. 105 (117).

467 BT-Drucks. IV/270 S. 45.

468 BT-Drucks. IV/270 S. 45.

469 Was *Christian Boros* in diesem Falle vermutlich auch vorbildlich tut.

die Stadt Berlin eine hölzerne Figur des Künstlers *Stephan Balkenhol* erwürbe und diese auf einem öffentlichen Platz aufstellte, so hätte sie dafür Sorge zu tragen, dass diese Figur nicht aufgrund der Witterungsverhältnisse oder anderer Einflüsse von außen beispielsweise einen Arm oder ein Bein einbüßte, bzw., falls es zu einem solchen Verlust käme, für eine angemessene Restaurierung zu sorgen.

Insbesondere auch im Bereich der kinetischen Kunst, einer seit den 1950er Jahren populär gewordenen künstlerischen Ausdrucksform, in der die Bewegung integraler ästhetischer Bestandteil des Kunstobjekts ist, widerspräche es in eklatanter Weise den Intentionen der jeweiligen Künstler, wenn die Werke nicht in entsprechendem „funktionsfähigen" Zustand erhalten und präsentiert würden. Auch diese Fälle müssen unter den Tatbestand des § 14 UrhG fallen. Alternativ zu einer Restaurierung könnten die jeweiligen Eigentümer ihre Kunstwerke allerdings auch der Öffentlichkeit gänzlich entziehen, bzw. diese vernichten.

Nimmt man an, die Frage, ob ein Museum bzw. den Eigentümer oder Besitzer eines ausgestellten Werkes eine rechtliche Verpflichtung zur Erhaltung des Werkes in einem bestimmten Zustand treffe, habe keinerlei praktische Relevanz, da ein Aussteller, etwa ein Museum, wohl kaum seine ausgestellten Werke verfallen lasse und diese in diesem Zustand auch noch ausstelle, so täuscht man sich. Bekanntes Beispiel der jüngeren Geschichte ist der Streit zwischen der Witwe von *Joseph Beuys*, *Eva Beuys*, mit dem Museum Schloss Moyland am Niederrhein. Immer wieder kam es in den vergangenen Jahren zu rechtlichen Auseinandersetzungen zwischen den Beuys-Erben und dem Museum. So forderte die Beuys-Witwe Anfang 2009 zahlreiche von *Joseph Beuys'* Kunstwerken, die im Museum Schloss Moyland gezeigt werden, zurück.[470] Der Umgang mit den *Beuys*-Arbeiten und -Dokumenten in Museum und Archiv sei nach Ansicht der Erben kunstwissenschaftlich und verwaltungstechnisch so dilettantisch, die Werke würden derart „schlampig" behandelt,[471] dass der Ruf des Künstlers weltweit nachhaltig Schaden nehmen könne.[472] Nach Ansicht des *Beuys*-Vertrauten *Heiner Bastian* seien die Objekte des Künstlers *Beuys* im Museum Moyland einem ständigen

470 Museum Schloss Moyland: Beuys-Witwe fordert Werke zurück, in: Frankfurter Rundschau vom 15.01.2009, abrufbar unter http://www.fr-online.de/kultur/beuys-witwe-fordert-werke-zurueck/-/1472786/3269278/-/index.html, zuletzt aufgerufen am 11.03.2012.

471 *Maak*, in: F.A.Z. vom 17.01.2009 Nr. 14, S. 31.

472 Museum Schloss Moyland: Beuys-Witwe fordert Werke zurück, in: Frankfurter Rundschau vom 15.01.2009, abrufbar unter http://www.fr-online.de/kultur/beuys-witwe-fordert-werke-zurueck/-/1472786/3269278/-/index.html, zuletzt aufgerufen am 11.03.2012

Überlebenstest ausgesetzt.[473] Werke seien dort nach Angaben des Museums selbst ununterbrochen – mit geringen Ausnahmen – seit 1997 installiert, also bis zum Besuch *Bastians* im Juli 2009 insgesamt bereits seit 12 Jahren. *Joseph Beuys* habe aber nie kostbare Papiere als Bildträger benutzt. Er habe auf Materialien gearbeitet, die für ihn gerade greifbar waren. Er habe organische und anorganische Substanzen, Farben, Bindemittel, aber auch Flüssigkeiten verwendet, die für die Herstellung von Kunstwerken ganz und gar ungewöhnlich seien. Umso mehr müsse sich die Verantwortung für diese Werke auf ihre konservatorische Betreuung richten. Das sei in Moyland nicht geschehen.[474] In der Dauerausstellung sinke vielmehr der pH-Wert der Papiere, die Molekularstruktur werde langsam irreversibel zerstört. In allen Räumen fänden sich zahlreiche Montagebögen und Passepartouts voller Stockflecke, Partikel- und Farbfragmente hätten sich gelöst, tote Insekten lägen in den Rahmenböden. Nach Ansicht *Bastians* seien Wechselausstellungen, die Einhaltung des Standards der Konservierung, die Aufarbeitung und Restaurierung der fragilen Werke und eine einfache museale Rahmung dringend erforderlich.

Auch der israelische Künstler *Dani Karavan* forderte von der Stadt Köln eine angemessene Sanierung seines Werkes Ma'alot in Köln.[475] Das Werk Ma'alot ist ein begehbares Gesamtkunstwerk, nämlich die Gestaltung des Platzes zwischen Rhein, Museum Ludwig und Kölner Dom. Es befindet sich schon seit einigen Jahren in einem schlechten Zustand. So wurden dort beispielsweise graue Granitplatten schlicht durch schwarzen Asphalt ersetzt, wo diese zerbrochen waren. Ziegelsteine auf dem Platz sind locker oder zerbrochen. Bei dem Platz handelt es sich um ein beim Museum Ludwig registriertes Kunstwerk. Während aber die Werke innerhalb des Museumsgebäudes mit Handschuhen angefasst werden und in Glasvitrinen aufbewahrt werden, verkommt das Werk *Karavans*, welches früher als Prestigeobjekt Kölns galt, draußen vor dem Museum zunehmend.[476]

Die angeführten Fälle dienen lediglich als Beispiele für Streitigkeiten über die Erhaltung von Kunstwerken. Konflikte wie diese gibt es in der Kunstwelt zahl-

473 *Bastian*, in: Welt am Sonntag vom 16.08.2009, http://www.welt.de/die-welt/kultur/literatur/article4330209/Der-Gefangene-von-Moyland.html, zuletzt aufgerufen am 11.03.2012.

474 *Bastian*, in: Welt am Sonntag vom 16.08.2009, http://www.welt.de/die-welt/kultur/literatur/article4330209/Der-Gefangene-von-Moyland.html, zuletzt aufgerufen am 11.03.2012.

475 So *Karavan* in einem Bericht über das Kunstwerk, abrufbar unter http://www.wdr.de/mediathek/html/regional/2011/09/19/lokalzeit-koeln-boell-platz.xml, zuletzt aufgerufen am 11.03.2012.

476 Bericht über das Kunstwerk abrufbar unter http://www.wdr.de/mediathek/html/regional/2011/09/19/lokalzeit-koeln-boell-platz.xml, zuletzt aufgerufen am 11.03.2012.

reich. Bis heute ist allerdings keine nationale gerichtliche Entscheidung bekannt, die sich mit der Frage einer Erhaltungspflicht auseinandersetzt.[477]

dd) Herleitung einer Pflicht bei vorhandenem Öffentlichkeitsbezug

Im Folgenden soll also dargestellt werden, dass sich aus § 14 UrhG unter Umständen eine Pflicht zur Erhaltung eines Kunstwerkes in einem bestimmten Zustand ergeben kann. Allerdings kann auch hier von vornherein nie eine absolute Pflicht des Eigentümers zur Vornahme von Erhaltungsmaßnahmen in Betracht kommen, da die Beseitigung des beeinträchtigenden Zustandes nach hier vertretener Ansicht immer auch durch die Entfernung des Werkes aus der Öffentlichkeit bzw. durch die vollständige Vernichtung des Werkes[478] beendet werden kann. Eine Pflicht zur Vornahme einer bestimmten Maßnahme zur Beseitigung einer Beeinträchtigung eines Werkes kann sich aus § 97 UrhG nur ergeben, wenn andere gleichermaßen geeignete Maßnahmen nicht in Betracht kommen. Die Entfernung eines Werkes aus dem öffentlichen Raum wird allerdings häufig nicht im Interesse des Eigentümers, Besitzers oder Ausstellungsgestalters liegen, da Kunst im öffentlichen Raum oft eine repräsentative Bedeutung besitzt und eine Entfernung dann unter Umständen eine Rufschädigung für den Eigentümer darstellen kann. Zudem würde die Verpflichtung zur dauerhaften Entfernung des Kunstwerkes aus der Öffentlichkeit auch zu einem erheblichen Wertverlust für den Eigentümer führen.

(1) Erfüllung der Voraussetzungen des § 14 UrhG

Ein Werk ist jedenfalls in seiner Wirkung beeinträchtigt oder im Einzelfall gar entstellt, wenn es verfallen und beschädigt ist. Hierdurch werden im Falle der öffentlichen Wahrnehmbarkeit des Werkes die Interessen des Urhebers gefährdet. Ob die Interessen des Urhebers letztlich gegenüber denen des Eigentümers oder Besitzers überwiegen, ist im Rahmen der Interessenabwägung zu klären.

(2) Passivlegitimation

Ob demjenigen, der dafür verantwortlich ist, dass ein verfallenes oder durch Dritte beschädigtes Werk der Öffentlichkeit zugänglich ist, eine Pflicht zur

477 Im Gegensatz dazu sind einige gerichtliche Entscheidungen aus Frankreich bekannt, laut denen unter bestimmten Umständen und bis zu einem gewissen angemessenen Umfang eine Pflicht des Eigentümers zur Restaurierung von Kunstwerken entstehen kann, siehe hierzu *Dreier*, in: Byrne-Sutton/Renold/Rötheli-Mariotti, S. 105 (117 f.).

478 Hierzu vertieft oben, drittes Kapitel, F. I.

Beseitigung der Schäden auferlegt werden kann, obwohl ihn an dem Verfall oder der Beschädigung des Werkes selbst möglicherweise kein Verschulden trifft, ist letztlich in erster Linie eine Frage der Passivlegitimation.

Die Rechtsfolgen des § 14 UrhG werden nicht von diesem selbst, sondern von § 97 UrhG geregelt. Passivlegitimiert ist zum einen der Täter, der die Rechtsverletzung durch aktives Tun oder Unterlassen begeht oder daran teilnimmt, sofern zwischen dem Verhalten und der Rechtsverletzung ein adäquater Kausalzusammenhang besteht.[479] Die Rechtsverletzung durch Unterlassen erfordert hierbei eine Pflicht zum Handeln. Der Kreis der Verantwortlichen wird von der Rechtsprechung aber auch darüber hinaus sehr weit gezogen. Verantwortlich sind nicht nur Täter und Teilnehmer, sondern – im Hinblick auf die quasinegatorischen Ansprüche auf Unterlassung und Beseitigung (§ 1004 BGB analog) – auch der bloße Störer, der in irgendeiner Weise willentlich und adäquat kausal an der rechtswidrigen Beeinträchtigung mitwirkt,[480] sofern es ihm rechtlich und tatsächlich möglich sowie zumutbar ist, die unmittelbare Rechtsverletzung zu unterbinden bzw. zu verhindern.[481] Zudem kann Verantwortlicher schließlich auch derjenige sein, der als sog. Veranlasser erst die Möglichkeit für die „eigentliche" Rechtsverletzung durch einen Dritten setzt.[482]

Eine Passivlegitimation des Eigentümers oder Besitzers eines durch Verfall oder Fremdeinwirkung beschädigten Kunstwerkes kommt hier sowohl durch aktives Tun als auch durch Unterlassen in Betracht.

(a) Abgrenzung aktives Tun oder Unterlassen

§ 14 UrhG regelt lediglich ein Recht, Entstellungen und andere Beeinträchtigungen zu verbieten. Insofern kann sich eine Pflicht zur Erhaltung eines Kunstwerkes nur dann ergeben, wenn entweder die Nichtvornahme von Erhaltungsmaßnahmen, also das Unterlassen solcher Maßnahmen, eine Verletzung des § 14 UrhG darstellte oder aber, wenn der Verfall durch eine nicht adäquate Behandlung des Werkes oder die Verletzung der Interessen des Urhebers durch die Erweiterung des Kreises der Wahrnehmbarkeit durch aktives Tun vorangetrieben würde.

---

479 *v. Wolff*, in: Wandtke/Bullinger, § 97 Rn. 14.

480 *v. Wolff*, in: Wandtke/Bullinger, § 97 Rn. 14.

481 BGH GRUR 1999, 418 (419) – *Möbelklassiker*; BGH GRUR 2001, 1038 (1039) – *ambiente.de*; BGH GRUR 2004, 860 (864) – *Internet-Versteigerung I*; BGH GRUR 2007, 708 (711) – *Internet-Versteigerung II*; BGH GRUR 2006, 957 (957) – *Stadt Geldern.*

482 *v. Wolff*, in: Wandtke/Bullinger, § 97 Rn. 14.

Die Begründung eines Anspruchs aus §§ 14, 97 UrhG gegen den Eigentümer oder Besitzer eines Werkes erfordert nach zutreffender Ansicht der Rechtsprechung nicht notwendigerweise, dass der Verfall oder die Beschädigung durch diesen selbst herbeigeführt oder beschleunigt werden muss. Vielmehr genügt es hierzu, wenn ein so beeinträchtigtes Werk einer größeren bzw. überhaupt einer Öffentlichkeit zugänglich gemacht und dadurch die Verletzung des Urheberpersönlichkeitsrechts des Urhebers zumindest noch vertieft wird.

Hierzu hat das LG Mannheim im Falle des „*Freiburger Holbein-Pferdes*" entschieden, dass die Vervielfältigung und Verbreitung von Fotografien der durch Unbekannte stark veränderten Pferde-Plastik des Bildhauers *Werner Gürtner* ein Recht aus § 14 UrhG begründen.[483] Die Plastik, ursprünglich einfarbig, war seit einigen Jahren wiederholt von Unbekannten bemalt, mit Schriftzügen versehen, mit Verpackungsmaterial umhüllt oder in sonstiger Weise verändert worden.[484] Die so veränderte Plastik war von verschiedenen Personen, unter anderem auch von dem beklagten Fotografen, abgelichtet worden. Der Beklagte hatte die Fotografien zur Herstellung einer Postkartenserie, eines Kalenders und eines Buches verwendet. Dies stellte nach Ansicht des Gerichts eine Entstellung dar, da die Veränderungen bewirkten, dass wesentliche Züge des Werkes eine andere Färbung oder Tendenz erhielten.[485] Die Plastik wirke im Original allein durch ihre schlichte Form, die das Kindlich-Unbeholfene und Staksige eines Fohlens vermittle. Die Lichtbilder des Beklagten zeigten demgegenüber das Holbein-Pferd jeweils in einer auffallenden, meist grellfarbigen, bunten Bemalung und zum Teil zusätzlich mit Werbung, politischen Parolen oder Symbolen, Piktogrammen und ähnlichem mehr versehen. So gestaltet wirke das Pferd gerade nicht mehr nur durch die bloße Formgebung, vielmehr werde jeweils versucht, durch das Hinzufügen einer Bemalung oder ähnlichem eine bestimmte, mehr oder minder originelle, komische Wirkung zu erzielen. Die so vom Beklagten vertriebenen Postkarten, Kalender und Bücher führten nach Ansicht des Gerichts dazu, dass das veränderte Werk einem Personenkreis zugänglich gemacht wurde, der ansonsten keine Kenntnis davon erlangt hätte. Die mit der Entstellung des Werkes bewirkte Beeinträchtigung sei mithin durch den Beklagten noch vertieft worden, was für die Begründung eines Rechts aus § 14 UrhG ausreiche.[486]

---

483 LG Mannheim GRUR 1997, 364 (365) – *Freiburger Holbein-Pferd.*

484 LG Mannheim GRUR 1997, 364 – *Freiburger Holbein-Pferd.*

485 LG Mannheim GRUR 1997, 364 (365) – *Freiburger Holbein-Pferd*; *v. Gamm*, § 14, Rn. 8.

486 Eine etwaige Wahrnehmung berechtigter Interessen, die im Rahmen der Interessenabwägung auf Seiten des Beklagten hätte streiten können, etwa wenn in einer Zeitung über die Bemalungen des Holbein-Pferdes durch Dritte berichtet worden wäre und in diesem Zusammenhang zur Illustration eine Fotografie des in entstellender Weise bemalten Pferds abgedruckt worden wäre, so dass es dem Beklagten vorrangig um die Befriedigung des berechtigten

Diese Entscheidung des LG Mannheim zeigt, dass es richtigerweise nicht darauf ankommen kann, wer die beeinträchtigenden Veränderungen an dem Werk herbeiführt oder wer die Verantwortung für eine solche Veränderung trägt, sondern dass es bereits genügt, dass ein ganz gleich durch wen beeinträchtigtes Werk durch aktives Tun einer größeren Öffentlichkeit zugeführt wird.[487] Jede Vertiefung des Eingriffs genügt also zur Begründung des Rechtes aus § 14 UrhG. Wird demnach ein bereits beeinträchtigtes Werk, selbst wenn sich dieses lediglich aufgrund seiner materialbedingten Instabilität so verändert hat, dass wesentliche Züge des Werks eine andere Färbung oder Tendenz erhalten haben, aktiv durch die Ausstellung an einem anderen, neuen Ort oder eine andere Handlung einer (größeren) Öffentlichkeit zugänglich gemacht und streiten für den Verantwortlichen keine berechtigten Interessen, so ist eine Verletzung des § 14 UrhG durch aktives Tun zu bejahen. Die Frage, ob also letztlich das Verbietungsrecht des § 14 UrhG greift, muss wie üblich im Rahmen der Interessenabwägung beantwortet werden. Der Anwendungsbereich des § 14 UrhG ist hier aber in jedem Falle eröffnet.

Wird hingegen ein Werk zunächst in nicht beeinträchtigter Form ausgestellt bzw. der Öffentlichkeit zugänglich gemacht und verschlechtert sich sein Zustand, ganz gleich aus welchem Grund, während es sich bereits in der Öffentlichkeit befindet, so kommt eine Verletzung des § 14 UrhG allein durch Unterlassen der Beseitigung des Schadens bzw. alternativ durch Unterlassen der Entfernung des Werkes aus der Öffentlichkeit in Betracht. Hierzu bedarf es aber der Herleitung einer Pflicht zum positiven Handeln.[488] Im Einzelfall kann aber auch beim „Ausgestellt-Lassen" des beeinträchtigten Werkes auf eine Rechtsverletzung durch aktives Tun abgestellt werden, wenn es sich etwa um einen Museumsbetrieb handelt, bei dem aktiv Werbung für eine Ausstellung betrieben wird bzw. der Museumsbetrieb durch aktives Tun aufrecht erhalten wird, da dies ebenfalls den Kreis der Wahrnehmenden vergrößert und dadurch eine Vertiefung der Gefährdung der Urheberinteressen gegeben sein kann. Ob auf ein aktives Tun oder ein pflichtwidriges Unterlassen abgestellt werden kann, unterliegt einer genauen Betrachtung im Einzelfall. Besonders relevant ist die Frage einer Pflicht zur Vornahme von Erhaltungsmaßnahmen jedenfalls bei Werken, die sich an öffentlichen Plätzen befinden und nur mit einigem Aufwand von diesem Plätzen entfernt werden können.

Informationsinteresses der Öffentlichkeit gegangen wäre, lag hier nicht vor, LG Mannheim GRUR 1997, 364 (365) – *Freiburger Holbein-Pferd.*

487 So wohl auch *Bullinger*, S. 114.

488 *Lütje*, in: Möhring/Nicolini, § 97 Rn. 14; *Spindler*/Schuster, § 97 Rn. 13.

(b) Herleitung einer Pflicht zum positiven Handeln

Fraglich ist, ob sich aus dem reinen Unterlassen der Vornahme von erforderlichen Erhaltungsmaßnahmen ohne die aktive Vertiefung der Beeinträchtigung eine Verletzung des § 14 UrhG ergeben kann. Eine Rechtsverletzung durch Unterlassen liegt immer nur dann vor, wenn eine Pflicht zum positiven Handeln besteht. Denn ein Unterlassen als bloßes Nichtstun ist unendlich.[489] Um für die Rechtsanwendung einen handhabbaren Begriff zu formen und rechtlich offensichtlich irrelevantes Nichtstun von vornherein auszusondern, wird ein Unterlassen in juristischer Wertung als ein „Etwas (Bestimmtes)-Nicht-Tun", verstanden. Bereits für den Tatbestand des Unterlassens wird insofern gefordert, dass eine Pflicht zur Abwendung einer Rechtsverletzung besteht.[490] Im deutschen Recht hat sich die Erkenntnis durchgesetzt, dass es für die Begründung einer solchen Pflicht auf die Existenz einer spezifischen Beziehung des Garanten zu einem bedrohten Rechtsgut oder zu einer überwachungsbedürftigen Gefahrenquelle ankommt.[491] Nach der heutigen zivilrechtlichen Literatur lassen sich die Entstehungsgründe und die Inhalte von Verkehrspflichten zwei grundlegenden Dimensionen zuordnen, nämlich entweder dem Schutz der Umwelt vor einer Gefahrenquelle oder dem Schutz eines Rechtsguts vor Gefahren aus der Umwelt. In Übereinstimmung mit der Dogmatik im Strafrecht unterscheidet man also auch hier in Überwacher- und Beschützergaranten.[492]

Bei der hier vorliegenden Fragestellung der Begründung einer Pflicht zur Vornahme von Erhaltungsmaßnahmen kann es sich lediglich um eine Beschützergarantenpflicht gegenüber dem jeweiligen Kunstwerk, bzw. dem damit eng verbundenen Urheberpersönlichkeitsrecht des Künstlers handeln. Denn eine bestimmte Gefahrenquelle, zu deren Überwachung der Eigentümer oder Besitzer eines Werkes verpflichtet sein könnte, ist nicht ersichtlich. Die Quellen, aus denen sich Gefahren für das Kunstwerk und das damit verbundene Urheberpersönlichkeitsrecht ergeben können, sind vielmehr vielseitig. Gefahren können von Dritten herrühren oder dem Werk aufgrund seiner Materialien oder seiner Konstruktion selbst immanent sein. Hergeleitet werden soll aber eine Schutzpflicht gegenüber dem Kunstwerk und damit dem Urheberpersönlichkeitsrecht des Künstlers, das dadurch verletzt werden kann, dass das beeinträchtigte Werk der Öffentlichkeit zugänglich ist oder bleibt. Es geht also nicht in erster Linie darum, das Werk vor einer Beschädigung, der Beeinträchtigung selbst zu schützen, sondern davor,

489 *Teichmann*, in: Jauernig, § 823 Rn. 29.
490 *Teichmann*, in: Jauernig, § 823 Rn. 29.
491 *Wagner*, in: MüKo zum BGB, § 823 Rn. 235.
492 *Wagner*, in: MüKo zum BGB, § 823 Rn. 235.

dass das Werk in dieser beeinträchtigten Gestalt der Wahrnehmung durch die Öffentlichkeit ausgesetzt bleibt. Dies kann aber selbstverständlich auch dadurch vermieden werden, dass bereits die Beeinträchtigung des Werkes verhindert wird, sofern dies überhaupt möglich ist.

Unabdingbare Voraussetzung für eine Pflicht zum Handeln ist zunächst die tatsächliche und rechtliche Möglichkeit zur Gefahrsteuerung im konkreten Einzelfall.[493] Derjenige, der das Kunstwerk im Besitz hat, sei er der Eigentümer oder nicht, hat die tatsächliche Möglichkeit, auf das Werk einzuwirken, es in einen Zustand versetzen zu lassen, der § 14 UrhG nicht zuwiderläuft, es sei denn, es ist irreversibel beschädigt oder zerstört. Ebenso obliegt ihm die tatsächliche und rechtliche Möglichkeit, das Werk aus der Öffentlichkeit zu entfernen.

Die Frage der Begründung einer Handlungspflicht lässt sich zudem nicht ohne die Berücksichtigung des hierfür erforderlichen wirtschaftlichen Aufwandes bestimmen.[494] Derjenige, der die Rechtsgutsverletzung offensichtlich nur um den Preis unverhältnismäßiger Kosten vermeiden kann, kommt nicht als Träger von Verkehrspflichten in Betracht. Die Rechtsverletzung darf hierbei – wie bereits erläutert – nicht in der Beeinträchtigung des Werkes selbst gesehen werden (denn diese wird hier gerade nicht von dem potenziellen Beschützergaranten selbst herbeigeführt), sondern darin, dass das Werk in seiner beeinträchtigten Gestalt zumindest einer gewissen Öffentlichkeit weiterhin zugänglich ist. Somit müssen bei der in Frage stehenden Erhaltungsmaßnahme deren Kosten berücksichtigt werden.

Aber auch die bloße faktische Möglichkeit zur Gefahrsteuerung mit wirtschaftlich vertretbarem Aufwand reicht für sich allein genommen noch nicht aus, um eine Person zu Maßnahmen zu verpflichten.[495] Hinzukommen muss eine normativ begründete Zuständigkeit für das zu schützende Rechtsgut,[496] hier also das Urheberpersönlichkeitsrecht des Urhebers.

Im Hinblick auf eine Überwachergarantenpflicht ist jedermann ohne weiteres verpflichtet, das eigene Verhalten und die eigenen Sachen so einzurichten und zu überwachen, dass Verletzungen von Rechtsgütern Dritter möglichst vermieden werden, da hier die Gefahr schließlich mittelbar oder unmittelbar vom Überwachergaranten selbst ausgeht. Im Gegensatz dazu ergibt sich eine Fürsorgepflicht zum Schutz fremder Rechtsgüter vor Gefahren, die ihnen aus der

493 *Wagner*, in: MüKo zum BGB, § 823 Rn. 237.

494 *Wagner*, in: MüKo zum BGB, § 823 Rn. 237.

495 *Wagner*, in: MüKo zum BGB, § 823 Rn. 238.

496 *Wagner*, in: MüKo zum BGB, § 823 Rn. 238.

Sphäre Dritter oder infolge des Verhaltens des Rechtsgutsträgers selbst drohen, nur ausnahmsweise.[497] Eine allgemeine Pflicht, andere vor Schaden zu bewahren, gibt es dagegen nicht,[498] da eine solche für gewöhnlich die Autonomie sowohl des Rechtsgutinhabers als auch des „Beschützers“ in empfindlicher Weise einschränken würde. Gleiches muss gelten, wenn sich die Gefahr nicht infolge des Verhaltens des Rechtsgutsträgers, hier des Urhebers bzw. seiner Erben, sondern aus dem Rechtsgut für sich selbst, nämlich aus der Alterung oder Anfälligkeit der Materialien des Kunstwerkes, ergibt. Insofern wird für die Beantwortung der Frage, ob eine Fürsorgepflicht besteht, häufig das Prinzip der Korrespondenz von Vorteilen und Nachteilen angewandt.[499] Generell kann man sagen, dass jedermann aus seinem eigenen Verhalten und seinen eigenen Rechtsgütern Vorteile zieht und folgerichtig auch die damit verbundenen nachteiligen Schadensrisiken kontrollieren und steuern muss. Zudem ist jeder in Bezug auf seine eigene Sphäre auch dazu in der Lage, etwaige Gefahren unter Aufwand vertretbarer wirtschaftlicher Mittel einzudämmen.[500] Anders verhält es sich aber grundsätzlich bei Fürsorgepflichten in Bezug auf Rechtsgüter anderer. Denn diese erfordern regelmäßig einen Übergriff in eine fremde Sphäre, der einen erhöhten Aufwand verursacht, dem gerade kein Vorteil des Handelnden gegenüber steht, sondern meistens lediglich ein solcher des geschützten Dritten.[501] Im Grundsatz besteht deshalb – wie bereits erläutert – keine Pflicht, andere vor Selbstgefährdung oder vor der Schädigung durch Dritte zu bewahren.[502] Eine solche Pflicht bedarf vielmehr der sorgfältigen Begründung im Einzelfall. So kann eine Fürsorgepflicht durch ein Rechtsgeschäft begründet werden, das die eine Partei zur Fürsorge um die Rechtsgüter der Gegenseite verpflichtet.[503] Entscheidend ist hierbei nicht, ob das Vertragsverhältnis als solches wirksam ist. Es kommt vielmehr ausschließlich auf die faktische Übernahme entsprechender Fürsorge- und Obhutsaufgaben an.[504]

Von der Begründung einer solchen Fürsorgepflicht kann auch im Bereich der öffentlichen Ausstellung von Kunstwerken gesprochen werden. Selbst wenn keinerlei ausdrückliche vertragliche Regelungen hinsichtlich zu treffender Erhaltungsmaßnahmen getroffen werden, so darf ein Urheber, der sein fertig gestelltes

497 *Wagner*, in: MüKo zum BGB, § 823 Rn. 239.
498 *Deutsch*, S. 68.
499 *Wagner*, in: MüKo zum BGB, § 823 Rn. 239.
500 *Wagner*, in: MüKo zum BGB, § 823 Rn. 239.
501 *Wagner*, in: MüKo zum BGB, § 823 Rn. 239.
502 *Deutsch*, S. 68.
503 *Wagner*, in: MüKo zum BGB, § 823 Rn. 249.
504 So schon RGZ 102, 38 (42); BGH NJW 1979, 1248 (1249); *Wagner*, in: MüKo zum BGB, § 823 Rn. 249.

Werk an einen Dritten veräußert, doch davon ausgehen, dass dieser es zumindest dann, wenn er es an einem für die Öffentlichkeit zugänglichen Ort ausstellt, in einem Zustand erhält, der den Intentionen des Urhebers entspricht und keine Beeinträchtigung des Werkes darstellt. Entsprechende Erhaltungsmaßnahmen erfordern in einem solchen Falle nicht einmal – wie bei Fürsorgepflichten häufig üblich – den Übergriff in eine fremde Sphäre, der etwa einen erhöhten Aufwand verursachen würde. Schließlich befindet sich das Kunstwerk entweder allein in der Sphäre des Eigentümers, der darauf ohne Weiteres zugreifen kann und darf oder bei einem Besitzer, z. B. einem Museum als Entleiher, der zum Eingriff bei Schadensfällen meistens durch den Eigentümer nach Absprache vertraglich befugt oder gar verpflichtet ist. Ist also ein Dritter Eigentümer, so hat der Urheberpersönlichkeitsrechtsinhaber, nämlich der Urheber, das Werk meistens gänzlich aus seiner Sphäre entlassen und kann auf das Werk nicht mehr ohne weiteres zugreifen. Der Eigentümer hat durch die Entgegennahme des Kunstwerkes konkludent auch die Fürsorge zwar nicht etwa für fremdes Eigentum oder fremden Besitz,[505] jedoch für ein anderes sonstiges Recht i. S. d. § 823 Abs. 1 BGB,[506] das Urheberpersönlichkeitsrecht des Künstlers, übernommen. Auch, dass sich die Vornahme von Erhaltungsmaßnahmen an einem Kunstwerk – in Abweichung von dem Grundsatz, dass bei einer Fürsorgepflicht der „Garantenpflichtige" keine eigenen Vorteile aus seinem Handeln zieht – auch für den Handelnden oft positiv auswirkt, spricht für eine Fürsorgepflicht. Oft wird das Kunstwerk wieder an sowohl wirtschaftlichem als auch kulturellem und ästhetischem Wert gewinnen, wenn es – eine sachgemäße Restaurierung vorausgesetzt – in einen besseren Zustand versetzt wird. Die öffentliche Ausstellung oder das öffentliche Zugänglichmachen haben für den Ausstellenden einen repräsentativen und damit positiven Wert. Dies gilt für Sammler, die hierdurch möglicherweise Anerkennung erhalten, ebenso wie für Eigentümer bzw. Besitzer von öffentlich zugänglichen Gebäuden, die diese mit einzelnen repräsentativen Werken ausstatten. Bei allem, was der Eigentümer oder Besitzer mit einem Werk tut oder was er unterlässt, muss er jedenfalls immer die Urheberpersönlichkeitsrechte wahren. Schließlich sind Eigentümer oder Besitzer die Einzigen, die auf das Werk zugreifen und hierüber bestimmen können.

Bei Museen kommt hinzu, dass der Deutsche Museumsbund in Zusammenarbeit mit ICOM-Deutschland, dem Deutschen Nationalkomitee des internationalen

505 So z. B. RGZ 102 (125), wonach der Schleppschifffahrtsunternehmer für Schäden verantwortlich gemacht wurde, die infolge des achtlosen Liegenlassens eines Kahns dessen Eigentümer entstanden waren.

506 Zum Urheberpersönlichkeitsrecht als sonstiges Recht siehe *Götting*, in: Loewenheim, § 3 Rn. 7.

Museumsrates, 2006 Standards für Museen herausgearbeitet hat. Hierbei handelt es sich zwar nicht um durch Dritte einklagbare Vorschriften und nicht jeder, der Kunst öffentlich zugänglich macht, ist Mitglied des Museumsrates oder betreibt begrifflich ein Museum. Vielmehr ist der Begriff „Museum“ in Deutschland nicht geschützt. Insofern dienen „Standards für Museen“ lediglich einer Orientierung für eine qualifizierte Museumsarbeit in Deutschland. Klare Aufgabenbeschreibungen und formulierte Standardwerte sollen jedoch die Position von Museen aller Sammlungsbereiche, Größen, Trägerformen und Regionen festigen und ihnen als Leitfaden für die tägliche Arbeit dienen.[507] Nach Nr. 6 der Standards für Museen hat ein Museum den Auftrag, Zeugnisse der Vergangenheit und der Gegenwart dauerhaft zu erhalten und für die Zukunft zu sichern. Zwar handelt es sich bei den Regelungen in den Standards für Museen um solche, die der Allgemeinheit, der Gesellschaft und mithin der Öffentlichkeit dienen sollen. Der Künstler selbst ist dabei nicht vom Schutzzweck erfasst, so dass aus den Standards keinesfalls ein absoluter Anspruch des Urhebers auf Erhaltung hergeleitet werden kann. Allerdings können die Standards für Museen durchaus bei der Auslegung herangezogen werden, ob im Einzelfall eine Fürsorgepflicht gegenüber einem Werk besteht. So sprechen die Standards für Museen dafür, dass der Urheber eines Kunstwerks grundsätzlich erwarten kann, dass ein Werk, das von einem Museum erworben und ausgestellt wird, pfleglich und entsprechend anerkannter konservatorischer und restauratorischer Grundregeln behandelt wird, auch wenn dies nicht um seinetwillen geschieht. Die Bewahrung von Kulturgütern stellt schließlich eine wesentliche Aufgabe von Museen dar.

Im Übrigen wäre es unbillig, wenn die Ausstellung bzw. eine andere Handlung, die das bereits durch Verfall oder Einwirkungen Dritter beeinträchtigte Werk einer größeren Öffentlichkeit zugänglich macht, ohne Weiteres dem Anwendungsbereich des § 14 UrhG unterfiele,[508] das schlichte „Ausgestellt-Lassen“ bzw. das Aufrechterhalten der Zugänglichkeit eines solchen Werkes dem Anwendungsbereich generell entzogen wäre. Denn auch hier wird die Beeinträchtigung der Interessen des Urhebers – wenn auch durch Unterlassen – dadurch vertieft, dass auch in dieser Situation das beeinträchtigte Werk einer stetig größer werdenden Öffentlichkeit zugänglich gehalten wird. Wie der Fall des Freiburger Holbein-Pferdes zeigt, ermöglicht dies zudem Dritten beispielsweise durch die Verbreitung von Fotografien des beeinträchtigten Werkes eine zusätzliche Vertiefung der Beeinträchtigung der Urheberinteressen. Allein dem Eigentümer oder Besitzer obliegt die Möglich-

---

507 Vorwort der „Standards für Museen“, Deutscher Museumsbund e.V., ICOM-Deutschland (Hrsg.), Kassel/Berlin 2006, abrufbar unter http://www.museumsbund.de/de/das_museum/ethik_standards/standards_fuer_museen/, zuletzt aufgerufen am 11.03.2012.

508 vgl. LG Mannheim GRUR 1997, 364 – *Freiburger Holbein-Pferd.*

keit, die Beeinträchtigung jederzeit durch Restaurierung, Vernichtung oder Entfernung aus der Öffentlichkeit zu beenden. Die Aufrechterhaltung eines Zustands, der § 14 UrhG widerspricht, begründet daher auch dann, wenn dies durch Unterlassen geschieht, einen Beseitigungsanspruch aus § 97 Abs. 1 UrhG, soweit nicht berechtigte Interessen des Eigentümers oder Besitzers entgegenstehen.

ee) Weitere Kriterien im Rahmen der Interessenabwägung

Ob das Unterlassen von Maßnahmen letztendlich tatsächlich einen Beseitigungsanspruch aus §§ 14, 97 Abs. 1 UrhG begründet, hängt aber auch hier von der Interessenabwägung ab. Im Rahmen der Interessenabwägung des § 14 UrhG müssen zum einen die allgemeinen Kriterien Berücksichtigung finden.[509] Insbesondere das Ausmaß der Veränderung des Werkes und die Wirkung auf seine Aussage und der Grad der Öffentlichkeit spielen hier eine Rolle. Aber auch einige andere Aspekte müssen in die Abwägung mit einfließen.

(1) Interessen des Künstlers aus Art. 2 Abs. 1, Art. 1 Abs. 1 GG

Man könnte die Ansicht vertreten, ein Künstler der mit instabilen Materialien arbeite, habe es selbst zu verantworten, dass seine Werke nach kurzer Zeit verfallen und ihre Form verändern. Dies ist auch grundsätzlich richtig. Entlässt der Künstler sein Werk aus seiner privaten Sphäre in den Verkehr, so muss er insbesondere bei der Verwendung empfindlicher Materialien damit rechnen, dass es seine Form irgendwann verändert. Allerdings muss er nicht notwendigerweise damit rechnen, dass das Werk in diesem Zustand dennoch weiterhin der Öffentlichkeit zugänglich gemacht wird. Denn betrachtet man die Situation aus Sicht des Erwerbers, so musste auch dieser zumeist damit rechnen, dass das Werk nach einer Weile sein ursprüngliches Erscheinungsbild verändern würde und, um den ursprünglichen Eindruck und die Wirkung des Werkes zu wahren, Erhaltungsmaßnahmen erforderlich werden würden. Dies gilt ganz besonders für viele Werke der zeitgenössischen Kunst. Der Künstler kann grundsätzlich erwarten und hat auch ein Interesse daran, dass ein Werk, wenn es „tot“ ist, seine ursprüngliche Wirkung und Bedeutung eingebüßt hat, nicht mehr gezeigt wird. Etwas anderes gilt nur dann, wenn es sich um ein Werk handelt, bei dem der Verfall gerade von der künstlerischen Intention miterfasst ist. In diesem Fall darf der Eigentümer oder Besitzer in der Regel gerade nicht in diesen Prozess eingreifen und Erhaltungsmaßnahmen vornehmen.[510] Wesentliches Kriterium ist insofern,

509 Siehe oben, drittes Kapitel, D. I.
510 Siehe unten, viertes Kapitel, A. V. 8. d).

inwieweit es für den Erwerber eines Werkes erkennbar war, dass das Kunstwerk besonders empfindlich ist oder dass sich das Werk infolge eines Alterungsprozesses verändern würde. Die Frage ist also, ob der Erwerber sich bei Erwerb des Werkes darauf einstellen konnte und musste, dass das Werk regelmäßige Restaurierungsmaßnahmen erfordern würde oder er das Werk nur für eine begrenzte Zeit öffentlich zeigen können werde. Hierbei kann aber erwartet werden, dass der Erwerber eines Werkes sich zuvor mit dem Künstler und seinem Schaffen, seinen künstlerischen Eigenarten und seiner Auffassung befasst hat.[511]

Zudem ist auf Seiten der Interessen des Künstlers zu berücksichtigen, dass der Eigentümer oder Besitzer einem Anspruch des Urhebers aus § 14 UrhG nach der hier vertretenen Ansicht immer auch durch die Entfernung des Werkes aus der Öffentlichkeit entgehen kann.[512] Außerdem kann in die Interessenabwägung mit einfließen, ob durch die öffentliche Ausstellung der verfallenden Kunst eine Rufschädigung des Künstlers beabsichtigt wird. Die Intention, also der Grund für die ausbleibenden Erhaltungsmaßnahmen, kann mithin für ein Überwiegen der Interessen des Künstlers sprechen.

(2) Interessen des Eigentümers aus Art. 14 GG

Ob eine Erhaltungsmaßnahme andererseits dem Eigentümer zumutbar ist, hängt besonders von dem wirtschaftlichen und handwerklichen Aufwand ab, der betrieben werden muss, um das Werk wieder in seinen ursprünglichen Zustand zu versetzen. Hierbei kann auch berücksichtigt werden, ob die Maßnahme zu einer Wertsteigerung des Werkes führt, welche die Kosten der Maßnahme überwiegt.

Zusätzlich dazu kann unterschieden werden, ob die Beeinträchtigung des Werkes durch Fremdeinwirkungen oder allein durch den Lauf der Zeit verursacht wird oder aus der Natur der Materialien folgt. Wird ein Kunstwerk, welches öffentlich ausgestellt wird, durch Fremdeinwirkungen, die nicht vom Eigentümer selbst ausgehen, verschmutzt oder verändert, z. B. durch Sprayer, so wird der Urheber sich (schon weil ihm der Dritte meistens nicht bekannt sein wird) dennoch an den Eigentümer oder Besitzer des Kunstwerkes wenden. Die Beeinträchtigung des Werkes durch einen Dritten lässt die Interessen des Eigentümers bzw. des Ausstellenden schwerer wiegen, da er auf das Verhalten Dritter meistens wenig Einfluss hat. Dies gilt insbesondere bei Kunstwerken im öffentlichen Straßenraum. Zudem ist sich der Künstler hier auch dessen bewusst, dass ein Werk, welches etwa für den öffentlichen Straßenraum geschaffen wurde, den Gefahren der Einwirkung durch Dritte

511 Ähnlich auch BGH NJW 1956, 627 (628).
512 Siehe oben, drittes Kapitel, F. I.

eher ausgesetzt werden wird, als ein Werk, welches für die Ausstellung in einem Gebäude gedacht ist. So kann nicht verlangt werden, dass ein Werk täglich überprüft und von etwaigen Verunreinigungen befreit wird. Wohl aber kann erwartet werden, dass je nach Intensität der Verunreinigungen oder anderen Beeinträchtigungen eine Kontrolle und Reinigung in regelmäßigen Abständen stattfindet.

Zudem kommt es auch hier darauf an, ob für den Betrachter erkennbar ist, dass etwaige Veränderungen eines Werkes nicht vom Urheber selbst stammen. Bei material- oder verfallsbedingten Änderungen wird dies wohl oft weniger erkennbar sein als bei Einwirkungen durch Dritte. Jedenfalls bei Veränderungen durch Graffiti kann der Betrachter meistens deutlich erkennen, dass diese nicht vom Künstler selbst stammen.

Die Interessen des Eigentümers oder Besitzers daran, keine Maßnahmen vornehmen zu müssen, wiegen auch dann nicht weniger schwer, wenn es sich um ein kulturell wertvolles Werk handelt. Denn hat der Eigentümer persönlich trotz dieses Wertes keinerlei Interesse an der Erhaltung bzw. ist sie es ihm finanziell nicht wert, so dürfen keine außerhalb des Interesses des Eigentümers liegenden Interessen der Allgemeinheit Berücksichtigung finden. Auch wenn dies in Einzelfällen schwer erträglich scheint und es einige Stimmen gibt, die sich in solchen Fällen für eine Erhaltungspflicht aussprechen, soll das Urheberrechtsgesetz nach den klaren Worten der Gesetzesbegründung nicht der Erhaltung kulturell wertvoller Kunstwerke dienen,[513] sondern allein den Interessen des Urhebers, die gegen die des Eingreifenden abgewägt werden müssen. Auch in der juristischen Literatur wird überwiegend davon ausgegangen, dass nur eine Abwägung der geistigen und persönlichen Interessen des Urhebers am Werk gegenüber den Belangen desjenigen vorgenommen wird, der die Rechtsverletzung (hier durch Unterlassen) vornimmt.[514] Der Erhaltung kulturell wertvoller Werke dient allein der öffentlich-rechtliche Denkmalschutz, auch wenn nicht geleugnet werden kann, dass das Urheberrecht mittelbar durch den Schutz von Interessen Dritter, wie dem Eigentümer oder Nutzungsberechtigten, auch Kulturinteressen berücksichtigt.[515] Ist beispielsweise der Staat Eigentümer eines Kunstwerkes, so kann er selbst dafür sorgen, dass das Werk für die Nachwelt erhalten bleibt und durch den gezielten Ankauf von aus allgemeiner Sicht erhaltungswürdigen Werken über deren Erhaltung mitentscheiden. Es ist ihm überlassen, aus welchen Gründen er dies tut.

Auf Seiten der Interessen des Eigentümers ist es auch zu berücksichtigen, wenn ein Werk nicht mehr sachgerecht restauriert werden kann bzw. durch eine Res-

---

513 BT-Drucks, IV/270, S. 45.

514 *Kroitzsch*, in: Möhring/Nicolini, § 14 Rn. 18.

515 *Dietz*, S. 167.

taurierungsmaßnahme erheblich an Marktwert verlieren würde. Auch hierdurch wiegt das Interesse des Eigentümers schwerer, das Werk wenigstens noch als Dokumentation des künstlerischen Schaffens in der wenn auch beeinträchtigten Form zu erhalten und weiter einer zumindest gewissen Öffentlichkeit zugänglich zu machen. In diesem Falle kann aber erwartet werden, dass für den Betrachter wenigstens erkennbar wird, dass es sich nicht um das Werk in seiner ursprünglichen Form handelt. Hier sollte eine Aufklärung über die Art der Schäden und die eigentliche Intention des Künstlers erfolgen. Zudem müssen sich die Schäden oder Beeinträchtigungen des Werkes in Grenzen halten und dürfen nicht zu einer totalen Verfälschung des Werkes führen.

ff) Zusammenfassung

Im Grundsatz ist demnach davon auszugehen, dass eine Pflicht zur Vornahme aktiver Konservierungs- und Restaurierungsmaßnahmen dann in Betracht kommt, wenn ein Öffentlichkeitsbezug vorliegt und dieser auch aufrechterhalten werden soll, die Veränderung des Zustands des Werkes geeignet ist, die Aussage des Werkes zu verändern oder zu verfälschen und die Erhaltung des Werkes nicht der Intention des Künstlers widerspricht. Das Unterlassen von Erhaltungsmaßnahmen stellt dann eine Vertiefung der Beeinträchtigung der Urheberinteressen dar, weil das Werk der Öffentlichkeit weiterhin in dieser beeinträchtigten Gestalt zugänglich ist. Die von § 14 UrhG vorgesehene Interessenabwägung bietet hinreichend Gelegenheit für die Berücksichtigung der Interessen des durch Unterlassen Eingreifenden.

7. Recht des Urhebers bzw. seiner Erben zur Einbeziehung bei der Vornahme von Restaurierungsmaßnahmen

Entschließt sich der Eigentümer eines Werkes dazu, Konservierungs- oder Restaurierungsmaßnahmen durchzuführen, so hat der Urheber kein Recht, auf diese Maßnahmen Einfluss zu nehmen oder an dem Prozess beteiligt zu werden.[516] Eine Anspruchsgrundlage hierfür wurde zwar bei den gesetzgeberischen Beratungen zu § 14 UrhG diskutiert, letztlich aber abgelehnt.[517] Der Gesetzgeber hat es bewusst vermieden, den Eigentümer damit zu belasten, sich im Falle der Vornahme restauratorischer Maßnahmen an den Urheber wenden zu müssen. Hadert das Urheberrecht – wie die vorangegangenen Ausführungen gezeigt haben – schon damit, dem Eigentümer eine Pflicht zur Vornahme von Restaurierungsmaßnahmen aufzuerlegen, so sieht es erst recht kein Recht des Urhebers vor, sein Werk selbst zu restaurie-

516 Wandtke/*Bullinger*, § 14 Rn. 45; BT-Drucks. IV/270, S. 45.
517 Wandtke/*Bullinger*, § 14 Rn. 45; BT-Drucks. IV/270, S. 45.

ren. Dies gilt selbst dann, wenn er dies kostenlos anbietet.[518] Vielmehr kann er bei einer beeinträchtigenden Beschädigung seines Werkes nur entweder die Entfernung aus dem öffentlich zugänglichen Raum, die Vernichtung oder die Vornahme von restauratorischen Maßnahmen verlangen, wobei dem Anspruchsgegner die Auswahl einer dieser drei Maßnahmen ebenso wie die Auswahl eines geeigneten Restaurators überlassen ist. Der Anspruchsgegner könnte die Schäden theoretisch auch selbst beseitigen, soweit er hierzu in der Lage wäre. Dem Urheber steht zwar gem. § 25 UrhG ein Zugangsrecht zu, dieses rechtfertigt aber unter keinen Umständen einen Substanzeingriff.[519] In vielen Fällen ist ein Künstler auch nicht dazu in der Lage, ein Werk selbst zu restaurieren. Hierbei besteht jedenfalls die Gefahr, dass der Künstler sein Werk verändern wird, weil es ihm nicht mehr so gefällt, wie er es ursprünglich geschaffen hat.

Nichts desto trotz versuchen Restauratoren und Eigentümer beschädigter Werke häufig den Künstler, soweit dieser noch lebt, zu seinen Vorstellungen zu befragen. Dies ist für den Restaurator insbesondere deshalb sinnvoll, weil er sich hierdurch vor allem bei Werken der zeitgenössischen Kunst teure und aufwändige Materialanalysen ersparen kann. Überdies können auch spätere rechtliche Auseinandersetzungen zwischen Urheber und Eigentümer über die Folgen der Maßnahme vermieden werden.

8. Zur Frage, in welchen Fällen eine Restaurierungsmaßnahme ein Verbietungsrecht des Urhebers aus § 14 UrhG begründet

Dass der Urheber eine Einbeziehung in restauratorische Maßnahmen nicht verlangen kann,[520] bedeutet nicht, dass er rechtlos gestellt ist. Denn die Restaurierung von Werken kann ebenso wie das Unterlassen einer Restaurierungs- bzw. Konservierungsmaßnahme[521] zur Entstellung bzw. einer anderen Beeinträchtigung führen, gegen die sich der Urheber wehren kann, sollten seine berechtigten Interessen die Interessen des Eigentümers an der Maßnahme überwiegen. Eine Restaurierungsmaßnahme stellt vergleichbar mit einem ärztlichen Heileingriff, der nach Ansicht der Rechtsprechung den Tatbestand der Körperverletzung erfüllt,[522] jedenfalls eine Beeinträchtigung des jeweiligen Kunstwerkes dar, da hierdurch in die Substanz des Werkes eingegriffen wird, es mithin zu einer Verletzung der Integrität kommt.

518 BT-Drucks. IV/270, S. 45.
519 Dreier/*Schulze*, § 25 Rn. 12.
520 Siehe oben, viertes Kapitel, A. V. 7.
521 Siehe oben, viertes Kapitel, A. V. 6.
522 RGSt 25, 375, 377 f.

Eine Gefährdung berechtigter Interessen des Urhebers wird grundsätzlich zumindest bei einem nicht nur oberflächlichen Eingriff in die Substanz meistens zu bejahen sein. Dies gilt allerdings konsequenterweise nicht in den Fällen, in denen eine Maßnahme allein im rein privaten Bereich vorgenommen wird, es mithin an dem erforderlichen Öffentlichkeitsbezug fehlt. Dies ist dann der Fall, wenn keine Tatsachen die Annahme rechtfertigen, dass das beeinträchtigte Werk an die Öffentlichkeit gelangen wird. Bei einer Restaurierung von für die öffentlichen Ausstellung bestimmten Werken, ob sie zu einer staatlichen oder privaten Sammlung gehören, wird man aber in der Regel annehmen können, dass das Werk anschließend in diesem Zustand wieder ausgestellt werden soll. Eine Verletzung der Interessen des Urhebers liegt aber spätestens dann vor, wenn ein in beeinträchtigender Art und Weise restauriertes Werk der Öffentlichkeit zugänglich gemacht wird.

Ob letztlich die Interessen des Eingreifenden bzw. des Veranlassers der Maßnahme – in den meisten Fällen der Eigentümer – oder die Interessen des Urhebers daran, dass das Werk in der entsprechenden Form verbleibt, überwiegen, ist im Rahmen der Interessenabwägung zu klären.

Einig ist man sich zwar in der juristischen Literatur, dass eine unsachgerechte Restaurierung zu einer Entstellung des Kunstwerkes führen kann.[523] Unklar ist jedoch, wann eine unsachgemäße Restaurierung auch zur Beeinträchtigung eines Werkes und der berechtigten Interessen des Urhebers und letztlich zu einem Verbietungsrecht aus § 14 UrhG führt. Grund hierfür ist, dass wenige generelle Aussagen darüber getroffen werden können, welche Vorgehensweise bei der Restaurierung von Werken die richtige ist, da dies durch das jeweilige Werk und alle Umstände des Einzelfalls bestimmt wird. Im Folgenden sollen daher verschiedene Kategorien von Beeinträchtigungen durch Restaurierungs- und Konservierungsmaßnahmen aufgezeigt werden, welche die Zuordnung und damit auch die Lösung von Konflikten in diesem Bereich erleichtern.

a) Irreparabilität eines Kunstwerkes und die Frage der Möglichkeit der „Wiederherstellung“ eines Werkes durch den Urheber selbst oder einen Dritten

Dass dem Urheber kein Recht zusteht, sein Werk selbst zu restaurieren,[524] bedeutet nicht, dass eine Restaurierung durch den Urheber unter Umständen aus urheberrechtlicher Sicht nicht sinnvoll sein kann. Praktische Relevanz hat die Restau-

523 *Bullinger*, S. 100 ff.; *Häret*, DS 2008, 169 (173); *Dustmann*, in: Fromm/Nordemann, § 14 Rn. 46.

524 Siehe oben, viertes Kapitel, A. V. 7.

rierung durch den Künstler selbst logischerweise in der zeitgenössischen Kunst. Hier werden Werke sehr häufig von den Urhebern selbst restauriert. Dies gilt vor allem bei Werken, die einen großen Anteil an Technik enthalten. In vielen Schadensfällen informieren die Galerien oder Sammlungen zunächst den Künstler bzw. dessen Atelier, wo dann Reparaturen vorgenommen werden oder Ersatzteile beschafft werden.

Bei der Festlegung des Schutzumfangs des § 14 UrhG im Hinblick auf Restaurierungsmaßnahmen stellt sich die Frage, ob ein Urheber, wenn er die Restaurierungsmaßnahme an einem stark beschädigten Werk selbst vornimmt, den ursprünglichen Zustand überhaupt wiederherstellen kann und falls ja, ob es sich dann noch um dasselbe Werk handelt.[525] Wäre dies der Fall, so könnte man daraus auch Schlüsse für die Restaurierung durch Dritte ziehen. Schließlich kann es keinen wesentlichen rechtlichen Unterschied machen, ob der Künstler selbst, ein Mitarbeiter seines Ateliers oder ein Dritter, z. B. ein Restaurator, Teile seines Werkes ersetzt, solange die Grenze zur Vervielfältigung gem. § 16 UrhG nicht überschritten wird.

Die Frage der Wiederherstellbarkeit eines Kunstwerkes erlangte erst kürzlich wieder Bedeutung, als eine Putzfrau im Museum Ostwall im Dortmunder U einen Teil eines Kunstwerks des Künstlers *Martin Kippenberger* wegschrubbte. Bei dem Werk „*Wenn's anfängt durch die Decke zu tropfen*" aus dem Jahr 1987 handelt es sich um einen Turm aus Holzlatten. Unter dem Holzgestell befindet sich ein Gummitrog, dessen Patina die Putzfrau entfernte. Nach Einschätzung der Museumsrestauratorin ist der Ursprungszustand des Werkes nicht wiederherzustellen. Das Werk hat einen Versicherungswert von 800.000 EUR.[526]

Vorfälle wie dieser sind keine Einzelfälle und stellen Restauratoren, aber auch Juristen vor schwierige Fragen, die, wie der Fall *Kippenberger* zeigt, auch empfindliche finanzielle Interessen betreffen können.

---

525 Wäre dies der Fall, falls der Urheber im Schadensfalle dazu bereit wäre, so müsste dies auch zur Folge haben, dass ein eventueller Schadensersatzanspruch des Eigentümers gegen einen etwaigen Schädiger unter Umständen deutlich geringer ausfiele.

526 Wie einst Beuys Fettecke – Putzfrau schrubbt Kunstwerk kaputt, in: Süddeutsche.de vom 04.11.2011, abrufbar unter http://www.sueddeutsche.de/kultur/wie-einst-beuys-fettecke-putzfrau-schrubbt-kunstwerk-kaputt-1.1180540, zuletzt aufgerufen am 12.03.2012.

aa) Beispiele für die Restaurierung von Werken durch den Urheber selbst

(1) *Damien Hirsts* Formaldehyd-Hai

Bekanntes Beispiel für eine Restaurierung durch den Urheber selbst ist der Ersatz des in Formaldehyd eingelegten Hais durch den Künstler *Damien Hirst. Hirst* hatte einen Hai an kaum sichtbaren Fäden mittig in einen Glasquader mit einer Formaldehydlösung gehängt. Dieses Werk mit dem Titel „*Die physische Unmöglichkeit des Todes in der Vorstellung eines Lebenden*" wurde 1991 im Auftrag des Kunsthändlers *Charles Saatchi* hergestellt[527] und 2004 für 9,4 Millionen Euro an einen Amerikaner verkauft.[528] Es stellte sich allerdings heraus, dass der Hai trotz der Formaldehydlösung langsam alterte. Die Haut des Hais wurde runzeliger, das Fleisch begann zu verwesen und Stücke davon sollen auf den Boden der Vitrine gesunken sein.[529] Die Flüssigkeit, in welcher der Hai eingelegt war, trübte sich. Der Grund für die Verwesung sollen Fehler bei der Präparation gewesen sein: Die Chemikalienlösung sei zu schwach gewesen, *Hirst* habe sie dem Kadaver nicht tief genug injiziert.[530] Nach Ansicht *Hirsts* sah der Hai aufgrund dieser Veränderungen nicht mehr so echt aus wie vorher und damit entgegen seiner Intention auch nicht mehr so furchteinflößend.[531] 2006 tauschte *Hirst* den verwesenden Hai daher gegen einen neuen Hai aus. Der Austausch wurde vom neuen Eigentümer finanziert und gab Anlass, über die Originalität von Kunstwerken zu diskutieren.[532] Der Eigentümer des Hais sowie der Künstler selbst sahen hingegen keinerlei Problem darin, den Hai zu ersetzen.

---

527 *Vorkoeper*, in: Zeit Online vom 10.02.2006, abrufbar unter http://www.zeit.de/feuilleton/kunst_naechste_generation/tod_1, zuletzt aufgerufen am 12.03.2012.

528 *Haas*, in: SPIEGEL ONLINE vom 29.06.2006, abrufbar unter http://www.spiegel.de/kultur/gesellschaft/0,1518,424168,00.html, zuletzt aufgerufen am 12.03.2012.

529 *Vorkoeper*, in: Zeit Online vom 10.02.2006, abrufbar unter http://www.zeit.de/feuilleton/kunst_naechste_generation/tod_1, zuletzt aufgerufen am 12.03.2012.

530 *Haas*, in: SPIEGEL ONLINE vom 29.06.2006, abrufbar unter http://www.spiegel.de/kultur/gesellschaft/0,1518,424168,00.html, zuletzt aufgerufen am 12.03.2012.

531 *Vogel*, in: New York Times vom 01.10.2006, abrufbar unter http://www.nytimes.com/2006/10/01/arts/design/01voge.html?ex=1317355200&en=6fcefeb8359f9748&ei=5088&partner=rssnyt&emc=rss, zuletzt aufgerufen am 12.03.2012.

532 *Grob*, in: F.A.Z. vom 30.06.2006, abrufbar unter http://www.faz.net/artikel/C30997/hirsts-hai-unfrischer-fisch-30073226.html, zuletzt aufgerufen am 12.03.2012; *Reynolds*, in: The Telegraph vom 28.06.2006, abrufbar unter http://www.telegraph.co.uk/news/uknews/1522516/Hirsts-pickled-shark-is-rotting-and-needs-to-be-replaced.-Should-it-still-be-worth-6.5m.html, zuletzt aufgerufen am 12.03.2012.

(2) Die *Beuyssche* Badewanne

Auch *Beuys* rekonstruierte einmal eines seiner Werke. So hatte der Münchner Sammler *Lothar Schirmer* im Jahre 1969 eine von *Beuys* 1960 mittels Heftpflaster, Mull und Fett in den Rang eines Kunstwerks erhobene Kinderbadewanne erworben und diese 1972 dem Wupperthaler von-der-Heydt-Museum als Leihgabe für eine Wanderausstellung zur Verfügung gestellt.[533] Einer Schrifttafel, die zu dem Werk gehörte, war zu entnehmen, dass in diesem Gefäß *Joseph Beuys* selbst gebadet worden war (im Verlauf der Wanderausstellung setzte jemand hinzu: „Offenbar zu heiß.“).[534] Für eine Ausstellung im Schloss Morsbroich ging das Werk nach Leverkusen und wurde dort eingelagert, während die Ausstellung noch aufgebaut werden sollte. Im Schloss tagte zur gleichen Zeit, am 3. November 1973, aber auch der lokale SPD-Ortsverein, dessen Mitglieder das Kunstobjekt zum Bierkühlen und zum Gläser spülen benutzten, nachdem sie die Wanne zuvor sorgfältig gesäubert und von den künstlerischen Zutaten *Beuys'* befreit hatten.[535] Als *Lothar Schirmer* Anfang 1974 die Badewanne zurück erhielt, war sie rein und glatt; „wie ein rasierter Kaktus“, äußerte sich der Sammler gegenüber der Presse.[536] *Beuys* erhielt letztendlich die Wanne zurück und bearbeitete sie neu.[537]

(3) Die Künstlerinitiative East Side Gallery und die Mauerbilder

Aufsehen erregt hat auch die Restaurierung der Mauerbilder durch die Künstlerinitiative East Side Gallery in Berlin. Wie bereits erläutert,[538] wurden die Werke der Mauerkünstler zum Zwecke der Sanierung zunächst mit Wasserdampf entfernt, der Beton wurde ausgebessert, um im Anschluss daran die Mehrheit der Bilder von den Künstlern selbst noch einmal mit einer speziellen lang haltbaren Farbe auf die sanierte Mauer auftragen zu lassen. Ein Speziallack erleichtert seitdem das Entfernen von nachträglich aufgetragenen Graffitis. Einige der Künstler protestierten jedoch zunächst gegen die Sanierung.[539] *Dmitri Vrubel*, der Urheber eines der bekanntesten Bilder, des „*Bruderkusses*“, weigerte sich zunächst, sein Bild zu reproduzieren. Er könne „doch nicht einfach das Gleiche nochmal

533 Rasierter Kaktus, in: DER SPIEGEL 12/1975, S. 162ff.

534 Rasierter Kaktus, in: DER SPIEGEL 12/1975, S. 162ff.

535 Rasierter Kaktus, in: DER SPIEGEL 12/1975, S. 162ff.

536 Rasierter Kaktus, in: DER SPIEGEL 12/1975, S. 162ff.

537 Der zweimalige Schöpfungsakt des Joseph Beuys, in: DER SPIEGEL 15/1977, S. 198ff.

538 Siehe oben, viertes Kapitel, A. III. 1. e), hierzu auch der Sachverhalt LG Berlin, Urt. v. 07.02.2012, Az. 15 O 199/11 (unveröffentl.).

539 *Göbel*, in: SPIEGEL ONLINE vom 27.03.2009, abrufbar unter http://www.spiegel.de/kultur/gesellschaft/0,1518,615616,00.html, zuletzt aufgerufen am 12.03.2012.

malen".[540] Die Künstler seien vor Entfernung der Bilder nicht nach ihrem Einverständnis gefragt worden und bekämen lediglich ein Pauschalhonorar von 3000 Euro für die Rekonstruktion ihrer Werke, obwohl die Lottostiftung Berlin für die Sanierung insgesamt knapp eine Million Euro bereitgestellt habe.[541] Von den Werken haben darüber hinaus über die Jahre hinweg nur Andere mit diversen Marketingprodukten profitiert, weshalb beispielsweise der Künstler *Jim Avignon* seinen Beitrag auf der Mauer bereits 1991 mit dem Wort „moneymachine" (Geldmaschine) übermalt hatte. Einige der Künstler gründeten daher die Initiative East Side mit dem Ziel, die Mittel der Lottostiftung ausschließlich den beteiligten Künstlern zur Wiederherstellung ihrer Bilder zukommen zu lassen. Diese Bemühungen waren aber letztlich erfolglos. Nur einige wenige Künstler weigerten sich schlussendlich, Kopien ihrer Bilder von 1990 anzufertigen bzw. die Anfertigung durch andere zuzulassen. Sie sahen durch die Beseitigung der Werke ihre Urheberrechte verletzt, sprachen sich für eine sachgerechte Restaurierung unter Bewahrung des Bilduntergrunds im Original aus, kritisierten die geringe Aufwandsentschädigung und beteiligten sich deshalb nicht an der Rekonstruktion. Aus diesem Grund bestehen zwischen den bemalten Flächen vereinzelt unbemalte Felder.[542]

bb) Rechtliche Bewertung der Möglichkeit der Wiederherstellung des ursprünglichen Zustands eines Kunstwerks durch den Urheber oder einen Dritten

Die Frage, ob der Künstler selbst ein beschädigtes Werk noch restaurieren kann oder ob es irreparabel zerstört ist, ist nicht nur eine kunstwissenschaftliche Frage, sondern auch eine urheberrechtliche, die eng mit dem Begriff des Werkoriginals verknüpft ist. Sie hat zudem Bedeutung im Rahmen der Bewertung, wie weit eine Restaurierungsmaßnahme durch einen Dritten gehen darf. Es gibt unterschiedliche Rechtsansichten dazu, ob es überhaupt möglich ist, den ursprünglichen Zustand eines Kunstwerkes wiederherzustellen.

(1) Ansicht der Rechtsprechung

Die Rechtsprechung hat sich zum Thema der Wiederherstellung des ursprünglichen Zustandes eines Kunstwerkes im oben erläuterten Falle der beschädigten

---

540 *Göbel*, in: SPIEGEL ONLINE vom 27.03.2009, abrufbar unter http://www.spiegel.de/kultur/gesellschaft/0,1518,615616,00.html, zuletzt aufgerufen am 12.03.2012.

541 *Danicke*, in: art Das Kunstmagazin vom 07.04.2009, abrufbar unter http://www.art-magazin.de/szene/17235/mauerkunst_berlin, zuletzt aufgerufen am 12.03.2012.

542 *Geimer*, in: F.A.Z. vom 01.12.2009 Nr. 279, S. 34.

Beuys-Badewanne geäußert. Denn als die Versicherung der Stadt Wuppertal, die das Werk als Trägerin des Von der Heydt-Museums mit 40.000 DM versichert hatte, mit der Zahlung zögerte, erhob der Sammler *Lothar Schirmer* im August 1974 schließlich Klage auf Schadensersatz vor dem LG Wuppertal. Zunächst bezifferte er den Schaden auf 40.000 DM, setzte die verlangte Summe jedoch im Laufe des Prozesses auf schließlich 80.000 DM hoch, was laut Sachverständigengutachten dem Marktwert des Kunstwerkes entsprach.[543] In Höhe von 30.000 DM erkannte die beklagte Stadt Wuppertal den Anspruch an. Im Übrigen beantragte sie Klageabweisung. In dem Rechtsstreit kam es bei der Ermittlung der Höhe des Schadensersatzes letztlich darauf an, ob das Werk unwiederbringlich zerstört oder ob eine Herstellung noch einmal möglich war. Im ersteren Fall wäre ein Wertersatz in Höhe von 80.000 DM zu leisten gewesen. Im Falle der Wiederherstellbarkeit wäre hingegen die Summe zu zahlen gewesen, die es gekostet hätte, die Wanne wieder in ihren ursprünglichen Zustand zu versetzten. Die Materialkosten hätten in diesem Fall wohl nicht viel mehr als 5 DM betragen. Eine Neubearbeitung durch einen anderen als *Beuys* selbst hätte dabei zu einem fast vollständigen Ersatz des Kunstwerkes, von dem nur die Wanne selbst erhalten war, geführt. Eine solche Restaurierung hätte also wohl eine Vervielfältigung i. S. d. § 16 UrhG dargestellt, zu der *Beuys* hätte einwilligen müssen. Ebenso hätte dies wohl dazu geführt, dass das so restaurierte Werk einen – wenn überhaupt – sehr viel geringeren Marktwert erreicht hätte. Der wesentliche Schaden könne also nicht im Materiellen betrachtet werden, sondern darin, dass die Aura der Wanne, ihr unsichtbares Kräftefeld, welches *Beuys* angelegt hatte, zerstört und der Zauber gelöst worden sei.[544] Wenn überhaupt, hätte eine erneute „Verzauberung", eine Restaurierung nur durch *Beuys* selbst erfolgen können.[545] *Beuys* selbst erklärte sich dazu bereit, das Kunstwerk für ein Honorar von 40.000 DM „wieder herzustellen".[546] Entscheidend kam es also auf die Frage an, ob die Wanne nach einer Neubearbeitung durch *Beuys* wieder dieselbe war wie vorher – dann wären nur Wiederherstellungskosten in Höhe von 40.000 DM zuzüglich der Materialkosten zu zahlen gewesen (§ 249 Abs. 2 BGB) – oder ob hierdurch ein neues anderes Werk hergestellt würde – in diesem Fall wäre ein Wertersatz für das irreparabel beschädigte Werk in Höhe von 80.000 DM zu leisten gewesen (§ 251 Abs. 1 BGB). Aufgrund von im konkreten Fall beigezogenen Sachverständigengutachten entschied das LG Wuppertal, dass eine Wiederherstellung nicht möglich sei, da die Spontaneität des Augenblicks, auf die es *Beuys* angekommen sei,

543 LG Wuppertal, Urt. v. 17.12.1975, Az. 4 O 413/74; *Braun*, S. 44.

544 So *Braun*, S. 42.

545 So *Braun*, S. 42.

546 *Braun*, S. 43.

nicht zu ersetzen sei. Nicht einmal für den Künstler selbst sei die ursprüngliche Badewanne rekonstruierbar.[547]

Auch das OLG Düsseldorf beurteilte diese Frage in zweiter Instanz ähnlich. Danach handle es sich bei der von Beuys vertretenen Kunstrichtung nicht um reinen Materialrealismus; vielmehr werde das Objekt als Träger im einzelnen nicht zu erörternder und zu bewertender subjektiver Anschauungen gesehen und so auch von den interessierten Kreisen akzeptiert. Für diejenigen, die bereit seien, Objekte von *Beuys* käuflich zu erwerben, sei es daher auch unter dem Gesichtspunkt der materiellen Wertschätzung solcher Objekte von Bedeutung, ob diese das Ergebnis des ursprünglichen Herstellungsaktes seien. Selbst eine vollkommen originalgetreue Anbringung der ursprünglich genutzten Materialien könne daher allenfalls zu einer Reproduktion des Werkes führen.[548] Letztendlich wurde die Stadt Wuppertal aber dennoch nicht zur Zahlung der 80.000 DM verurteilt, da sie die Einrede der Verjährung erhob. Insofern musste sie nur die wohl voreilig anerkannten 30.000 DM an den Sammler zahlen. Nach Abschluss des Prozesses bearbeitete *Beuys* die Wanne dennoch ein zweites Mal. Sammler *Schirmer* fand sein neues Objekt jetzt sogar „viel schöner als vorher“.[549]

(2) Ansichten in der Literatur

Nach Ansicht *Schöfers* sei auch für den Urheber ein Eingriff in Form einer Vernichtung seiner Werkes irreparabel. Auch diesem werde es nicht gelingen, das bereits einmal verkörperte Geisteswerk ein zweites Mal in der ursprünglichen, nicht veränderten Form zu verkörpern. Es werde dabei wohl ein anderes, nicht jedoch das identische geistige und körperliche Werk geschaffen werden, denn gerade im Bereich der bildenden Kunst werde das Geisteswerk zumeist nicht bereits vor der Verkörperung vollständig in allen Einzelheiten in den Gedanken des Urhebers existieren, sondern die geistige und körperliche Formung weitgehend ineinander fließen, so dass das Geisteswerk infolge der Beeinträchtigung nicht nur für die von der Werkverkörperung abhängige Umwelt, sondern auch für den Urheber selbst weitgehend verloren gehe.[550]

Nach Ansicht *Bullingers* könne ein künstlerischer Prozess nicht, auch nicht vom Künstler selbst, wiederholt werden.[551] Jede einen entstandenen Schaden ausglei-

547 LG Wuppertal, Urt. v. 17.12.1975, Az. 4 O 413/74, S. 13 f.
548 OLG Düsseldorf, Urt. v. 09.07.1976, Az. 22 U 17/76, S. 36 f.; *Braun*, S. 43 f.
549 Der zweimalige Schöpfungsakt des Joseph Beuys, in: DER SPIEGEL 15/1977, S. 198 ff.
550 *Schöfer*, S. 119.
551 *Bullinger*, S. 101.

chende Maßnahme berühre daher auch den geistigen Gehalt eines Werkes.[552] Unter Restaurierung seien lediglich Maßnahmen zu verstehen, die vorgenommen würden, um an einem Werk eingetretene Schäden „auszugleichen".

Der gleichen Ansicht ist auch *Hamann*. Werde ein Original zum überwiegenden Teil zerstört, so sei seiner Ansicht nach eine Wiederherstellung schon denkgesetzlich nicht mehr möglich.[553] Selbst wenn der Künstler im Rahmen einer selbst vorgenommenen Restaurierung seines eigenen Werkes ein ästhetisch völlig gleich aussehendes Werk rekonstruierte, so stellte dieses in den meisten Fällen lediglich ein Vervielfältigungsstück dar. Dies müsse sich daraus ergeben, dass dann schon eine zweite Fixierung vorläge, die zwar kein Selbstplagiat darstellen, allerdings auf dem Kunstmarkt als Replik vermutlich einen geringeren Kaufpreis erzielen würde. Orientierte sich der Künstler bei der Wiederherstellung hingegen nicht an seiner ursprünglichen Version, so entstehe ein künstlerisches aliud, nämlich ein neues Original.[554] Dies sei im Zweifel auch dann anzunehmen, wenn die Abweichungen zwischen der ursprünglichen Erstfixierung und der Eigenbearbeitung nur geringfügig seien.[555] Bei der vollständigen Übernahme eines bereits erstfixierten Kunstwerkes könne also nur ein Vervielfältigungsstück entstehen, wobei es gänzlich unerheblich sei, ob der Künstler selbst oder ein Dritter der Übernehmende sei.[556]

Grohmann befasst sich ebenfalls mit der Frage, ob in Fällen starker Beschädigung oder dem Verlust einzelner Teile eines Werkes der Eigentümer sein Werk von Dritten komplettieren bzw. wiederherstellen lassen darf.[557] *Grohmann* betont in diesem Zusammenhang, dass jedes Kunstwerk einmalig und unwiederholbar sei und sein einstiger ästhetischer Gesamteindruck nicht wieder hergestellt werden könne.[558] Insofern ist davon auszugehen, dass auch *Grohmann* eine Wiederherstellung des ursprünglichen Zustandes im Ergebnis nicht nur im Hinblick auf die Ästhetik, sondern auch auf die Authentizität und Originalität für unmöglich hält.

(3) Eigene Stellungnahme zur urheberrechtlichen Zulässigkeit der „Wiederherstellung" von Kunstwerken

Nach wie vor leuchtet es ein, dass die Wiederholung eines künstlerischen Prozesses in vielen Fällen selbst dann unmöglich sein muss, wenn ein optischer Unter-

552 *Bullinger*, S. 102.
553 *Hamann*, FuR 1976, 166 (166).
554 *Hamann*, S. 129.
555 *Hamann*, S. 131.
556 *Hamann*, S. 131.
557 *Grohmann*, S. 193 f.
558 *Grohmann*, S. 194.

schied im Nachhinein für niemanden erkennbar ist. Denn gerade die Einmaligkeit und Originalität sind es, die Kunst in vielen Fällen ausmachen, die der Kunst gesellschaftliche Anerkennung bringen und ihren Marktwert bestimmen.

Dennoch lässt sich nicht statisch die Ansicht vertreten, dass eine Wiederherstellung eines beschädigten Kunstwerkes unter keinen Umständen möglich sei, dass es dem so wiederhergestellten Kunstwerk notwendigerweise an Authentizität und Originalität fehle. Denn warum sollte der Betrachter oder der Eigentümer eines Werkes mehr Wert auf die Authentizität und Originalität eines Werkes legen, als der Künstler selbst? Die häufige Erscheinung in der zeitgenössischen Kunst, dass der Künstler der Bewahrung seines Konzepts den Vorrang gegenüber der Bewahrung des Originalmaterials gibt,[559] muss zumindest in der urheberrechtlichen Betrachtung von Eingriffen berücksichtigt werden.

Der Begriff der „Authentizität" findet im Urheberrecht keinerlei Erwähnung, obwohl die Bewahrung der Authentizität insbesondere in der Restaurierungsethik neben der Bewahrung der Originalität als wichtigstes Leitprinzip betrachtet wird.[560] Nach *Waidacher* ist Authentizität die unmittelbare Beziehung eines Objektes zu einem bestimmten Sachverhalt.[561] Authentizität geht nicht wie die Originalität aus dem Objekt allein hervor, sondern sie muss durch einen eigenen wissenschaftlichen Erkenntnisvorgang nachgewiesen werden.[562] Die Definition dessen, was als authentisch zu betrachten ist, ist allerdings abhängig von der jeweiligen Kultur und Zivilisation. In Mitteleuropa wird danach beispielsweise traditionell nur das Originalmaterial des Kulturgutes, also die vom Künstler stammende Fassung,[563] als authentisch betrachtet, so dass man hier von einem „Substanzfetischismus" spricht.[564] Über diese Bewertung besteht allerdings Uneinigkeit.[565] Die Frage, welcher Anteil der Substanz eines Kunstwerkes durch neues Material ersetzt werden kann, ohne dass das betreffende Werk seine Identität bzw. seine Authentizität verliert, ist zwar vorrangig eine kunsthistorische und sozialgeschichtliche, möglicherweise auch eine anthropologische.[566] Allerdings kann sie im Einzelfall auch urheberrechtliche Relevanz haben. In diesen Fällen entscheidet in einem Streitfall über die Frage, ob eine Restaurierungsmaßnahme eine Entstellung oder eine andere Beeinträchtigung darstellt, ein Richter, der –

559 So *Frasco*, S. 49.
560 *Janis*, S. 130.
561 *Waidacher*, S. 27.
562 *Waidacher*, S. 27.
563 *Janis*, S. 132.
564 *Michael Petzet* zitiert nach Janis, S. 133; *Frasco*, S. 48.
565 *Janis*, S. 133.
566 *Dreier*, in: FS Beier, S. 375.

auch wenn ihm das Sachverständigengutachten eines Kunsthistorikers oder eines Restaurators vorliegt – eine eigene Interessenabwägung vornehmen und ein eigenes Urteil fällen muss.

(a) Überschreitung der Grenzen zur Vervielfältigung

Unzweifelhaft ist die Restaurierung durch den Urheber selbst immer urheberrechtlich zulässig, auch wenn sie zum vollständigen Ersatz eines Werkes führt. Entweder schafft er dabei ein neues Werkoriginal oder eine zulässige Reproduktion seines Werkes. Ob dies eine Wiederherstellung im Sinne des § 249 Abs. 1 BGB darstellt oder nicht, hat bei einer Maßnahme durch den Urheber selbst auf die Beurteilung der urheberrechtlichen Zulässigkeit keinerlei Einfluss. Dennoch ist der fast vollständige Ersatz eines Kunstwerkes, selbst wenn er durch den Künstler selbst vorgenommen wird, von einigen Restauratoren und Kunstwissenschaftlern nicht gern gesehen. Schließlich beeinträchtigt das schlichte „Neu-Machen“ unter Umständen die Lesbarkeit des Objekts, seine historischen und physischen Eigenschaften.

Es stellt sich die Frage, wie weit ein Eingriff durch einen anderen als den Künstler selbst reichen darf, ohne dass das Urheberrecht auf den Plan gerufen wird. Ist ein Werk gänzlich vernichtet[567] oder aus irgendwelchen Gründen irreversibel beschädigt worden, so kann es durch Restaurierung seitens eines Dritten nicht ohne Zustimmung des Urhebers wiederhergestellt werden. Denn müsste das Originalmaterial im Zuge der Restaurierung komplett ausgetauscht werden, so würde zwar die Ästhetik des Werkes nicht verändert, jedoch eine weitgehend oder gänzlich neue Verkörperung des Werkes geschaffen.[568] Darin läge eine Vervielfältigung i. S. d. § 16 UrhG, die gem. § 15 Abs. 1 Nr. 1 UrhG dem Urheber vorbehalten ist. Räumt der Urheber dem Restaurator nicht die Nutzungsrechte hinsichtlich einer Vervielfältigung ein, so darf dieser eine solche nicht vornehmen. Lediglich eine Vervielfältigung durch den Künstler selbst ist in einem solchen Fall möglich. Verweigert der Urheber bzw. seine Erben diese hingegen, so ist ein Ersatz schon aus urheberrechtlicher Sicht erst nach Ablauf der urheberrechtlichen Schutzfrist möglich. Aus restaurierungsethischer Sichtweise würde eine solche Maßnahme womöglich selbst nach Ablauf der urheberrechtlichen Schutzfrist zu Kritik führen.

567 Zum Begriff der Vernichtung siehe oben, viertes Kapitel, A. III. 3. a).

568 So auch *Dreier*, in: FS Beier, S. 365 (375, Fn. 36).

(b) Bewertung von Eingriffen unterhalb der Schwelle zur Vervielfältigung

Fraglich ist aber, wie es sich verhält, wenn die Grenze zur Vervielfältigung noch nicht erreicht wird, weil der zu erneuernde oder zu ersetzende Teil allein für sich genommen noch nicht urheberrechtlich schutzfähig ist. In diesem Fall richtet sich die Zulässigkeit einer Maßnahme allein nach § 14 UrhG. Die Frage, ab wann ein Werk irreparabel beschädigt ist, so dass bereits ein Ersatz einzelner Werkteile durch neue zu einer Beeinträchtigung i.S.d § 14 UrhG führen würde, welche die Interessen des Urhebers verletzt, kann nur für jeden Einzelfall gesondert beantwortet werden.

(aa) Zur Frage der Zulässigkeit des Ersatzes von Teilen eines Kunstwerkes durch einen Dritten am Beispiel des *Hirst*-Haies

Damien Hirst sagte selbst über seinen Hai, er sei trotz des Ersatzes ein Original, keine Reproduktion. Es sei ein großes Dilemma, dass Künstler und Restauratoren unterschiedliche Ansichten im Hinblick auf die Wichtigkeit bestimmter Aspekte von Kunstwerken hätten. Für ihn als Konzept-Künstler sei die Original-Intention entscheidend, für den Restaurator das Original-Kunstwerk, also die Originalsubstanz.[569] Auch der Kunstsammler und Erwerber des Hais *Steven Cohen* ist der Ansicht, man könne das Werk nicht mit einem Gemälde vergleichen. Bei *Hirsts* Hai handle es sich um eine konzeptuelle Idee. Es gehe gerade um das furchteinflößende Äußere des Hais.[570]

Fraglich ist, ob ein nochmaliger Ersatz des Hais durch einen Dritten, etwa einen Restaurator, nach dem Tode *Hirsts* zulässig wäre. Denn zumindest dann, wenn man den Hai für sich genommen ohne das Umfeld der Vitrine bereits als schutzfähiges Werk nach § 2 Abs. 1 Nr. 4, Abs. 2 UrhG betrachtet (was aber durchaus bezweifelt werden darf), so stellte der Ersatz des Hais durch einen anderen als *Hirst* selbst jedenfalls eine Vervielfältigung gem. § 16 UrhG dar, die ohne Einwilligung des Künstlers oder seiner Rechtsnachfolger unzulässig wäre. Nimmt man hingegen an, der Hai sei für sich genommen noch kein urheberrechtlich schutzfähiges Werk, da er allein von der Natur geschaffen sei, so müsste man die Zulässigkeit einzig an § 14 UrhG messen. Zu berücksichtigen wäre hier einerseits, dass

569 *Vogel*, in: New York Times vom 01.10.2006, abrufbar unter http://www.nytimes.com/2006/10/01/arts/design/01voge.html?ex=1317355200&en=6fcefeb8359f9748&ei=5088&partner=rssnyt&emc=rss, zuletzt aufgerufen am 12.03.2012.

570 *Vogel*, in: New York Times vom 01.10.2006, abrufbar unter http://www.nytimes.com/2006/10/01/arts/design/01voge.html?ex=1317355200&en=6fcefeb8359f9748&ei=5088&partner=rssnyt&emc=rss, zuletzt aufgerufen am 12.03.2012.

ein exakt gleicher Hai, den man verwenden könnte, aus rein ästhetischem Blickwinkel, aber auch schon rein naturgemäß nicht ein zweites Mal existiert. Andererseits wurde auch der erste Hai von *Hirst* weder selbst gefangen noch selbst präpariert, sondern nur in seiner ungefähren Größe bestimmt.[571] Auf sein genaues Äußeres hatte er damit nur sehr wenig Einfluss, und auch nach seinen obigen eigenen Aussagen kam es ihm auf einen bestimmten Hai – wenn überhaupt – weit weniger an als auf das gesamte Konzept. Mithin spricht vieles dafür, einen Ersatz des Hais auch durch einen Dritten für urheberrechtlich zulässig zu erklären. Es fehlte hier bereits an einer Beeinträchtigung des Werkes, zumindest aber an einer Gefährdung der Urheberinteressen. Ein Ersatz hätte allerdings vermutlich erheblichen negativen Einfluss auf den Marktwert dieses Werkes. Dies allein kann jedoch bei der Frage der urheberrechtlichen Zulässigkeit einer Maßnahme keine Rolle spielen.

(bb) Weitere Beispiele für die Ersetzbarkeit von Teilen eines Kunstwerkes

Werke zeitgenössischer Kunst erfordern vor allem dann wesentlich intensivere restauratorische Eingriffe als „klassische" Kunstwerke, wenn sie aus kurzlebigen Materialien bestehen. Hier wird wesentlich häufiger und schneller der Ersatz von Originalmaterial oder der Austausch von Teilen erforderlich, um dem schnellen Verfall eines solchen Werkes (soweit dieser nicht vom Künstler intendiert ist) entgegen zu wirken.[572]

Da viele Künstler selbst keinen besonderen Wert auf die Erhaltung des Originalmaterials legen, sondern nur auf die originalgetreue Vermittlung ihrer Idee, müssen diese Eingriffe regelmäßig zulässig, manchmal sogar erforderlich sein. Von einer Beeinträchtigung der Interessen des Urhebers kann in solchen Fällen nicht ausgegangen werden. Der Restaurator oder Konservator muss zumindest aus urheberrechtlicher Sicht jedenfalls bis zum Ablauf der Schutzfrist der Authentizität des Materials nicht mehr Bedeutung beimessen als der Künstler selbst. Solange das Kunstwerk noch nicht zu einem Allgemeingut geworden ist, der Künstler oder sein Rechtsnachfolger also keine Urheberpersönlichkeitsrechte daran mehr geltend machen können, muss der Restaurator bei seiner Entscheidung und der Abwägung zwischen einzelnen Aspekten der Intention des Künstlers den Vorrang geben. So kann es dazu kommen, dass die Berücksichtigung des Grundsatzes der Reversibilität einer Maßnahme oder der Grundsatz des

571 *Vogel*, in: New York Times vom 01.10.2006, abrufbar unter http://www.nytimes.com/2006/10/01/arts/design/01voge.html?ex=1317355200&en=6fcefeb8359f9748&ei=5088&partner=rssnyt&emc=rss, zuletzt aufgerufen am 12.03.2012.

572 *Frasco*, S. 25, *Wharton*, S. 163 (167).

größtmöglichen Respekts vor dem Originalmaterial zugunsten der Aussage, der Ästhetik und des Konzepts eines Werkes zurücktreten müssen.

Insofern stellt beispielsweise der Ersatz des Salatkopfes in dem Werk *Senzo titolo, 1968,* des Künstlers *Giovanni Anselmo,* welches aus zwei Granitblöcken besteht, zwischen die ein Salatkopf geklemmt ist, kein rechtliches Problem dar. Die Konstruktion wird von einem Kupferdraht zusammengehalten. Der Salatkopf muss hier sogar regelmäßig ausgetauscht werden, damit das Werk funktioniert und die Idee übermittelt werden kann. Denn schrumpft das Gemüse zusammen, so fällt der kleinere Granitblock um, da der Salatkopf die gesamte Konstruktion stützt. Zudem ähnelt ein Salatkopf dem anderen und der Künstler selbst hat gegen den regelmäßigen Ersatz zugunsten des Erhalts seines Werkes nichts einzuwenden, da es ihm nicht um die Erhaltung des Originalmaterials geht.

Viele Werke werden bereits bei ihrer Schaffung auf einen vollständigen Wiederaufbau durch Dritte angelegt. Das Erfordernis einer „Replik" wohnt den Werken hier regelrecht inne. So muss das Werk *„Untitled (Pins)"* der Künstlerin *Tara Donovan* aus dem Jahr 2003 bei jeder Ausstellung neu aufgebaut werden, wobei ein exakt identischer Aufbau aus rein strukturellen Gründen nicht möglich ist. Denn das Werk besteht aus hunderten von Metallstecknadeln, die zu einer Form zusammengesteckt und gehäuft sind. Es ist Teil des Werkes, dass es jedes Mal gänzlich demontiert werden muss und bei einem Neuaufbau naturgemäß nicht jede Nadel wieder ihren ursprünglichen Platz einnimmt.[573]

Werke wie die bereits beschriebene Capri-Batterie von *Beuys*, bei der die Zitrone bzw. die Glühbirne fortwährend ersetzt werden muss, nämlich laut Gebrauchsanweisung alle 1000 Stunden, zeigen, dass es zumindest bei einigen Kunstwerken nur darauf ankommt, die Idee weiter zu vermitteln, nicht aber darauf, dass allein der Künstler Hand angelegt hat und dass es sich um das ursprüngliche Originalmaterial handelt .

Wenn also die Kunstsammlerin *Ingvild Goetz* ein Depot mit englischen Zigaretten jener Marke anlegt, welche die Künstlerin *Sarah Lucas* für ihr Werk *„Dragon"*, einen Drachen mit einem Panzer aus Filterzigaretten, verwendet hat,[574] so wird man von einer Beeinträchtigung des Werkes oder einer Gefährdung der Interessen der Künstlerin nicht ausgehen können. *Goetz* kann so noch in vielen Jahren die Oberfläche des von ihr erworbenen Werkes mit „Originalmaterial" restaurieren lassen.

573 *Frasco*, S. 45.
574 *Blomberg*, S. 49 f.

Die Problematik der Zulässigkeit des Ersatzes einzelner Teile solcher Kunstwerke liegt allerdings darin, dass ein langsamer Ersatz defekter oder beschädigter Teile nacheinander schlussendlich dazu führen würde, dass das Werk nicht mehr aus dem ursprünglichen Originalmaterial bestehen würde und man streng genommen von einer – wenn auch über einen längeren Zeitraum gestaffelte – Vervielfältigung sprechen könnte. Dies muss aber in Kauf genommen werden. Zum einen deshalb, weil letztlich kein zusätzliches Werk entsteht, so dass dem Künstler etwa eine Einnahmequelle vorenthalten würde. Zum anderen deshalb, weil es in den Fällen, in denen ein Ersatz von Einzelteilen zu Gunsten des Erhalts des Werkes der Intention und dem Interesse des Künstlers entspricht, davon auszugehen ist, dass es sich letztendlich sowohl aus Urhebersicht als auch aus Sicht des Kunstmarktes immer noch um ein und dasselbe Objekt handelt.[575]

(cc) Problematik der mangelnden Verfügbarkeit von Ersatzteilen oder Ersatzmaterial

Schwierigkeiten bereiten allerdings solche Kunstwerke, bei denen einzelne zu ersetzende Teile nicht mehr hergestellt werden. So stellt sich die Frage, ob der Ersatz von Teilen einer Installation des Videoünstlers *Nam June Paik*, in der beispielsweise ein JVC-Fernsehgerät ausgefallen und nicht mehr reparabel ist, vorgenommen werden darf. Denn wird dieses JVC Modell nicht mehr produziert, so ist fraglich, ob der Ersatz durch ein Gerät einer anderen Marke und eines anderen Modells nicht eine Verfälschung des Kunstwerkes darstellen würde. Dies könnte der Fall sein, wenn ausgerechnet die Form des ersten Fernsehers besonders charakteristisch für das Design einer bestimmten Epoche wäre oder Bestandteil des Charmes der gesamten Installation darstellte.[576] *Nam June Paik* hatte selbst wohl nichts gegen den Ersatz defekter Teile mit neuen Teilen. So soll er gesagt haben: „*Jeder kann so eine Skulptur machen, aber ich signiere sie. Wenn ich tot bin, ist es euer Problem herauszufinden, welches das Original ist.*“[577] Problematisch ist jedoch, dass ein Sammler, der für ein solches Werk viel Geld bezahlt hat, ein Interesse daran hat, dass alle Teile der Arbeit „Originale“ sind. Schließlich hat dies Einfluss auf den Marktwert des Kunstwerkes. Die besondere Schwierigkeit bei der Erhaltung von Medienkunst liegt insofern darin, einerseits die Funktionalität des Kunstwerkes aufrecht zu erhalten bzw. wiederherzustellen, andererseits aber gleichzeitig Original und Authentizität weitestgehend zu bewahren.

575 *Frasco*, S. 50.

576 So *Millet*, S. 43.

577 *Otterbeck*, in: Hummelen/Sillé, S. 301 (304).

Ein ähnliches Problem ergibt sich beim Ersatz der vom Künstler Dan Flavin häufig eingesetzten Leuchtstoffröhren. So spendeten die Röhren aus den 60er Jahren ein anderes, flackerigeres Licht als die heutigen Röhren. Während dies aus *Flavins* Sicht möglicherweise irrelevant gewesen sein mag, weil ihm die Wirkung neuerer Leuchtmittel noch nicht bekannt war, hat dies heute für den Marktwert der Werke große Relevanz.[578] Viele zeitgenössische Künstler werden daher gebeten oder vereinzelt auch im Rahmen eines Vertrages verpflichtet, sich von ihren Materialien „Ersatzteillager" anzulegen. Im Schadensfalle erfolgt dann ein Ersatz durch die Assistenten des jeweiligen Künstlers in seinem Atelier. So kauft beispielsweise *Ingvild Goetz* als eine der wichtigsten Sammlerinnen von Medienkunst im deutschen Sprachraum Film- und Videokunst nur noch auf Grundlage eines von Juristen ausgearbeiteten Vertrags, der unter anderem die Bedingung enthält, dass das jeweilige „Mastervideo" optimal gelagert werde und ausschließlich für Archivzwecke bestimmt sei, so dass sie als Sammlerin im Falle der Beschädigung, des Verlusts, des Brandes oder der Zerstörung einen einwandfreien Ersatz erhalten kann.[579] Darüber hinaus enthält der Vertrag eine Regelung, nach der eine genaue Installationsanweisung mitgeliefert werden muss, damit eine Eindeutigkeit auch im Hinblick auf den zukünftigen Umgang mit einem auf Veränderung angelegten Medium geschaffen wird.[580] Derartige vertragliche Regelungen können spätere rechtliche Konflikte vermeiden, sind jedoch die Ausnahme, da Kaufverträge auf dem Kunstmarkt nach wie vor unüblich sind.[581] In den meisten Fällen wird es insofern in erster Linie auf die erkennbare Intention des Künstlers im Zeitpunkt der Veräußerung des Werkes ankommen. Selbst wenn eine Maßnahme aber aus urheberpersönlichkeitsrechtlicher Sicht unbedenklich erscheint, weil nicht von einer Gefährdung der Interessen des Urhebers auszugehen ist, kann sie dennoch den Interessen des Eigentümers selbst widersprechen, so dass in diesen Fällen allein eine Einigung aller Beteiligten zu einer Lösung führen kann.

Abzuwarten bleibt auch, wie Restauratoren und Künstler künftig mit dem Glühbirnenverbot der EU, welches die EU-Verordnung 2005/32/EG vorsieht, umgehen werden. Die EU-Verordnung wurde in Deutschland durch das „Gesetz über die umweltgerechte Gestaltung energiebetriebener Produkte" (EBPG) von März 2008 umgesetzt (im November 2011 geändert, nunmehr „Gesetz über die umweltgerechte Gestaltung energieverbrauchsrelevanter Produkte" – Energieverbrauchs-

578 *Kegel*, in: F.A.Z. vom 14.06.2005, abrufbar unter http://www.faz.net/artikel/C30703/kunst versicherungen-blut-schweiss-und-traenen-schokolade-ein-haifisch-oder-elefantenhaar-30127780.html, zuletzt aufgerufen am 12.03.2012.

579 *Blomberg*, S. 115.

580 *Blomberg*, S. 115.

581 *Blomberg*, S. 116.

relevante-Produkte-Gesetz (EVPG)). Seit September 2012 sind praktisch alle handelsüblichen Glühbirnen vom europäischen Markt verschwunden. Ausnahmen für die Kunst sieht weder die EU-Verordnung noch das deutsche Gesetz vor. Dies wird unter anderem insbesondere von Restauratoren wie *Christian Scheidemann, Otto Hubacek* und *Ulrich Lang* heftig kritisiert.[582] Gerade in den 60er Jahren haben viele Künstler in ihren Werken die klassische Glühbirne verwendet. Viele Kunstwerke verlieren ohne den Einsatz der traditionellen Glühbirne ihre Wirkung. Nach Ansicht des Direktors der Bremer Kunsthalle *Wulf Herzogenrath* kommen beispielsweise der „*Lichtraum*" von *Otto Piene* und der „*Videosynthesizer*" von *Nam June Paik,* die sich in seinem Museum befinden, nicht ohne die herkömmliche Glühbirne aus. Die Form der Beleuchtung sei hier Teil der authentischen Wirkung der Kunstwerke.[583] Auch der „*Licht-Raum-Modulator*" von *Laszlo Moholy-Nagys,* der 1930 mit dem Schein von 140 Glühlampen ein abstraktes Schattentheater ablaufen ließ, das Werk „*Exit*" von *Julian Göthe,* eine Skulptur, die über sieben Schreibtischlampententakel verfügt, Werke der Düsseldorfer Gruppe „*Zero*" oder von *Olafur Eliasson* entfalten ihre Wirkung gerade dank der altbekannten Glühbirnen. Bei diesen und vielen anderen Kunstwerken kann die Glühbirne nicht einfach durch andere Leuchtmittel ersetzt werden, ohne dass die Werkästhetik zerstört würde. Nicht nur die Form der neuen Energiesparlampen, sondern auch das Licht der handelsüblichen Stromsparlampen sei laut *Christian Scheidemann* „grässlich".[584] Der Münchner Lampendesigner *Ingo Maurer* nennt das Licht der Leuchtstoffbirnen „tot, gleichgültig und total leer".[585] Im März 2010 haben etwa 100 Gegner des Glühbirnenverbots aus der Kunst- und Architekturszene eine Petition in der Kommission in Brüssel eingereicht, in der sie die Rücknahme des Verbots fordern.[586] Unter den Gegnern befinden sich beispielsweise die Künstler *Georg Baselitz, Andreas Gursky* und *Thomas Demand,* Architekt *Hans Kollhoff,* Designer *Ingo Maurer* sowie die Kuratoren und Museumsdirektoren *Michael Werner, Armin Zweite* und *Wulf Herzogenrath.*

---

582 *Briegleb,* in: Süddeutsche.de vom 24.07.2009, abrufbar unter http://www.sueddeutsche.de/kultur/gluehbirnen-in-museen-dealer-gesucht-1.157587-2, zuletzt aufgerufen am 12.03.2012.

583 Glühlampenverbot bedroht zahlreiche Kunstwerke, in: Welt Online vom 27.12.2010, abrufbar unter http://www.welt.de/kultur/article11841299/Gluehlampenverbot-bedroht-zahlreiche-Kunstwerke.html, zuletzt aufgerufen am 12.03.2012.

584 *Briegleb,* in: Süddeutsche.de vom 24.07.2009, abrufbar unter http://www.sueddeutsche.de/kultur/gluehbirnen-in-museen-dealer-gesucht-1.157587-2, zuletzt aufgerufen am 12.03.2012.

585 *Briegleb,* in: Süddeutsche.de vom 24.07.2009, abrufbar unter http://www.sueddeutsche.de/kultur/gluehbirnen-in-museen-dealer-gesucht-1.157587-2, zuletzt aufgerufen am 12.03.2012.

586 http://www.monopol-magazin.de/artikel/20101335/editorial-monopol-redaktion.html, zuletzt aufgerufen am 12.03.2012.

Nach Angaben von Restauratoren wie *Otto Hubacek* haben viele Museen sich große Vorräte an Glühbirnen angelegt.[587] Denn seit September 2012 kann der Verkauf auch für museale Notfälle gem. § 13 Abs. 2 des Energieverbrauchsrelevante-Produkte-Gesetzes (EVPG) ein Bußgeld von 50.000 Euro für den Händler nach sich ziehen. Sollten die Vorräte allerdings irgendwann einmal ausgehen und Restauratoren künftig nicht mehr in der Lage sein, über andere Wege an herkömmliche Glühbirnen heran zu kommen, so führte dies bei denjenigen Kunstwerken, bei denen Glühbirnen ganz gezielt oder mit symbolischer Funktion eingesetzt wurden, dazu, dass der Ersatz durch ein anderes Leuchtmittel eine Beeinträchtigung des Werkes i. S. d. § 14 UrhG darstellen würde. Da in diesen Fällen ein Ersatz durch andere Leuchtmittel als besonders intensiver Eingriff zu beurteilen wäre, käme es hier regelmäßig zu einem Überwiegen der Interessen des Urhebers, so dass dieser sich zumindest dann, wenn das Werk der Öffentlichkeit zugänglich gemacht wird, hiergegen wehren könnte. Auch in diesem Fall müssten die Eigentümer ihre Werke bis zum Ablauf der Schutzfrist unter Ausschluss der Öffentlichkeit verwahren oder vernichten, es sei denn, der Künstler wäre damit einverstanden, dass sein Werk mit Energiesparlampen bestückt und in dieser Form öffentlich ausgestellt wird.[588] Das Glühbirnenverbot kann mithin künftig zu einem Beispiel für Fälle werden, in denen die Restaurierung einzelner Werke faktisch nicht mehr möglich sein wird.

Aber nicht nur im Bereich der Technik werfen Kunstwerke Probleme bei der Beschaffung von Ersatzteilen auf. Auch in anderen Bereichen stellt die Beschaffung von verwendeten Materialen ein Problem bei der Konservierung und Restaurierung von Kunstwerken dar. Dies ist insbesondere dann der Fall, wenn der Künstler keine Wege aufzeigt, wie mit dem Werk zu verfahren ist, falls ein Material nicht mehr erhältlich sein sollte.

In Fällen wie diesen wird es bei Vornahme einer Restaurierungsmaßnahme erforderlich sein, alle beteiligten Kreise am Entscheidungsfindungsprozess zu beteiligen, um zu einer Lösung zu gelangen, die allen Interessen weitestgehend gerecht wird und um spätere rechtliche Konflikte zu verhindern.

(c) Zusammenfassung

In vielen Bereichen zeitgenössischen Kunstschaffens kann man demnach durchaus davon ausgehen, dass Werke – auch durch Dritte – zu Teilen wieder her-

---

587 http://julian-mieth.suite101.de/goodbye-gluehbirne-a64396, zuletzt aufgerufen am 12.03.2012.

588 So geschehen im Falle der *Light Wall IV* von *Carsten Höller*, siehe http://www.newscenter.philips.com/de_de/standard/news/lighting/20101119_led-lampen_erobern_die_lichtkunst.wpd, zuletzt abgerufen am 12.03.2012.

gestellt werden können, da es hier nicht auf die Einmaligkeit des künstlerischen Prozesses oder die Eigenhändigkeit der Produktion ankommt, eine solche dem Werk nicht einmal immanent ist. Hier kann insofern auch nicht von einer Beeinträchtigung des Werkes oder der Gefährdung der Interessen des Künstlers ausgegangen werden. Im Ergebnis muss die Lösung der aufgezeigten Konflikte also darin liegen, zwischen den unterschiedlichen Kunstwerken zu differenzieren. Im Einzelfall können hierbei Sachverständige helfen. So mag es in vielen Fällen ohne weiteres möglich sein, die Ästhetik eines Werkes wieder herzustellen. Hierbei kann es aber zu erheblichen Verlusten an Originalsubstanz kommen, die im Einzelfall den Interessen des Urhebers widersprechen und zu einer Verfälschung der geistigen Aussage führen können. Andererseits sind Fälle denkbar, in denen eine Wiederherstellung aufgrund fehlender Ersatzteile nur unter Veränderung der Ästhetik oder Funktionalität eines Werkes möglich ist, so dass auch hier die Interessen des Urhebers beeinträchtigt werden können. Darüber hinaus sind aber auch relativ weit reichende Eingriffe (wie im Falle der Capri-Batterie oder des Salatkopfs von *Giovanni Anselmo*) denkbar, die das Werk selbst fordert und die der Intention des Urhebers nicht widersprechen, da hier die Originalsubstanz aus seiner Sicht keine Rolle spielt. Nur nach genauer Betrachtung aller Aspekte des jeweiligen Werkes kann die Intensität eines Eingriffs und damit die Intensität der Verletzung der Interessen des Urhebers bestimmt werden. Bei der Abwägung und der Ermittlung der Schwere des Eingriffs können die bereits erläuterten Faktoren aus dem Decision-Making Model for the Conservation and Restoration of Modern and Contemporary Art als Hilfe zur Entscheidungsfindung dienen. Im Einzelfall kann es jedenfalls dazu kommen, dass eine Ersatzmaßnahme aus restaurierungsethischer Sicht kritisch zu betrachten ist, während sie aus urheberrechtlicher Sicht als zulässig betrachtet werden muss.

b) Verfälschung des ästhetischen Eindrucks

Ein Überwiegen der Interessen des Urhebers an einem Verbietungsrecht wird man regelmäßig annehmen können, wenn durch eine Maßnahme, die in die Substanz des Werkes eingreift, der geistig-ästhetische Eindruck deutlich sichtbar verändert wird. Im Bereich der reinen bildenden Kunst sind Sachverhalte kaum denkbar, bei denen Eingriffe eine Veränderung der Ästhetik eines Werkes rechtfertigen.[589] Hierbei muss aber auf das Werk in seiner ursprünglich intendierten Form abgestellt werden. So wird es beispielsweise regelmäßig zulässig sein, nachträgliche Veränderungen wie Staub oder Rost von Metallskulpturen zu entfernen.[590]

---

589 Siehe oben, viertes Kapitel, A. I. 1.

590 *Bullinger*, S. 102.

Wohl bekanntestes Beispiel für eine missglückte Restaurierung, durch die der ästhetische Eindruck verfälscht wurde, ist die Restaurierung des monochromen Werkes „*Who's Afraid of Red, Yellow and Blue III*" von *Barnett Newman* im Wert von 1,3 Millionen Dollar durch den Restaurator *Daniel Goldreyer*. Ein psychisch Kranker hatte 1986 im Amsterdamer Stedelijk-Museum mit einem Messer auf das Bild eingestochen.[591] *Goldreyer* wurde auf Empfehlung der Witwe *Anna Lee Newman* mit der Restaurierung des Werkes beauftragt. Er hatte bereits zuvor zahlreiche andere Werke *Newmans* restauriert. Newman selbst hatte einmal geäußert, dass *Goldreyer* der einzige sei, der die Möglichkeiten, die Fähigkeiten, und die Erfahrung habe, seine Werke angemessen zu bewahren.[592] Nachdem Goldreyer das Werk restauriert hatte, äußerten Experten allerdings den Verdacht, der renommierte Restaurator habe die Farbflächen nicht, wie einst der Künstler, aus Millionen winzigster Farb-Tupfen aufgebaut, sondern schlicht mit einem Farbroller breitflächig über die monochromen Flächen gestrichen.[593] Jedenfalls habe er den vibrierenden, lebendigen Eindruck des ursprünglichen Werks nicht wiederherstellen können.[594] *Goldreyer*, der alle Anschuldigungen zurückwies, verklagte die Stadt Amsterdam als Trägerin des Museums und einige der dort Angestellten, die sich kritisch über die Restaurierungsmaßnahme geäußert hatten, wegen Beleidigung.[595] Wohl weil die Witwe *Newmans* den Restaurator selbst ausgewählt hatte, kam es hier nicht zu einem urheberpersönlichkeitsrechtlichen Streit. Inzwischen ist ein weiteres Gemälde *Newmans* – „*Cathedra*" – im Stedelijk-Museum bei einem ähnlichen Attentat durch dieselbe Person wiederum mit einem Messer stark beschädigt worden. Dieses Mal wurde das Werk allerdings von den Restauratoren des Hauses selbst wiederhergestellt, die aufgrund des ersten Vorfalls viele Erfahrungen auf dem Gebiet der Restaurierung großformatiger Gemälde mit monochromen Farbflächen sammeln konnten. Mittlerweile hängt das Werk wieder im Museum. Die Narben der „geglückten Operation" sind kaum noch zu sehen.[596]

Ob es angesichts solch tiefgreifender Restaurierungsmaßnahmen, die in vielen Fällen wohl auch nicht gänzlich spurlos zu bewältigen sein werden, letztlich zu einem urheberpersönlichkeitsrechtlichen Streit zwischen dem Künstler oder seinen Erben und dem Eigentümer oder Restaurator kommt, hängt davon ab, wo die Priorität des Künstlers oder seiner Erben liegt: Ist ein Werk derart stark

591 *Thimm*, in: DER SPIEGEL 29/2001, S. 148 ff.

592 zit. nach *De Wit*, in: Law and Policy Review, Volume 1, Issue 2, December 2010, S. 139 (152); *Beunen*, in: Hummelen/Sillé, S. 222 (227).

593 *De Wit*, in: Law and Policy Review, Volume 1, Issue 2, December 2010, S. 139 (152).

594 *Thimm*, in: DER SPIEGEL 29/2001, S. 148 ff.

595 *Schweighöfe*, in: art Das Kunstmagazin 2/1994, S. 116.

596 Nach geglückter Operation bleiben die Narben, in: art Das Kunstmagazin 3/2002, S. 132.

beschädigt wie in den soeben geschilderten *Newman*-Fällen, so kann der Urheber zum einen der Ansicht sein, dass das Werk aufgrund dieses Zustands für immer aus dem Verkehr gezogen werden müsse; alternativ kann er eine Restaurierungsmaßnahme befürworten, damit sein Werk überhaupt noch für die Nachwelt erhalten bleibt, wenngleich dabei mit zurückbleibenden Spuren zu rechnen ist.

c) Verfälschung der geistigen Aussage

Denkbar sind aber auch Fälle, bei denen zwar die menschlich wahrnehmbare Ästhetik eines Kunstwerkes nicht wesentlich verändert wird, durch Veränderungen am Material allerdings die besondere Aussage oder Bedeutung, aber auch die Originalität und Authentizität des Werkes verändert wird.

aa) Beispiele für eine Verfälschung der geistigen Aussage durch Restaurierungsmaßnahmen

Ein Beispiel für eine solche unsachgemäße Restaurierung stellt die Restaurierung des Werkes „*Das Schweigen des Marcel Duchamp wird überbewertet*“ von *Joseph Beuys* aus dem Jahre 1964 dar. Hierbei handelt es sich um ein Überbleibsel eines am 11.12.1964 während einer Live-Sendung der Sendereihe „*Die Drehscheibe*“ im ZDF durchgeführten Fluxus-Aktion,[597] also einer Form der Aktionskunst. Diese bestand darin, dass *Beuys* einen Bretterverschlag rechtwinklig anfertigte, den er mit Filz auslegte. Den beim Bau des Bretterverschlags entstandenen Winkel fettete er mit Margarine ein und wies einen Mitarbeiter an, mit Braunkreuzfarbe und Schokolade auf ein Stück Papier auf dem Boden den Satz „Das Schweigen von Marcel Duchamp wird überbewertet“ zu schreiben.[598] Im Rahmen einer wegen Insektenbefalls nötig gewordenen Restaurierung der auf diesem Schild angebrachten Schokolade wurde diese im Auftrag des Eigentümers des Werkes, dem Museum Moyland, durch Pappmaché ersetzt. Ein später erstellter Restaurierungsbericht des Chefrestaurators der Berliner Nationalgalerie, *Otto Hubacek*, lautet hierzu wie folgt: „1996 (…) stellte man fest, dass durch Insektenbefall im Inneren des verglasten Rahmens die applizierte Schokolade zur Gänze vernichtet worden war.“ (…) „Man entschied sich (im Museum Moyland) zur Rekonstruktion der Schokolade durch säurefreien Museumskarton“.[599] Der damalige Restaurator hatte laut Restaurierungsbericht auf dem Bildträger vor Anbringung der Pappe handschriftlich vermerkt: „Im Auftrag von Hans van

597 LG Düsseldorf GRUR-RR 2011, 203 (203) – *Beuys-Aktion*.

598 LG Düsseldorf GRUR-RR 2011, 203 (203) – *Beuys-Aktion*.

599 Pressemitteilung der VG Bild-Kunst von Juli 2010, http://www.bildkunst.de/html/body_pressemitteilung.html, zuletzt aufgerufen am 12.03.2012.

der Grinten *(dem damaligen Museumsdirektor des Museums Moyland)* angefertigt“,[600] vermutlich weil er sich selbst dessen bewusst war, dass die von ihm vorgenommene Maßnahme nicht den Anforderungen an eine sachgemäße Restaurierung entsprach. Die Rechtsnachfolgerin des Künstlers, Witwe *Eva Beuys*, war von der Beschädigung des Werks und seiner Restaurierung nicht in Kenntnis gesetzt worden und erfuhr erst 2008 hiervon, als der *Beuys*-Experte *Prof. Dr. Eugen Blume*, der es für eine Ausstellung in Berlin ausleihen wollte, das Werk betrachtete, und feststellte, dass die von *Beuys* applizierte Schokolade durch Pappe ersetzt worden war. Als sie schließlich von diesem Eingriff erfuhr, verlangte sie vom Museum Moyland die umgehende fachgerechte Wiederherstellung des Originalzustandes[601] oder die Vernichtung des Werkes.[602] Der Auftrag zur Restaurierung wurde auf ihren Wunsch an den Restaurator *Hubacek* gegeben.[603] Es folgte eine Suche nach Schokolade aus dem Jahr 1964 der Marke Sarotti, da auch die in *Beuys* Werk verwendete Schokolade von dieser Marke stammte.[604] Da sich aber weder Originalschokolade aus dem Jahr 1964 noch die dazugehörigen Gussformen mehr auftreiben ließen, weil sich seither Größe und Form der Schokoladentafeln geändert hatten, wurde von der Technischen Universität Berlin die Original-Gussform rekonstruiert, in der die neue Schokolade gegossen wurde.[605] Zu berücksichtigen war darüber hinaus auch, dass *Beuys* sowohl ganze Tafeln als auch kleine Stücke sowie nicht ausgepackte Schokolade benutzt hatte, die teilweise mit Braunkreuzfarbe übermalt waren.

Auch eine weitere misslungene Restaurierungsmaßnahme an einem Werk von *Beuys* lässt sich als Beispiel für die Verfälschung der geistigen Aussage eines Werkes durch Restaurierungsmaßnahmen anführen. So wurde seine „*Fettecke in Kartonschachtel*“ aus dem Jahr 1963, bestehend aus einem Pappkarton, gefüllt mit einem Haufen undurchsichtigem, elfenbeinfarbenen Fett auf einem Stück grauem Filz in einer Ecke des Kartons, durch den Restaurator des Stedelijk Museums in Amsterdam mit einem haltbareren anderen Material ersetzt. Das

600 Pressemitteilung der VG Bild-Kunst von Juli 2010, http://www.bildkunst.de/html/body_pressemitteilung.html, zuletzt aufgerufen am 12.03.2012.

601 Pressemitteilung der VG Bild-Kunst von Juli 2010, http://www.bildkunst.de/html/body_pressemitteilung.html, zuletzt aufgerufen am 12.03.2012.

602 *Boch*, in: NRZ vom 11.02.2009, abrufbar unter http://www.derwesten.de/nrz/kultur/Schokolade-Jahrgang-1964-gesucht-id753130.html, zuletzt aufgerufen am 12.03.2012.

603 Pressemitteilung der VG Bild-Kunst von Juli 2010, http://www.bildkunst.de/html/body_pressemitteilung.html, zuletzt aufgerufen am 12.03.2012.

604 *Boch*, in: NRZ vom 11.02.2009, abrufbar unter http://www.derwesten.de/nrz/kultur/Schokolade-Jahrgang-1964-gesucht-id753130.html, zuletzt aufgerufen am 12.03.2012.

605 *Boch*, in: NRZ vom 11.02.2009, abrufbar unter http://www.derwesten.de/nrz/kultur/Schokolade-Jahrgang-1964-gesucht-id753130.html, zuletzt aufgerufen am 12.03.2012.

Fett hatte mit der Zeit begonnen zu schmilzen und bereits einen fettigen Fleck gebildet.[606] Allerdings spielten die Materialien Filz und Fett in *Beuys'* Schaffen eine große konzeptionelle und symbolische Bedeutung. So hatte *Beuys* den Mythos verbreitet, er sei nach einem Flugzeugabsturz im zweiten Weltkrieg von Tartaren versorgt worden, die ihn in Filz und Fett eingewickelt hätten, um ihn zu wärmen und ihm so das Leben retteten.[607] Die Transformation des Fettes von einem flüssigen zu einem festen Zustand und umgekehrt hatte für ihn daher eine besondere Bedeutung. Ohnehin liebte *Beuys* die Zeichen der Alterung und Veränderungen. Seine Idee war es, aus Reliquien Ästhetik zu machen,[608] und so auf anthropologisch-tragische Weise den Kunstbegriff zu erweitern.[609] Der Ersatz des Fettes mit einer anderen haltbaren Substanz verfälschte insofern die geistige Aussage des Werkes von Grund auf.

Ein weiteres Beispiel für die Verfälschung der geistigen Aussage durch den Ersatz von Material bietet der amerikanische Künstler *Tom Sachs*. Dieser füllte einen gewöhnlichen Kühlschrank mit Eierkartons, Bierdosen und Munitionshülsen amerikanischer Waffen. Hiermit wollte er darauf verweisen, dass es in den USA fast ebenso leicht sei, an Sprengstoff und Waffen heranzukommen wie an Lebensmittel.[610] Als die Kunstsammlerin *Ingevild Goetz* das Werk nach Deutschland ausführen wollte, mussten die originalen Sprengstoffhülsen entfernt und später durch deutsche Munitionshülsen wieder ersetzt werden. Dies verlieh der Arbeit schon farblich einen anderen Charakter. Insbesondere veränderte und verfälschte der Austausch der Munition aber auch den Sinn des Werkes.[611] In diesem Falle nimmt es ihm gar seine gesamte symbolische Bedeutung.

bb) Reichweite des Schutzes aus § 14 UrhG

Der Künstler hat ein berechtigtes Interesse daran, dass die Bedeutung der von ihm verwendeten Materialien im Rahmen von erforderlich werdenden Restaurierungsmaßnahmen berücksichtigt wird. Dass sich im Bereich der Kunst zu den Aspekten der Ästhetik und des Darstellungsgegenstandes – wie bereits erläutert[612] – der wichtige Aspekt des Materials, aber auch des Herstellungsprozesses hinzugesellt hat, kann nicht dazu führen, dass neuere Kunstformen in dieser Hinsicht keinen Schutz genießen. Wird ein verwendeter Werkstoff durch einen

606 *Frasco*, S. 39.
607 *Grabes*, S. 60.
608 *Frasco*, S. 40.
609 *Grabes*, S. 60.
610 *Blomberg*, S. 47.
611 *Blomberg*, S. 47.
612 Siehe oben, erstes Kapitel, D.

anderen, möglicherweise haltbareren Stoff ersetzt, so kann dies bei gleichbleibender Ästhetik dennoch gänzlich den Blick auf die hinter dem Werk stehende Intention, die gleichzeitig auch die besondere Wirkung eines Werkes ausmacht, verstellen. Ein Werk, welches seine besondere Bedeutung nicht in der Schönheit, der optisch wahrnehmbaren Ästhetik erlangt, sondern in der geistigen Aussage, seiner Geste, den Assoziationen, die es weckt, würde ansonsten seines Schutzes dort, wo es seiner am nötigsten bedarf, beraubt. Die Rechtswissenschaft kann den Bedeutungszuwachs des Materials in der Kunst daher nicht schlicht ignorieren. Schließlich zielt der urheberrechtliche Schutz von Kunstwerken auf das geistige Werk ab. Spiegelt sich dieser Geist aber in der Wahl eines bestimmten Materials oder eines bestimmten Herstellungsprozesses wider, so verdient dieser Aspekt den besonderen Schutz. Besonderes Wesen der bildenden Kunst ist schließlich ihre Zweckfreiheit. Sie muss nur den Geist ihres Schöpfers widerspiegeln. Sie dient also allein sich selbst. Die Intention des Künstlers ist Ausgangspunkt der Auslegung des § 14 UrhG.[613] Ihm als Schöpfer obliegt das Recht, den Grund für seine Schöpfung zu bestimmen, seine von ihm gewollte Aussage, seine Intention, denn von ihm stammt die Idee zu dem Werk. Dies gilt selbst dann, wenn das Werk von Dritten anders wahrgenommen wird und in anderen Kontexten eine andere Bedeutung annimmt. Geht die besondere Bedeutung des Werkes von dem verwendeten Material aus, so ist dies daher im Rahmen der Interessenabwägung zu berücksichtigen.

Die Einbeziehung der Veränderung der geistigen Aussage eines Werkes bei gleich bleibender Ästhetik in den Schutzumfang des § 14 UrhG widerspricht auch nicht dem Wortlaut und Zweck der Norm. Die geistigen Interessen des Urhebers sind ausdrücklich vom Wortlaut des § 14 UrhG umfasst. Von einer Beeinträchtigung des Werkes ist bei einer Materialveränderung wegen der Verfälschung seiner prägenden Wesenszüge[614] also dann auszugehen, wenn dieses Material vom Künstler bewusst und gezielt eingesetzt wurde. Da aber auch die Interessen des Eigentümers an der Erhaltung seines Werkes zu berücksichtigen sind, ist es unter Umständen denkbar, das schadhafte ursprüngliche Material durch neues Material gleicher Art zu ersetzen und es dabei auf chemische oder physikalische Art und Weise so zu verändern, dass der Verfallsprozess zumindest verlangsamt wird.[615] In diesem Fall wird man regelmäßig ein Überwiegen der Interessen des Eigentümers annehmen können.[616] Auch dies ist allerdings nur dann der Fall, wenn es nicht auf die

613 Siehe oben, erstes Kapitel, B.

614 *Dustmann*, in: Fromm/Nordemann, § 14 Rn. 9; *Dietz/Peukert*, in: Schricker/Loewenheim, § 14 Rn. 19.

615 Anders aber bei Verfalls- und Destruktionskunst, siehe unten, viertes Kapitel, A. V. 8. d).

616 Anders aber bei Verfalls- und Destruktionskunst, siehe unten, viertes Kapitel, A. V. 8. d).

Einmaligkeit genau dieses Werkmaterials ankommt (z.B. auf einen bestimmten eingefügten Gegenstand). Ebenso ist die Grenze zur Schaffung eines vollkommen neuen Materials, welches den Intentionen des Künstlers widerspricht, zu beachten. Wo diese Grenze zu ziehen ist, hängt von den Umständen des Einzelfalls ab.

Im Ergebnis ist demnach davon auszugehen, dass auch Änderungen allein der geistigen Aussage des Werkes vom Verbietungsrecht des § 14 UrhG erfasst werden. Im Rahmen der Interessenabwägung wird es also jeweils darauf ankommen, wie wichtig dem Künstler gerade die Verwendung dieses Materials war. Dies ist allerdings nicht notwendigerweise allein anhand der Ansicht des Künstlers selbst im Zeitpunkt einer eingreifenden Maßnahme zu bewerten, sondern kann unter Umständen auch durch eine Betrachtung des Gesamtwerkes des Künstlers festgestellt werden. Zudem sind auch frühere möglicherweise widersprechende Aussagen des Künstlers zu berücksichtigen. Letztendlich muss aber auch bedacht werden, dass die Lebensdauer eines Kunstwerkes nicht immer auf die Ewigkeit angelegt ist und der Eigentümer sich mit dem „Tod“ seines Kunstwerkes unter Umständen schlichtweg abfinden muss.

cc) Beweislast des Urhebers

Zu beachten ist, dass im Rahmen eines Gerichtsprozesses der Künstler aufgrund der ihm obliegenden Beweislast darlegen muss, dass es ihm auf ein bestimmtes Material als künstlerisches Darstellungsmittel in besonderer Weise ankam. Ein solcher Beweis im Bestreitensfalle wird dem Künstler je nach Eigenart des Werkes mal leichter, mal schwieriger gelingen. Als Hilfe kann dem Künstler ein Kunstsachverständigengutachten dienen, welches die Bedeutung des Materials für das Kunstwerk und die Folgen eines Eingriffs für dieses bewertet.

d) Restaurierung von Verfallskunst und Destruktionskunst

Wie bereits angesprochen, arbeiten heute viele Künstler mit instabilen, leicht vergänglichen Materialien. Urheberpersönlichkeitsrechtliche Konflikte können insbesondere dann auftreten, wenn Interessen des Künstlers nicht mit denen des Eigentümers übereinstimmen, wenn beispielsweise ein Eigentümer ein fragiles Werk möglichst lange in einem bestimmten Zustand erhalten will, der Künstler selbst hingegen eine andere Methode der Konservierung oder Restaurierung wünscht bzw. eine solche gänzlich ablehnt, weil er die Veränderung und den Verfall seines Werkes beabsichtigt. Besonders relevant wird dies im Bereich der Destruktionskunst und der Verfallskunst, bei welcher der Künstler den Verfall oder die Zerstörung bewusst mit in seine Schöpfung einbezieht.

Bemerkenswert ist hierbei, dass es kaum eine Versicherung gibt, die sogenannte Allmählichkeitsschäden wie z. B. Schimmel, Rost oder Oxydation abdeckt. So können beispielsweise *Dieter Roths* Schokoladen-Hasen nicht dagegen versichert werden, dass sie ihre Konsistenz im Laufe der Jahre verändern, sie also porös und stoßempfindlich sowie anfällig für Ungeziefer werden. Wird jedoch ein solches Exemplar in einem Museum ausgestellt und muss hierfür auf Reisen gehen, so erfasst eine Versicherung den Fall, dass der allmählich fortschreitende Verfall der Schokoladenplastik durch den Transport oder eine unsachgemäße Präsentation des Werks beschleunigt wird.[617]

Nicht jeder Eigentümer nimmt es daher so gelassen hin wie *Christian Boros*, dass Werke, die Tausende oder unter Umständen gar Millionen von Euro wert sind, sich bereits nach kurzer Zeit auflösen. Dieser Zerfall spiele für ihn nach eigenen Angaben keine Rolle. Die Hauptsache sei, zu wissen, was die Intention des Künstlers dabei war.[618] Obwohl Rechtsprechung zum Thema der Verletzung von Urheberpersönlichkeitsrechten durch Restaurierung von Verfalls- oder Destruktionskunst nicht existiert, kommt es hier zu Konflikten, die in den meisten Fällen der Restaurator lösen muss, der entweder den Auftrag des Eigentümers ausführen oder aber eine Maßnahme aufgrund der entgegenstehenden Intention des Künstlers ablehnen kann.

aa) Zum Begriff Destruktionskunst

Bei dem Begriff Destruktionskunst handelt es sich um eine direkte Übersetzung des Begriffs „Destruction Art“, der im anglo-amerikanischen Raum in der bildenden Kunst in den sechziger Jahren geläufig war. Er umschreibt in erster Linie eine Kunstbewegung, die in den frühen 1960er Jahren begann und ihren Höhepunkt in dem „Destruction in Art Symposium“ (DIAS) 1966 in London erreichte. Hauptziel des DIAS war es, die Aufmerksamkeit auf das Element der Zerstörung in Happenings und in anderen Formen der Kunst zu lenken und diese in einen Zusammenhang mit der Gesellschaft zu stellen. Unter den Künstlern, die an dem Symposium teilnahmen, waren unter anderem *Gustav Metzger* und *Raphael Montanez Ortiz*. Im Rahmen des Symposiums organisierten Künstler eine Reihe von Veranstaltungen, auf denen zerstörerische Prozesse in

617 *Kegel*, in: F.A.Z. vom 14.06.2005, abrufbar unter http://www.faz.net/artikel/C30703/kunst versicherungen-blut-schweiss-und-traenen-schokolade-ein-haifisch-oder-elefantenhaar-30127780.html, zuletzt aufgerufen am 12.03.2012.

618 *Kegel*, in: F.A.Z. vom 14.06.2005, abrufbar unter http://www.faz.net/artikel/C30703/kunst versicherungen-blut-schweiss-und-traenen-schokolade-ein-haifisch-oder-elefantenhaar-30127780.html, zuletzt aufgerufen am 12.03.2012.

Aktionen eingebaut wurden. Auch der Künstler *Jean Tinguely* prägte mit seinen kinetischen Objekten, Projekten und Aktionen die Kunst der zweiten Hälfte des 20. Jahrhunderts entscheidend mit. Auch er entwarf autodestruktive Werke bzw. veranstaltete Aktionen wie z. B. die „*Homage to New York*", bei der sich die integrierten Gegenstände, unter anderem ein Klavier, schließlich selbst zerstörten.[619]

Bei autodestruktiver Kunst setzt der Künstler den Rahmen für Selbstaktivitäten des Materials. Er entwickelt ein Konzept und gibt seinem Kunstwerk die Anfangsgestalt. Die Endgestalt ist hingegen Ergebnis eines chemischen oder physikalischen Vorganges.[620] Autodestruktive Kunst demonstriere nach *Hoffmann* den Selbstmord der Maschinenwelt.[621] Nach *Gustav Metzger* solle die Zerfallszeit eines autodestruktiven Kunstwerkes 20 Jahre nicht überschreiten.[622]

Erst kürzlich schuf der Künstler *Urs Fischer* für die Biennale 2011 lebensgroße brennende *Wachsskulpturen*, die sich über die Dauer der Ausstellung selbst zerstörten. Eine davon stellte eine Nachbildung der Marmorgruppe „*Der Raub der Sabinerinnen*" aus dem Jahr 1583 von *Giovanni da Bologna* dar. Nach einem vorab festgelegten Konzept brannte die beeindruckende, über sechs Meter hohe monumentale Skulptur innerhalb von 6 Monaten ab. Man mag darin ein Hinterfragen aller künstlerischen Tätigkeiten und aller künstlerischen Produkte sehen. Allerdings erwarb ein Käufer die Rechte zur Reproduktion der Kerze. Immer dann, wenn seine 3,5 Tonnen-Skulptur abgebrannt ist, darf er die Produktion einer neuen Kerze in Auftrag geben.[623]

bb) Zum Begriff Verfallskunst

Bei der Verfallskunst geht es nicht unmittelbar um das Thema der Zerstörung. Vielmehr werden hier aufgrund der Natur der verwendeten organischen Substanzen physikalische und chemische Prozesse als zwangsläufige Folge der permanenten Veränderung dieser Stoffe in Gang gesetzt. Einer der bedeutendsten Verfallskünstler, der den Prozess der Vergänglichkeit bewusst mit in sein künstlerisches Schaffen einbezogen hat, war *Dieter Roth*. Mit Vorliebe presste er organische Materialien wie Gewürze, Obst, Schokolade- und Wurstprodukte in Plexiglas oder Kunstfolie und ließ sie verschimmeln. Während beispielsweise

619 *Kost*, S. 105.

620 *Hoffmann*, S. 43.

621 *Hoffmann*, S. 43.

622 *Gustav Metzger*, zit. nach Hoffmann, S. 44.

623 Bericht über das Kunstwerk unter http://www.videoportal.sf.tv/video?id=5552d77e-2f9d-48b7-a6eb-feba76f90c98;DCSext.zugang=videoportal_aehnlichevideos, zuletzt aufgerufen am 12.03.2012.

Joseph Beuys seine leicht vergänglichen Kunstwerke aus Lebensmitteln wie z. B. Fett teilweise mit Ölfarbe überzog, um sie dadurch zu konservieren,[624] wendete Dieter Roth sich ausdrücklich gegen jede Art der Restaurierung. So äußerte er sich einmal wie folgt:

> *„Die Gegenstände, welche aus Schokolade oder Ähnlichem sind, dürfen (oder sollen) zergehen, vergehen, zerfallen, abgefressen, abgebrochen, zerschnitten, verkratzt werden – und das tut ihnen gut."*[625]

Dem Restaurator *Christian Scheidemann* gegenüber äußerte er sich im Hinblick auf seine Schokoladen-Kunstwerke, die der Eat-Art zuzuordnen sind, wie folgt:

> *„Stört meine Arbeit nicht! Motten, Würmer und Brotkäfer sind meine Mitarbeiter. Sie tun ihre Arbeit, wie jeder von uns auch."*[626]

Trotz dieser eindeutigen Aussage hinsichtlich etwaiger Restaurierungsmaßnahmen kann es aber dennoch durchaus dem Interesse auch des Urhebers und erst recht dem Interesse des jeweiligen Eigentümers entsprechen, den Verfall zwar nicht aufzuhalten, aber jedenfalls um einiges zu verlangsamen, um das Werk in seinem Verfallsprozess möglichst lange Ausstellungsbesuchern oder gar nachfolgenden Generationen zur Schau zu stellen. So verlangsamte *Christian Scheidemann* den Verfallsprozess in *Dieter Roths* Schimmelmuseum dadurch, dass die Temperatur abgesenkt wurde und Fugen abgedichtet wurden, damit die im Museum aktiven Insekten nicht noch weitere Tiere anlocken.[627]

Auch *Andrea Tippels* Werk „*Wattepyramide*" aus dem Jahr 1977, eine aus Watte geformte 15 cm hohe Pyramide, ist mittlerweile zu einem Häufchen Material zusammengeschrumpft. Da die Künstlerin in ihren Werken den Verfall thematisiert, hätte es auch bei diesem Werk eine Beeinträchtigung dargestellt, wenn an ihm Erhaltungsmaßnahmen getroffen worden wären.[628]

---

624 *Peine*, in: Welt Online vom 21.06.2003, abrufbar unter http://www.welt.de/print-welt/article241565/Dem_Schimmelpilz_beim_Wachsen_zusehen.html, zuletzt aufgerufen am 12.03.2012.

625 *Peine*, in: Welt Online vom 21.06.2003, abrufbar unter http://www.welt.de/print-welt/article241565/Dem_Schimmelpilz_beim_Wachsen_zusehen.html, zuletzt aufgerufen am 12.03.2012.

626 *Williams*, Conserving Latex and Liverwurst: An Interview with Christian Scheidemann, abgedruckt in Cabinet Magazine, http://www.cabinetmagazine.org/issues/2/latexandliverwurst.php, zuletzt aufgerufen am 11.03.2012.

627 *Zeitz*, in: F.A.Z. vom 16.04.2007, abrufbar unter http://www.faz.net/artikel/C31680/portraet-der-kunstfluesterer-30013875.html, zuletzt aufgerufen am 12.03.2012.

628 *Bullinger*, S. 103.

Ein besonderes Beispiel für ein Kunstwerk, bei dem der Verfall bewusst mit in das Werk mit einbezogen wird und so zu seiner Bedeutung und Aussage beiträgt, ist das Fleischkleid „*Vanitas: Flesh Dress for an Albino Anorectic*" von *Jana Sterbak*. Es handelt sich dabei um ein aus Fleischlappen bestehendes Kleid. Im Laufe einer Ausstellung zerfällt und verwest dieses immer mehr. Es muss für jede Ausstellung mit Erlaubnis der Künstlerin neu rekonstruiert werden, um wiederum im Laufe der Ausstellung seinen eigenen Verfall zu demonstrieren.[629]

Bei anderen Werken, wie denen des Künstlers *Felix Gonzales-Torres*, darf sich gar der Ausstellungsbesucher einen Teil des Kunstwerks mitnehmen, so dass das Kunstwerk nach und nach verschwindet. *Gonzales-Torres* verwendete als Material für seine minimalistischen Werke häufig in farbiges Papier eingewickelte Bonbons, die sich die Betrachter mitnehmen durften. Hier geht es zwar nicht um den Verfall der Materialien selbst, jedoch ebenso um die Vergänglichkeit, das Verschwinden und den Tod, der durch das immer kleiner werdende Kunstwerk symbolisiert wird.

Ebenso baute die junge Künstlerin *Sonja Alhäuser* für die Messe „Art Forum Berlin" im Jahr 2000 einen essbaren Messestand aus Lebkuchen, Zuckerguss, Schokolade, Marzipan und Karamell, der im Laufe der Messe bis zum letzten Krümel von den Messebesuchern verspeist wurde.[630]

cc) Beeinträchtigung durch Erhaltungsmaßnahmen

Restauratorische Erhaltungsmaßnahmen können auch dann eine Beeinträchtigung des Werkes darstellen, wenn die Schöpfung den Verfall oder die (Selbst) Destruktion bewusst mit einbezieht. Versteht man die Integrität eines solchen Kunstwerkes richtigerweise als dessen Form im jeweiligen Stadium des intendierten Verfalls bzw. der intendierten Zerstörung, so kann eine Restaurierungsmaßnahme, die den gewünschten Prozess einfriert, das immaterielle Werk in einer Weise verändern, die geeignet ist, die geistigen und persönlichen Interessen des Urhebers am Werk zu gefährden, so dass eine Entstellung i. S. d. § 14 UrhG vorliegt.[631] Ein Kunstwerk nur in seiner Ausgangsform urheberrechtlich zu schützen, ginge nicht weit genug, um die Vielseitigkeit und die Besonderheiten vieler Kunstformen zu erfassen. Ignorierte man die intendierte Zeitlichkeit von Werken von Künstlern wie *Dieter Roth* und vielen anderen, so

629 *Frasco*, S. 9.

630 *von der Leyen*, in: Welt Online vom 08.07.2001, abrufbar unter http://www.welt.de/print-wams/article613291/Du_siehst_was_Du_isst.html, zuletzt aufgerufen am 12.03.2012.

631 So auch *Bullinger*, S. 104; *van Waasen*, S. 94 f.

verweigerte man sich ihrer Bedeutung. Das Einfrieren dieser intendierten Verfallsprozesse stellte eine Ablehnung der Zeitlichkeit und damit eine Ablehnung dieser bedeutenden Kunstformen dar.

dd) Interessenabwägung

Selbst wenn ein Künstler aber den Zerfall bewusst in sein Werk einkalkuliert, mag der Eigentümer, möglicherweise aber auch der Restaurator, es schwierig finden, dies zu akzeptieren. Der Standpunkt des bewussten Zerfallen-Lassens ist unter Umständen nur schwer mit den Ethik-Kodizes der Restauratoren zu vereinbaren, die diesen die Pflicht auferlegen, Kunstwerke zu erhalten.[632] Ebenso hat auch der Eigentümer allein deshalb ein großes Interesse an der Erhaltung seines Kunstwerkes, weil der Erhaltungszustand einen wesentlichen Faktor für die Wertermittlung darstellt. Fraglich ist, ob in Einzelfällen das Interesse des Eigentümers an der Aufrechterhaltung der physischen Substanz seines Eigentums das Interesse des Urhebers, sein Werk verfallen zu sehen, überwiegen kann. Schließlich stellt die Befugnis, gem. § 903 BGB mit der Sache nach Belieben verfahren zu können, ein starkes Recht dar.

(1) Interesse des Künstlers am Verfall aus Art. 2 Abs. 1, Art. 1 Abs. 1 GG

Kriterium im Rahmen der Interessenabwägung des § 14 UrhG ist die Stärke des Interesses des Künstlers am Verfall des Werkes. Ein solches Interesse ist jedoch nicht schon immer dann gegeben, wenn der Künstler mit leicht vergänglichen Materialien arbeitet. Denn häufig machen sich Künstler über den Zerfall ihrer Kunstwerke bei der Schöpfung keinerlei Gedanken. Zudem kann ein Künstler ebenso wie der Eigentümer nicht immer wissen, wie sich ein Material mit der Zeit verändert und entwickelt.

(a) Feststellung der Bedeutung des Verfalls für das jeweilige Kunstwerk

Äußerst problematisch für Restauratoren und Konservatoren, aber auch für Kuratoren ist die Frage, ob der Verfall eines Werkes tatsächlich wesentliche Bedeutung für das Kunstwerk hat. Diese Frage ist nicht immer eindeutig zu beantworten. Denn bei vielen zeitgenössischen Kunstwerken macht gerade diese besondere Unbestimmtheit, die dem Werk innewohnende Zweideutigkeit, den besonderen Charme aus. Bei Werken, die aus leicht vergänglichen, kurzlebigen Materialien bestehen, stellt sich infolge dessen bei jeder Maßnahme die

632 So auch *Beunen*, in: Hummelen/Sillé, S. 222 (226).

Frage, ob der Verfall des Materials schlicht so betrachtet werden sollte wie das Vergilben des Firnis oder das Abblättern von Farbe, also nach Möglichkeit korrigiert werden sollte, oder ob der Verfall als bedeutender Aspekt des Werkes hingenommen werden muss. Hier kommt es entscheidend darauf an, ob der Verfall schlicht ein Nebeneffekt des genutzten Mediums und der verwendeten Materialien ist oder ob dieser Effekt – ob bewusst oder unbewusst – Teil der Intention und damit des Werkes ist.[633] Aber auch diese Frage ist nicht immer eindeutig zu beantworten. Lebt der Künstler noch, kann es sinnvoll sein, ihn hierzu zu befragen; im Übrigen können auch Sachverständige hinzugezogen werden. Darüber hinaus lassen sich alle durch den Künstler getätigten Aussagen und sein übriges Œuvre heranziehen. Klar ist, dass die Interessen des Künstlers regelmäßig dann nicht überwiegen werden, wenn er erst nachträglich seine Meinung ändert und sich darauf beruft, dass Erhaltungsmaßnahmen nicht seinem Willen entsprechen.[634]

So entschied das Frans Hals Museum in Haarlem im Falle des in seinem Eigentum stehenden Werkes „*Marocco*" des Künstlers *Krijn Giezen* beispielsweise entgegen dem geäußerten Willen des Künstlers, die Käfer, die das Werk befallen hatten, zu töten. Bei dem Werk handelte es sich um eine hölzerne Kiste, in der einige leicht vergängliche, alltägliche Gegenstände, die der Künstler aus Marocco mitgebracht hatte, ausgestellt wurden. Das Museum entschied sich in diesem Falle für die Maßnahme, weil eine Forschungsgruppe des Museums der Ansicht war, dass *Giezen* das Werk ursprünglich als Souvenir seines Trips durch Afrika betrachtet hatte und erst im Nachhinein selbst die Alterung und den Verfallsprozess als bedeutend identifizierte.[635] Die Forschungsgruppe räumte hier dem Erhalt des Materials als visuellem Dokument den Vorrang gegenüber den nachträglich geäußerten Vorstellungen des Künstlers ein.

(b) Beweislast des Urhebers

Problematisch ist für den Urheber, dass ihm in einem rechtlichen Konflikt die Beweislast dafür obliegt, dass der Verfall in seinem Werk eine bedeutende Rolle spielt, die Restaurierungsmaßnahme mithin einen intensiven Eingriff darstellt. Dass ein Zerfall des Kunstwerkes bezweckt und dies für den Erwerber auch erkennbar war, muss er insofern nachweisen. Am einfachsten wird ihm dies

633 *Dreier*, in: Byrne-Sutton/Renold/Rötheli-Mariotti, S. 105 (122) betrachtet es ebenfalls als wichtiges Kriterium, ob die Vergänglichkeit lediglich Folge eines ästhetischen Effekts war oder ob dahinter eine explizite künstlerische Strategie steckte.

634 So auch *Dreier*, in: Byrne-Sutton/Renold/Rötheli-Mariotti, S. 105 (122).

635 *Frasco*, S. 32 f.

gelingen, wenn er bei Schaffung des Kunstwerkes ein Konzept hierzu schriftlich fixiert hat und öffentlich bzw. dem jeweiligen Käufer gegenüber kundgetan hat.

(2) Interesse des Eigentümers am Erhalt aus Art. 14 GG

Wichtiges Kriterium im Rahmen der Interessenabwägung des § 14 UrhG ist auf Seiten des Eigentümers sein Interesse am Erhalt seines Eigentums. Er hat für das Werk unter Umständen einen hohen Kaufpreis bezahlt oder nutzt es als Geldanlage. Ein Verbot, restauratorische oder konservatorische Maßnahmen an dem Kunstwerk vornehmen zu lassen, kann daher nur dann gerechtfertigt sein, wenn der Eigentümer das Konzept und den Willen des Künstlers bei Vertragsabschluss kannte oder kennen musste.[636] Schließlich hat er es in diesem Fall selbst in der Hand, sich dennoch für oder gegen den Kauf des Kunstwerkes zu entscheiden.[637] Von einem Käufer eines Werkes zeitgenössischer Kunst kann allerdings erwartet werden, dass er sich zuvor mit den Eigenarten des jeweiligen Künstlers und seiner Werke auseinander gesetzt hat. So dürfte es bei Werken von *Dieter Roth* als offenkundig betrachtet werden, dass der Verfall seiner Werke hingenommen werden muss. Bei anderen Werken muss der Käufer unter Umständen bereits aufgrund der verwendeten Materialien damit rechnen, dass diese sich offensichtlich nicht nur innerhalb kurzer Zeit auflösen können, sondern dies womöglich auch sollen. In einem solchen Fall sollte der Eigentümer jedenfalls Informationen über die Intentionen des Künstlers hinsichtlich des „Ob“ und des „Wie“ der Erhaltung einholen, bevor er sich zu einem Erwerb entschließt.

(3) Zur Frage der Berücksichtigung eines öffentlichen Interesses am Erhalt eines Werkes für die Nachwelt

Stand an anderer Stelle die Frage zur Debatte, ob ein besonderes historisches oder kulturelles Interesse der Allgemeinheit eine Pflicht zur Erhaltung für den Eigentümer begründen lässt,[638] stellt sich hier die spiegelbildliche Frage, ob sich aus einem solchen Interesse das Recht des Eigentümers ergeben kann, ein Kunstwerk gegen den Willen des Urhebers zu erhalten. Die Antwort muss jedoch ebenso wie dort im Ergebnis negativ beantwortet werden. Ganz überwiegend wird davon ausgegangen, dass nur eine Abwägung der geistigen und persönlichen Interessen des Urhebers am Werk gegenüber den Belangen desjenigen vorgenommen

636 So wohl auch *Beunen*, in Hummelen/Sillé, S. 222 (227); *Dreier*, in: Byrne-Sutton/Renold/Rötheli-Mariotti, S. 105 (122).

637 So auch *Bullinger*, S. 104.

638 Siehe oben, viertes Kapitel, A. V. 6. c) ee) (2).

wird, der einen Eingriff vornimmt.[639] Allerdings kann – wie bereits erläutert – nicht geleugnet werden, dass das Urheberrecht mittelbar durch den Schutz von Interessen des Eingreifenden, wie dem Eigentümer oder Besitzer, auch Kulturinteressen gegen den Willen des Urhebers berücksichtigt.[640] Sind beispielsweise Museen, deren Träger öffentlich-rechtlicher Natur sind, Eigentümer zeitgenössischer Kunstwerke, so stellt die Erhaltung der Kunstwerke regelmäßig eine ihrer wesentlichen Aufgaben dar. In solchen Fällen hat das Eigentum gleichzeitig die Wirkung der Bestandserhaltung. Diese Wirkung ist aber nur ein Nebeneffekt der Eigentümerstellung. Denn aus welchen Gründen ein Eigentümer, sei es öffentliches oder privates Eigentum, ein Werk erhalten möchte, ob aus Freude an seiner Schönheit, als Kapitalanlage oder zur kulturellen Bestandserhaltung, bleibt ihm selbst überlassen.

Allerdings hat das OLG Stuttgart in seiner Entscheidung zu „*Stuttgart 21*" zutreffend deutlich gemacht, dass vom Eigentümer zu beachtende öffentliche Interessen und Gemeinwohlbelange im Rahmen der Interessenabwägung nur dann als *seine eigenen* Interessen einzustellen seien, wenn der Eigentümer (rechtlich) dazu verpflichtet sei, auf Drittinteressen – insbesondere öffentliche Interessen und Belange des Gemeinwohls – Rücksicht zu nehmen. Eine Nichtberücksichtigung entsprechender Interessen könne nämlich dazu führen, dass der Eigentümer einerseits gegenüber dem Urheber verpflichtet sei, die Sache unverändert zu erhalten, während ihn andererseits Vorgaben aus Gründen des Gemeinwohls und öffentliche Interessen zu einer Abänderung zwängen, ohne dass dieser Interessenkonflikt im Rahmen einer wertenden Abwägung aufgelöst werden könne. Allerdings dürfe die Berücksichtigung von Allgemeininteressen nicht zur Folge haben, dass diese Allgemeinwohlbelange in der Abwägung stets als besonders schwerwiegend eingeordnet würden. Damit eine Berücksichtigung erfolgen könne, müsse zudem eine echte (Rechts-)Pflicht zur Berücksichtigung der geltend gemachten öffentlichen Belange bestehen, weil ansonsten die Interessenabwägung durch Schaffung quasi künstlicher Belange manipuliert werden könne. Tatsächliche, faktische oder vertraglich übernommene Pflichten zur Berücksichtigung von Allgemeinwohlbelangen hätten demgegenüber außer Betracht zu bleiben, da sich ansonsten der Vorhabenträger durch die Übernahme von (urheberrechtlich beeinträchtigenden) Veränderungsverpflichtungen einen ungerechtfertigten Abwägungsvorteil verschaffen könne.[641]

---

639 BGH GRUR 2008, 984 (986) Rn. 25 – *St. Gottfried*; Wandtke/*Bullinger*, § 14 Rn. 6; *Kroitzsch*, in: Möhring/Nicolini, § 14 Rn. 18.

640 *Dietz*, S. 167.

641 OLG Stuttgart GRUR-RR 2011, 56 (60) – *Stuttgart 21*.

Im Ergebnis führt dies im Bereich der reinen bildenden Kunst dazu, dass im Rahmen der Interessenabwägung über das eigene Interesse des Eigentümers an der Erhaltung seines Eigentums aus Art. 14 GG hinaus die kulturhistorische Bedeutung des Werkes für die Nachwelt nicht berücksichtigt werden darf. Schließlich ist der Eigentümer eines Werkes der bildenden Kunst regelmäßig nicht aus irgendeinem Rechtsgrund verpflichtet, das Kunstwerk zu erhalten, wenn dies den Intentionen des Künstlers widerspricht. Für den Schutz dieses öffentlichen Interesses ist allein das Denkmalschutzrecht zuständig.[642]

Problematisch ist dabei zwar, dass der Begriff Denkmal nach einigen Denkmalschutzgesetzen der Länder vorsieht, dass es sich um ein Objekt aus vergangener Zeit[643], d. h. aus abgeschlossenen, historisch gewordenen Epochen handeln muss.[644] Auch für die meisten anderen Denkmalschutzgesetze folgt aus dem Sinn und Zweck sowie dem systematischen Zusammenhang des Denkmalschutzrechts, dass Denkmäler als Quellen und Zeugnisse menschlicher Geschichte und Entwicklung Objekte aus vergangener Zeit sein müssen. Sie können nicht Schöpfungen der Gegenwart sein.[645] Hier muss also erst die Zukunft entscheiden, was aus der gegenwärtigen Epoche denkmalwürdig ist.[646] Daraus folgt, dass die Masse der zeitgenössischen Kunst (noch) nicht dem Denkmalschutz unterfallen kann. Denn viele kurzlebige neuere Kunstformen, deren Begriffe erst seit den 1960er Jahre geprägt wurden, können noch nicht einer abgeschlossenen Epoche zugeordnet werden. Ihre Entwicklung ist vielmehr im vollen Gange und ein Ende ist noch lange nicht abzusehen. Sollte man irgendwann bezüglich dieser Kunstrichtungen von einer abgeschlossenen Epoche sprechen können, wird ein großer Prozentsatz ihrer Werke, insbesondere diejenigen, die bewusst zum Verfall bestimmt sind, sich längst aufgelöst haben. Ohnehin ist es eine Seltenheit, dass bewegliche Kunstwerke tatsächlich einmal vom Denkmalschutz erfasst werden. Die Frage, ob aus dieser Problematik eine Änderung oder Anpassung des geltenden Denkmalschutzrechts resultieren sollte oder müsste,[647] soll hier aber nicht weiter erörtert werden.

---

642 LG Stuttgart ZUM-RD 2010, 491 (499) – *Stuttgart 21.*

643 So z. B. Art. 1 Abs. 1 BayDSchG.

644 *Viebrock*, in: Martin/Krautzberger, S. 192, Rn. 22.

645 *Eberl*/Martin/Petzet, Art. 1 Erl. 5.

646 *Moench*, NvWZ 1988, 306 Fn. 36.

647 *Dreier*, in: Corzo, S. 66: Aufgrund der rapiden Zunahme der Nutzung vergänglicher, kurzlebiger Materialien in der zeitgenössischen Kunst werde der Gesetzgeber nach *Dreier* neue rechtliche Regelungen formulieren müssen, welche die Erhaltung von nicht-permanenten Kunstwerken in den Mittelpunkt stellen.

ee) Zusammenfassung

Zusammenfassend lässt sich sagen, dass im Rahmen des § 14 UrhG die Interessen des Künstlers an einem Verfall seines Werkes durchaus dann zu einem Verbot der Vornahme von restauratorischen Maßnahmen führen können, wenn der erforderliche Öffentlichkeitsbezug vorliegt und es für den Eigentümer erkennbar war oder hätte sein müssen, dass es sich nach der Intention des Künstlers um ein Werk handelte, das der Verfallskunst zuzuordnen ist. Nach den Verhaltenskodizes der Restauratoren sind diese zwar in erster Linie „Anwälte der Kunstwerke“ und nicht „Anwälte der Künstler, Kuratoren, Sammler oder Galeristen“. Andererseits sieht das Urheberpersönlichkeitsrecht bis zum Ablauf der urheberrechtlichen Schutzfrist den Schutz vor Beeinträchtigungen vor, welche die Interessen des Künstlers verletzen. Erst danach handelt es sich um Allgemeingüter, bei denen im Hinblick auf Maßnahmen auch zu Gunsten der Interessen der Allgemeinheit und der Nachwelt entschieden werden kann. Bis zum Ablauf der urheberrechtlichen Schutzfrist muss der Restaurator den Interessen und Intentionen des Künstlers den Vorrang gegenüber dem Interesse am Erhalt von Kulturerbe einräumen, sofern nicht im Einzelfall erhebliche Interessen des Eigentümers entgegenstehen.

B. Eingriffe in das Umfeld von Originalwerkstücken der reinen bildenden Kunst

I. Werkverfälschung bei ortsspezifischen Werken – „site-specific-art“

Bei Werken, die bewusst für eine bestimmte Umgebung geschaffen wurden, spricht man von standortbezogenen, standortspezifischen Werken oder „site-specific-art“. Ortsspezifische Kunstwerke werden nicht schlicht in einer bestimmten Umgebung platziert, sondern beziehen diese Umgebung ganz konkret in die Arbeit mit ein. Das Umfeld wird hier also nicht lediglich als Raum oder Hintergrund für das Werk genutzt, sondern es wird selbst zu einem Teil der Kunst. Der Raum wird so zum Medium künstlerischer Gestaltung. Diese Werke entfalten ihre volle Wertigkeit erst durch die Auseinandersetzung mit ihrer Umgebung, in die sie der Urheber bewusst gesetzt hat. Ein Ortsbezug ist in unterschiedlichen Kunstformen vorstellbar. Häufig ist er bei Rauminstallationen oder in der Land Art anzutreffen.

Wie weit der Schutz des Künstlers aus § 14 UrhG reicht, wenn das materialisierte Werk selbst in seiner Substanz nicht angetastet wird, sondern lediglich das geänderte Umfeld der Idee widerspricht, die der Künstler ursprünglich von seinem Gesamtkunstwerk hatte, ist bisher von der Rechtsprechung noch nicht abschließend geklärt. Einige Entscheidungen, die es in der Rechtsprechung zu Eingriffen durch Veränderungen im Umfeld von Kunstwerken gibt, zeigen jedoch, dass die Grenze zwischen Kunst, die von ihrer Umgebung beeinflusst wird und Kunst, die von ihrer Umgebung „lebt", fließend ist.[648] Gerade in den letzten Jahren kam es häufiger zu Streitigkeiten um die Reichweite des Umfeldschutzes bei Werken der zeitgenössischen Kunst. Ein Grund hierfür ist der Fakt, dass immer mehr Künstler das Umfeld eines Werkes mit in ihr Schaffen mit einbeziehen[649] und daher einen solchen Schutz für sich beanspruchen. Die Begründung für die besondere Konfliktträchtigkeit zeitgenössischer Werke liegt aber auch darin, dass sich die Öffentlichkeit an ihrem Anblick eher stößt als etwa an einer Bronzeplastik aus dem 18. Jahrhundert. Dies ist darauf zurückzuführen, dass viele zeitgenössische Werke für die Allgemeinheit heute unverständlich sind. Dies ist unter anderem mit dem oftmaligen Fehlen klassischer Werte, wie der Ästhetik bzw. dessen, was klassischerweise als Ästhetik angesehen wurde, zu begründen. Während sich an einem Gemälde von *Rembrandt* oder einer Skulptur von *Rodin* wohl kaum ein Mensch stören würde, lassen Werke zeitgenössischer Künstler wie *Richard Serra, Joseph Beuys* oder *Dani Karavan* nicht nur Kunstlaien zuweilen verstört, irritiert oder verärgert zurück. Insofern erregen insbesondere zeitgenössische Kunstwerke, die an öffentlich zugänglichen Orten installiert werden, häufig Aufmerksamkeit und werden zum Gegenstand von Kritik und Konflikten.

1. Vorliegen eines Ortsbezuges

Der Bezug des Kunstwerkes zu seinem Umfeld kann sowohl inhaltlich-thematischer Natur[650] als auch formaler Natur sein.[651] Ob ein Ortsbezug vorliegt, kann unter anderem mit Hilfe von Sachverständigen geklärt werden.

a) Formaler Ortsbezug

aa) Begriff des formalen Ortsbezuges

Ein formaler Ortsbezug ist vorhanden, wenn das Werk mit den Formen, Farben und Materialien korrespondiert, die es am Ausstellungsort umgeben.[652] Das Werk

---

648 So *Loschelder*, in: FS Löwenheim, S. 193 (194).
649 Siehe oben, erstes Kapitel, E.
650 *Thies*, S. 186; Wandtke/*Bullinger*, § 14 Rn. 48.
651 *Thies*, S. 186.
652 *Thies*, S. 186.

reagiert hier beispielsweise auf die Proportionen, Formen, Farben und Materialien der es umgebenden Bebauung, der Natur oder der sonstigen Umgebung. Liegt eine enge Verbindung zwischen dem Werk und seiner Umgebung vor, so wird die Entfernung und Aufstellung an einem anderen Ort bzw. in einer anderen Umgebung seine künstlerische Aussage verändern oder sie gänzlich verschwinden lassen.[653]

(1) Absoluter Ortsbezug

Wird ein Werk gezielt in Korrespondenz zum Aufstellungsort konstruiert und konzipiert, konkretisiert nicht allein das körperliche Werkstück die persönliche geistige Schöpfung des Urhebers, sondern erst das Zusammenspiel von Werkstück und konkreter Umgebung.[654] Ein solches Werk kann seine spezifische Aussagekraft nur in dem speziell ausgewählten Umfeld entfalten, so dass dieses Umfeld Teil des Werkes wird.[655] Jede Verbringung des Werkstücks an einen anderen Ort führt in diesem Fall zwangsläufig zu einer Veränderung des vom Urheber angestrebten geistig-ästhetischen Gesamteindrucks seiner Schöpfung.[656]

Ein absoluter formaler Ortsbezug ist unter Umständen auch bei der Anbringung von Kunstwerken auf unbeweglichen Gegenständen wie Mauern oder Wänden anzunehmen. Schließlich ist hierbei zu berücksichtigen, dass die darauf angebrachten Werke nicht als bewegliche Kunstwerke geschaffen wurden, sondern ihre besondere Wirkung unter Umständen gerade durch den Verbund mit dem fließenden Mauerwerk erhalten, auch wenn die das Werk umgebende Mauer oder Wand selbst nicht mehr unmittelbar zu dem Kunstwerk selbst gehört.[657]

In der Praxis ist der Nachweis eines absoluten Ortsbezuges allerdings schwierig.[658] Indiz für ein absolut ortsspezifisches Werk ist zunächst einmal, dass der Urheber vor der Erstellung des Werkes den künftigen Standort festgelegt hat. Da dem Urheber die Beweislast hierfür obliegt, empfiehlt es sich, den Bezug der Skulptur zum ursprünglichen Standort in einen etwaigen Vertrag über die Schaffung des Kunstwerkes aufzunehmen. Umgekehrt kann aber auch der Eigentümer in diesem Vertrag zur Sicherung seines Handlungsspielraums zumindest deklaratorisch festlegen, dass ein absoluter Standortbezug fehlt und dass das

653 *Thies*, S. 186.
654 OLG Naumburg, Urt. v. 31.03. 2004, Az. 6 U 36/03.
655 OLG Hamm ZUM-RD 2001, 443 – *Mindener Keil-Stück.*
656 OLG Köln GRUR-RR 2010, 182 (183) – *Pferdeskulptur.*
657 Hierzu unten im Fall *Oskar Schlemmer.*
658 Abgelehnt OLG Naumburg, Urt. v. 31.03. 2004, Az. 6 U 36/03 und OLG Köln GRUR-RR 2010, 182 – *Pferdeskulptur.*

möglicherweise relativ ortsspezifische Werk jederzeit an einen gleichermaßen geeigneten Standort umgesetzt werden kann.[659]

Einen absoluten Ortsbezug verneinte beispielsweise das OLG Köln 2009 im Falle der Umsetzung einer Pferdeskulptur.[660] Im Auftrag der Stadt Aachen hatte ein Bildhauer eine Pferdeskulptur angefertigt, die fünf Pferde in einer bestimmten Form zeigt.[661] Die Pferdegruppe wurde im Jahre 1977 auf dem im Eigentum der Stadt stehenden Bahnhofsvorplatz auf einem kleinen aufgeschütteten Hügel aufgestellt. In den Jahren 2004 und 2005 wurde der Bahnhofsvorplatz im Auftrag der Stadt umgestaltet. Im Zuge dieser Umgestaltung wurde die Pferdeskulptur an einen anderen Standort versetzt, nämlich seitlich zum Haupteingang in die Nähe eines dort befindlichen Verwaltungsgebäudes, dem die Pferde den Rücken zukehren und in Richtung Bahnhof „laufen". Dafür wurde wieder eine Aufschüttung vorgenommen, die jedoch anders gestaltet wurde als der ursprüngliche Hügel. Gegen diese Umsetzung setzte sich der Künstler zur Wehr. Die Skulptur habe am ursprünglichen Standort den Eindruck vermittelt, die Pferde würden in die Stadt laufen; es gehe um die „Freiheit des Kommens (Woher) und die Freiheit des Gehens (Wohin)". Für diese künstlerische Aussage sei der neue Standort ungeeignet.

Das OLG Köln verneinte richtigerweise allerdings einen absoluten Ortsbezug, da die konkrete Positionierung der Pferdegruppe am Ende des Bahnhofvorplatzes gegenüber dem Haupteingang erst zu einem Zeitpunkt festgelegt worden war, als der Künstler die Bronzeskulptur zumindest in Modellform bereits geschaffen hatte. Bei Schaffung dieses Modells habe daher noch keine spezielle, auf einen ganz bestimmten Standort bezogene Bestimmung bestehen können. Auch wenn ein solches Modell als Verkörperung der Projektidee die spätere Ausführung durch einen Bronzeguss nicht detailgenau wiedergebe, so stehe das Vorliegen eines solchen Modells doch der Annahme entgegen, die daraus entwickelte Skulptur sei gezielt für den schließlich gewählten Standort am Ende des Bahnhofvorplatzes vis-a-vis vom Haupteingang geschaffen worden und könne nur dort die vom Künstler intendierte Botschaft vermitteln. Dies werde auch dadurch bestätigt, dass der Künstler in der Berufung nur noch die Umsetzung des Kunstwerkes an einen von ihm bestimmten Planungsstandort begehre, der von dem ursprünglichen Standort abweicht. Der Sichtweise des Künstlers, dass die Pferde bestimmungsgemäß in die Stadt liefen, schloss sich das Gericht nicht an. Es sei zwar ohne weiteres nachvollziehbar, dass die dargestellten Pferde über eine hin-

659 *Dönch*, GRUR-Prax 2009, 62.

660 OLG Köln GRUR-RR 2010, 182 – *Pferdeskulptur*.

661 Der Sachverhalt ist dem Urteil des OLG Köln GRUR-RR 2010, 182 entnommen.

reichende Bewegungsfreiheit verfügen müssten, um zur Geltung zu kommen. Das Gericht könne aber nicht feststellen, dass das Werk an seinem neuen Standort durch seine Umgebung „erdrückt“ werde. Die Pferdegruppe genieße ausreichend Abstand zu den sie umgebenden Gebäuden bzw. Gegenständen, so dass weder der Eindruck entstehe, die Pferde kämen aus dem Verwaltungshochhaus, noch wirke die Skulptur an dem neuen Standort „puppenhaft“.[662]

Auch das OLG Naumburg lehnte im Falle eines Rechtsstreits über die Zulässigkeit der Entfernung der Bronzeplastik „*Lebensbaum – Kruzifix*“ sowie der Plastik „*Passionsleuchter*“ aus dem Hohen Chor eines Doms und der Aufstellung dieser in der Tonsurkapelle des Kreuzgangs einen absoluten Ortsbezug der Werke ab,[663] da die Werke nicht gezielt und in Korrespondenz zum Aufstellungsort konstruiert oder konzipiert worden waren. Bei Schaffung der Werke hatte noch keine spezielle, auf einen bestimmten Standort im Dom bezogene Bestimmung des Kunstwerkes bestanden. Der Aufstellungsort der Werke falle daher nicht unter den Schutz des § 14 UrhG, weil er nicht Bestandteil der schutzfähigen schöpferischen Leistung des Klägers geworden sei. Zudem befand das Gericht, dass das Lebensbaum-Kreuz auch an dem neuen gewählten Aufstellungsort nach wie vor eindrucksvoll erscheine.

(2) Relativer Ortsbezug

Ein Kunstwerk kann zudem in dem Sinne ortsspezifisch sein, dass zwar nicht nur an einer einzigen Stelle der geistig-ästhetische Gesamteindruck des Werkes zum Ausdruck kommen kann, es hierzu aber gleichwohl einer in besonderer Weise geeigneten Umgebung bedarf. In diesem Fall führt zwar nicht jede Versetzung, aber gleichwohl eine Versetzung an einen hierfür ungeeigneten Standort zu einer Beeinträchtigung.[664] Problematisch ist bei dieser Definition, dass danach letztlich bei fast jedem Kunstwerk ein relativer Ortsbezug festgestellt werden könnte, da es bei der Versetzung bzw. der Anbringung oder Aufhängung eines Kunstwerkes an einem gänzlich ungeeigneten Standort wohl immer zu einer Beeinträchtigung des Werkes kommt.[665] Im Grundsatz ist daher davon auszugehen, dass insbesondere bewegliche Werke an jedem denkbaren Ort stehen, hängen oder installiert werden können, solange nicht besondere Gründe ersichtlich sind, die den Ort als ungeeignet qualifizieren. Die Veränderung der Umgebung stellt hier nur ausnahmsweise eine Beeinträchtigung im Sinne des § 14 UrhG dar. Bei raumgrei-

662 OLG Köln GRUR-RR 2010, 182 (184) – *Pferdeskulptur.*

663 OLG Naumburg, Urt. v. 31.03.2004, Az. 6 U 36/03.

664 OLG Köln GRUR-RR 2010, 182 (184) – *Pferdeskulptur.*

665 Ähnlich auch LG Hamburg GRUR 1989, 591 (592) – *Neonrevier.*

fenderen Werken, die in einem Gebäude oder unter freiem Himmel mehr oder weniger so installiert werden, dass der das Werk umgebende Raum schon allein aus technischen Gründen mit einbezogen wird, um die Installation überhaupt zu ermöglichen, wird wohl häufig von einem relativen Ortsbezug auszugehen sein. Auch bei Werken, die explizit für einen bestimmten, der Öffentlichkeit zugänglichen Ort geschaffen werden, ohne dabei aber die Voraussetzungen eines absoluten Ortsbezuges zu erreichen, wird wohl in der Regel davon auszugehen sein, dass das Werk zumindest in gewisser Weise auf diesen oder einen ähnlichen Ort zugeschnitten ist. Auch solche Werke können regelmäßig (zumindest öffentlich) später nur an einem vergleichbaren Ort wieder installiert bzw. platziert werden, will man eine Beeinträchtigung verhindern.

Ein Ortsbezug kann jedoch nicht nachträglich allein dadurch entstehen, dass der Künstler sich erst nach Schaffung des Werkes überlegt und erklärt, dass das Werk nur auf eine bestimmte Art und Weise an einem bestimmten Ort installiert werden könne. Die rein subjektive Sichtweise des Künstlers, es liege ein Ortsbezug vor, genügt hierfür nicht. Vielmehr muss dieser anhand objektiver Kriterien bestimmbar sein. So installierte der Künstler *Marc Manders* einmal ein räumlich ausgebreitetes Selbstportrait in einer Museumstoilette. Die Kunstsammlerin *Ingevild Goetz* erwarb es und wollte es durch *Manders* in München rekonstruieren lassen. *Manders* bemängelte hier aber das Fehlen des angestammten architektonischen Rahmens. Er war der Ansicht, das Klo gehöre mittlerweile zu dem Werk dazu. *Ingevild Goetz* ließ daraufhin das Klo im Maßstab 1:1 nachbauen, so dass es nunmehr fester Bestandteil der Installation ist.[666] Auch hier liegt es an dem guten Verhältnis zwischen Künstler und Sammlerin, dass es nicht zu einem Konflikt kam. Eine Ausstellung des Werkes wäre hier aufgrund der erst nachträglich geäußerten Ansicht, das Klo gehöre zu dem Werk dazu, auch ohne diesen architektonischen Rahmen zulässig gewesen.

bb) Weitere Beispiele für Werke mit formalem Ortsbezug

Andere bemerkenswerte Beispiele für Werke mit starkem formalem Bezug stellen die überdimensionalen Metall-Skulpturen des spanischen Künstlers *Eduardo Chillida* dar. Seine Werke gehen sowohl optisch als auch stofflich auf die Umgebung ein. Die Landschaft wird bei diesen Werken zum integralen Bestandteil. Eine Umsetzung würde bei diesen Werken eine starke Beeinträchtigung bedeuten.[667]

---

666 *Blomberg*, S. 47.

667 *Thies*, S. 186; *Hegemann*, in: FS Hertin, S. 87 (105).

Auch der in Indien geborene Künstler *Anish Kapoor* schafft häufig raumgreifende Werke, die einen formalen Ortsbezug aufweisen. So nahm beispielsweise die Ausstellung „*Svayambh*“ im Haus der Kunst in München 2007/2008 den gesamten Museumsbau in Anspruch. Langsam und lautlos schob sich dort ein riesiger, tiefroter Klotz aus Wachs, Farbe und Vaseline auf Schienen durch die Räume, wo er an den Türrahmen rote Spuren hinterließ. „*Svayambh*“ ist ein Wort aus dem Sanskrit und umschreibt etwas, das sich allein erschafft, sich selbst produziert. Zwar wurde „*Svayambh*“ 2007 eigens für das Haus der Kunst angefertigt, allerdings wurde das Werk unter demselben Namen 2009 auch in der Royal Academy in London ausgestellt.[668] Auch hier bewegte sich der massive Farbklotz auf Schienen durch die Museumsräume. Bedeutend sind für dieses Werk also nicht ein bestimmter Ort im Sinne eines absoluten Ortsbezuges, wohl aber die örtlichen Gegebenheiten des Ausstellungsortes im Sinne eines relativen Ortsbezuges, in denen sich das Werk angemessen entfalten kann. Dies zeigt auch die Angabe zu den Maßen des Werkes auf der Internetseite des Künstlers – „*Dimensions variable*“.[669] Das Werk verfügt also nicht über feste Maße. Ebenso wie der Ausstellungsort variieren auch die Interpretationsansätze. So wurde mit der Installation des Werkes im Haus der Kunst in München aufgrund der nationalsozialistischen Vergangenheit des Gebäudes die namenlose Opfermasse assoziiert, die mit dem Zug ins Verderben gefahren wird.[670] Ebenso kann man in dem Werk einen Hinweis auf die schweren Prozessionswagen sehen, die während einer bestimmten hinduistischen Prozession zu Ehren des Gottes *Jagannath* verwendet werden.[671] Im Gedränge der Menschenmassen kommt es hierbei immer wieder vor, dass Personen – manche behaupten absichtlich – von den Rädern überrollt und getötet werden. Solange *Anish Kapoor* lebt, wird er selbst darüber bestimmen, ob und wo sein Werk „*Svayambh*“ erneut ausgestellt werden soll. Nach seinem Tod wird bei einer gegebenenfalls stattfindenden erneuten Ausstellung des Werkes dieser relative Ortsbezug zu berücksichtigen sein.

Ebenfalls einen formalen Ortsbezug wies das „*Mindener Keil-Stück*“ auf, welches der Künstler *Wilfried Hagebölling* für den Martinikirchhof in Minden konzipiert hatte.[672] So handelt es sich bei *Hageböllings* Freiplastiken um solche, die mit ihrem Umfeld korrespondieren oder kontrastieren, indem sie durch ihre

668 http://www.royalacademy.org.uk/exhibitions/anish-kapoor/anish-kapoor,283,RAL.html, zuletzt aufgerufen am 12.03.2012.
669 http://www.anishkapoor.com/138/Svayambh.html, zuletzt aufgerufen am 12.03.2012.
670 *Hoch*, in: SPIEGEL ONLINE vom 18.10.2007.
671 so *Dorment*, in: The Telegraph vom 21.09.2009.
672 Hierzu unten, viertes Kapitel, A. III. 1. c).

Monumentalität einen Bezug zu der sie umgebenden Architektur bzw. der Umgebung herstellen.[673]

Ähnliche Beispiele für Kunstwerke mit formalem Ortsbezug bieten die Künstler *Richard Serra* und *Richard Long*. Während der Bildhauer *Richard Serra* Stahlskulpturen schafft, die aus geometrischen Formen bestehen und in ihren Maßen und Proportionen auf den bestimmungsgemäßen Aufstellungsort Bezug nehmen, bestehen *Richard Longs* Werke aus aneinander gereihten Bruchstücken aus Stein, die er in geometrischen Formen, wie Linien und Kreisen, in der Landschaft legt. Auch hier werden Werk und Landschaft zu einer Einheit verbunden. Die Werke beider Künstler würden in einer anderen Umgebung jeweils ihren Sinn verlieren.[674] So errichtete *Serra* 1981 den „*Tilted Arc*", einen 3,50 m hohen leicht gekrümmten Bogen aus rostendem Stahl, der in der Mitte der Federal Plaza in New York City aufgestellt wurde. Da das Werk hier aber von einer großen Öffentlichkeit kritisiert wurde, traf man die Entscheidung, das Werk an einen anderen Standort zu versetzen. *Serra* wehrte sich hiergegen jedoch, da er der Ansicht war, dies würde zu einer Zerstörung des Werks führen.[675] Letztendlich wurde die Skulptur daher entfernt und verschrottet. Die Versuche *Serras*, auch dies zu verhindern, blieben erfolglos.

Wie schwer es sein kann, festzustellen, ob ein absoluter formaler Ortsbezug vorliegt oder nicht, zeigen die Konflikte um zwei Werkkomplexe des Künstlers *Joseph Beuys*, die im Folgenden dargestellt werden.

cc) Zur Frage der Möglichkeit der Entstehung eines formalen Ortsbezuges durch nachträgliche Veränderungen im Umfeld eines Kunstwerkes am Beispiel des *Block Beuys* – Darmstadt

Vermehrt wird heute diskutiert, ob der Kontext eines Kunstwerkes auch nachträglich eine Bedeutung für das Werk erlangen kann, die zum Entstehen eines Ortsbezuges führt, so dass eine spätere Verlagerung des Werkes eine Veränderung der Aussage zur Folge hätte. Eine besonders hitzige Debatte wurde hierüber 2006 im Falle des *Block Beuys* im Hessischen Landesmuseum in Darmstadt entfacht.

---

673 Vertiefend hierzu *Thies*, S. 164.

674 *Bullinger*, S. 117.

675 In einer öffentlichen Ahörung vom 06.03.1985 argumentierte *Serra*: „To remove Tilted Arc, therefore, is to destroy it."

(1) Sachverhalt

Bei dem *Block Beuys* handelt es sich um eine sieben Räume umfassende Installation des Künstlers *Joseph Beuys* im Hessischen Landesmuseum Darmstadt.[676] Die Installation stellt zugleich auch eine umfangreiche Sammlung von Plastiken, Arbeiten auf Papier und Relikten zahlreicher Aktionen dar. Insgesamt besteht sie aus über 250 Einzelwerken.[677] Das Museum besitzt mit dem *Block Beuys* den weltweit größten zusammenhängenden Werkkomplex von *Joseph Beuys*.[678] Unter den Werken befinden sich bedeutende Werke wie „*Grauballemann*" (1952), „*Jungfrau*" (1961), „*Szene aus der Hirschjagd*" (1961), „*Stuhl mit Fett*" (1963), „*FOND II*" (1968) und „*FOND III*" (1969).

Die einzelnen Werke des *Block Beuys* wurden von dem Künstler allerdings nicht eigens für die Darmstädter Räume geschaffen. Sie entstanden vielmehr zwischen 1952 und 1969. Ein Großteil der Werke wurde 1967 als Ausstellungs-Ensemble zusammengeführt. Dieses erwarb der Sammler *Karl Ströher* geschlossen. In der Folgezeit erstand er noch weitere Werke des Künstlers. 1970 richtete *Beuys* diese Werke allesamt in einer geschlossenen Rauminstallation in den von ihm ausgewählten Räumen des Hessischen Landesmuseum Darmstadt ein. 1989 erwarb das Land Hessen den *Block Beuys* mit Mitteln der Hessischen Kulturstiftung und der Kulturstiftung der Länder.[679]

Im November 2006 kündigte das Museum in einer Pressemitteilung an, dass im Rahmen einer Generalrenovierung des Museums auch der *Block Beuys* ausgeräumt werde, um die Räume zu sanieren,[680] woraufhin sich in der Öffentlichkeit erbitterter Widerstand gegen jeden Eingriff regte. So formierte sich eine Initiative zur Erhaltung des Blocks, die sich gegen den Umzug und die Neuaufstellung der Installation einsetzte.[681] Infolge des Widerstandes lud die Direktorin des Museums *Ina Busch* 2008 zahlreiche Experten zu einem zweitägigen Symposium zur Zukunft des Blocks ein. Hauptstreitpunkt waren der Teppich und die Jutebespannung an den Wänden der Räumlichkeiten von 1968, in denen

676 *Huttenlauch*, in: Artnet.de vom 08.05.2008, abrufbar unter http://www.artnet.de/magazine/weisse-wande-fur-den-block-beuys/, zuletzt aufgerufen am 12.03.2012.

677 *Huttenlauch*, in: Artnet.de vom 08.05.2008, abrufbar unter http://www.artnet.de/magazine/weisse-wande-fur-den-block-beuys/, zuletzt aufgerufen am 12.03.2012.

678 Beschreibung auf der Seite des Hessischen Landesmuseums Darmstadt, http://www.hlmd.de/w3.php?nodeId=358, zuletzt aufgerufen am 12.03.2012.

679 Zur Geschichte des Block Beuys siehe *Malaka*, S. 33 f.

680 *Huttenlauch*, in: Artnet.de vom 08.05.2008, abrufbar unter http://www.artnet.de/magazine/weisse-wande-fur-den-block-beuys/, zuletzt aufgerufen am 12.03.2012; Pressemitteilung abgedruckt unter http://www.initiative-block-beuys.de/, zuletzt aufgerufen am 12.03.2012.

681 Siehe http://www.initiative-block-beuys.de/, zuletzt aufgerufen am 12.03.2012.

sich die Werke des Blocks befinden. In allen Räumen war das 1970 noch helle Gewebe mit der Zeit durch Säureprozesse dunkel gebräunt, an manchen Stellen zerschlissen und notdürftig geflickt.[682] Abgesehen vom offenkundigen Eindruck der Verwahrlosung der Räumlichkeiten hatten sich Werk und Umgebung in den vergangenen knapp 40 Jahren ästhetisch auf eine Weise aneinander angeglichen, die einer Umkehrung der ursprünglichen Verhältnisse gleichkam. Während sich beispielsweise der Eurasienstab (1970) früher dunkel vom hellen Grund abhob, standen die Objekte nunmehr hell vor der dunklen Wandbespannung.[683] Die geplante Sanierung sah hingegen weiß gekalkte Wände unter Beibehaltung der vom Künstler 1970 vorgefundenen Raumkubatur vor. Der mittlerweile fleckige Teppichboden sollte durch Estrich oder Parkett ersetzt werden. Nach Angaben des Museums hätten der durch Gutachten ausgewiesene problematische Zustand sowie die zeitliche Erhaltungsperspektive der Jute jedenfalls eine Nachbesserung bedingt, die eine weitere Bewegung aller Werke innerhalb der nächsten zwanzig Jahre nach sich gezogen hätte.[684] Dies sei aus Gründen der konservatorischen Sicherheit der Kunstwerke nicht vertretbar. Letztlich entschloss sich das Museum daher, die geplanten Arbeiten durchzuführen. Die Sanierungsarbeiten werden voraussichtlich Ende 2013 abgeschlossen sein.

(2) Problematik

Die Frage, ob die material- und zeitbedingte Veränderung der Räumlichkeiten, in denen sich die Werke des *Block Beuys* befinden, ihrerseits als erhaltenswertes Dokument zu betrachten ist oder ob es sich vielmehr um eine Beschädigung des Werkes durch Verfälschung des Originalzustandes handelt, berührt generelle Aspekte der Originalität, künstlerischer Authentizität und Rezeption. Kern der Problematik in diesem Fall ist die Frage, was zum Werk gehört und was allein als Umgebung zu betrachten ist, ob die Raumfassung also zum Kunstwerk gehört, das Museum quasi in ein Werk „hineinwachsen" kann, oder ob die Umgebung nur als zufällig und austauschbar zu betrachten ist.

Aus urheberpersönlichkeitsrechtlicher Sicht muss man sich zudem fragen, ob selbst dann, wenn man die Verfärbungen an den Wänden des Museums nicht als Teile des Werkes, sondern schlicht als Umgebung betrachtet, auch im Nachhinein noch ein Ortsbezug entstehen kann, der dazu führt, dass eine Entfernung aus

682 *Huttenlauch*, in: Artnet.de vom 08.05.2008, abrufbar unter http://www.artnet.de/magazine/weisse-wande-fur-den-block-beuys/, zuletzt aufgerufen am 12.03.2012.

683 *Huttenlauch*, in: Artnet.de vom 08.05.2008, abrufbar unter http://www.artnet.de/magazine/weisse-wande-fur-den-block-beuys/, zuletzt aufgerufen am 12.03.2012.

684 *Danicke*, in: art Das Kunstmagazin 03/2009, S. 107.

diesen Räumen oder eine gestalterische Veränderung dieses Umfeldes das Verbietungsrecht aus § 14 UrhG auf den Plan ruft.

Die Problematik, ob und in wie weit die Authentizität eines Werkes auch durch seine Aura bestimmt wird, wird angesichts des Konflikts um den *Block Beuys* also zur Frage, worin die Aura überhaupt besteht.[685] Speist sie sich allein aus der von der Anwesenheit des Künstlers beglaubigten „Authentizität“ oder umfasst sie auch die dem Werk durch äußere Bedingungen zugewachsene Atmosphäre, die *Beuys* selbst zwar nicht geschaffen hat, deren voraussehbarer Entstehung er aber zugestimmt hat und der deshalb inzwischen Originalcharakter zu unterstellen ist?[686]

(3) Ansichten einiger Experten

Die Ansichten über die Sanierungsmaßnahme gingen weit auseinander. So bezeichnete etwa *Thomas Wagner*, ehemaliger Kultur-Redakteur der F.A.Z., den *Block Beuys* als explizit für das Darmstädter Museum geschaffene Einheit – als „Labor der künstlerischen Ausformulierung“. Aus diesem Grunde seien die Wände keine disponiblen Marginalien.[687]

Dass die Werke explizit für die Räume geschaffen wurden, ist jedoch – wie bereits erläutert – nicht zutreffend. Auch der Begriff des „Labors“ als einer Werkstätte künstlerischer Prozesse dürfte zweifelhaft sein, da *Beuys* selbst in Bezug auf die Museumsräume stets von seinem „Lager“ sprach, einem Provisorium, ‚in dem er einige Werke auch schlicht aus Platzmangel aufbewahrt habe.[688]

Beuys-Kenner *Dieter Koepplin* sprach sich ebenfalls gegen jede Veränderung des Zustands aus, in dem etwas vom originalen Geiste des Meisters wese. Wer am Werk Veränderungen vornähme, versündige sich an kommenden Generationen, die nur noch in Darmstadt etwas Authentisches von der Kraft des Bewegers *Beuys* erfahren könnten.[689]

685 So *Huttenlauch*, in: Artnet.de vom 08.05.2008, abrufbar unter http://www.artnet.de/magazine/weisse-wande-fur-den-block-beuys/, zuletzt aufgerufen am 12.03.2012.

686 so *Huttenlauch*, in: Artnet.de vom 08.05.2008, abrufbar unter http://www.artnet.de/magazine/weisse-wande-fur-den-block-beuys/, zuletzt aufgerufen am 12.03.2012.

687 Zitiert nach *Huttenlauch*, in: Artnet.de vom 08.05.2008, abrufbar unter http://www.artnet.de/magazine/weisse-wande-fur-den-block-beuys/, zuletzt aufgerufen am 12.03.2012.

688 So *Huttenlauch*, in: Artnet.de vom 08.05.2008, abrufbar unter http://www.artnet.de/magazine/weisse-wande-fur-den-block-beuys/, zuletzt aufgerufen am 12.03.2012.

689 *Huttenlauch*, in: Artnet.de vom 08.05.2008, abrufbar unter http://www.artnet.de/magazine/weisse-wande-fur-den-block-beuys/, zuletzt aufgerufen am 12.03.2012.

Otto Hubacek, Chefrestaurator der Berliner Nationalgalerie, der sich häufig mit der Restaurierung von *Beuys*-Werken befasst, plädierte für weiße Wände, da der Verfall der Jute unaufhaltsam sei. Zugleich mahnte er aber höchste Sorgfalt und Respekt vor dem Originalzustand der Werke an und wies auf die Einmaligkeit des Blocks und seiner künstlerischen Rolle hin, der man nur durch behutsames Annähern gerecht werde und über den man keinesfalls ohne vorherige gründliche Erforschung aller Möglichkeiten verfügen dürfe.[690]

Götz Adriani, der bei der Einrichtung der Räume durch *Beuys* als Kustos anwesend gewesen war, erklärte allein die Raumproportionen für unantastbar. Er plädierte dafür, die Wände mit neuem, dem ursprünglichen Helligkeitswert und Farbton entsprechenden Material zu bespannen.[691]

Sean Rainbird, Direktor der Staatsgalerie Stuttgart, wies darauf hin, dass *Beuys* alle seine Installationen – außer der im Darmstädter Museum – in weißen Räumen eingerichtet habe. Seiner Ansicht nach stehe der weiße Raum daher jedenfalls nicht von vornherein in sinnlichem Widerspruch zu *Beuys'* Intentionen. Andererseits hob er hervor, dass der Block in Darmstadt in besonderer Weise in seinem Original erhaltenswert sei, weil er – neben weniger wichtigen Werken in Krefeld, Kassel und Stuttgart – das einzige Werkensemble im Originalzustand sei.[692]

Der *Beuys*-Meisterschüler *Johannes Stüttgen* erklärte, dass *Beuys* bei der Anordnung seiner Installation im Museum in Darmstadt im Gegensatz zu einer anderen Installation in einem Museum in Krefeld[693] den Raum eben nicht selbst zum Gestaltungsgegenstand gemacht habe. Raumgestaltende Maßnahmen mit ausdrücklicher künstlerischer Bestimmung seien in *Beuys* Gesamtwerk die Ausnahme und nicht die Regel gewesen.

Franz Dahlem äußerte sich in der F.A.Z. vom 12. Dezember 2006 dahingehend, dass *Beuys* selbst sich 1970 in weiser Voraussicht der Nachbräunung der Jute durch „Fotosynthese“ sogar gegen diese Wandbespannung ausgesprochen habe, sich jedoch gegen die Museumsleitung nicht habe durchsetzen können.[694]

Auch die Künstlerwitwe *Eva Beuys* hatte sich frühzeitig für eine Sanierung ausgesprochen. Da der Erhalt der Werke real gefährdet sei, müssten diese in Sicher-

690 *Huttenlauch*, in: Artnet.de vom 08.05.2008, abrufbar unter http://www.artnet.de/magazine/weisse-wande-fur-den-block-beuys/, zuletzt aufgerufen am 12.03.2012.

691 *Huttenlauch*, in: Artnet.de vom 08.05.2008, abrufbar unter http://www.artnet.de/magazine/weisse-wande-fur-den-block-beuys/, zuletzt aufgerufen am 12.03.2012.

692 *Huttenlauch*, in: Artnet.de vom 08.05.2008, abrufbar unter http://www.artnet.de/magazine/weisse-wande-fur-den-block-beuys/, zuletzt aufgerufen am 12.03.2012.

693 Hierzu der nachfolgende Beispielsfall, viertes Kapitel, B. I. 1. a) dd).

694 *Dahlem*, in: F.A.Z. vom 12.12.2006, Nr. 289, S. 10.

heit gebracht werden. Es könne nicht darum gehen, das fetischisierte Ambiente auf Kosten der Werke und ihrer Sichtbarkeit zu retten.[695]

(4) Eigene Stellungnahme

Dass es in dem vorliegenden Fall nicht zu einem Rechtsstreit zwischen dem Museum und der Witwe des Künstlers kam, lag einzig daran, dass diese die Ansicht des Museums hinsichtlich der Restaurierungsmaßnahme teilte. Zwar hatte sich Joseph Beuys angeblich zu Lebzeiten einst skeptisch geäußert: „*Niemand versteht mein Werk weniger als meine Frau.*“[696] Dass *Eva Beuys* die ihr als Rechtsnachfolgerin zuteil gewordene Aufgabe der „Wahrung“ der Urheberpersönlichkeitsrechte ihres verstorbenen Mannes jedoch durchaus ernst nimmt, zeigen zahlreiche rechtliche Auseinandersetzungen und gerichtliche Prozesse, die sie bereits um den Umgang mit *Beuys*’ künstlerischem Erbe geführt hat und von denen einige im Rahmen dieser Arbeit bereits Anklang gefunden haben.[697]

(a) Zur Frage des nachträglichen „Hineinwachsens“ des Raumes in das Kunstwerkes

Fraglich ist zunächst, ob das räumliche Umfeld des Blocks schutzfähiger Teil des Werkes geworden ist, mit der Folge, dass sich der Integritätsschutz aus § 14 UrhG auch auf dieses beziehen würde. Der Schutzumfang des § 14 UrhG umfasst lediglich Teile eines Werkes, die urheberrechtlich geschützt sind. Sie müssen also als Teil der persönlichen geistigen Schöpfung i. S. d. § 2 Abs. 2 UrhG zu betrachten sein. Maßgeblich für die Beurteilung der urheberrechtlichen Schutzfähigkeit des Werkes sowie seines Schutzumfangs ist der Zeitpunkt, zu dem das Werk geschaffen wurde.[698]

Zum einen kann schon bezweifelt werden, ob durch die Anordnung der Werke in den Museumsräumen durch *Beuys* überhaupt ein neues Gesamtkunstwerk i. S. d. § 2 Abs. 2 UrhG geschaffen wurde, so dass die Wände hätten Teil dieses Werkes werden können. Schließlich fehlte es hier am Hinzufügen weiterer Zutaten oder der Vornahme von Änderungen an der Umgebung. *Beuys* hat selbst in den

695 *Huttenlauch*, in: Artnet.de vom 08.05.2008, abrufbar unter http://www.artnet.de/magazine/weisse-wande-fur-den-block-beuys/, zuletzt aufgerufen am12.03.2012.

696 Zitiert nach *Gries*, in: op-online vom 22.01.2009, abrufbar unter http://www.op-online.de/nachrichten/kultur/weisse-waende-veraendern-werkcharakter-61802.html, zuletzt aufgerufen am 12.03.2012.

697 Zuletzt OLG Düsseldorf GRUR 2012, 173 – *Beuys Fotoreihe.*

698 Wandtke/*Bullinger*, § 2 Rn. 12.

Räumen keinerlei Veränderungen vorgenommen, sondern lediglich seine Werke aus seiner Sicht bestmöglich arrangiert. Die Räumlichkeiten waren bereits Jahre vor der Installation der Werke in dem Museum mit Jute bespannt. Er hat also das Umfeld hier nicht in besonderer künstlerischer Weise in die Anordnung seiner Werke integriert.

Selbst wenn man aber hinsichtlich der Anordnung der Werke von der Schaffung eines neuen Gesamtwerkes i. S. d. § 2 Abs. 2 UrhG ausginge und daher für die Frage der Zugehörigkeit der Wände zu diesem Gesamtkunstwerk auf den Zeitpunkt der Installation der Werke in dem Museum im Jahr 1970 abstellte, wäre zu beachten, dass *Beuys* nicht exakt voraussehen konnte, ob und in wie weit die Wände sich überhaupt verfärben würden und vor allem, ob sich seine Werke überhaupt derart lange in diesen Museumsräumen befinden würden. Schließlich wusste er, dass die Werke zu diesem Zeitpunkt zum Großteil dem Sammler *Ströher* und nicht dem Museum gehörten. Der Ankauf durch das Museum erfolgte hingegen erst deutlich später, nämlich 1989 und damit sogar Jahre nach dem Tod des Künstlers selbst im Januar 1986. Aber auch im Übrigen musste er damit rechnen, dass die Werke möglicherweise einmal in einer anderen Anordnung oder an anderen Orten ausgestellt werden würden, da insbesondere auch der Leihverkehr zwischen Museen zur üblichen Praxis gehört. So wurden beispielsweise 1979 Teile des *Block Beuys* für eine *Beuys*-Retrospektive an das Guggenheim Museum in New York ausgeliehen. Hierbei erfolgte der Abbau sowie der spätere Wiederaufbau der Werke unter Aufsicht des Künstlers selbst. Zudem wurde dem Künstler 1984 ein weiterer Raum zur Erweiterung des Blocks zur Verfügung gestellt. Hier installierte der Künstler die *„Transsibirische Bahn“* und *„LICHAMEN“*, später auch *„Das Ende des 20. Jahrhunderts“*. Dennoch verkaufte *Beuys* selbst das Werk *„Das Ende des 20. Jahrhunderts“* 1985 kurz vor seinem Tod dem Wilhelm-Lehmbruck-Museum in Duisburg. 1986 wurde es daher aus dem *Block Beuys* entfernt.[699] Zudem muss berücksichtigt werden, dass es sich bei den in den streitgegenständlichen Räumlichkeiten ausgestellten Werken um fertige autonome und einzelne Kunstwerke handelte, die bereits zuvor in anderen Ausstellungen gezeigt worden waren. Bereits dies zeigt, dass selbst eine Ausstellung an einem anderen Ort im Grundsatz nicht der Intention des Künstlers widerspricht. Allein die geschlossene Erhaltung der Sammlung *Ströhers* schien dem Künstler wichtig. So heißt es in der zwischen dem Künstler und Ströher getroffenen Vereinbarung von 1969:

699 *Malaka*, S. 34, Fn. 1.

> „Herr Ströher, Sammler moderner Kunst, hat den Wunsch, die von Herrn Beuys geschaffenen Werke in seine Sammlung aufzunehmen und ist gleichzeitig bereit, den Wunsch von Herrn Beuys auf geschlossene Erhaltung des wesentlichen Teiles seiner Werke sowie diese Werke der Öffentlichkeit zugänglich zu machen, zu verwirklichen."[700]

Es spricht insofern vieles dafür, dass *Beuys* nicht annahm und es ihm auch nicht darauf ankam, dass die Werke bis an ihr „Lebensende" in genau diesem Umfeld verbleiben würden, sondern lediglich, dass sie im Wesentlichen geschlossen erhalten bleiben sollten. Insofern ist anzunehmen, dass *Beuys* die späteren Verfärbungen nicht als wesentlichen Bestanteil seiner Werke betrachtete. Es liegen keinerlei Anhaltspunkte dafür vor, dass *Beuys* die Verfärbungen als künstlerischen Bestandteil seiner bereits lange zuvor fertig gestellten autonomen Einzelwerke betrachtete, ohne die diese Werke künftig nicht mehr die von ihm vorgesehene künstlerische Aussage vermitteln könnten.

Zwar können auch bestimmte Zufallsmomente in ein Werk mit einbezogen werden, so dass auch diese vom urheberrechtlichen Schutz erfasst werden.[701] Hierfür bedarf es aber der bewussten Einbeziehung dieser Zufallsmomente. Dass *Beuys* die Verfärbungen möglicherweise voraussah und daher billigend in Kauf nahm, genügt hingegen noch nicht, um diese als schutzfähigen Teil der von ihm angeordneten Werke zu betrachten.

Es ist daher davon auszugehen, dass der Raum mit seinen nachträglichen Veränderungen nicht in die Kunstwerke „hineingewachsen" ist. Die Vornahme der Sanierungsmaßnahmen im Umfeld des Werkes stellt daher auch keinen Eingriff in die Substanz eines etwa entstandenen Gesamtkunstwerkes dar.

(b) Zur Frage des Entstehens eines absoluten Ortsbezuges durch nachträgliche Veränderungen des Umfeldes

Weiter kann man sich die Frage stellen, ob die Verfärbungen zwar nicht Teil der Substanz der Kunstwerke selbst, wohl aber zwingendes Umfeld im Sinne eines absoluten formalen Ortsbezuges geworden ist. In diesem Fall stellte die Veränderung des Umfeldes durch Sanierung einen indirekten Eingriff und damit eine starke Beeinträchtigung der angeordneten Kunstwerke dar.

Auch ein absoluter formaler Ortsbezug wäre aber nur dann anzunehmen, wenn *Beuys* die späteren Verfärbungen bewusst in seine Schöpfung mit einbezogen hätte und diese Teil seiner künstlerischen Intention und damit seiner persönli-

700 Zitiert nach: Eva Beuys u. a., S. 399 f.

701 Wandtke/*Bullinger*, § 2 Rn. 17.

chen geistigen Schöpfung i. S. d. § 2 Abs. 2 UrhG geworden wären. Davon ist hier allerdings ebenfalls aus den bereits erläuterten Gründen nicht auszugehen. Durch nachträgliche zufällige Veränderungen des Umfeldes, die nicht bewusst und gezielt in die Schöpfung mit einbezogen worden sind, kann ein absoluter Ortsbezug nicht entstehen. Insofern ist durch die nachträgliche Verfärbung der Jutebespannung kein formaler Ortsbezug im absoluten Sinne entstanden, der eine Veränderung des Umfeldes durch Sanierung der Wände verbieten würde.

Wenn überhaupt, kann im Falle des *Block Beuys* ein relativer Ortsbezug angenommen werden, mit der Folge, dass das Werk nur in Räumen installiert werden darf, die dem Raum zur Zeit der Installation durch *Beuys* im Wesentlichen ähneln. Dieses Ergebnis führt dazu, dass eine Sanierung der Wände aus urheberrechtlicher Sicht geradezu als erforderlich betrachtet werden könnte, da die bräunliche Färbung der Wände als Umfeld des Kunstwerkes eine Veränderung des geistig-ästhetischen Gesamteindrucks der ursprünglichen Werke bewirkten. Allerdings liebte *Beuys* die Spuren der Alterung an Gegenständen und hätte wohl selbst nichts gegen die Verfärbungen einzuwenden gehabt.

(c) Zwischenergebnis

Im Ergebnis ist festzustellen, dass nachträglich eintretende Veränderungen im Umfeld eines Werkes nicht als Teil des Kunstwerkes zu betrachten sind, wenn diese nicht bereits im Zeitpunkt der Schaffung des Werkes Teil der künstlerischen Intention waren. Ebenso wenig können nachträgliche Veränderungen zu einem absoluten Ortsbezug führen, da ein absoluter Ortsbezug immer voraussetzt, dass das Werk gezielt in Korrespondenz zum Aufstellungsort konstruiert und konzipiert wird.[702] Hierfür genügt es noch nicht, dass Veränderungen im Umfeld möglicherweise vorausgesehen und billigend in Kauf genommen werden. Gleichwohl können nachträgliche Veränderungen am Kunstwerk oder seiner Umgebung zwar nicht aus urheberrechtlicher Sicht, jedoch aus dem Blickwinkel eines historischen, ästhetischen oder kunstgeschichtlichen Interesses einen besonderen Wert erlangen und damit besonders erhaltenswert erscheinen.

dd) Zur Frage der Entstehung eines formalen Ortsbezuges durch Schaffung eines Gesamtkunstwerkes am Beispiel des *Beuys-Block* – Krefeld

Eine ganz ähnliche Problematik stellte sich im Falle eines weiteren Werkkomplexes des Künstlers *Joseph Beuys*, nämlich des *Beuys-Blocks* in Krefeld.

---

702 OLG Naumburg, Urt. v, 31.03.2004, Az. 6 U 36/03.

(1) Sachverhalt

In den Jahren 1968 bis 1980 erwarb das Sammlerehepaar *Lauff* ca. 400 Kunstwerke zum Aufbau einer Sammlung zeitgenössischer Kunst. Unter den Werken befanden sich auch zahlreiche Werke des Künstlers *Joseph Beuys*, so auch die Werke „*Hibernia*", „*anschwebende plastische Ladung → vor ← Isolationsgestell*", „*Barraque D/Dull Odde*" (im Folgenden: „*Barraque*"), „*Gundfana des Westens – Dschingis Khans Flagge*" und „*Fond IV/4*".[703] Das Sammlerehepaar stellte seine Werke dem Kaiser-Wilhelm-Museum in Krefeld als Leihgabe zur Verfügung, wobei ein Leihvertrag nur mündlich geschlossen wurde.[704] In den ersten Jahren wurden die Werke *Beuys'* „ohne spürbaren Zusammenhang in einem wenig geeigneten Raum"[705] ausgestellt. Im Jahre 1977 wählte die Museumsleitung gemeinsam mit *Joseph Beuys* einen neuen Ausstellungsort. Dieser wurde in besonderer Weise gestaltet. Die Scheiben der Fensterwand wurden mit Hartfaserplatten geschlossen und ebenso wie die Fensterrahmen und die Marmorfensterbänke mit weißer Farbe gestrichen. In diesem Raum baute *Beuys* sein Werk „*Barraque*" neu auf. Dieses besteht aus einem großen Doppelregal mit einem Pult und Sitzgelegenheit. Auf dem Regal sind viele kleine Gegenstände wie z.B. Reagenzgläser, Pflanzensamen und Staub angeordnet, die den Schaffensprozess eines Künstlers und Wissenschaftlers widerspiegeln sollen. Aber auch die übrigen *Beuys*-Werke aus der Sammlung und sein Werk „*Objekt mit Hasenfell*", welches nicht zu der Sammlung des Ehepaars gehörte, wurden in diesem Raum installiert. Vor der „*Barraque*" wurde ein Absperrgitter mit Durchgangstür aus Dachlatten und Maschendraht errichtet. 1984 wurde das der Stadt Krefeld gehörende *Beuys*-Werk „*Brunnen*" in dem Vorraum zu dem 1977 eingerichteten Raum aufgebaut. Hierbei handelt es sich um einen Edelstahlbrunnen, der ursprünglich für eine Industrieausstellung in Amsterdam angefertigt worden war. Er hatte sich von 1969 bis 1977 in einem Wasserbecken im Innenhof des Museums befunden. Der aufgrund dessen korrodierte untere Teil des Brunnens wurde auf Anweisung des Künstlers *Beuys* rot gestrichen. *Beuys* brachte an diesem unteren Teil des Brunnens einen roten Gummischlauch an, den er bis hinter das Absperrgitter der „*Barraque*" auslegte. Alle diese Veränderungen wurde allerdings vorgenommen, ohne dass das Sammlerehepaar hierüber informiert wurde. Bei späteren Besuchen des Museums

---

703 Sachverhalt wiedergegeben bei *Loschelder*, in: FS Löwenheim, S. 193 (195). *Dr. Michael Loschelder* vertrat die Sammlerin *Helga Lauff* im Rahmen des Konflikts „*Beuys-Block*" gegen das Krefelder Kaiser-Wilhelm-Museum.

704 *Loschelder*, in: FS Löwenheim, S. 193 (195).

705 So äußerte sich der ehemalige Direktor des Kaiser-Wilhelm-Museums *Dr. Gerhard Storck* in einer nicht öffentlichen Stellungnahme vom 15.10.2007 über die erste Ausstellung der Beuys-Werke in dem Museum, zitiert nach *Loschelder*, in: FS Löwenheim, S. 193 (195).

nahm das Ehepaar die Veränderungen zwar wahr, beanstandete sie aber nicht, da sie der Neuaufstellung keine rechtliche Bedeutung beimaßen.[706]

Als die Sammlerin – ihr Ehemann war bereits verstorben – 2007 die Rückgabe der Werke verlangte, entstand ein Streit darüber, ob die Werke, die zu ihrer Sammlung gehörten, aus den Museumsräumen entfernt werden dürften. Die Vertreter der Stadt Krefeld und des Museums waren der Ansicht, dass durch die Bildung des neuen *Beuys-Blocks* die Eigentümerin nicht mehr berechtigt sei, über einzelne *Beuys*-Werke aus der Sammlung zu verfügen, da hierdurch der neu geschaffene *Beuys-Block* zerstört werde. Die Eigentümerin habe durch die Neugestaltung gar ihr Eigentum an den Werken verloren. Die Sammlerin und das Museum einigten sich letztendlich außergerichtlich.[707] Die Werke dürfen nun in dem Museum verbleiben.

(2) Problematik

Der Streit um den *Beuys-Block* in Krefeld bildet ein weiteres Beispiel für einen Konflikt im Zusammenhang mit der Frage des Standortbezuges in der zeitgenössischen Kunst, bei der ein Spannungsfeld zwischen Künstler, Eigentümer und Museum offen zu Tage getreten ist. Hier stellte sich also die Frage, welche rechtlichen Konsequenzen die „Blockbildung" hatte. Auf eine sachenrechtliche Prüfung soll an dieser Stelle allerdings verzichtet werden, da dies nicht Gegenstand der Arbeit ist. Vielmehr wird an dieser Stelle davon ausgegangen, dass die Sammlerin *Helga Lauff* Eigentümerin an den Werken geblieben ist.[708] Vorliegend soll sich die Untersuchung auf die urheberrechtliche Prüfung beschränken. Im Gegensatz zur Konstellation beim *Block Beuys* – Darmstadt geht es hier nicht um die Frage der Entstehung eines Ortsbezuges durch die nachträgliche Veränderungen des Umfeldes, in dem ein Werk angeordnet wurde, sondern um die Frage des Entstehens eines formalen Ortsbezuges durch die Bildung eines „Gesamtkunstwerkes", also durch die künstlerische Kombination mit anderen Werken und ein daraus möglicherweise resultierendes Verbot der Abtrennung einzelner Werke.

(3) Eigene Stellungnahme zur urheberrechtlichen Zulässigkeit der Entfernung einzelner Werke

Löste die Entfernung einzelner Werke aus dem *Beuys-Block* das Verbietungsrecht aus § 14 UrhG aus, so könnte sich zwar nicht das Museum selbst, wohl aber

706 *Loschelder*, in: FS Löwenheim, S. 193 (196).
707 *Loschelder*, in: FS Löwenheim, S. 193 (195).
708 Hierzu ausführlich *Loschelder*, in: FS Löwenheim, S. 193 (196 ff.), der ebenfalls dazu kommt, dass die Sammlerin das Eigentum an den Werken nicht verloren hat.

Eva Beuys als Rechtsnachfolgerin des Künstlers auf dieses berufen und damit die Entfernung einzelner Werke aus dem Werkkomplex verhindern.

(a) Beeinträchtigung der einzelnen entfernten Werke selbst durch ihre Trennung vom „Gesamtkunstwerk“

Die Entfernung der Einzelwerke „*Hibernia*“, „*anschwebende plastische Ladung → vor ← Isolationsgestell*“, „*Gundfana des Westens – Dschingis Khans Flagge*“ und „*Fond IV/4*“, die an den Wänden des Museumsraums lehnen oder hängen, hätte nach zutreffender Ansicht *Loschelders* nicht dazu geführt, dass diese Werke selbst i. S. d. § 14 UrhG beeinträchtigt, also in ihrer Wirkung gehemmt, behindert, eingeschränkt oder geschmälert worden wären. Es handelt sich bei den aufgezählten Werken um autonome Kunstwerke, die ihre Aussagekraft und Wirkung ebenso an anderen Orten entfalten können. Zwar entfalteten die Werke nach *Loschelder* dadurch, dass sie gemeinsam in einer bestimmten Anordnung in einem besonders gestalteten Raum ausgestellt seien, eine spezielle „Kombinationswirkung“, die bei Entfernung entfalle, dies habe jedoch keinen Einfluss auf die Aussagekraft und Wirkung der jeweiligen Einzelwerke.[709]

Obwohl *Beuys* selbst den Ort für die Ausstellung seiner Werke wählte und diese dort auch eigenhändig aufbaute, ist nicht von einem absoluten Ortsbezug der genannten Einzelwerke zu den Museumsräumen und den übrigen Werken des Blocks auszugehen. Schließlich wurden die Einzelwerke bereits vor der Installation in den Räumlichkeiten des Krefelder Museums geschaffen und ausgestellt. Die aufgezählten Werke wurden gerade nicht für einen bestimmten Ort oder für die Kombination mit bestimmten anderen Werken konzipiert und konstruiert, sondern dieses Umfeld im Sinne eines Gesamtkunstwerkes wurde erst nachträglich „bei Gelegenheit“ neu bestimmt.

Auch die Entfernung des Einzelwerkes „*Barraque*“ hätte nicht zu einer Beeinträchtigung seiner selbst geführt. Denn auch bei diesem Werk handelt es sich um ein autonomes Werk, dem unabhängig von seinem Präsentationsort eine hohe künstlerische Bedeutung zukommt, auch wenn es durch den eigenhändigen Aufbau durch *Beuys* in dem neu gestalteten Museumsraum in besonderer – aber eben nicht rechtlich relevanter – Weise mit seinem Standort verbunden ist. Vielmehr ist das Werk „*Barraque*“ von seiner Umgebung unabhängig. Das Wesen der „*Barraque*“ würde durch eine Entfernung aus dem Museumsraum und einer etwaigen Ausstellung in einem neuen anderen Raum nicht verändert, auch wenn

709 *Loschelder*, in: FS Löwenheim, S. 193 (197).

es hier selbstverständlich anders wirken würde.[710] Dies haben allerdings Ausstellungen naturgemäß an sich. Jedes Werk wirkt an jeweils verschiedenen Orten unterschiedlich. Dies führt jedoch noch nicht dazu, dass ein Werk an einem besonders geeigneten Ort automatisch absoluten Ortsbezug erlangt. Schließlich wurde auch das Werk „*Barraque*" nicht eigens für den von *Beuys* ausgewählten Raum geschaffen, sondern es wurde bereits zuvor hergestellt und an einem anderen Ort ausgestellt. Insofern kann hier höchstens ein relativer Ortsbezug festgestellt werden. Bei einem solchen ist davon auszugehen, dass ein üblicher Ausstellungsraum mit geeigneten Licht- und Platzverhältnissen genügt, um den Erfordernissen des § 14 UrhG zu entsprechen.

Auch, dass die Entfernung der „*Barraque*" zu einer Trennung von dem „*Brunnen*" geführt hätte, hätte zu keinem anderen Ergebnis geführt. Die beiden Kunstwerke sind mit *Loschelder* zutreffend nicht als neues Gesamtkunstwerk zu betrachten. Hiergegen spricht bereits, dass die Einzelwerke lediglich nachträglich lose mit einem Schlauch verbunden wurden. Der Schlauch diene nach *Loschelder* nicht dazu, die beiden Werke zu vereinen, sondern solle lediglich symbolisieren, dass die beiden Einzelwerke sich in ihrer Wirkung gegenseitig beeinflussten.[711] Auch diesbezüglich ist insofern kein absoluter formaler Ortsbezug entstanden.

(b) Beeinträchtigung des Gesamtkunstwerks *Beuys-Block* durch Entfernung einzelner Werke

Zu guter Letzt begründet auch die Entfernung der Einzelwerke und die damit einhergehende Zerstückelung des *Beuys-Blocks* kein Verbietungsrecht. Zwar erscheint es auch nach *Loschelder* nicht abwegig, den *Beuys-Block*, also die Gesamtheit der durch *Beuys* gestalteten Museumsräume, als eigenständiges Gesamtkunstwerk i. S. d. § 2 Abs. 2 UrhG zu betrachten. Schließlich handelt es sich nicht um schlichte, zweckmäßige Ausstellungsräume, sondern um solche, die aufgrund der mit Hartfaserplatten geschlossenen Fensterscheiben, der gestrichenen Fensterrahmen und -bänke sowie der Anordnung der Einzelwerke, die eine raumübergreifende Kommunikation der Einzelwerke miteinander erlaubt, aus der Masse des alltäglichen herausragt.[712]

Entfernte man demnach einzelne Teile des Gesamtkunstwerks, so läge eine Zerteilung dessen vor, welche man als Beeinträchtigung des Gesamtwerkes i. S. d. § 14 UrhG betrachten könnte. Auch eine Interessengefährdung müsste in diesem

710 So *Loschelder*, in: FS Löwenheim, S. 193 (199).
711 *Loschelder*, in: FS Löwenheim, S. 193 (200).
712 Vgl. LG Leipzig ZUM 2005, 487 (492); *Loschelder*, in: FS Löwenheim, S. 193 (200).

Falle wohl bejaht werden, obwohl unklar ist, was *Beuys* selbst von der Trennung einzelner Werke aus dem Werkkomplex gehalten hätte. Allerdings wäre im vorliegenden Fall von einem Überwiegen der Eigentümerinteressen (hier der Eigentümerin *Lauff*) gegenüber den Urheberinteressen auszugehen gewesen.[713]

Die Zerteilung eines solchen „Gesamtkunstwerkes" muss anders bewertet werden als die Zerteilung eines Einzelkunstwerkes[714]. Denn im Gegensatz zu dem Einzelkunstwerk, welches aus mehreren aufeinander abgestimmten Teilen besteht, die zwingend zusammen gehören, besteht das Gesamtkunstwerk aus mehreren autonomen Einzelwerken, die erst im Nachhinein zu einem Gesamtwerk zusammengefügt wurden. Die Einzelwerke sind dabei auch unabhängig von dem Gesamtwerk „überlebensfähig".

Zu berücksichtigen ist also zum einen, dass der *Beuys-Block* im Vergleich zu den darin enthaltenen Einzelwerken lediglich eine geringe schöpferische Eigenart aufweist. Seine Aussagekraft bleibt weit hinter der künstlerischen Wirkung der Einzelkunstwerke zurück. Diese wirken aus sich heraus und unabhängig von ihrem Standort. Dies wird schon dadurch deutlich, dass *Beuys* diese zuvor zeitlich und künstlerisch gänzlich unabhängig voneinander und unabhängig von einem bestimmten Standort geschaffen hatte. Die Wirkung des *Beuys-Blocks* erschöpft sich hingegen in einer besonderen Raumgestaltung, die es ermöglicht, die Einzelwerke besonders gut zur Geltung zu bringen. Der so neu entstandene künstlerische Eindruck ist also lediglich als Steigerung der Eindrücke zu betrachten, welche die Einzelkunstwerke ohnehin bereits vermitteln. Gerade dies ist aber ureigenste Aufgabe einer gelungenen Ausstellung.

Auch dass die geistige und persönliche Beziehung des Urhebers zu dem Gesamtwerk des *Beuys-Blocks* als weniger intensiv zu betrachten ist als seine Beziehung zu den Einzelwerken, wird dadurch verdeutlicht, dass *Beuys* die Ausführung in Teilen anderen Personen überließ.

Es ist außerdem davon auszugehen, dass *Beuys* sich dessen bewusst war, dass die Einzelkunstwerke, aus denen er das neue Gesamtkunstwerk schuf, im Eigentum unterschiedlicher Personen bzw. Institutionen standen und er insofern damit rechnen musste, dass die Ausstellung in dieser konkreten Art und Weise als Block lediglich für eine begrenzte Zeit und nicht bis ans „Lebensende der Kunstwerke" bestehen bleiben würde.

Zudem ist zu berücksichtigen, dass der zwangsweise Erhalt des *Beuys-Blocks* zu einer nahezu vollständigen Aufhebung der Eigentümerbefugnisse aus § 903 BGB

---

713 So auch *Loschelder*, in: FS Löwenheim, S. 193 (201 f.).

714 Hierzu bereits oben, viertes Kapitel, A. II.

führen würde. Obwohl *Helga Lauff* Eigentümerin der Werke war, hätte sie über diese dauerhaft nicht mehr verfügen können, so dass Eigentum und Besitz dauerhaft auseinander gefallen wären. Dies hätte für die Eigentümerin auch erhebliche finanzielle Einbußen bedeutet. So ist der Wert des *Beuys-Block*s auf 7,5 Millionen Euro geschätzt worden.[715] Diese Situation hätte die Eigentümerin auch nicht verhindern können, da sie von der Umgestaltung erst im Nachhinein erfahren hatte. *Helga Lauff* hatte zwar im Nachhinein geduldet, dass *Beuys* für sein Gesamtkunstwerk auch ihr Eigentum verwendete, jedoch nur, weil sie nicht mit etwaigen negativen rechtlichen Folgen gerechnet hatte und wohl auch nicht hätte rechnen können.

Schließlich entspricht es auch der üblichen Museumspraxis, dass Kunstwerke in Ausstellungsräumen vom Künstler selbst oder von einem Kurator so installiert werden, dass sie bestmöglich ihre Wirkung entfalten können. Hierbei kann es im Einzelfall dazu kommen, dass die Ausstellung insgesamt die Schwelle zur urheberrechtlichen Schutzfähigkeit i. S. d. § 2 UrhG erreicht, soweit die Anordnung der Werke oder ihre Präsentationsweise selbst eine künstlerische Leistung mit hinreichender Schöpfungshöhe darstellt.[716] Dabei macht es rechtlich keinen Unterschied, ob das Werk von dem Künstler der Einzelwerke selbst, etwa dem Meister *Beuys*, oder einem Kurator in besonderer Weise in einem Museumsraum installiert wird. Vielmehr kommt jedem Gesamtwerk, welches die Voraussetzungen einer persönlichen geistigen Schöpfung erfüllt, urheberrechtlicher Schutz zu, gleich ob die Berufsbezeichnung des Schöpfers „Künstler" oder „Kurator" lautet. Je nach Eigenart des Kurators werden dieselben Werke üblicherweise in verschiedenen Ausstellungen unterschiedlich in Szene gesetzt. Dass eine Ausstellung als besonders gelungen betrachtet wird, weil die Werke, gleich ob durch einen Kurator oder den Künstler selbst, besonders gut zur Geltung gebracht werden oder besondere künstlerische Elemente den Ausdruck der Werke noch verstärken, kann jedoch im Ergebnis nicht dazu führen, dass einzelne Werke nach Ende der Ausstellung nicht mehr aus dem jeweiligen Gesamtzusammenhang entfernt werden dürfen. Dies kann auch nicht damit begründet werden, dass die Werke nunmehr untrennbar mit den übrigen Werken verbunden seien. Insbesondere dann, wenn die zum Gesamtkunstwerk verbundenen Einzelwerke von unterschiedlichen Künstlern stammen oder unterschiedliche Eigentümer haben, wird deutlich, dass eine solche Sichtweise nicht tragbar wäre. Hier könnte derjenige Künstler oder Kurator, der die Werke künstlerisch zu einem Gesamtwerk verbindet, willentlich oder unwillentlich ohne Weiteres sowohl die Urheber der Einzelwerke als auch die jeweiligen Eigentümer ihrer Rechtspositionen berauben, ohne dass diese dies verhindern könnten. Dies würde den

---

715 http://www.rp-online.de/niederrhein-sued/krefeld/nachrichten/fuer-beuys-block-fehlen-15-millionen-1.667007, zuletzt aufgerufen am 12.03.2012.

716 Hierzu vertieft *Waitz*, S. 131, 152.

Ausstellungsbetrieb gänzlich lahm legen. Eigentümer von Werken würden diese wohl kaum mehr an Museen verleihen, wenn die Gefahr bestünde, dass sie diese erst nach Ablauf der urheberrechtlichen Schutzfrist zurück erhalten könnten (hierbei wäre dann unter Umständen auf den Tod des Kurators abzustellen). Im Übrigen hätten auch Kuratoren wohl regelmäßig kein Interesse mehr daran, dass Künstler ihre Werke selbst installierten, da sie befürchten müssten, dass der Künstler später auf den dauerhaften Erhalt und Verbleib der gesamten Installation in den Museumsräumen beharren könnte.

(c) Zwischenergebnis

Im Ergebnis hätte die Witwe *Beuys* als Rechtsnachfolgerin gegen eine Entfernung der Einzelwerke aus den Räumen des Museums nicht rechtlich vorgehen können, da weder im Hinblick auf die Einzelwerke selbst, noch im Hinblick auf die übrig bleibenden Teile des Gesamtwerkes die Voraussetzungen des § 14 UrhG erfüllt gewesen wären. Im Hinblick auf die Einzelwerke ist eine Beeinträchtigung dieser zu verneinen, da es an dem hierzu erforderlichen absoluten formalen Ortsbezug zu den übrigen installierten Werken oder dem künstlerisch gestalteten Umfeld fehlt. Im Hinblick auf die übrig bleibenden Teile des Gesamtwerkes fehlt es an einem Überwiegen der Urheberinteressen. Hier wiegen bei einer Trennung der Werke die Eigentümerinteressen deutlich schwerer. Wird also bei der Anordnung verschiedener autonomer Einzelwerke – gleich ob bewusst oder unbewusst – durch die eintretende Kombinationswirkung ein neues Gesamtkunstwerk geschaffen, so kann das Gesamtkunstwerk trotzdem später regelmäßig wieder in seine Einzelteile zerlegt werden.

Dass es sich bei dem *Beuys-Block* weltweit um eine der wenigen Rauminstallationen des Künstlers handelt, die an ihrem Ursprungsort unverändert erhalten und aus diesem Grunde kulturell überaus wertvoll ist und eine Entfernung der Werke daher bedauerlich gewesen wäre, kann im Rahmen des Urheberpersönlichkeitsrecht keine Berücksichtigung finden.[717] Der Schutz kultureller Interessen zugunsten der Allgemeinheit ist – wie bereits erläutert – Sache des Denkmalschutzes.[718] Umso erfreulicher war also die Entscheidung *Helga Lauffs*, die Werke an ihrem Ort zu belassen, obwohl eine gerichtliche Entscheidung in diesem Konflikt vor dem Hintergrund, dass Rechtsprechungsbeispiele zu standortbezogener Kunst rar sind, zur Fortentwicklung der rechtlichen Beurteilung dieses Spannungsfeldes wünschenswert gewesen wäre.

717 A. A. wohl *Loschelder*, in: FS Löwenheim, S. 193 (201).
718 LG Stuttgart ZUM-RD 2010, 491 (499) – *Stuttgart 21*.

Nach der hier vertretenen Ansicht müssen beispielsweise auch zahlreiche Eigentümer der Werke des Künstlers *Maurizio Cattelan* nicht befürchten, ihr Eigentum nie wieder zurück erhalten zu dürfen. Erst kürzlich nämlich erregte die Ausstellung *Cattelans* durch die einzigartige Anordnung der Kunstwerke im Guggenheim Museum in New York Aufsehen. So ließ der Künstler dort im Rahmen einer Retrospektive unter dem Ausstellungstitel „*All*" rund 130 seiner Werke ohne jegliche Chronologie oder Hierarchie an dicken Seilen von der Glasdecke des Museums in der Rotunde aufhängen.[719] Dort hing *Cattelans* erschlagener *Papst Johannes Paul II.*, der auf einem roten Teppich durch das Guggenheim zu schweben schien, dort baumelte der kniende, auf Knabengröße reduzierte *Adolf Hitler*, Übervater *Picasso* mit seinem Riesenschädel hing ebenso im Raum wie der Elefant im Ku-Klux-Klan-Kostüm und das Pferd, das mit dem Kopf in der Wand stecken geblieben ist. Das abgemagerte Rennpferd mit dem Namen „*Tiramisu*" („Zieh mich hoch") pendelte dort genauso wie zahlreiche andere Werke des Künstlers. Die Rotunde selbst, in der normalerweise die ausgestellten Kunstwerke an den Wänden hängen, blieb hingegen leer. Nichts war an den Wänden befestigt, nichts stand auf dem Boden, alles hing in der Luft – „ein statisches, vor allem aber ein museales Abenteuer"[720]. Die Besucher konnten sich auf der Rotunde zu den einzelnen Mobiléwerken hocharbeiten und sie umrunden. *Cattelan* selbst hätte es vorgezogen, alles, die ganze Kunst, zu einem großen Haufen aufzutürmen, allerdings waren die Leihgeber hiermit nicht einverstanden gewesen.[721]

Auch im Hinblick auf diese einzigartige Anordnung der Werke *Cattelans* kann man von einem Gesamtkunstwerk sprechen. Ebenso wie im Falle des *Beuys-Blocks* muss man aber auch hier das Entstehen eines absoluten formalen Ortsbezuges der einzelnen autonomen Werke zu den übrigen Werken und dem Museumsgebäude ablehnen. Allein im Hinblick auf das Gesamtkunstwerk kann man von einem Ortsbezug sprechen. Dies ist der besonderen Architektur des Guggenheim Museums in New York, das in seiner Grundform als Rotunde gestaltet ist, zu verdanken. Dass aber das Gesamtkunstwerk in dieser konkreten Form an seinen Ausstellungsort im Guggenheim Museum gebunden sein mag, bedeutet nicht, dass es nicht wieder in seine Einzelteilen getrennt und diese Einzelteile wieder an anderen Ausstellungsorten gezeigt werden dürften.

---

719 Abbildung unter http://www.guggenheim.org/new-york/exhibitions/past/exhibit/3961, zuletzt aufgerufen am 12.03.2012.

720 *Rauterberg*, in: Zeit Online vom 07.11.2011, abrufbar unter http://www.zeit.de/2011/45/Kuenstler-Cattelan, zuletzt aufgerufen am 12.03.2012.

721 *Rauterberg*, in: Zeit Online vom 07.11.2011, abrufbar unter http://www.zeit.de/2011/45/Kuenstler-Cattelan, zuletzt aufgerufen am 12.03.2012.

b) Inhaltlicher Ortsbezug

Inhaltlicher Ortsbezug liegt vor, wenn sich das Werk auf ein bestimmtes Ereignis bezieht, welches am konkreten Ausstellungsort stattgefunden hat.[722] Auch hier kann der Ortsbezug locker sein, wenn der Künstler den Ort beispielsweise lediglich als Anregung zu einem bestimmten Thema aufgegriffen hat.[723] Andererseits kann auch der inhaltliche Ortsbezug sehr eng sein, nämlich dann, wenn das Werk seinem Inhalt nach nur für einen Aufstellungsort gedacht sein kann.[724] Auch bei der Umsetzung eines solchen Werkes liegt regelmäßig eine starke Beeinträchtigung i. S. d. § 14 UrhG vor, da es hierdurch seine Aussage und seinen Sinn verliert und zur inhaltslosen Hülle wird.[725] Beispiele für Kunstwerke mit inhaltlichem Bezug sind vorwiegend Denkmäler und Mahnmale.

So handelt es sich beispielsweise auch bei den Mauerbildern der *East Side Gallery* um Werke mit nicht nur formalem[726], sondern auch inhaltlichem Ortsbezug. Die Mauerbilder beziehen sich eindeutig auf das Ereignis des Mauerfalls und mithin auf ein historisches Ereignis an einem bestimmten Ort, nämlich dem Standort der Mauer selbst. Sie dokumentieren künstlerisch den Zeitenwandel, die Euphorie und die Hoffnungen auf eine andere und bessere Zukunft.[727]

2. Umsetzung von ortsbezogenen Werken

Wurde also der formale oder inhaltliche Ortsbezug eines Werkes festgestellt, so stellt sich die Frage, welche Folgen die Umsetzung eines solchen Werkes im Rahmen der Prüfung des § 14 UrhG hat. Dies soll im Folgenden dargestellt werden.

a) Entstellung oder andere Beeinträchtigung

Die Umsetzung eines Kunstwerkes mit formalem oder inhaltlichem Ortsbezug von dem Ort, für den es bestimmt ist, an einen anderen Ort stellt je nach Stärke des Ortsbezuges eine mehr oder minder starke Beeinträchtigung, unter

722 Wandtke/*Bullinger*, § 14 Rn. 48.
723 *Bullinger*, S. 117.
724 *Bullinger*, S. 117.
725 *Thies*, S. 186.
726 Siehe oben, viertes Kapitel, B. I. 1. aa) (1).
727 So zu lesen auf der Internetseite der East Side Gallery, abrufbar unter http://www.eastsidegallery.com/historyesg.htm, zuletzt aufgerufen am 12.03.2012.

Umständen gar eine Entstellung des Werkes dar.[728] Erlangt das Werk durch das für es vorgesehene Umfeld die vom Künstler gewollte Aussage und Bedeutung, so wird sein Gesamteindruck durch das Aufstellen an einem anderen als dem ursprünglich bestimmungsgemäßen Ort verändert. Denn die Auseinandersetzung mit dem Umfeld und dessen Einbeziehung in den Aussagegehalt des Werkes stellen hier für sich genommen eine schöpferische Leistung dar, die vom Schutzbereich des § 14 UrhG umfasst wird.[729]

b) Eignung zur Gefährdung der Interessen des Urhebers

aa) Grundsatz des Erfordernisses eines Öffentlichkeitsbezuges

Eine solche Umsetzung ist dazu geeignet, die Interessen des Urhebers zu gefährden. Dies gilt jedoch nur bei vorhandenem Öffentlichkeitsbezug des umgesetzten Werkes.[730]

bb) Rechtsprechung zum „*Mindener Keil-Stück*"

Das OLG Hamm hat im bereits erläuterten Falle des ortsgebundenen Werkes „*Mindener Keil-Stück*" die Ansicht vertreten, dass bei ortsbezogenen Kunstwerken die Besonderheit bestehe, dass bei der Entfernung des Werkstücks aus einem künstlerischen Bezugsrahmen das einheitliche Kunstwerk in zwei Teile zerfalle, nämlich in den bestehen bleibenden Rahmen und dessen nunmehr aussagelos gewordenen Kern. In der Vorstellung der Bevölkerung werde die Plastik an dem nun leeren Aufstellungsort fortexistieren. Daher sei das Werk des Urhebers nicht vollständig untergegangen, sondern es lebe in der entstehenden Lücke für eine gewisse Zeit fort.[731] Obwohl hier das Werkstück auf einen nicht öffentlichen Bauhof verbracht werden sollte, nahm das Gericht mit dieser Begründung an, dass eine Beeinträchtigung vorliege, welche die Interessen des Urhebers beeinträchtige.

---

728 OLG Köln GRUR-RR 2010, 182 – *Pferdeskulptur*; OLG Naumburg, Urt. v. 31.03.2004, Az. 6 U 36/03; OLG Hamm ZUM-RD 2001, 443 – *Mindener Keil-Stück*; *Thies*, S. 182; *Grohmann*, S. 82 ff.

729 OLG Hamm ZUM-RD 2001, 443 (444) – *Mindener Keil-Stück*; *Thies*, S. 181 f.; *Dietz/Peukert*, in: Schricker/Loewenheim, § 14 Rn. 25; *Dustmann*, in: Fromm/Nordemann, § 14 Rn. 48.

730 Siehe oben, drittes Kapitel, C. III. 4.; a. A. *Wiesner*, S. 170.

731 OLG Hamm ZUM-RD 2001, 443.

cc) Entscheidung des Oberlandesgerichts Schleswig-Holstein

Das OLG Schleswig-Holstein hat in einem ähnlichen Fall im Februar 2006 hingegen richtigerweise eine Interessengefährdung des Urhebers verneint.[732] Gefährdet seien die Interessen des Urhebers nur dann, wenn das Werk in der Öffentlichkeit in Erscheinung trete und die Werknutzung sich in der Öffentlichkeit abspiele und/oder auswirke. Dies sei nicht der Fall, da sich das Werk auf einem der Öffentlichkeit nicht zugänglichen, privaten Bauhof befinde.

dd) Eigene Stellungnahme

Festzuhalten ist, dass die Gefahr einer verfälschten Wahrnehmung des Werkes auch bei einem standortbezogenen Kunstwerk dann nicht mehr gegeben sein kann, wenn das Werk der Öffentlichkeit nicht mehr zugänglich ist.[733] Ein Künstler hat keinen Anspruch darauf, von der Öffentlichkeit überhaupt wahrgenommen zu werden oder ausgestellt zu werden. Wie in jedem anderen Beruf auch, muss er sich sein Ansehen erarbeiten und es aufrechterhalten. Er kann nicht verlangen, dass ein Kunstwerk für alle Zeit von der Allgemeinheit akzeptiert wird. Nur im kulturellen Interesse der Allgemeinheit kann dies auch gegen den Willen des Eigentümers im Rahmen des Denkmalschutzes erreicht werden. Allein dann, wenn das beeinträchtigte Werk eines Künstlers tatsächlich von der Öffentlichkeit wahrgenommen werden kann, stehen ihm die Befugnisse aus § 14 UrhG zu. Denn solange das Werk durch die Öffentlichkeit wahrgenommen werden kann, hat der Künstler grundsätzlich das Recht darauf, dass sein Werk so wirken kann, wie er es geschaffen hat, nicht aber, dass es dauerhaft überhaupt wirken darf. Schließlich kann ein Künstler auch nicht verlangen, dass ihn überhaupt jemand mit der Schaffung eines Werkes beauftragt, ihm ein Werk abkauft oder sich bereit erklärt, es auszustellen. Dies wird vom OLG Hamm trotz der ständigen Rechtsprechung zum Erfordernis eines Öffentlichkeitsbezuges im Rahmen des § 14 UrhG verkannt.[734]

Das Argument, im öffentlichen Raum habe ein standortbezogenes Kunstwerk unter normalen Umständen keinerlei zeitliche Begrenzung, es habe daher ein Anrecht darauf, für immer an seinem Standort zu verbleiben,[735] ist nicht sachgerecht. Als „öffentlicher Raum" werden im Allgemeinen Gemeindeflächen oder

732 OLG Schleswig-Holstein ZUM 2006, 426 (427).

733 So auch Dreier/*Schulze*, § 14 Rn. Rn. 36, a. A. *Thies*, S. 190 f.

734 Dies übersieht auch *Thies*, S. 191 ff., obwohl sie auf S. 233 das grundsätzliche Erfordernis eines Öffentlichkeitsbezuges erkennt.

735 So *Hagebölling* am 25.5.2006 in Paderborn, zitiert nach *Thies*, S. 196.

Flächen anderer Körperschaften des öffentlichen Rechts verstanden, welche der Öffentlichkeit frei zugänglich sind und von den Gemeinden bewirtschaftet und unterhalten werden. Das Urheberrecht ist aber Teil des Privatrechts. Es ist nicht ersichtlich, weshalb das Urheberrecht ein Kunstwerk im öffentlichen Raum, also an einem Ort, der im staatlichen Eigentum steht, anders behandeln sollte als ein Kunstwerk in privatem Eigentum, das auf einem Privatgrundstück der Öffentlichkeit zugänglich ist. Wird also ein Werk für einen bestimmten Ort in einer privaten Sammlung, die der Öffentlichkeit zugänglich ist, geschaffen, so kann die rechtliche Bewertung nicht anders sein als bei einem Werk, welches für den öffentlichen Raum geschaffen wird. So wie man andere kleinere Kunstwerke in ein Archiv bringen oder in der Schublade verschwinden lassen kann, ohne hierdurch diese Werke zu entstellen, muss man deshalb auch eine Großplastik, gleich, ob Eigentum eines Privaten oder eines öffentlichen Trägers, aus dem Verkehr ziehen können.[736] Es kann dabei weder auf die Größe des Kunstwerkes, noch auf die Rechtsnatur des Eigentümers oder den bestimmungsgemäßen Aufstellungsort ankommen. Ebenso liegt es in der Natur von Kunstwerken, dass diese von der Allgemeinheit bewertet und kritisiert werden und möglicherweise auch auf Ablehnung stoßen. Ein Ewigkeitsanspruch des Urhebers auf öffentliche Ausstellung seines Werkes lässt sich jedenfalls aus § 14 UrhG nicht herleiten.

Das Argument, das Kunstwerk zerfalle in zwei Teile und existiere in der Vorstellung der Bevölkerung an dem nun leeren Aufstellungsort in der entstehenden Lücke fort, kann nicht geteilt werden. Es wirkt vielmehr konstruiert.[737]

ee) Zwischenergebnis

Die Eignung zur Gefährdung der Interessen des Urhebers kann mithin nur dann bejaht werden, wenn konkrete Tatsachen dafür sprechen, dass das Werk in der beeinträchtigten Form von einer gewissen Öffentlichkeit wahrgenommen werden wird. Dies wäre z. B. dann zu bejahen, wenn man die Plastik an einem anderen Ort wieder öffentlich zugänglich machte.[738]

c) Interessenabwägung

Auch bei der Frage, ob die Umsetzung eines ortsbezogenen Werkes ein Verbietungsrecht aus § 14 UrhG begründet, muss eine Interessenabwägung erfolgen.

---

736 Dreier/*Schulze*, § 14 Rn. Rn. 36.

737 Hierzu bereits ausführlich oben, viertes Kapitel, A. III. 3. b) aa).

738 Dreier/*Schulze*, § 14 Rn. Rn. 36.

aa) Rechtsprechung zur Umsetzung von ortsbezogenen Werken

(1) Oberlandesgericht Karlsruhe – „*Junge Alb*“

(a) Entscheidung des Gerichts

Ein Überwiegen der Interessen des Künstlers nahm das OLG Karlsruhe 1987 in dem Streitfall um eine Brunnenfigur namens „*Junge Alb*“ in der Stadt Ettlingen an. Der Entwurf zu der Figur stammte von dem Künstler *Karl Albiker*. Verwirklicht wurde der Entwurf aufgrund seines frühzeitigen Todes allerdings in Absprache mit den Erben *Albikers* von seinem Schüler *Walter Rössler*, wobei die Figur um das Zehnfache vergrößert wurde. Die Figur stellte einen aus Stein gemeißelten Frauenakt dar. Sie war im Auftrag der Stadt entstanden und sollte dem gemeinsamen Einvernehmen nach im Zentrum der Stadt am Fluss „Alb“ am Beginn einer Treppe zum Wasser, mit dem Blick auf das barocke Rathaus und unweit einer mächtigen Trauerweide, deren Zweige in das Wasser ragten, aufgestellt werden.[739] Finanzielle und wasserbaurechtliche Gründe machten dies jedoch letztlich unmöglich.[740] Vielmehr wurde die Figur auf einen örtlichen Bauhof verbracht, um von dort aus in der Nähe des städtischen Schwimmbades platziert zu werden. Der Künstler *Rössler* bestand aber darauf, dass sein Werk an den Fluss, die Alb, gehöre oder jedenfalls an einen entsprechenden Ort und erhob Klage. Er war der Ansicht, das Werk müsse als Brunnenfigur genutzt werden und nicht als Parkfigur. Zudem seien die Lichtverhältnisse am Aufstellungsort ungünstig. Die unmittelbare Nähe der Verkehrsampel und des Hallenbad-Parkplatzes ließen ein Betrachten der Figur „in Muße“ nicht zu.[741] Der Rechtsstreit ging durch zwei Instanzen. Das OLG Karlsruhe entschied schließlich zugunsten des Urhebers.[742] In erster Linie stützte sich das Gericht dabei allerdings auf einen vertraglichen Anspruch, da der Standort an der Alb bei Auftragserteilung festgelegt worden sei. Allerdings bejahte das Gericht zudem auch einen Anspruch aus §§ 3, 14 UrhG, den das Gericht in erster Linie damit begründete, dass die gemeinsame vertragliche Vorstellung der Parteien im Hinblick auf den Standort den Gegenstand des berechtigten Interesses i. S. d. § 14 UrhG bestimme. Zu dem vertraglichen Anspruch äußerte sich das Gericht dahingehend, dass ein Bildhauer oder Maler aufgrund eines Gestaltungsfreiraums des Auftraggebers weder einen bestimmten Standort noch eine bestimmte Gestaltung des Umfeldes für sein Werk fordern könne, jedoch könne er verlangen, dass das Werk zumindest an einer repräsen-

739 *Gerhardt*, in: DIE ZEIT vom 31.07.1987 Nr. 32, S. 21.

740 Tatbestand OLG Karlsruhe, Urt. v. 14.05.1985, Az. 6 U 236/85, S. 3 – *Junge Alb* (unveröffentl.).

741 Tatbestand OLG Karlsruhe, Urt. v. 14.05.1985, Az. 6 U 236/85, S. 4 – *Junge Alb* (unveröffentl.).

742 OLG Karlsruhe, Urt. v. 14.05.1985, Az. 6 U 236/85 – *Junge Alb* (unveröffentl.).

tativen Stelle aufgestellt werde.[743] Das Gericht begründete diese Entscheidung damit, dass es für den Urheber nicht bedeutungslos sei, wie sein Werk verwendet werde. Die Entscheidung, ob ein Werk etwa im Archiv verschwinde oder er mit der öffentlichen Präsentation und der Erhaltung seiner Arbeit rechnen könne, sei für den Künstler von erheblicher Bedeutung.[744] Der Künstler habe im Zuge der Vertragsverhandlungen keinen Zweifel daran gelassen, dass ihm eine repräsentative Aufstellung der Steinplastik als Brunnenfigur bedeutsam sei. Die „*Junge Alb*“ wurde schließlich an einen Brunnen unter einer alten Linde versetzt. Auch mit diesem Standort war der Künstler allerdings unzufrieden. Seine Bitte, sie, wenn schon an diesem Ort, dann anders zu präsentieren, stieß jedoch nicht auf Gehör. Die Figur steht noch heute an dem Brunnen.[745]

(b) Eigene Stellungnahme

Dem Gericht ist zumindest im Ergebnis zu folgen. Die Begründung überzeugt hingegen nicht. Vorliegend wäre von einem beachtlichen zumindest relativen Ortsbezug und einem Anspruch aus §§ 14, 97 UrhG auch dann auszugehen, wenn ein Dritter das Werk erworben hätte und daher keine vertragliche Regelung zwischen Urheber und Erwerber bestanden hätte. Das Werk war offenkundig für eine Aufstellung in der Nähe zum Wasser geschaffen, was bereits sein Name belegt. Ein Erwerber muss sich zumindest, soweit dies mit nicht unverhältnismäßigem Aufwand möglich ist, über die Bedeutung des Kunstwerkes und die Intentionen des Künstlers informieren und kann sich nicht schlicht darauf berufen, er habe von einem etwaigen Ortsbezug eines Kunstwerkes nichts gewusst.

Entgegen der Ansicht des OLG ist grundsätzlich nicht davon auszugehen, dass ein Künstler einen Anspruch gegen den Erwerber oder Auftraggeber darauf hat, dass ein Werk an einer repräsentativen Stelle ausgestellt wird, soweit dies nicht vertraglich geregelt ist. Auch hier ist zu beachten, dass nicht zwischen der Schaffung eines Werkes für einen öffentlichen Träger und der Schaffung eines Werkes für einen privaten Träger unterschieden werden darf. Bei beiden wird man grundsätzlich davon ausgehen können, dass ein Auftragswerk zunächst einmal an jedem beliebigen Ort ausgestellt oder aber auch für immer in einem Archiv verwahrt werden kann. Schließlich erlangt der Eigentümer eines Werkes der bildenden Künste gem. § 44 Abs. 2 UrhG lediglich das *Recht*, das Werk auszustellen, nicht aber die *Pflicht*. Diese kann sich lediglich aus einer vertragli-

743 *Gerhardt*, in: DIE ZEIT 31.07.1987 Nr. 32, S. 21.

744 *Gerhardt*, in: DIE ZEIT 31.07.1987 Nr. 32, S. 21.

745 Siehe http://www.ettlingen.de/servlet/PB/menu/1324464/index.html, zuletzt aufgerufen am 12.03.2012.

chen Regelung ergeben. Aus einer solchen Regelung oder aber aus einem dem Werk immanenten Ortsbezug kann lediglich folgen, dass ein Werk, wenn es denn öffentlich präsentiert wird, an einem geeigneten bzw. bei absolutem Ortsbezug sogar an dem hierfür bestimmten Ort aufgestellt wird. Die Bestimmung, ob ein solcher Ortsbezug vorliegt, richtet sich jedoch einzig nach den Eigenheiten des Werkes, die von den Intentionen des Künstlers geprägt sind, und nicht nach der Rechtsnatur des Eigentümers oder dem einseitigen Wunsch des Künstlers, sein Werk solle an einer repräsentativen Stelle aufgestellt werden. Da es wohl der Wunsch eines jeden Künstlers ist, dass sein Werk an einem repräsentativen Ort aufgestellt wird, müsste man ansonsten bei jedem Werk einen Ortsbezug annehmen.

(2) Landgericht Stuttgart – „*Oskar Schlemmer*“

(a) Entscheidung des Gerichts

Auch im Falle des Ausbaus eines von dem Künstler *Oskar Schlemmer* im Jahre 1940 gestalteten Wandbildes mit dem Titel „*Familie*“ entschied das Landgericht Stuttgart im Rahmen eines einstweiligen Verfügungsverfahrens zu Gunsten der Urheberinteressen.[746] Das 2,55 x 4,15 m große Bild stellte eine „figurativ idealisierte“[747] Familie dar. Es befand sich im Wohnzimmer eines privaten Stuttgarter Wohnhauses. Im Rahmen von Abrissarbeiten ließ die Eigentümerin des Hauses dieses Wandbild ausbauen.[748] Um das Gemälde herum wurde ein Metallrahmen gesetzt und der Putz bis auf einige Zentimeter Tiefe von der Wand gelöst. In dieser Form sollte das Wandgemälde in einer Galerie ausgestellt werden.[749] Die Erben *Schlemmers* wehrten sich aber hiergegen und erwirkten einen Beschluss vor dem LG Stuttgart, der es der Eigentümerin untersagte, das Werk außerhalb seines ursprünglichen Standorts öffentlich auszustellen. Begründet wurde dies damit, dass das Wandbild eigens für den Wohnraum konzipiert worden sei und die Loslösung aus dieser räumlichen Beziehung es in seiner vom Künstler gewollten Aussage beeinträchtige. Die Umrahmung mache es zu einem beweglichen Gemälde, was der Künstler nie beabsichtigt habe. Nach *Bullinger* habe der Betrachter des Wandbildes die Schwere des Mauerwerkes im Gegensatz zur Schwerelosigkeit der Figuren erleben können. Durch die Ablösung des Bildes habe das Gemälde eine feste, exakte und rechteckige Umrahmung bekommen, so dass die materielle Qualität des Bildes durch den Verbund mit dem Mauer-

746 LG Stuttgart, Beschluss vom 13.10.1995, Az. 17 O 481/95 (unveröffentl.).
747 *Bullinger*, S. 115.
748 Das Schicksal sieht uns an, in: DER SPIEGEL 42/1995, S. 240 ff.
749 Schlemmer unter Laken, in: DER SPIEGEL 43/1995, S. 254.

werk verloren gegangen sei.[750] Zudem seien die fließenden Übergänge, welche die Wand vorgegeben habe, durch den einengenden Rahmen begrenzt worden. Auch dies habe der Künstler nie gewollt. Das Wandbild wurde daraufhin mit einem Laken abgedeckt, damit die Öffentlichkeit das entstellte Werk nicht wahrnehmen konnte.[751] Da Schlemmer 1943 starb, kann die Eigentümerin des Wandbildes nunmehr nur abwarten, bis 2013 die Schutzfrist des Werkes abläuft. Dann kann sie das Werk auch in beeinträchtigter Form wieder öffentlich ausstellen und verwerten.

(b) Eigene Stellungnahme

Auch in diesem Fall bejahte das Gericht einen absoluten formalen Ortsbezug, da das Werk bei seiner Schöpfung mit dem Mauerwerk verbunden und nie als bewegliches Gemälde vorgesehen war. Ein berechtigtes Interesse der Eigentümerin hat das Gericht hier zutreffend nicht angenommen. Schließlich war diese nur deshalb Eigentümerin des Bildes geworden, weil *Schlemmer* das Werk an den Wänden ihres Hauses angebracht hatte. Allein aufgrund dieses für sie glücklichen Umstandes ist sie zu dem Eigentum an einem wertvollen Kunstwerk gelangt. Sie hat hierfür nicht etwa einen Kaufpreis bezahlt. Insofern war es ihr zuzumuten, mit der Verwertung des Werkes bis nach dem Ablauf der urheberrechtlichen Schutzfrist zu warten. Ebenso hätte sie das Werk allerdings nach hier vertretener Ansicht beim Abriss des Hauses auch gänzlich vernichten dürfen.

Folgt man der Rechtsprechung in diesem Fall richtigerweise, so muss man konsequenterweise auch die Entfernung und die öffentliche Versteigerung einzelner Werke, die auf der Berliner Mauer angebracht worden waren, als urheberrechtlich unzulässig betrachten. Bei diesen Bildern ist, ebenso wie im Falle *Oskar Schlemmer*, sowohl von einem formalen als auch von einem inhaltlichen Ortsbezug auszugehen.[752] Beim Abbau der Berliner Mauer wurde diese in einzelne Segmente zerteilt und die Betonplatten mit den Bildern wurden teilweise versteigert. Das KG Berlin vertrat allerdings seinerzeit fälschlicherweise die Ansicht, eine Schadensersatzverpflichtung gemäß §§ 97 Abs. 2, 14 UrhG scheide aus, weil die Beklagte, ein Unternehmen, dessen Gegenstand der Kauf und Verkauf von Teilen der Berliner Mauer sowie die Vermittlung derartiger Rechtsgeschäfte war, für die von einer Baufirma vorgenommene Segmentierung nicht verantwortlich sei.[753] Tatsächlich stellte jedoch erst das öffentliche Anbieten und der Verkauf der

---

750 *Bullinger*, S. 116.
751 Schlemmer unter Laken, in: DER SPIEGEL 43/1995, S. 254.
752 siehe oben, viertes Kapitel, B. I. 2. c) aa) (2).
753 KG GRUR 1994, 212 (213).

Werke außerhalb ihres vorgesehenen Bezugsrahmens die eigentliche Urheberpersönlichkeitsrechtsverletzung dar.[754]

bb) Weitere Kriterien im Rahmen der Interessenabwägung

(1) Interessen des Urhebers aus Art. 2 Abs. 1, Art. 1 Abs. 1 GG

Bei der Gewichtung der Interessen des Urhebers im Falle der Umsetzung von ortsbezogenen Kunstwerken kommt es in hohem Maße darauf an, wie stark der jeweilige Ortsbezug seines Werkes einzuschätzen ist. Darüber hinaus muss aber auch berücksichtigt werden, ob der Ortsbezug bei Erwerb des Werkes für den Erwerber oder Auftraggeber erkennbar war. Hier kommt es wohl in erster Linie auf die Intentionen an, die z. B. aus der Korrespondenz im Vorfeld der Errichtung des Kunstwerkes zum Ausdruck kommen können. So handelt es sich beispielsweise bei den Installationen im *Boros*-Bunker in Berlin nicht um Kunstwerke mit absolutem Ortsbezug,[755] auch wenn dies auf den Betrachter so wirken mag, weil die Werke sich dort so in die Räumlichkeiten einfügen, als könnten Sie an keinem anderen Ort installiert werden. Die Werke wurden dort zwar fast ausnahmslos von den Künstlern selbst installiert, dies jedoch allein deshalb, weil der Kunstsammler *Christian Boros* in engem und freundschaftlichen Kontakt zu vielen der ausgestellten Künstler steht. Viele der im Bunker installierten Werke hatte er sogar schon erworben, bevor er Eigentümer dieses Gebäudes geworden war.[756] Sie könnten daher auch an ebenso geeigneten anderen Orten installiert werden.

(2) Interessen des Eigentümers aus Art. 14 GG

Im Einzelfall sind aber durchaus Interessen des Eigentümers denkbar, die eine Verbringung eines ortsbezogenen Kunstwerkes an einen anderen öffentlichen Ort rechtfertigen. Schließt ein Museum beispielsweise oder verlegt seinen Sitz, werden erforderliche Umbaumaßnahmen vorgenommen, die dazu führen, dass das Werk an anderer Stelle wieder errichtet werden muss, können die Interessen des Eigentümers oder Besitzers schwer wiegen. Einzige Alternative zur Umsetzung oder Umstellung wäre ansonsten die Vernichtung oder die Verwahrung unter Ausschluss der Öffentlichkeit bis zum Ablauf der Schutzfrist.

Rein ästhetische Gründe, wie ein geschmacklicher Wandel, sind hingegen auch hier nicht zu berücksichtigen. Finanzielle und wirtschaftliche Interessen können

754 So im Ergebnis auch *Bullinger*, S. 113.

755 http://www.sammlung-boros.de/index.php?id=2827, zuletzt aufgerufen am 12.03.2012.

756 http://www.sammlung-boros.de/index.php?id=2827, zuletzt aufgerufen am 12.03.2012.

dagegen durchaus in die Abwägung eingehen. Insbesondere bei raumgreifenden Werken im öffentlichen Raum können auch berechtigte stadtplanerische Interessen eine Umsetzung eines Kunstwerkes an einen anderen zumindest nicht gänzlich ungeeigneten Ort rechtfertigen. Hierbei muss begutachtet werden, wie gut sich das Werk in die neue Umgebung einfügt und ob die Besonderheiten des ursprünglichen Standorts – falls es solche gab – auch am neuen Standort hinreichende Berücksichtigung finden können. Auch die Erkennbarkeit des Ortsbezuges für den Eigentümer bei Erwerb des Kunstwerkes muss Berücksichtigung finden. Von diesem kann dabei aber auch dann, wenn er das Werk weder von dem Urheber selbst erworben hat, noch am Planungs- und Schaffungsprozess beteiligt war, verlangt werden, dass er sich zuvor mit dem Werk und seinem Künstler auseinandersetzt.

Für den Fall, dass im Ergebnis die Interessen des Urhebers überwiegen, bleibt dem Eigentümer aber noch immer die Möglichkeit der Umsetzung auf einen der Öffentlichkeit nicht zugänglichen Ort[757] oder die gänzliche Vernichtung des Kunstwerkes.[758]

3. Zur Reichweite des Umgebungsschutzes von orts- oder umfeldbezogenen Werken der reinen bildenden Kunst

Fraglich ist ebenso, wie es sich auswirkt, wenn nicht das orts- oder umfeldbezogene Werk selbst an einen anderen Ort versetzt wird, sondern das Werk an seinem Platz verbleibt, jedoch das Umfeld des Kunstwerkes verändert wird. Dieses stellt zwar selbst keine persönliche geistige Schöpfung des Urhebers dar, wurde jedoch unter Umständen bewusst in sein Werk mit einbezogen. Nicht nur die Umsetzung, sondern auch eine solche Veränderung der Umgebung des Werkes, durch welche das zuvor bestehende Zusammenspiel zwischen Werk und Umfeld gestört wird, fällt daher in den Regelungsbereich des § 14 UrhG.[759] Je stärker ein Kunstwerk auch von seiner bestimmten Umgebung lebt, desto stärker wird das Werk selbst durch Veränderungen in der Umgebung beeinträchtigt. Klar ist aber von vornherein, dass selbst ein absoluter Standortbezug dem Urheber keinen absoluten Anspruch auf unveränderte Erhaltung der ursprünglichen Umgebung des Werkes vermitteln kann.[760] Vielmehr hat der Eigentümer im Falle einer beeinträchtigenden Veränderung des Umfeldes seines Kunstwerkes (auch

757 OLG Schleswig-Holstein ZUM 2006, 426 (427); a. A. OLG Hamm ZUM-RD 2001, 443 – *Mindener Keil-Stück*; *Thies*, S. 191 ff.

758 Siehe oben, viertes Kapitel, A. III. 3.

759 OLG Hamm ZUM-RD 2011, 343 (346) – *Brunnen*.

760 *Dönch*, GRUR-Prax 2009, 62.

durch Dritte), jedenfalls die Wahl, ob er das Umfeld wieder in den ursprünglichen Zustand versetzt (soweit er dies überhaupt rechtlich und tatsächlich kann und darf), das Werk vernichtet, es aus der Öffentlichkeit entfernt oder ein Umfeld findet, in welche das Werk mit Zustimmung des Urhebers versetzt werden darf oder welches sich ebenso gut für das Werk eignet.

a) Ansichten der urheberrechtlichen Rechtsprechung zum „Umgebungsschutz" von Kunstwerken

aa) Bundesgerichtshof – „*Kirchen-Innenraumgestaltung*" und Kammergericht – „*Gartenanlage*"

Der BGH befasste sich bislang lediglich in einer Entscheidung mit der Frage des Schutzes vor Veränderungen der Umgebung von Kunstwerken. So ging es in der Entscheidung „*Kirchen-Innenraumgestaltung*"[761] um den Innenraum einer Kirche, in welchem eine elektronische Orgel anstelle einer Pfeifenorgel sowie ein Lautsprecher aufgestellt wurden. Der Urheber des Kirchen-Innenraums war der Ansicht, dass hierdurch die künstlerische Gestaltung des Innenraums beeinträchtigt werde. Der BGH verneinte jedoch im Ergebnis Ansprüche des Urhebers auf Beseitigung der Veränderungen, da eine Beeinträchtigung des Innenraums nicht zu erkennen sei. Die Aufstellung der elektronischen Orgel sei vielmehr ohne merkbaren Einfluss auf das Raumbild geblieben. Die Entfernung der Lautsprecher könne jedenfalls derzeit nicht gefordert werden, da es sich erkennbar um ein Provisorium handle. Allerdings erkannte das Gericht, dass ein Verstoß gegen das Entstellungsverbot im Gegensatz zu § 39 UrhG nicht lediglich bei Eingriffen in die Substanz eines Bauwerkes denkbar sei, sondern grundsätzlich auch bei der Aufstellung und Gestaltung von Einrichtungsgegenständen, wenn diese Gegenstände derart in die bauliche Innenraumausgestaltung einbezogen würden, dass sie das Raumbild entscheidend mitprägten.

Dieser Entscheidung im Grundsatz folgend entschied auch das KG, dass das Aufstellen einer Skulptur in einer urheberrechtlich geschützten Gartenanlage eine Beeinträchtigung dieser darstelle.[762] Die geplante Skulptur hebe die Wahrnehmbarkeit der durch die künstlerische Konzeption der Urheberin bedingten Wechselbezüglichkeit von Fassade und Begrünung auf. Sie greife durch ihre Ausmaße in das sensible Gefüge der standortbezogen Gartenanlage ein, weil sie die Betrachtungsachsen fortwährend trotz ihrer tatsächlich spielerisch leichten Wirkung unterbreche.

761 BGH GRUR 1982, 107 – *Kirchen-Innenraumgestaltung.*
762 KG ZUM 2001, 590 ff. – *Gartenanlage.*

bb) Bundesgerichtshof – „*Unikatrahmen*“ und Oberlandesgericht Hamm – „*Brunnen*“

Auch in seiner Unikatrahmen-Entscheidung[763] bestätigte der BGH seine Ansicht, dass eine Beeinträchtigung der berechtigten geistigen und persönlichen Interessen des Urhebers an seinem Werk i. S. d. § 14 UrhG nicht notwendig voraussetze, dass das Werk selbst verändert werde. Es genüge, wenn die urheberpersönlichkeitsrechtlichen Interessen des Urhebers an seinem Werk – ohne inhaltliche Änderung des Werkes – durch Form und Art der Werkwiedergabe und -nutzung beeinträchtigt würden. In dem betreffenden Fall hatte der Beklagte Kunstdrucke der Bilder „*Hundertwasser-Haus in Wien*“ und „*Die vier Einsamkeiten*“ des Künstlers *Friedensreich Hundertwasser* in Rahmen vertrieben, deren Bemalung sich als Fortsetzung und Vergrößerung der Werke darstellte. Zwar war der Beklagte zum Vertrieb der Drucke berechtigt gewesen, jedoch stellte der Vertrieb in den bemalten Rahmen nach Ansicht des BGH eine Beeinträchtigung der Werke dar, da die geschützten Werke hierdurch mit Zutaten von dritter Hand zu „Gesamtkunstwerken“ vereinigt würden, welche unbefangene Betrachter ohne weiteres insgesamt als Werke des Urhebers des Originalwerks ansehen könnten. Durch ein solches Vorgehen werde das wesentliche Interesse des Urhebers verletzt, sich und seinem Werk nicht fremde Gestaltungen zurechnen lassen zu müssen.

Ähnlich argumentierte auch das OLG Hamm[764], als es über die urheberrechtliche Zulässigkeit der Veränderung der Umgebung eines Brunnens, der im Jahre 1994 in der Mitte einer in einer Cafeteria vorhandenen Vertiefung aufgestellt wurde, zu entscheiden hatte. Im Jahre 2008 beseitigte die Beklagte die bestehende Vertiefung, in deren Mitte der Brunnen stand. Sie verlegte einen Holzfußboden, um den Höhenunterschied zu dem übrigen Raum von etwa 30 cm auszugleichen. Um den Brunnen herum ließ sie eine Aussparung. Der Holzboden schloss nunmehr auf der Höhe der Außenkante des Brunnenbeckens ab, so dass dieses zwar von oben, aber nicht mehr von der Seite zu sehen war. Der Übergang vom Holzfußboden zum Beckenrand wurde mit Kies befüllt. Der Brunnen stand nun nicht mehr frei im Raum, sondern war gleichsam in den Boden eingelassen. Nach Ansicht des Gerichts war die Umgebung des Brunnens hierdurch so verändert worden, dass das zuvor bestehende Zusammenspiel von abgesenktem Umfeld und aufstrebendem Brunnen erheblich gestört sei. Der Brunnen sei zwar noch teilweise sichtbar und auch seine Funktion mit Brunnentätigkeit und Wasserlauf könne er noch erfüllen. Dies genüge aber nicht, da das Werk gerade auch durch seinen Gesamteindruck geprägt werde, nämlich durch den Quellstein und den Becken-

763 BGH NJW 2002, 3248 – *Unikatrahmen.*
764 OLG Hamm ZUM-RD 2011, 343 – *Brunnen.*

boden. Es handele sich um eine Gesamtheit, so dass ein wesentlicher Teil nicht einfach optisch „abgeschnitten“ werden könne. Die Gesamtwirkung des freistehenden Brunnens sei eine gravierend andere, als die des nunmehr im Boden versenkten Brunnenbeckens.

cc) Oberlandesgericht München – „*Pinakothek der Moderne*“

Das OLG München lehnte in einer Entscheidung vom 2. Juli 2009 eine Entstellung der Pinakothek der Moderne, deren Urheber der Architekt *Stephan Braunfels* ist, durch den benachbarten Neubau des Museums Brandhorst ab. Zwar wies der Bebauungsplan zu dem Zeitpunkt, zu dem die Pinakothek gebaut wurde, das betreffende Nachbargrundstück noch als Gemeinbedarfsfläche für eine Kindertagesstätte aus. Da das Schul-, Kultus- und Sozialreferat der Stadt München später allerdings keinen Bedarf mehr für diese Art der Nutzung sah, beschloss die Stadt im Jahr 2000 für diesen Grundstücksteil die Aufstellung eines Bebauungsplans mit einer künftigen Gemeinbedarfsfläche für Museumsbauten.[765] Später wurde dort das Museum Brandhorst errichtet. *Braunfels* sah hierin eine Verletzung seines Urheberrechts an seinem benachbarten Bauwerk. Das Gericht wertete den Bau jedoch nicht als Entstellung der Pinakothek der Moderne. Das neue Museumsgebäude wirke schon auf Grund des räumlichen Abstands nicht unmittelbar auf die Pinakothek der Moderne ein. Auch sei der Blick auf die Pinakothek nicht verstellt. Der unbefangene Betrachter stelle auch schon deshalb keine bauliche oder konzeptionelle Verbindung zwischen beiden Gebäuden her, weil sich beide Gebäude auf unterschiedlichen Hälften des Grundstücksareals befänden und deshalb allenfalls lose in Verbindung stünden. Auf Grund seiner Lage werde das Museum Brandhorst deshalb als eigenständige Einheit wahrgenommen. Insgesamt falle der von *Braunfels* als entstellend empfundene Kontrast der Fassadengestaltung nicht ins Gewicht. Eine andere Bewertung wäre nach Ansicht des Gerichts nur dann erforderlich gewesen, wenn der Betrachter beide Gebäude als baulich-konzeptionelle Einheit hätte begreifen müssen und daher die Unterschiede in der Fassadengestaltung als bewusster Kontrapunkt gesehen werden könnte.

b) Eigene Stellungnahme zur urheberrechtlichen Rechtsprechung

Die Entscheidungen zeigen, dass die urheberrechtliche Rechtsprechung sich seit der BGH-Entscheidung „*Kirchen-Innenraumgestaltung*“ ausdrücklich dafür ausspricht, auch Veränderungen im Umfeld eines Werkes als Beeinträchtigungen zu

765 OLG München ZUM 2009, 971; LG München I NJOZ 2009, 3535.

betrachten, die zu einem Verbietungsrecht aus § 14 UrhG führen können. Allerdings ging es in den Fällen, in denen die Rechtsprechung letztendlich das Vorliegen einer Beeinträchtigung bejahte,[766] um Veränderungen im unmittelbaren Umfeld des Kunstwerkes, welche das Originalwerk selbst in seiner Substanz als ein anderes, verändertes Werk erscheinen ließen. In allen diesen Entscheidungen führten die Veränderungen im Umfeld zu einem vollkommen neuen ästhetischen Gesamteindruck des ursprünglichen Originalwerkes.

Das Urteil des OLG München im Falle des Neubaus des Museums Brandhorst zeigt dagegen, dass die urheberrechtliche Rechtsprechung sich schwerer damit tut, auch Veränderungen im weiträumigeren Umfeld eines Kunstwerkes, die sich nicht unmittelbar auf das ursprüngliche Werk auswirken, als Beeinträchtigung zu werten. Das OLG München ging in seiner Entscheidung davon aus, dass zumindest im Bereich der Architektur eine Beeinträchtigung eines Bauwerkes durch den Bau eines anderen architektonischen Werkes in seinem Umfeld nur dann vorliegen könne, wenn die Bauten nunmehr den Eindruck erweckten, es bestehe eine baulich-konzeptionelle Einheit zwischen beiden Werken.

Die Entscheidungen zeigen im Ergebnis, dass die Reichweite des Umfeldschutzes von Kunstwerken noch nicht klar abgesteckt ist und einheitliche Kriterien für die Annahme einer Beeinträchtigung durch Veränderungen des Umfeldes noch nicht vorliegen.

c) Verwaltungsgericht Berlin – „Verhüllter Reichstag“

aa) Sachverhalt und Entscheidung des Gerichts

Im Falle des durch die Künstler *Christo* und *Jeanne-Claude* verhüllten Reichstages hat das VG Berlin 1995 entschieden, dass Kunstwerke auf Zeit im Stadtraum in ähnlicher Weise Umgebungsschutz genießen wie Denkmale.[767] In dem zu entscheidenden Fall hatte der Architekt und Künstler *Yadegar Azizi* in Anlehnung an historische Vorbilder Stadtpanoramen der berühmtesten und historisch bedeutendsten Plätze Berlins gestaltet, welche die Stadtkulisse Berlins an diesen Plätzen im Jahre 2005 zeigten. Diese Darstellungen sollten mit modernen medientechnischen Mitteln optisch in sog. Rotunden dargestellt werden, die einen Durchmesser von 22,5 m und eine Durchschnittshöhe von 14 bzw. 16 m haben sollten. Eine der Rotunden sollte in unmittelbarer Nähe ca. 100 m ent-

766 Nämlich BGH NJW 2002, 3248 – *Unikatrahmen*; OLG Hamm ZUM-RD 2011, 343 – *Brunnen*; KG ZUM 2001, 590 ff. – *Gartenanlage*.
767 VG Berlin NJW 1995, 2650 (2651) – *Verhüllter Reichstag*.

fernt vom Reichstagsgebäude und 70 m entfernt vom Brandenburger Tor genau in jener Zeit aufgebaut werden, in der auch das Projekt der Reichstagsverhüllung stattfinden sollte. *Christo* und *Jeanne-Claude* hatten vom Bundestag bereits 1994 die Erlaubnis erhalten, das Reichstagsgebäude für 14 Tage zu verhüllen. Die Rotunde hätte zumindest teilweise den Blick vom Pariser Platz auf Teile des Reichstagsgebäudes verdeckt. Von vielen Standorten in der Nähe der Rotunde aus wären gleichzeitig sowohl der Reichstag als auch die Rotunde sichtbar gewesen. *Azizi* erhielt für sein Projekt die erforderliche Baugenehmigung, gegen welche *Christo* und *Jeanne-Claude* erfolgreich Widerspruch eingelegt hatten. In dem sich anschließenden Gerichtsverfahren sprach das VG Berlin dem Künstlerpaar ebenfalls Recht zu. Nach ihrer künstlerischen Überzeugung und Konzeption solle die Verhüllung des Reichstags die wichtige sakrale, freudige Bedeutung aufnehmen, die Verhüllungen in der jüdisch-christlichen Tradition überliefert haben. Die Verhüllung werde von den Künstlern als etwas Zartes und Empfindliches gewertet.[768] Das Projekt zeichne sich durch die einzigartige Eigenschaft der Vergänglichkeit aus. Nach der Überzeugung der Künstler werde die materielle Realisierung des Verhüllten Reichstags sich als ein „dramatisches Erlebnis von großer visueller Schönheit erweisen". Gegen diese von den Künstlern entwickelte eigengesetzliche Konzeption verstoße das hinsichtlich des Standorts aufdringlich geplante Vorhaben *Azizis*. Sein Bauvorhaben verletze den für Kunstwerke auf Zeit im Stadtraum geltenden Umgebungsschutz. In entsprechender Anwendung des Rechtsgedankens des Umgebungsschutzes beim Schutz von Denkmalen (§ 10 Abs. 1 BerlDenkmSchG n. F.) genössen auch Kunstwerke auf Zeit einen unmittelbar aus Art. 5 Abs. 3 GG folgenden Umgebungsschutz und könnten Rücksichtnahme auf die künstlerische Konzeption beanspruchen. Ein Kunstwerk könne demnach einen Umgebungsschutz im Sinne einer örtlichen und geistigen Bannmeile beanspruchen, welcher der Eigengesetzlichkeit des Kunstwerks, seinem „Eigen-Sinn" Rechnung trage. Aus diesem Grunde müssten konkurrierende Künstler räumliche Abstände einhalten, die sicherstellten, dass die künstlerische Wirkung des anderen Kunstwerkes nicht in zentralen Punkten in Frage gestellt werde. Nicht nur stadträumlich, sondern auch inhaltlich seien beide Vorhaben aufgrund der unterschiedlichen Konzeptionen miteinander unvereinbar. *Christo* wolle sein Kunstwerk gerade in der offenen Umgebung des Reichstages, wie sie sich als historisches Stadtbild herausgebildet habe, realisieren. Er wolle die zeitlose Idee der Demokratie visuell sichtbar machen. Demgegenüber wolle *Azizi* ein künftiges Stadtbild zu einem bestimmten Stichtag, dem Jahr 2005, zeigen. Eine der geplanten Veranstaltungen müsse daher – zumindest im Zeitraum der Verhüllung ausweichen. Das Gericht entschied hier zugunsten der Reichstagsver-

768 Der Sachverhalt ist dem Tatbestand des Urteils entnommen.

hüllung, da *Christo* und *Jeanne Claude* das Projekt bereits seit 24 Jahren geplant hatten und *Azizi* ein Ausweichen bzw. ein temporärer Verzicht zuzumuten gewesen sei. Zudem hatte *Azizi* sein Projekt zeitlich erst nach der Erteilung der Erlaubnis des Bundestages zur Reichstagsverhüllung geplant.

bb) Bedeutung der Entscheidung für den Anwendungsbereich des § 14 UrhG

Im Falle „*Verhüllter Reichstag*" hat sich ein Gericht erstmals ausdrücklich für einen Umgebungsschutz auch für Kunstwerke ausgesprochen, die nicht unter das Denkmalschutzgesetz fallen, wobei der Schutz hier im Sinne einer „örtlichen und geistigen Bannmeile" zu verstehen sei. Dieser gerichtlich zugesprochene Schutz geht deutlich weiter als der Schutz, der Werken in der urheberrechtlichen Rechtsprechung bisher zugesprochen wurde. Während die urheberrechtliche Rechtsprechung bisher dazu tendierte, eine Beeinträchtigung nur dann zu bejahen, wenn die Veränderungen im Umfeld eines Kunstwerkes das Originalwerk selbst als neues, anderes Werk erscheinen ließen oder wenn diese den Anschein erweckten, Teil des Originalwerkes zu sein, genügte es dem VG Berlin, dass die Veränderungen im Umfeld des Kunstwerkes zu diesem im geistigen oder optischen Kontrast standen. Hier ging es gerade nicht darum, dass das geplante Werk *Azizis* als Erweiterung oder als Zusatz zum „*Verhüllten Reichstag*" erscheinen werde. Lagen die Eingriffe in den Entscheidungen „*Kirchen- Innenraumgestaltung*", „*Gartenanlage*", „*Unikatrahmen*" und „*Brunnen*" noch auf der Grenze zwischen körperlichen Eingriffen in das Werk und Verfälschung des „Ambiente", der Umwelt, so ging ein Gericht hier erstmals so weit, den Schutzumfang eines Kunstwerkes deutlich über die Grenzen seiner Substanz hinaus zu ziehen. Auch im Vergleich zur Entscheidung des OLG München im Falle „*Pinakothek der Moderne*" verdeutlicht die Entscheidung des VG Berlin, dass von einer Beeinträchtigung eines Werkes eben nicht erst dann ausgegangen werden kann, wenn das Werk mit der Umfeldveränderung eine vermeintlich neue „baulich-konzeptionelle Einheit" bildet, sondern auch dann, wenn die betreffende Umfeldveränderung mit dem Kunstwerk in geistigem oder ästhetischen Kontrast steht.

Zu berücksichtigen ist zwar, dass das VG im Fall „*Verhüllter Reichstag*" lediglich summarisch über die Rechtmäßigkeit einer Baugenehmigung entschied, welche sich nach öffentlichem Recht richtet, und nicht über einen zivilrechtlichen Anspruch aus § 14 UrhG. So verwies das VG Berlin auf eine entsprechende Anwendung des Rechtsgedankens des Umgebungsschutzes beim Schutz von Denkmalen (§ 10 BerlDenkmSchG).[769] Allerdings können Kernaussagen dieser

769 VG Berlin NJW 1995, 2650 (2652) – *Verhüllter Reichstag.*

Entscheidung auch im Rahmen von § 14 UrhG fruchtbar gemacht werden.[770] Schließlich leitete das VG Berlin den Anspruch der Künstler auf Umgebungsschutz im Sinne einer örtlichen und geistigen Bannmeile für ihr Kunstwerk direkt aus Art. 5 Abs. 3 GG ab, der letztendlich auch im Rahmen der Interessenabwägung des § 14 UrhG berücksichtigt werden muss, wenn Gerichte die Interessen der Beteiligten gegeneinander abwägen. Die Interessenabwägung des § 14 UrhG ist ein Einfallstor für die Abwägung von Grundrechten. Da alle einfachrechtlichen Vorschriften im Lichte des Grundgesetzes ausgelegt werden müssen,[771] können auch die Grundaussagen des VG Berlin hier Berücksichtigung finden.

Das VG Berlin hat in seiner konkreten Entscheidung den Umgebungsschutz zwar ausdrücklich deshalb bejaht, weil das Kunstwerk nur auf Zeit errichtet war, allerdings ist es überzeugender, einen Umgebungsschutz im Sinne einer örtlichen und geistigen Bannmeile insbesondere standort- bzw. umfeldbezogenen Kunstwerken im Grundsatz zuzugestehen und das Kriterium der Dauer der Ausstellungszeit im Rahmen der Interessenabwägung zu berücksichtigen. Auf diese Weise können die Interessen desjenigen, der durch die Überschreitung der örtlichen und geistigen Bannmeile eines Kunstwerkes eine Beeinträchtigung i. S. d. § 14 UrhG vornimmt, hinreichend Berücksichtigung finden. Für alle anderen Eingriffe und Veränderungen in der Umgebung eines standort- bzw. umfeldbezogenen Kunstwerkes muss die Entscheidung daher bedeuten, dass eine solche Überschreitung der örtlichen und geistigen Bannmeile zumindest den Anwendungsbereich des § 14 UrhG zu eröffnen geeignet ist. Im Hinblick auf das Erfordernis einer Interessenabwägung wird ein Verbietungsrecht aus § 14 UrhG allerdings regelmäßig eine besonders starke Beeinträchtigung der Interessen des Urhebers voraussetzen. Dies war im Falle der Reichstagsverhüllung aufgrund der zeitlichen Begrenzung des Kunstprojekts und der gezielten Ausnutzung der Popularität des Projekts durch den Urheber des Konkurrenzprojekts der Fall.

d) Erörterung der Frage der Reichweite eines Umgebungsschutzes für Werke der reinen bildenden Kunst am Beispiel der Konflikte um die „Stille Bibliothek" von Micha Ullmann

Nachdem sich bei Werken mit Ortsbezug aus § 14 UrhG ein Umgebungsschutz im Sinne einer geistigen und örtlichen Bannmeile dem Grunde nach ergibt, stellt sich die Frage, wie dieser Schutz im Einzelnen ausgestaltet ist und wie weit eine solche Bannmeile zu ziehen ist. Die Frage der Reichweite des Umgebungsschut-

770 A. A. *Uechtritz*, NJW 1995, 2602 (2608), der sich gegen eine Übertragung der Aussage des VG auf „Normalfälle" ausspricht.

771 BVerfG NJW 1958, 257 (257) – *Lüth*.

zes wurde insbesondere im Zusammenhang mit dem Bau der Tiefgarage und der Veranstaltung der „Fashion-Week" auf dem Bebelplatz in unmittelbarer Nähe zur „*Stillen Bibliothek*", einem Kunstwerk des Künstlers *Micha Ullmann,* in der Öffentlichkeit diskutiert.

aa) Beschreibung des Werkes

Bei dem Werk „*Stille Bibliothek*" des Künstlers *Micha Ullmann* handelt es sich um ein Mahnmal, welches sich unter dem Bebelplatz in Berlin befindet und an die Bücherverbrennung durch die Nationalsozialisten, die 1933 an diesem Ort stattfand, erinnert. Das Mahnmal ist insofern zweifelsohne ein Beispiel für einen inhaltlichen Ortsbezug. Das Werk wurde 1994 errichtet und stellt eine unterirdische „Bibliothek", einen leeren dauerhaft beleuchteten Raum dar, dessen Wände aus leeren weißen Bücherregalen bestehen und der vom oberirdischen Bebelplatz nur durch eine Kunststoffscheibe sichtbar, aber unbetretbar ist. Das Werk symbolisiert das Grab einer Bibliothek. Das Mahnmal schärft auf simple Weise das Bewusstsein für Verletzlichkeit und Verlust[772] sowie für die „Unscheinbarkeit" der kultur- und geisteszerstörerischen Anfänge des Nationalsozialismus[773]. Andererseits macht *Ullmans* Arbeit aber auch deutlich, dass sich Geist nicht zerstören lässt.[774]

bb) Bau einer Tiefgarage

2001 wurde trotz des heftigen Protests des Künstlers und der Berliner Öffentlichkeit dennoch mit dem Bau einer Tiefgarage begonnen, die unmittelbar an die unterirdische Bibliothek anschließt. Sie wurde 2004 fertig gestellt. Der Künstler vertrat seinerzeit die Ansicht, dass durch den Bau der Garage der symbolische Gehalt seines Mahnmals bedroht werde.[775] Der Garagenbau störe den Platz als einen Ort der Ruhe und der Erinnerung. Mit dem Bau der Tiefgarage bestünde die Gefahr, dass das Gedenken an die Bücherverbrennung und ihre Folgen gelöscht würden.

Folgt man richtigerweise der Rechtsprechung des VG Berlin, so muss man auch hier von einer Beeinträchtigung des Werkes *Ullmanns* durch den Bau der Garage

772 http://www.buecherverbrennung33.de/mahnmal.html, zuletzt aufgerufen am 12.03.2012.

773 http://www.buecherverbrennung33.de/mahnmal.html, zuletzt aufgerufen am 12.03.2012.

774 http://www.buecherverbrennung33.de/mahnmal.html, zuletzt aufgerufen am 12.03.2012.

775 Micha Ullmann: Mahnmal am Bebelplatz retten, in: Welt Online vom 27.06.2001, abrufbar unter http://www.welt.de/print-welt/article459483/Micha_Ullmann_Mahnmal_am_Bebelplatz_retten.html, zuletzt aufgerufen am 12.03.2012.

ausgehen, da die örtliche und geistige Bannmeile um das Kunstwerk nicht gewahrt wurde. Das Projekt eines „ordinären" Zweckbaus in unmittelbarer Nähe zu dem Kunstwerk steht der Idee der Verletzlichkeit von geistigen und kulturellen Gütern entgegen. Der Bau stellt mithin eine Gefährdung der geistigen Interessen des Urhebers dar.

Allerdings ist in diesem Fall im Ergebnis ein Überwiegen der Interessen der Stadt bzw. des Bauherrn anzunehmen. Zunächst ist festzustellen, dass die Tiefgarage optisch das Kunstwerk nicht beeinträchtigt, seine geistig-ästhetische Wirkung insofern nicht verfälscht oder hindert. Auf dem Bebelplatz sind lediglich an den Seiten in einigem Abstand zu dem Mahnmal unauffällige Treppeneingänge sichtbar. Besucher des Bebelplatzes, die keine Kenntnis von der unterirdischen Tiefgarage haben, werden diese insofern nicht einmal bemerken, so dass auch der geistige Eindruck, den das Werk vermittelt, nicht verstellt und verfälscht wird. Auch diejenigen, die Kenntnis von der unterirdisch angrenzenden Tiefgarage haben, werden beim Anblick des Kunstwerkes aufgrund der oberirdischen Unversehrtheit des Bebelplatzes die Tiefgarage gedanklich nicht mehr mit dem Werk in Verbindung bringen und die Beeinträchtigung der geistigen Aussage regelmäßig nicht wahrnehmen. Hinzu kommt der dringende Bedarf an Parkraum für Besucher der ebenfalls am Bebelplatz gelegenen Staatsoper, aber auch als Ausgleich für den Verlust von Parkraum aufgrund der Beseitigung der Parkplätze auf dem nahe gelegenen Mittelstreifen Unter den Linden in der Nähe des Reiterstandbildes von Friedrich II. Die Senatsverwaltung für Stadtentwicklung hat hiermit ihr berechtigtes Interesse an einer optischen Verbindung der beiden Straßenseiten und ihrer markanten Gebäude, der Staatsoper und der Humboldt-Universität verfolgt.[776] Da sich das Werk im öffentlichen Raum befindet und von diesem auch umgeben ist, musste der Künstler hier in gesteigertem Maße von Anfang an damit rechnen, dass der Eigentümer dem dringenden Bedarf an der sinnvollen Nutzung dieses Raumes Folge leisten würde.

cc) Veranstaltung der Fashion-Week auf dem Mahnmal

Auch gegen die Fashion-Week, die bis Januar 2011 jedes Jahr zwei Mal auf dem Bebelplatz stattfand, hatten *Micha Ullmann* und viele andere jahrelang protestiert. Zuletzt hatte sich der Künstler im November 2010 entschlossen, mit Hilfe des Rechtsanwalts *Peter Raue* gegen das Land Berlin zu klagen und es so zu zwingen, sein „weltbekanntes Kunstwerk nicht weiter zu verdecken, zu verfäl-

776 Siehe hierzu *Pletl/Flatau*, in: Welt Online vom 26.11.2004, abrufbar unter http://www.welt.de/print-welt/article354852/Tiefgarage_am_Bebelplatz_oeffnet_Ersatz_fuer_Parkplaetze_vor_der_Lindenoper.html, zuletzt aufgerufen am 12.03.2012.

schen und seiner Wirkung zu berauben“[777], bevor das Bezirksamt Mitte nach der Fashion-Week im Januar 2011 das offizielle Ende dieses Events auf dem Bebelplatz erklärte.[778] Die Gegner der Veranstaltung auf dem Bebelplatz waren der Ansicht, der Platz müsse aus Rücksicht auf das dortige Mahnmal frei von trivialisierenden Massenveranstaltungen bleiben.[779] Während der Fashion-Week blieb das Mahnmal weiterhin zugänglich, allerdings schwerer auffindbar.

Unterhaltungsveranstaltungen wie die Fashion-Week, aber auch Weihnachtsmärkte und Eislaufbahnen, die früher auf dem Bebelplatz errichtet wurden, stehen mit der geistigen Aussage des Mahnmals im Kontrast. Während der jeweiligen Veranstaltungszeiten wird die Atmosphäre des Gedenkens, zu dem das Mahnmal veranlassen soll, jedenfalls gestört. Zudem wirkt es geradezu wie eine Verhöhnung der geistigen Aussage des Werkes, wenn um es herum ein zum Amüsement einladender „Modezirkus“ und Medienrummel stattfindet.

Allerdings ist im Rahmen der Interessenabwägung zu berücksichtigen, dass es sich beim Bebelplatz um einen zentralen Platz in Berlin handelt, der für jedermann öffentlich zugänglich ist und nicht allein zum Gedenken, sondern auch zum Genuss der Szenerie der umliegenden Architektur einlädt und hierzu insbesondere von Studenten und Touristen genutzt wird. Das Land Berlin hat insofern ein großes Interesse daran, diesen äußerst repräsentativen Ort für diverse Veranstaltungen und frei nach Belieben gem. § 903 BGB nutzen zu können. Die Entscheidung, an einem historisch sensiblen Ort ein Mahnmal zum Gedenken errichten zu lassen, kann letztendlich nicht dazu führen, dass für die Eigentümerin, hier das Land Berlin, auf lange Zeit, nämlich mindestens bis zum Ablauf der urheberrechtlichen Schutzfrist, de facto ein Nutzungsverbot entsteht. Schließlich haben viele repräsentative Orte eine besondere und unter Umständen sensible Geschichte, so dass insbesondere Städte und Gemeinden bei der Errichtung von Mahnmalen und Denkmälern an besonderen Orten Gefahr liefen, sich hinsichtlich der Nutzung des Umfeldes dieser Werke dauerhaft zu binden. Zwar könnte der Eigentümer des Kunstwerkes dieses nach hier vertretener Ansicht auch vernichten, um sich etwaigen Ansprüchen des Urhebers wegen Beeinträchtigungen seines Werkes zu entziehen. Dies wird jedoch häufig nicht im Interesse des Eigentümers liegen. Insbesondere in dem hier streitgegenständlichen Fall der „*Stillen Bibliothek*“ hätte dies vermutlich einen Aufschrei im In- und Ausland

777 Pressemitteilung des bbk berlin vom 22.01.2011, abrufbar unter http://www.bbk-berlin.de/con/bbk/front_content.php?idart=839&refId=199, zuletzt aufgerufen am 12.03.2012.

778 Pressemitteilung des bbk berlin vom 22.01.2011, abrufbar unter http://www.bbk-berlin.de/con/bbk/front_content.php?idart=839&refId=199, zuletzt aufgerufen am 12.03.2012.

779 http://www.morgenpost.de/printarchiv/berlin/article1240854/Protest-gegen-Laufsteg-auf-dem-Bebelplatz.html, zuletzt aufgerufen am 12.03.2012.

verursacht und zu einer erheblichen Rufschädigung des Kulturstandortes Berlin, möglicherweise gar des Kulturstandortes Deutschland, zur Folge gehabt. Zudem sind auch Konstellationen denkbar, bei denen die Personen des Eigentümers und des Anspruchsgegners des § 14 UrhG auseinander fallen, so dass der Anspruchsgegner das Werk des Eigentümers aus rechtlichen Gründen nicht vernichten kann bzw. der Eigentümer keinen Einfluss auf die Veränderung des Umfeldes des Werkes nehmen kann. Insofern sind im Rahmen der Interessenabwägung kommerzielle Interessen, die gerade in Bezug auf die wirtschaftliche Bedeutung der Fashion-Week für Berlin von besonderer Wichtigkeit sind, aber auch Interessen an einer repräsentativen Darstellung der Stadt zu berücksichtigen. Darüber hinaus ist zu beachten, dass sich Denkmäler und Mahnmale – wie hier – regelmäßig auf Dauer an einem Ort befinden und der Urheber insofern damit rechnen muss, dass sich im Laufe der „Lebenszeit" seines Kunstwerkes das Umfeld wandeln kann. Dies muss er bis zu einem gewissen Maße hinnehmen. Ebenso ist aufgrund der Dauerhaftigkeit der „*Stillen Bibliothek*" im Vergleich zur Reichstagsverhüllung die Überschreitung der örtlichen und geistigen Bannmeile durch die Fashion-Week als weniger intensiver Eingriff zu betrachten, da gerechnet auf die „Lebenszeit" des Kunstwerkes eine Beeinträchtigung nur vorübergehend und für jeweils sehr kurze Zeiträume vorlag.[780]

Andererseits muss es auf Seiten der Urheberinteressen berücksichtigt werden, dass ein mindestens genauso geeigneter Ort für die Veranstaltung genutzt werden konnte. So findet die Fashion-Week mittlerweile wieder in unmittelbarer Nähe zum Brandenburger Tor statt. Dieser Ort ist für die Veranstaltung jedenfalls nicht minder repräsentativ und wurde bisher laut Presseberichten von allen Seiten begeistert angenommen.[781]

Im Ergebnis erscheint es daher zwar nicht gänzlich abwegig, in diesem konkreten Fall von einem Überwiegen der Urheberinteressen auszugehen. Andererseits erscheint es mindestens ebenso vertretbar, aufgrund der nur kurzen Dauer der Beeinträchtigung ein Überwiegen der Interessen der Stadt anzunehmen. Zumindest bei kulturellen „nicht-kommerziellen" Veranstaltungen, gegen welche auch *Ullmann* selbst nichts einzuwenden hat, dürften aber wohl häufig eher die Interessen der Veranstalter oder des Eigentümers an einer Nutzung des Platzes überwiegen. Allein, eine Nutzung des Platzes zu Unterhaltungszwecken mag zwar bereits die geistige Aussage des Kunstwerkes beeinträchtigen. Bei kulturellen Veranstaltungen, wie beispielsweise dem Ereignis „Staatsoper für alle", welches

780 Vgl. auch BGH GRUR 1982, 107 (110) – *Kirchen-Innenraumgestaltung.*

781 So z. B. http://www.tagesspiegel.de/berlin/stadtleben/fashionweek-mode-am-brandenburger-tor/4369756.html, zuletzt aufgerufen am 12.03.2012.

jährlich auf dem Bebelplatz stattfindet, überwiegt jedoch tendenziell eher der bildende künstlerische Charakter als der Charakter des Strebens nach materiellem Gewinn, des „Rummels“ und der Trivialität. Allerdings gilt dies sicherlich nicht für jede kulturelle Veranstaltung. Eine Bewertung je nach Geschmack, Gefallen und empfundener Qualität einer Veranstaltung birgt jedenfalls die Gefahr einer zu subjektiven Sichtweise bei der Prüfung der urheberrechtlichen Zulässigkeit von Veranstaltungen im Umfeld eines Kunstwerkes. Zudem erfordert hier auch jedes Kunstwerk im Hinblick auf sein Umfeld eine eigene Wertung.

Auch im Konflikt um die Fashion-Week und die „*Stille Bibiothek*“ ist es daher zu begrüßen, dass letztlich – zumindest vorerst – eine einvernehmliche Lösung gefunden werden konnte. Wie die Rechtsprechung die Grenzen des Umgebungsschutzes von Kunstwerken letztlich abstecken wird, bleibt insofern abzuwarten. Dass es auch in Zukunft zu vergleichbaren Konflikten kommt, ist jedenfalls wahrscheinlich.

e) Zusammenfassung

Kommt es zu einer Überschreitung der örtlichen und geistigen Bannmeile eines Kunstwerkes, widerspricht eine Veränderung im Umfeld eines orts- bzw. umfeldbezogenen Kunstwerkes also der geistigen Aussage oder der ästhetischen Wirkung des Werkes, so ist im Rahmen der Interessenabwägung neben der Frage der Intensität dieser Beeinträchtigung, also der Stärke des Gegensatzes zwischen Umfeldeinfluss und Werkaussage und –Wirkung, auch die Dauer der Beeinträchtigung zu berücksichtigen. Je weiter die Umfeldeinflüsse von der Werksubstanz entfernt sind, desto näher wird der Urheber regelmäßig darlegen müssen, weshalb diese dennoch sein Werk zu beeinträchtigen vermögen. Ebenso ist zu berücksichtigen, ob sich auch das Umfeld des Kunstwerkes im Eigentum des Eigentümers des Kunstwerks selbst befindet. Schließlich muss der Künstler dann, wenn das Eigentum an dem Umfeld und das Eigentum an dem Werk selbst auseinander fallen, in gesteigertem Maße damit rechnen, dass es zu Veränderungen im Umfeld kommen kann, die der Eigentümer des Werkes nicht zu steuern vermag.

II. Verfälschung durch die Art und Weise einer Ausstellung im engeren Sinne

Auch die Art der Präsentation eines Werkes, welches keinen speziellen Ortsbezug aufweist, kann eine Beeinträchtigung des Werkes im Sinne des § 14 UrhG darstellen, wenn diese geeignet ist, die berechtigten geistigen oder persönlichen

Interessen des Künstlers an seinem Werk zu gefährden. Gerade die Ausstellung von Werken der zeitgenössischen Kunst birgt für den Ausstellenden die Gefahr einer Entstellung oder Beeinträchtigung i.S.d § 14 UrhG. Zum einen erschließt sich bei vielen zeitgenössischen Werken nicht ohne weiteres die Intention oder Vorstellung des Künstlers oder das Bedürfnis des Werkes nach einer bestimmten Umgebung oder einer bestimmten Art der Ausstellung. Zum anderen erschweren empfindliche Materialien und abenteuerliche Konstruktionen den Auf- und Abbau solcher Kunstwerke.[782] Teilweise sind Werke nicht im Ganzen transportabel und müssen in viele Einzelteile zerlegt werden und am gewünschten Ausstellungsort wieder komplett zusammengebaut werden. Man denke beispielsweise an Werke des Land-Art-Künstlers *Richard Long*, wie seinen „*Berlin Circle*". Der Wiederaufbau dieses aus 530 einzelnen Steinen bestehenden Kreises ist Millimeterarbeit. Die Steine liegen nicht beliebig herum, sondern müssen das immer gleiche Muster haben. Die Einzelteile gehorchen einem genauen Plan.[783] Gleiches gilt beispielsweise auch für das Werk „*Template*" des chinesischen Künstlers *Ai WeiWei*. Diese zunächst 12 Meter hohe Arbeit erinnerte optisch an ein Tor oder einen offenen Tempel mit oktagonaler Grundstruktur und bestand aus hölzernen Fenstern und Türen, die aus Häusern der Ming- und Qing-Dynastie stammten, die abgerissen werden sollten.[784] Bei einem Unwetter brach die gesamte Konstruktion, die sich im Außenbereich der documenta 12 befand, jedoch in sich zusammen, wobei die ursprüngliche Grundstruktur aber noch erkennbar blieb. *Ai Weiwei* überraschte daraufhin die Kunstwelt mit seiner Ansicht, das Kunstwerk sei nun besser als zuvor. Er ließ die „*Template*"-Ruine genau dokumentieren und seitdem muss sie für jede Ausstellung in exakt dieser Form wieder aufgebaut werden.[785]

Während „traditionelle" Kunstwerke üblicherweise eine Reihe von Eigenschaften haben, die zu einem bestimmten Zeitpunkt vorhanden und aufgrund ihrer Bedeutung klar erkennbar unabänderlich sind, weisen zeitgenössische Kunstwerke, insbesondere Installationen, diese Eigenart teilweise nicht auf. So können einige Kunstwerke unter Umständen sogar bei jeder Ausstellung anders aufgebaut werden oder an unterschiedlichen Ausstellungsorten gar aus unterschiedlichen Gegenständen bestehen. Im Gegensatz zu „traditionellen" Kunstwerken gibt es hier nicht notwendigerweise eine „zu privilegierende Beschaffenheit" der

---

782 Hierzu auch *Bischoff*, in: Zeitgenössische Kunst und Kunstwissenschaft, S. 54 (62 f.).

783 http://www.3sat.de/page/?source=/kulturzeit/tips/153109/index.html, zuletzt aufgerufen am 12.03.2012.

784 http://regiowiki.hna.de/Documenta-Lexikon:_T, zuletzt aufgerufen am 12.03.2012.

785 http://regiowiki.hna.de/Documenta-Lexikon:_T, zuletzt aufgerufen am 12.03.2012.

Arbeit.[786] Es gibt hier also häufig keine klare Referenzbeschaffenheit, nach der man sich beim Umgang mit dem Werk richten könnte, so dass sich bei jedem Aufbau und jeder Maßnahme an dem Werk die Frage stellt, welche Aspekte der Arbeit bedeutungsvoll und fundamental für seine Aussage sind. Dies kann zu erheblichen Konflikten beim Aufbau und der Installation von zeitgenössischen Werken führen.

Das Thema der Entstellung durch Ausstellung gewinnt insbesondere auch mit der Zunahme von thematischen Großausstellungen in den letzten Jahren an praktischer Bedeutung. Museen werden inzwischen immer stärker als Teil der Freizeit- und Eventkultur wahrgenommen und nicht mehr lediglich als Bildungseinrichtung. Viele Ausstellungsmacher versuchen daher den Erwartungen der Gesellschaft durch sogenannte *„Blockbuster-Ausstellungen“*[787] gerecht zu werden.[788] Auch diese teilweise als „McDonaldisierung“[789] bezeichnete Entwicklung der Museen birgt die Gefahr, dass die Qualität der Kunstvermittlung zugunsten des Events „Kunst“ unter Umständen zuweilen leiden muss.

Die Frage, ob ein bildender Künstler dem Eigentümer eines seiner Werke oder dem Veranstalter einer Ausstellung verbieten darf, sein Werk in einer bestimmten Ausstellung oder in einer bestimmten Art und Weise zu präsentieren, ist aber insbesondere in der Rechtsprechung noch weitgehend ungeklärt und auch in der Literatur noch wenig diskutiert.

1. Bedürfnis des Schutzes aus § 14 UrhG

a) Veröffentlichungsrecht, § 12 Abs. 1 UrhG

Grundsätzlich steht dem Urheber zwar gem. § 12 Abs. 1 UrhG das Recht zu, zu bestimmen, ob und wie sein Werk zu veröffentlichen ist. Der Urheber hat es also grundsätzlich in der Hand, zu entscheiden, wann ein Kunstwerk seiner Ansicht nach „fertig“ ist und der Öffentlichkeit zugänglich gemacht werden soll. Die Vorschrift soll den Urheber gerade davor bewahren, dass ein nicht für die Öffentlichkeit bestimmtes, (noch) nicht den Vorstellungen des Urhebers entsprechendes oder unfertiges Werk an die Öffentlichkeit gelangt.[790] Öffentlich i. S. d. § 12 UrhG ist die Wiedergabe eines Werkes nach h. M. insbesondere in der Rechtsprechung entsprechend § 15 Abs. 3 UrhG, wenn sie für eine Mehrzahl von Personen

786 *Frasco*, S. 10 f.
787 *Schack*, ZUM 2008, 817 (817) verwendet hier den Ausdruck der „Blockbuster-Ausstellungen“.
788 *Mandel*, in: John/Dauschek, S. 75 (75).
789 *Kirchberg*, in: Tourismus Journal 1/2000, S. 117–144.
790 Wandtke/*Bullinger*, § 12 Rn. 9.

bestimmt ist, es sei denn, dass der Kreis dieser Personen bestimmt abgegrenzt ist und sie durch gegenseitige Beziehungen oder durch Beziehungen zum Veranstalter persönlich untereinander verbunden sind.[791] Dabei ist der Begriff der Verbundenheit aber nicht lediglich auf familiäre oder freundschaftliche Beziehungen zu begrenzen, die Verbundenheit muss jedoch eng und persönlich sein.[792] Das urheberrechtliche Veröffentlichungsrecht gehört zu den Kernbefugnissen des Urheberpersönlichkeitsrechts.[793] Allerdings handelt es sich bei diesem Recht nach herrschender Meinung um ein sogenanntes Einmalrecht. Der Urheber kann das Veröffentlichungsrecht nur einmal ausüben. Das Veröffentlichungsrecht ist mit der ersten rechtmäßigen Veröffentlichung des Werkes verbraucht.[794] Wurde das Werk also erstmals zulässigerweise veröffentlicht, so kann der Urheber eine wiederholte öffentliche Ausstellung nicht gem. § 12 UrhG verbieten.

b) Ausstellungsrecht, § 18 UrhG

Grundsätzlich gehört auch das Recht, ein Kunstwerk öffentlich auszustellen, gem. §§ 15 Abs. 1 Nr. 3, 18 UrhG zu den Verwertungsrechten des Urhebers. Das Ausstellungsrecht beinhaltet das Recht, das Original oder Vervielfältigungsstücke eines unveröffentlichten Werkes der bildenden Künste öffentlich zur Schau zu stellen. Die Ausstellung i. S. v. § 18 UrhG ist dabei eine besondere Form der erstmaligen Veröffentlichung des Werkes i. S. d. § 12 UrhG.[795] Der Begriff der Ausstellung umfasst im Bereich der bildenden Künste insbesondere Kunstausstellungen in Museen, Kunsthallen und ähnlichen Institutionen, Verkaufsausstellungen in Galerien, Kunstmessen und andere kommerzielle Veranstaltungen. Sämtlichen Ausstellungen ist dabei gemeinsam, dass die Werke dort in ihrer körperlichen Form unmittelbar wahrnehmbar gemacht werden, ohne dass es zusätzlicher technischer Einrichtungen bedarf, um sie abspielen oder vorführen zu können.[796] Aber auch § 18 UrhG stellt ein Einmalrecht dar. Überlässt der Urheber z. B. ein bislang unveröffentlichtes Werk der bildenden Kunst einem Museum, um es dem Publikum zu präsentieren, so übt er damit sein Veröffentlichungs-

---

791 BGH NJW 1991, 1234 – *Einzelangebot*; OLG Frankfurt a.M. ZUM 1996, 697 (701) – *Yellow Submarine*; *Ahlberg*, in: Möhring Nicolini, § 6 Rn. 11; *Kroitzsch*, in: Möhring/Nicolini, § 12 Rn. 8; *v. Gamm*, § 6 Rn. 7;

792 KG Berlin NJW 1995, 3392 (3394) – *Botho Strauß*.

793 *Dietz/Peukert*, in: Schricker/Loewenheim, § 12 Rn. 1; Wandtke/*Bullinger*, § 12 Rn. 1.

794 OLG München NJW-RR 1997, 493 (494) – *Ausgleich Nichtvermögensschaden*; Wandtke/*Bullinger*, § 12 Rn. 9; Dreier/*Schulze*, § 12 Rn. 6; *Dietz/Peukert*, in: Schricker/Loewenheim,§ 12 Rn. 7; *Strömholm*, GRUR 1963, 350 (358); a. A. *Kroitzsch*, in: Möhring/Nicolini, § 12 Rn. 2.

795 Dreier/*Schulze*, § 18 Rn. 8.

796 Dreier/*Schulze*, § 18 Rn. 4.

und sein Ausstellungsrecht gleichermaßen aus.[797] Beide Rechte decken sich also insoweit.

c) *Einschränkung des Ausstellungsrechts bei Veräußerung eines Originals eines Kunstwerkes, § 44 Abs. 2 UrhG*

Das Ausstellungsrecht wird zudem durch § 44 Abs. 2 UrhG eingeschränkt. Diese Vorschrift regelt, dass der Eigentümer des Originals eines Werkes der bildenden Künste entgegen dem in § 44 Abs. 1 UrhG geregelten Grundsatz der Trennung zwischen den Eigentums- und Besitzverhältnissen und den gewährten Nutzungsrechten an einem Werk berechtigt ist, das Werk öffentlich auszustellen, auch wenn es noch nicht veröffentlicht ist, es sei denn, dass der Urheber dies bei der Veräußerung des Originals ausdrücklich ausgeschlossen hat. Ein solcher Ausschluss erfolgt in der Praxis so gut wie nie.[798] Dies liegt insbesondere daran, dass schriftliche Verträge ohnehin selten abgeschlossen werden oder nur wenige ausdrückliche Regelungen enthalten. Der Künstler hat hierauf, zumindest solange er noch relativ unbekannt ist, ohnehin selten Einfluss, da Verkäufe regelmäßig über eine Galerie erfolgen und der Künstler selbst den Kunden seines Werkes meistens nicht einmal zu Gesicht bekommt. Jedenfalls unbekannte Künstler haben im Kunsthandel häufig zudem eine schwache Position inne, da sie auf den Galeristen als Vermarkter ihrer Werke angewiesen und stark von diesem abhängig sind. Darüber hinaus würde ein solcher Vorbehalt in den meisten Fällen wohl auch weder dem Interesse des Galeristen noch dem des Künstlers entsprechen, da die Ausstellung üblicherweise die Bekanntheit des Künstlers und damit auch den Wert seiner Werke steigert. Veräußert der Urheber bzw. sein Galerist sein Werkoriginal also ohne den bezeichneten Vorbehalt, so verliert der Urheber seine Befugnis, über die Ausstellung des Werkoriginals zu bestimmen. Die Beweislast für den Ausschluss des Ausstellungsrechts trägt der Urheber.[799] Insofern sollte der Urheber sich vom Erwerber schriftlich bestätigen lassen, dass dieser kein Ausstellungsrecht erworben hat, falls ihm daran liegt, das Werk (noch) nicht zu veröffentlichen.

d) *Einwilligungsvorbehalt des § 23 UrhG bei Ausstellungen*

Weiter ist fraglich, ob eine Kunstausstellung unter Umständen eine Bearbeitung oder andere Umgestaltung der ausgestellten Werke darstellen kann,[800] so dass sie

---

797 Dreier/*Schulze*, § 18 Rn. 1.

798 *von Detten*, S. 72; *Erdmann*, in: FS Piper, S. 655 (663).

799 *Spautz*, in: Möhring/Nicolini, § 44 Rn. 10.

800 So *von Detten*, S. 94.

unabhängig von der Frage, ob sie eine Beeinträchtigung der ausgestellten Werke darstellt, auch gem. § 23 UrhG unter einem Einwilligungsvorbehalt stünde. In einigen Fällen der Ausstellung kann man durchaus davon sprechen, dass die Werke eines oder mehrerer Künstler durch den Kurator in Form einer besonderen Präsentation in ein neues „Gesamtkunstwerk", die Ausstellung, integriert werden.

Allerdings liegt nach hier vertretener Ansicht bei der Veränderung von Originalkunstwerkstücken keine Bearbeitung oder Umgestaltung i. S. d. § 23 UrhG vor, da es an der Herstellung eines zusätzlichen neuen Werkstückes, welches verwertet oder veröffentlicht wird, fehlt.[801] Lediglich das bereits vorhandene Originalwerkstück wird seinem Zweck entsprechend zur Ausstellung genutzt.

Zudem setzen die Begriffe der Bearbeitung oder anderen Umgestaltung voraus, dass eine Veränderung des Gesamteindrucks des Werkes vorliegt.[802] Zwar ist für eine solche Veränderung des Gesamteindrucks nicht notwendigerweise ein Eingriff in die Substanz des Werkes erforderlich.[803] Jedoch setzen die Begriffe der Bearbeitung und Umgestaltung nach hier vertretener Ansicht bei Eingriffen in das Umfeld von Kunstwerken voraus, dass das Ausgangswerk unverändert in ein neues „Gesamtkunstwerk" integriert wird, wobei das integrierte Werk als Teil des Gesamtkunstwerkes erscheinen muss.[804] Die Substanz des Werkes muss also verändert wirken, auch wenn ein tatsächlicher Eingriff in die Substanz nicht vorliegt. Daran fehlt es bei Ausstellungen regelmäßig. Zwar nimmt die Bedeutung der künstlerischen Gesamtkonzeption von Ausstellungen in der heutigen Ausstellungspraxis aufgrund des intensiver werdenden Wettbewerbes stetig zu.[805] Die Anordnung von Werken in einer bestimmten Art und Weise oder in einem bestimmten Kontext führt jedoch regelmäßig noch nicht dazu, dass die Werke als „Einheit" erscheinen, da die einzelnen Werke hierbei ihre selbständige Wirkung auch dann behalten, wenn sie durch jeweils unterschiedliche Kuratoren unterschiedlich in Szene gesetzt wurden. Üblicherweise werden gestalterische Mittel z. B. in der Ausstellungsarchitektur ohnehin eher zurückhaltend eingesetzt, da es nicht Sinn und Zweck einer Ausstellung ist, vom Inhalt der Exponate abzulenken, sondern nur, diese bestmöglich zu präsentieren. Aber selbst dann, wenn die Ausstellung selbst die Schöpfungshöhe eines urheberrechtlich geschützten Werkes nach § 2 UrhG erreicht, ist nicht von einer Bearbeitung oder Umgestaltung der ausgestellten Werke i. S. d. § 23 UrhG auszugehen, da üblicherweise der Ausstellungsbetrachter klar zwischen Ausstellungsmitteln und -Architektur einerseits und den ausgestellten Werken andererseits, aber

801 Siehe oben, zweites Kapitel, C. I. 1. c).
802 Dreier/*Schulze*, § 23 Rn. 8.
803 BGH GRUR 2002, 532 (534) – *Unikatrahmen*.
804 Siehe oben, zweites Kapitel, C. I. 2.; BGH GRUR 2002, 532 (534) – *Unikatrahmen*.
805 *Waitz*, S. 99.

auch zwischen den einzelnen Werken untereinander trennen kann. Dass sich mit jedem neuen Kontext und jeder neuen Umgebung auch die Wirkung eines Werkes ändern kann, hat der Künstler grundsätzlich hinzunehmen, solange der Betrachter nicht den Eindruck gewinnt, dass einzelne ausgestellte Kunstwerke nur noch als Teile eines neuen Gesamtkunstwerkes und damit als einheitliches Ganzes fungieren. Erst dann könnte begrifflich von einer Bearbeitung oder Umgestaltung gesprochen werden. Insofern ist bei der Ausstellung von Kunstwerken nicht von einem Einwilligungsvorbehalt gem. § 23 UrhG auszugehen.[806]

e) Zwischenergebnis

Im Ergebnis kann sich der Urheber also zwar mit einer schuldrechtlichen Abrede mit dem Ersterwerber betreffend die Art und Weise einer Ausstellung behelfen, wegen ihres relativen Charakters entfaltet eine solche Vereinbarung aber keine bindende Wirkung gegenüber späteren Erwerbern. Der Urheber kann eine schuldrechtliche Vereinbarung daher nur hinsichtlich der ersten Ausstellung bzw. hinsichtlich des ersten Erwerbers eines Kunstwerkes treffen. Für weitere Ausstellungen steht ihm das Recht aus §§ 12, 15 Abs. 1 Nr. 3, 18 UrhG nicht mehr zu, da das Ausstellungsrecht nach der ersten Ausstellung verbraucht ist.[807] Dingliche Wirkung hätte hingegen nur der ausdrückliche Vorbehalt des Ausstellungsrechts nach § 44 Abs. 2 UrhG,[808] der aber meistens weder im Interesse des Künstlers noch des Erwerbers liegt und in der Praxis so gut wie nie vorkommt. Das Veröffentlichungsrecht und das Ausstellungsrecht aus §§ 12 und 18 UrhG gewähren dem Urheber daher keinen dauerhaften Schutz gegen von ihm nicht gewünschte Ausstellungen des Kunstwerkes. Auch ein Einwilligungsvorbehalt nach § 23 UrhG greift in diesem Fall mangels des Vorliegens einer Bearbeitung oder einer anderen Umgestaltung nicht ein. Insofern ist der Urheber, will er gegen eine bestimmte Ausstellung vorgehen, im Regelfall nach der Veräußerung seines Werkes auf das urheberpersönlichkeitsrechtliche Verbietungsrecht des § 14 UrhG beschränkt. Der Schutz aus § 14 UrhG ist für den Künstler mithin als einzige Steuerungsmöglichkeit von immenser Wichtigkeit. Denn gerade der gesamte Ausstellungsbetrieb und die damit verbundene Kontextualisierung sowie die Kunstkritik an einem Werk haben bedeutenden Einfluss auf die Sichtweise des Publikums auf den Künstler und sein Werk. Künstler haben insofern in der Regel ein großes Interesse daran, auch nach Entäußerung ihrer Werke

---

806 A. A. *von Detten*, S. 94, der einen Einwilligungsvorbehalt des Urhebers im Grundsatz bejaht, wenn die ausgestellten Werke durch Thema und Inszenierung zu einem Gesamtkunstwerk integriert werden. Allerdings lehnt er im Ergebnis den Einwilligungsvorbehalt letztlich doch aufgrund der Regelung des § 18 UrhG ab (S. 96.), die sonst ausgehöhlt würde.

807 *Bullinger*, S. 119; *Hegemann*, in: FS Hertin, S. 87 (107).

808 *Wandtke*/Bullinger, § 44 Rn. 18.

entsprechend ihren Ansichten und Sichtweisen Einfluss auf die Art und Weise der Ausstellung ihrer Werke nehmen zu können.

2. Denkbare Formen der Beeinträchtigung durch die Ausstellung

Um den Anwendungsbereich des § 14 UrhG zu eröffnen, muss die Art und Weise der Ausstellung einen entstellenden oder beeinträchtigenden Eingriff in das Werk darstellen, der die berechtigten Interessen des Urhebers verletzt. In den meisten Fällen ist die Ausstellung eines Werkes allerdings sowohl für seinen Urheber als auch für den Eigentümer vorteilhaft. Für den Künstler führt sie zu einer Erhöhung seines Bekanntheitsgrades und Ansehens und damit zu einer Steigerung seines Marktwertes. Für den Eigentümer bedeutet die Ausstellung meistens eine Wertsteigerung seines Kunstwerkes. Dennoch sind im Einzelfall verschiedene Formen der Beeinträchtigung eines Werkes durch seine Ausstellung denkbar.

a) Konzept und Thema der Ausstellung

Eine Vielzahl von Ausstellungen begnügt sich heute nicht mehr damit, bestimmte Künstler oder eine bestimmte Kunstbewegung zu zeigen und zu dokumentieren. Häufig liegen Ausstellungen aufgrund des zunehmenden Ausstellungswettbewerbes bestimmte Konzepte oder Thesen zu Grunde, die mit Hilfe der Exponate bewiesen oder erläutert werden sollen.[809] Hierbei kann es dazu kommen, dass sich ein Künstler durch die Zuordnung zu einer künstlerischen Richtung oder zu einem Thema verunglimpft fühlt, weil er sich dieser Richtung oder diesem Thema nicht zugehörig fühlt.

Bekanntes Beispiel für eine Ausstellung, durch welche die Exponate und deren Schöpfer bereits durch den Titel der Ausstellung herabgewürdigt wurden, war die Ausstellung mit dem Titel „*Entartete Kunst*“, die 1937 in München im Haus der Deutschen Kunst (jetzt Haus der Kunst) von den Nationalsozialisten organisiert wurde.[810] Als „entartet“ galten im NS-Regime alle Kunstwerke und kulturellen Strömungen, die dem Kunstverständnis und dem Schönheitsideal der Nationalsozialisten widersprachen.[811]

Weiteres Beispiel für eine Abwertung von Werken durch den Titel ist die Ausstellung „*Auftrag: Kunst, 1949–1990*“, die 1995 im Deutschen Historischen

---

809 *Wiesner*, S. 173; *Bullinger*, S. 121.

810 Hierzu auch *Bullinger*, S. 122.

811 So z.B. Expressionismus, Impressionismus, Dadaismus, Neue Sachlichkeit, Surrealismus, Kubismus oder Fauvismus. Als „entartet“ galten unter anderem *Max Beckmann*, *Max Ernst*, *Ernst Ludwig Kirchner*, *Paul Klee*, *Oskar Kokoschka*, *Käthe Kollwitz* und *Oskar Schlemmer*.

Museum in Berlin stattfand.[812] Die Ausstellung behandelte die Frage des Maßes der Abhängigkeit der ausgestellten Künstler vom staatlichen Auftrag in der ehemaligen Deutschen Demokratischen Republik.[813]

Kroitzsch nennt als weitere denkbare Beeinträchtigung durch die Ausstellung eines Werkes die Präsentation eines dazu nicht bestimmten Kunstwerkes in einem Krematorium, einem Schlachthof oder einer Strafanstalt.[814] Auch hier könne man annehmen, dass durch die Präsentation eines Werkes an diesen oder ähnlichen Orten das Werk in einen falschen Kontext gestellt werde.

Ebenso betrachtet *Locher* die Präsentation eines Werkes der bildenden Kunst in einem diskriminierenden Rahmen als verboten i. S. d. § 14 UrhG.[815] So könne der Künstler dagegen vorgehen, wenn ein qualitätsvolles Werk im Rahmen einer herabwürdigenden Thematik der Öffentlichkeit zugänglich gemacht werde.[816] Hierfür nennt er die Beispiele „Nazikunst" oder „Der Kitsch im 20. Jahrhundert".[817]

b) Klassifizierung und Bewertung eines Werkes innerhalb der Ausstellung

Weiter kann der Künstler die Klassifizierung oder die Bewertung seines konkreten Werkes innerhalb der Ausstellung bemängeln, etwa weil die Kommentierungen seines Werkes herabwürdigend oder seiner Ansicht nach unzutreffend sind.

Auch hier kann als Beispiel eine Kommentierung aus der Ausstellung „Entartete Kunst" dienen. Zusätzlich du dem Titel der Ausstellung wurden die Werke in der Ausstellung nämlich abwertend kommentiert. So wurde das Werk von *Paul Klee* „*Die Heilige vom inneren Licht*" unter das Werk „*Heilige Magdalene mit Kind*" eines Unbekannten angeordnet und wie folgt kommentiert:

> *„Zwei „Heilige"!! die obere heißt „Die Heilige vom inneren Licht" und stammt von Paul Klee. Die untere stammt von einem Schizophrenen aus einer Irrenanstalt. Daß diese „Heilige Magdalene mit Kind" immer noch menschlicher aussieht als das Machwerk von Paul Klee, das durchaus einmal ernst genommen werden wollte, ist sehr aufschlussreich."*[818]

---

812 *Bullinger*, S. 122; Internetseite des DHM, http://www.dhm.de/ausstellungen/auftrag/inhalt.htm, zuletzt aufgerufen am 12.03.2012.

813 Internetseite des DHM, http://www.dhm.de/ausstellungen/auftrag/ausstellung.htm, zuletzt aufgerufen am 12.03.2012.

814 *Kroitzsch*, in: Möhring/Nicolini, § 14 Rn. 4.

815 *Locher,* Aktuelle Fragen aus dem Recht der bildenden Kunst, S. 9 f.

816 *Locher*, Das Recht in der bildenden Kunst, S. 272.

817 *Locher*, Das Recht in der bildenden Kunst, S. 272.

818 Ausstellungsführer der Ausstellung „Entartete Kunst", S. 25, abgedruckt bei *Schuster*, S. 183 ff.

Interessantes Detail ist außerdem, dass der Besuch der Ausstellung keinen Eintritt kostete,[819] was in Deutschland bei vergleichbar großen Ausstellungen als unüblich betrachtet werden kann. Es lässt sich schwer von der Hand weisen, dass dahinter der Gedanke stehen könnte, für die Betrachtung solcher Bilder dürfe man nichts bezahlen müssen.

Einige Autoren sprechen sich dafür aus, auch die Hängung eines Gemäldes inmitten von Werken minderer künstlerischer Qualität oder einer entgegen gesetzten Kunstrichtung als Beeinträchtigung der Wirkung des Kunstwerkes zu betrachten.[820] So könne beispielsweise bei der Aufnahme eines Werkes der sakralen Kunst im Rahmen einer Ausstellung pornografischer Bilder eine Urheberpersönlichkeitsverletzung vorliegen.[821]

Nach *Bullinger* dürfe der Künstler nicht gezwungen werden, eine Ausstellung hinnehmen zu müssen, die seiner eigenen Herabwürdigung diene. Führe die Ausstellung daher zu einer Erniedrigung, so könne der Urheber die Ausstellung durch den Eigentümer im Einzelfall gem. § 14 UrhG verbieten.[822] Der Künstler müsse es nicht dulden, dass sein eigenes Werk als Beleg für eine Abwertung seines Werkschaffens missbraucht werde.[823]

Dagegen spricht sich *Schack* für eine deutliche Abgrenzung zwischen der Anwendbarkeit des Urheberpersönlichkeitsrechts und des allgemeinen Persönlichkeitsrechts aus.[824] Werkkritik müsse jedenfalls urheberrechtlich zulässig sein und könne allein am Maßstab des allgemeinen Persönlichkeitsrechts bewertet werden.[825] Schließlich werde hier die Beziehung des Urhebers zu seinem Werk nicht gestört, sondern gerade zum Gegenstand der Kritik gemacht.[826] § 14 UrhG schütze die Integrität des Werkes, nicht jedoch dessen vom Künstler gewünschte Rezeption[827]. Mit der Veröffentlichung seines Werkes setze sich der Künstler der öffentlichen Kritik aus; dessen Rezeption als gut oder schlecht, „entartet" oder „Kitsch" könne er insofern mit seinem urheberrechtlichen Ausschließlichkeits-

---

819 *Bullinger* S. 122; *Schuster*, zu sehen auf dem Foto auf dem Cover des Buches.

820 So wohl auch OLG Köln ZUM 2010, 180 (183) unter Verweis auf *Hegemann*; *Hegemann*, in: FS Hertin, S. 87 (94); *von Detten*, S. 109; *Erdmann*, in: FS Piper, S. 655 (664); *Locher*, Das Recht in der bildenden Kunst, S. 272.

821 *Erdmann*, GRUR 2011, 1061 (1063 f.).

822 *Bullinger*, S. 122; *Erdmann*, GRUR 2011, 1061 (1063 f.).

823 *Bullinger*, S. 122.

824 *Schack*, Rn. 246.

825 *Schack*, Rn. 246.

826 *Schack*, Rn. 246.

827 Der Begriff der Rezeption wird unter anderem verwendet für die Art und Weise der Aufnahme von Werken durch die Öffentlichkeit, also den Betrachter, beginnend im Bereich der bildenden Kunst z. B. mit der Interpretation und Wertung durch den Kunsthistoriker.

recht dann nicht mehr steuern. *Schack* ist daher der Ansicht, es müsse möglich sein, Werke von *Mel Ramos* oder *Helmut Newton*, Künstler, die beide in ihrem Werk überwiegend den weiblichen mehr oder weniger bekleideten Körper in Szene setzen, zusammen mit mehr oder weniger pornografischen Werken zu zeigen.[828] Jeder Betrachter müsse sich selbst ein Urteil hierüber bilden können.

c) Konkrete Form der Präsentation

Schließlich ist eine Beeinträchtigung durch die konkrete Form der Präsentation der Werke möglich. Dies ist auch dann der Fall, wenn die Kunstwerke keinen besonderen Ortsbezug aufweisen.

aa) Beispiele für eine Beeinträchtigung durch die Form der Ausstellung

Relevante Aspekte bei der konkreten Form der Ausstellung sind etwa die Wahl der Beleuchtung, die Hängungshöhe oder der Hintergrund, vor dem das Werk präsentiert wird. Hier kommen akustische und visuelle Störungen in Betracht.[829] So kann eine Beeinträchtigung eines Werkes durch die Präsentation in ungeeigneten Lichtverhältnissen vorliegen.[830] Hierdurch kann die Wirkung eines Kunstwerkes gehemmt oder gar verfälscht werden. Dies gilt sowohl für eine Präsentation in zu gedämmtem Licht als auch in zu buntem Licht, durch welches die Farben des Werkes verfälscht werden.

Ein weiteres Beispiel für eine beeinträchtigende Hängung wäre darüber hinaus auch beispielsweise zu bejahen, wenn eines der Kopf stehenden Gemälde von *Georg Baselitz* fälschlicherweise „richtig" herum gehängt würde, da Interessen des Ausstellenden an einer solchen Hängung nicht erkennbar sind.[831]

Unter eine Beeinträchtigung durch die Form einer Präsentation fällt es auch, wenn ein Kunstwerk anders arrangiert wird, als es vom Künstler ursprünglich gedacht war und hierdurch der Eindruck erweckt wird, dass fremde Teile zur Installation des Urhebers dazu gehören.[832] So wandte sich *Eva Beuys* kürzlich gegen die Ausstellung einer Vitrine voller Müll, den ihr Ehemann *Joseph Beuys* 1972 im Rahmen der Aktion „*Ausfegen*" mit einem Besen zusammengekehrt hatte.[833] Der Galerist *René Block* hatte den Abfall in einem weißen Holzkasten

828 *Schack*, ZGE 3, Band 2 2010, 355 (357).

829 *Bullinger*, S. 118; *Schack*, Rn. 257.

830 *von Detten*, S. 108; *Grohmann*, S. 82; *van Waasen*, S. 47; *Schack*, Rn. 257.

831 so auch *Keinath*, in: Hoeren/Holznagel/Ernstschneider, S. 320.

832 BGH GRUR 2002, 532 – *Unikatrahmen*.

833 *Krause*, in: F.A.Z. vom 11.07.2009 Nr. 158, S. 33.

mit Sichtfenster arrangiert und mit „*Joseph Beuys – Ausfegen*" betitelt. *Beuys* selbst hatte den Müll allerdings nie so arrangiert. Nach Ansicht der Künstlerwitwe dürfe die Vitrine daher nicht als Werk ihres Mannes ausgestellt werden.[834]

Ein Verbietungsrecht hätte auch dem Künstler *Gerhard Richter* zugestanden, als sein Künstlerkollege *Martin Kippenberger* in den 1980er Jahren einst die Glasplatte eines Hotel-Beistelltischchens durch ein wertvolles *Richter*-Gemälde ersetzte.[835] Das so neu entstandene Gesamtkunstwerk betitelte *Kippenberger* 1987 mit „*Modell Interconti*". Diese Geste kann durchaus als Zeichen der Respektlosigkeit bezeichnet werden. Zwar hätte sich *Kippenberger* im Rahmen der Interessenabwägung auf die Kunstfreiheit aus Art. 5 Abs. 3 GG berufen können, allerdings wäre hier von einem Überwiegen der Interessen *Richters* als Originalurheber auszugehen gewesen, da es *Kippenberger* zuzumuten gewesen wäre, beispielsweise lediglich eine Kopie von *Richters* Werk zu verwenden. *Richter* hat jedoch nach bisherigem Erkenntnisstand nie Einwände gegen die künstlerische Aneignung seines Gemäldes durch *Kippenberger* erhoben.

Ebenso müsste man eine Ausstellung wie die bereits dargestellte Retrospektive „*All*" des Künstlers *Maurizio Cattelan* im Guggenheim-Museum[836] als Beeinträchtigung betrachten, wenn nicht der Künstler selbst diese Form der Anordnung seiner Werke bestimmt hätte. Schließlich waren hier alle seine Werke zu einer einzigen Arbeit miteinander verwoben. Dieses neue Mobilé aus Kunstwerken ergab ein einzigartiges dreidimensionales neues Bild. Viele der Arbeiten verfügen aber trotz der beeindruckenden Wirkung des Kunstwerk-Mobilés einzeln als Installationen inszeniert über eine deutlich stärkere Ausdruckskraft als innerhalb dieses „Kunstklumpens". Sicherlich wäre berechtigterweise nicht jeder Künstler damit einverstanden, dass seine Werke in einer solchen Art und Weise zusammengefügt würden.

bb) Landgericht Erfurt und Oberlandesgericht Jena – „*Aufstieg und Fall der Moderne*"

Die Rechtsprechung hat sich zum Thema Entstellung durch die Art und Weise der Ausstellung bisher nur in wenigen Fällen geäußert. So haben sich das LG Erfurt[837] und das OLG Jena[838] im Falle des dritten Teils der Ausstellung „*Aufstieg und Fall*

834 *Krause*, in: F.A.Z. vom 11.07.2009 Nr. 158, S. 33.

835 *Blomberg*, S. 120.

836 Hierzu oben, viertes Kapitel, B. I. 1. a) dd) (3) (c).

837 LG Erfurt, Urt. v. 17.06.1999, Az. 3 u O 15/99, abgedruckt in: Der Weimarer Bilderstreit, S. 277 ff.

838 OLG Jena, Terminsbericht zur mündlichen Verhandlung vom 28. Juli 1999, Az. 2 U 834/99, abgedruckt in: Der Weimarer Bilderstreit, S. 284 ff.

der Moderne" in Weimar unter dem Titel „*Offiziell und Inoffiziell – Die Kunst der DDR*" im Jahr 1999 hierzu erklärt. Bei diesem Fall handelt es sich um ein prominentes Beispiel für eine beeinträchtigende Form der Präsentation. Die Ausstellung zeigte in einem Bereich die Bilder der Künstler, die in der ehemaligen DDR gelebt und sich dem Regime und dem zeitweise vorgegebenen Kunstgeschmack angepasst hatten. In einem anderen Bereich wurden die Künstler gezeigt, die zum Regime und seinem Kunstgeschmack in Opposition getreten waren. Die Werke der Künstler im ersten Bereich wurden an einer großformatigen, als Rotunde ausgestalteten Wandkonstruktion in der sogenannten „Petersburger Hängung"[839] präsentiert, wobei es sich bei der Wandkonstruktion um ein Baugerüst handelte, welches mit einer grauen Plastikplane bespannt war. Diese graue Plane fiel wellig und eher behelfsmäßig wirkend auf den Boden. Die Bilder hingen dicht über- und nebeneinander, wobei sie weder nach Größe, Herkunft, Jahrgang oder Stilrichtung sortiert waren. Eine Systematik war nicht erkennbar. Erstklassige Bilder hingen neben drittklassigen.[840] Beleuchtet wurden die Exponate durch Spotleuchten, die lediglich ein punktuelles, kegelförmiges Licht auf einzelne Werke warfen, auf die sie gerichtet waren. Im Übrigen waren die Werke nur schwach beleuchtet. Durch die Art der Hängung befanden sich einige Werke in einer Höhe von ca. 4 m über dem Fußboden, andere befanden sich in einer Höhe von 1 m über dem Fußboden, so dass diese Bilder nur schwer betrachtet werden konnten. Die Werke der oppositionellen Künstler wurden hingegen vor einem glatten hellen Hintergrund in regelmäßigem Abstand zueinander auf Augenhöhe präsentiert. Die Lichtverhältnisse waren dabei ebenfalls zufrieden stellend. Den Ausstellungsbesuchern wurden außerdem erläuternde Texte angeboten, die den einzelnen Werken zugeordnet werden konnten.

Die Künstlerin *Ellena Olsen*, von der einige Werke an der grauen Plastikwand im Rahmen der Ausstellung präsentiert wurden, fühlte sich durch diese Art und Weise der Präsentation angegriffen und beantragte im Rahmen eines einstweiligen Verfügungsverfahrens vor dem LG Erfurt, den Ausstellungsmachern zu verbieten, ihre Bilder in der Ausstellung in einer Rotunde der Mehrzweckhalle vor grauer und welliger Plastikfolie ohne Abstände dicht an dicht gedrängt mit mehreren hundert Bildern anderer Künstler der ehemaligen DDR in zwei oder mehreren Reihen übereinander gehängt als Beispiele sogenannter „offizieller Kunst der DDR" öffentlich zu zeigen, wobei sie sich auf § 14 UrhG berief.[841] Aus ihrer Sicht handelte es sich um eine herabwürdigende und verhöhnende Art der Präsentation ihrer Bilder.

839 Eine besonders enge Reihung von Bildern, bei der die Werke häufig bis an die Decke reichen und die Rahmen der Werke dicht beieinander hängen.

840 Beschreibung der Ausstellung im juristischen Briefwechsel zur Ausstellung, abgedruckt in: Der Weimarer Bilderstreit, S. 259 ff.

841 *Thies*, S. 216.

Das LG Erfurt sprach der Künstlerin ein Verbietungsrecht aus § 14 UrhG zu.[842] Hinsichtlich der Art und Weise der Ausstellung bejahte es eine „andere Beeinträchtigung" i. S. d. § 14 UrhG. Die Bilder der Künstlerin seien in konkreten sozialen Situationen zu unterschiedlicher Zeit individuell geschaffen worden. Deshalb sollten sie auch als Einzelkunstwerke wahrgenommen werden können und nicht als Teil eines Gesamtkunstwerkes, bei welchem der Betrachter von der Individualität des einzelnen Werkes eher abgelenkt werde und glaube, das individuelle Werk sei nur Teil eines großen Ganzen. Die Bilder der Künstlerin seien auch offensichtlich nicht dafür geschaffen worden, um in einem Durcheinander von dicht an dicht hängenden Einzelwerken der unterschiedlichsten Künstler, Zeiten, Stilrichtungen und gestalterischen Tiefen gezeigt zu werden, ohne dass dem Betrachter hinsichtlich dieser Kriterien Beurteilungshilfe angeboten werde. Die Art der Präsentation berücksichtige weder den von der Künstlerin ihren Bildern beigemessenen geistig-ästhetischen Gehalt, noch die Zeit, in der sie entstanden seien, noch aus welcher sozialen Situation heraus sie ihre Aussage erhielten. Die Art und Weise der Präsentation auf welliger grauer Plastikfolie vermittle dem Betrachter, dass es sich bei den ausgestellten Werken durchweg um billige und beliebige Produktionen von geringer künstlerischer Qualität handle.

Daraufhin legte die Kunstsammlung Weimar Berufung bei dem OLG Jena ein, weil sie in dem Urteil nun ihrerseits einen unerlaubten Eingriff in ihre Meinungsfreiheit und in ihr eigenes Recht auf Kunstfreiheit sah. Das OLG Jena erkannte in zweiter Instanz in der beanstandeten Inszenierung lediglich eine „lieblose Hängung", die unterhalb der Schwelle zur Urheberpersönlichkeitsrechtsverletzung liege.[843] Letztendlich verglichen sich die Parteien allerdings, bevor ein Urteil in dieser Sache gesprochen wurde.

3. Eigene Stellungnahme zur Verfälschung durch die Art und Weise der Kunstausstellung

Fraglich ist, in welchen Fällen eine herabwürdigende Art und Weise der Kunstausstellung tatsächlich zu einem Verbietungsrecht aus § 14 UrhG führen kann. Um dies festzustellen, bedarf es zunächst der Abgrenzung der Anwendungsbereiche des Urheberpersönlichkeitsrechts und des allgemeinen Persönlichkeitsrechts.

---

842 LG Erfurt, Urt. v. 17.06.1999, Az. 3 u O 15/99, abgedruckt in: Der Weimarer Bilderstreit, S. 277–283.

843 OLG Jena, Terminsbericht zur mündlichen Verhandlung vom 28. Juli 1999, Az. 2 U 834/99, abgedruckt in: Der Weimarer Bilderstreit, S. 284 ff.

a) *Abgrenzung zwischen Urheberpersönlichkeitsrecht und allgemeinem Persönlichkeitsrecht*

Zu bedenken ist bei der Prüfung, ob das Verbietungsrecht aus § 14 UrhG eingreifen kann, dass zwischen dem Anwendungsbereich des Urheberpersönlichkeitsrechts einerseits und dem des allgemeinen Persönlichkeitsrechts andererseits klar unterschieden werden muss.

Das Urheberpersönlichkeitsrecht ist ebenso wie das allgemeine Persönlichkeitsrecht eine spezielle Ausprägung des verfassungsrechtlich verankerten Persönlichkeitsrechts.[844] Dieses wird aus den Art. 1 Abs. 1, Art. 2 Abs. 1 GG, welche die Würde des Menschen und sein Recht auf freie Entfaltung seiner Persönlichkeit garantieren, hergeleitet. Das Urheberpersönlichkeitsrecht und das allgemeine Persönlichkeitsrecht stehen jedoch selbstständig nebeneinander und ergänzen sich.[845] Die Verschiedenheit der Rechte ergibt sich aus dem unterschiedlichen Schutzgegenstand. Während sich das allgemeine Persönlichkeitsrecht auf die biologische Existenz des Menschen bezieht, schützt das Urheberpersönlichkeitsrecht den Urheber in seiner Beziehung zu einem bestimmten Werk.[846] Sachlich ist für die Anwendbarkeit des Urheberpersönlichkeitsrechts daher erforderlich, dass durch einen Eingriff die persönliche Beziehung zwischen Urheber und Werk angegriffen wird. Demgegenüber schützt allein das allgemeine Persönlichkeitsrecht jeweils Teilaspekte der menschlichen Persönlichkeit unabhängig von irgendwelchem Werkschaffen.

Wie *Schack* zutreffend betont, genügt es demnach für die Eröffnung des Anwendungsbereiches des Urheberpersönlichkeitsrechts nicht, dass ein Kunstwerk kritisiert wird. Hierdurch wird das Band zwischen Urheber und seinem Werk nicht betroffen. Schließlich schützt § 14 UrhG nicht davor, dass das Werk von der Öffentlichkeit anders gewertet und beurteilt wird als vom Künstler gewünscht. Allerdings besteht durchaus die Möglichkeit der Eröffnung des Anwendungsbereiches des § 14 UrhG sobald, durch die Ausstellungsthese, die Klassifizierung oder Bewertung des Kunstwerkes auch seine Wirkung verfälscht wird, indem seine Aussage oder sein Sinn verschleiert wird und sein wahrer Gehalt dem Betrachter unweigerlich verborgen bleiben muss, weil sein Blick auf das geistige Werk, dessen Aussage und Bedeutung, verstellt wird.

---

844 BGH GRUR 1955, 197 (198) – *Leserbrief*; BT-Drucks zu § 11 IV/270, S. 44.

845 Wandtke/*Bullinger*, Vor. §§ 12 ff. Rn. 16; *Dustmann*, in: Fromm/Nordemann, Vor § 12 Rn. 14.

846 BGH GRUR 1955, 201 – *Cosima Wagner*.

b) Grundsätzliche Anwendbarkeit des § 14 UrhG bei Herstellung eines veränderten Sachzusammenhangs

Wie bereits ausgeführt, sind von § 14 UrhG auch Beeinträchtigungen umfasst, bei denen keine Substanzveränderung vorgenommen, sondern das Werk lediglich in einen anderen Sachzusammenhang gestellt wird.[847]

So wird ein Werk beispielsweise durch die Nutzung für Werbezwecke grundsätzlich in einen beeinträchtigenden neuen Sachzusammenhang gebracht, den der Urheber nicht hinzunehmen braucht.[848] Auch das OLG Frankfurt bejahte im Fall „*Springtoifel*" eine Beeinträchtigung i. S. d. § 14 UrhG von Musikwerken durch ihre Platzierung auf einem Sampler gemeinsam mit Darbietungen von Musikgruppen, die der neofaschistischen Szene zuzurechnen sind.[849] Die Werke würden hierdurch in das Umfeld dieser Szene gerückt, womit eine unmittelbare Gefährdung der persönlichen Interessen der Urheber an den von ihnen aufgenommenen Musiktiteln und deren Verwertung zu besorgen sei.

Diese Grundsätze sind auch auf alle anderen Werkgattungen und damit auch auf die reine bildende Kunst anzuwenden. Demnach kann ein Verbietungsrecht aus § 14 UrhG auch dann greifen, wenn ein Werk der bildenden Kunst in einen beeinträchtigenden Sachzusammenhang gestellt wird.[850] Gerade bei Werken der bildenden Kunst kann ein solcher beeinträchtigender Sachzusammenhang insbesondere durch die Art und Weise der Ausstellung hergestellt werden. Schließlich ist aufgrund der Unterscheidung zwischen geistigem Werk und Werkstück nicht nur eine Veränderung der Gesamtästhetik im Rahmen des § 14 UrhG relevant, sondern insbesondere auch eine Verfälschung des geistigen Werkes, seiner Aussage, seiner Bedeutung und Konzeption.

c) Eigene Bewertung der denkbaren Formen der Beeinträchtigung

aa) Konzept und Thema der Ausstellung

Die Einordnung eines Werkes in eine falsche Gattung oder in einen falschen Zusammenhang durch das Thema oder das Konzept einer Ausstellung kann durchaus dazu geeignet sein, den Blick auch auf das einzelne Werk verstellen und auch dessen geistigen Inhalt verfälschen. Wird ein Werk beispielsweise fälschlicherweise einem bestimmten politischen Zusammenhang zugeordnet, so ist

---

847 So auch KG ZUM 1989, 246 (247) – *Neues Deutschland.*

848 OLG München NJW 1998, 1413 (1415) – *Trailer-Werbung*; Dreier/*Schulze*, § 14 Rn. 20.

849 OLG Frankfurt GRUR 1995, 215 – *Springtoifel.*

850 OLG Köln ZUM 2010, 180 (183) – *Pferdeskulptur.*

zu befürchten, dass auch sein Inhalt fehlinterpretiert und missverstanden wird. Allerdings werden das Thema oder Konzept einer Ausstellung, also ihr Titel oder ihre Grundthese, für sich allein genommen selten eine Beeinträchtigung des Werkes i. S. d. § 14 UrhG zur Folge haben. Diese wird in den meisten Fällen wohl noch nicht hinreichend konkret sein, um tatsächlich bereits die Wirkung eines einzelnen im Rahmen der betreffenden Ausstellung präsentierten Werkes zu verfälschen. Dies gilt auch bei der Ausstellung eines Werks an einem nicht wertneutralen Ort, wie einer Strafanstalt oder einem Krankenhaus, was für sich genommen regelmäßig noch keinen Einfluss auf die Interpretation eines Werkes hat.[851]

Eine Beeinträchtigung kann jedoch dann bejaht werden, wenn im Rahmen einer Ausstellung keinerlei weitergehende Erläuterung zu der aufgestellten These in Bezug auf die einzelnen Werke mehr vorgenommen wird und der Betrachter das Werk daher allein anhand dieser These interpretieren kann. Jedenfalls dann, wenn dies beim Betrachter unweigerlich zu einer Missinterpretation und einem Missverständnis des Werkes führen muss, liegt eine Beeinträchtigung des Werkes vor. So muss man beispielsweise im Falle einer Ausstellung mit dem Titel „*Auftrag Kunst*“ dann von einer Beeinträchtigung eines einzelnen Werkes ausgehen, wenn diese Stigmatisierung ohne tiefer gehende Erläuterungen bleibt, obwohl das einzelne Werk möglicherweise gerade nicht als ein schlichtes Auftragswerk betrachtet werden kann, wenn es sich tatsächlich beispielsweise kritisch mit dem Thema Auftragskunst befasst. Hier besteht die Gefahr, dass zwar nicht die ästhetische Wirkung des Werkes verfälscht wird, wohl aber der Betrachter den geistigen Inhalt des Werkes fehlinterpretiert und diesen daher in verfälschter Form wahrnimmt.

bb) Klassifizierung und Bewertung eines Werkes innerhalb der Ausstellung

Eher als durch These und Titel der Ausstellung kann es vor allem durch Begleittexte, Beschreibungen und Bewertungen einzelner Werke im Rahmen der Ausstellung zu Beeinträchtigungen i. S. d. § 14 UrhG durch Veränderungen und Verfälschungen der inhaltlichen Aussage des Werkes kommen. Dies gilt auch für die Begleittexte in Ausstellungskatalogen. Solche Verfälschungen können sich in Einzelfällen auch durch die unmittelbare Nachbarschaft zu anderen Exponaten ergeben.[852] Dies ist jedoch nicht bereits deshalb anzunehmen, weil es sich

851 A. A. *Wiesner*, S. 176, die eine Beeinträchtigung in der Ausstellung an einem nicht wertneutralen Ort als Beeinträchtigung sieht; *Kroitzsch*, in: Möhring/Nicolini, § 14 Rn. 4.

852 So auch *von Detten*, S. 114, der dies aber nicht genauer ausführt; *Hegemann*, in: FS Hertin, S. 87 (107), *Schack*, Rn. 257.

etwa um minderwertige Kunst handelt und der Ausstellungsmacher hierdurch möglicherweise sein Missfallen an den Werken des Urhebers ausdrückt.[853] Diesbezüglich kann vielmehr nur das allgemeine Persönlichkeitsrecht i. S. d. Art. 2 Abs. 1, Art. 1 Abs. 1 GG greifen. Ebenso wenig genügt es, dass sich der Künstler der Gruppe, der seine Werke zugeordnet werden, nicht zugehörig fühlt. Stilrichtungen und Zugehörigkeiten zu bestimmten Gruppen werden meistens nicht vom Künstler selbst bestimmt, sondern von Kritikern, Kunstwissenschaftlern, Kuratoren oder Kunsthändlern.[854] Auf diese Weise kann es schnell dazu kommen, dass ein Künstler sich missverstanden und „falsch" eingeordnet fühlt. Jedoch erweckt allein eine fremdbestimmte Zuordnung eines Werkes oder eines Künstlers zu einer Gruppe oder einem Stil zum einen noch nicht den Eindruck, dass der Künstler sich selbst oder sein Werk auch dieser Gruppe oder dem Stil zuordnet. Zum anderen hat eine solche Zuordnung zu einer abstrakten Richtung in der Regel noch keine Auswirkung auf die Wahrnehmung der ästhetischen oder geistigen Wirkung des konkreten Werkes. Erst dann, wenn eine solche nach Ansicht des Künstlers fehlerhaft vorgenommene Zuordnung zu einer bestimmten Gruppe dazu führt, dass automatisch auch die geistige Aussage und der geistige Inhalt des konkreten Werkes verfälscht oder verändert wahrgenommen werden muss, kann eine Beeinträchtigung bejaht werden. Dies kann dann der Fall sein, wenn durch die Zuordnung objektiv falsche Aussagen über den geistigen Inhalt des konkreten Werkes getroffen werden.

Beispiel für eine Beeinträchtigung i. S. d. § 14 UrhG aufgrund einer fehlerhaften Bewertung war demnach beispielsweise die falsche Betitelung eines Werkes des Künstlers *Beuys*, eines Keramikreliefs, welches laut Angaben des Anwalts der Familie *Beuys*, *Gerhard Pfennig*, vom Museum Moyland an den Deutschen Bundestag verliehen gewesen sei. Der damalige Direktor des Museums Moyland, *Hans von der Grinten*, habe das Werk als „*Gräberfeld*" tituliert und es damit in den Zusammenhang derjenigen Arbeiten des Künstlers gerückt, die er für eine Totenburg für Opfer der Luftangriffe geschaffen hatte, obwohl das Werk mit „Totenhainen" und „Gruften" nichts zu tun habe.[855] Witwe *Eva Beuys* nahm sich – wie so oft – der Interessen ihres verstorbenen Mannes an und bat die Bundestagspräsidentin, darauf zu verzichten, das Werk weiter im Plenarbereich auszustellen.[856] Das angebliche Gräberfeld habe ein ganz anderes Thema, zeige

853 So aber *Locher*, Das Recht in der bildenden Kunst, S. 272.

854 Hierzu vertieft *von Detten*, S. 112 ff.

855 Interview mit *Gerhard Pfennig* im Deutschlandfunk am 15.01.2009, abrufbar unter http://www.dradio.de/dlf/sendungen/kulturheute/905076, zuletzt aufgerufen am 12.03.2012.

856 *Nemeczek*, in: art 10/1996, S. 154 f.

vielmehr mikrophysikalische Strukturen („Atomorbitale").[857] Gegen eine solche Betitelung, die das Werk in einen falschen Kontext stellt, ohne dabei aber die Persönlichkeit des Künstlers selbst oder sein Werk herabzuwürdigen, kann der Künstler bzw. seine Rechtsnachfolger aus der urheberpersönlichkeitsrechtlichen Norm des § 14 UrhG, nicht aber aus dem allgemeinen Persönlichkeitsrecht vorgehen.

Allein die Verletzung des allgemeinen Persönlichkeitsrechts und nicht des Urheberpersönlichkeitsrechts kann dagegen in Betracht kommen, wenn durch eine nicht repräsentative Auswahl von Werken eines Künstlers im Rahmen einer Ausstellung dessen gesamtes Werkschaffen falsch dargestellt wird und dadurch das künstlerische Ansehen und die künstlerische Wertschätzung des Künstlers beeinträchtigt wird.[858] Schließlich kommt es hierbei nicht zu einer Verfälschung der einzelnen Werke.

cc) Form der Präsentation

Bei der Form der Präsentation gerät das Urheberpersönlichkeitsrecht am wenigsten in Konflikt mit dem allgemeinen Persönlichkeitsrecht. Denn ist die Ausstellung in ästhetischer, gestalterischer Hinsicht derart angeordnet, dass die Wirkung des Kunstwerkes gehemmt wird, so fällt dies ohne weiteres unter den Tatbestand des § 14 UrhG. Hier handelt es sich nicht schlicht um Kunstkritik, die das Werk selbst in seiner Wirkung regelmäßig nicht beeinträchtigt, sondern um Eingriffe, die nicht nur die geistige, sondern auch die sichtbare ästhetische Wahrnehmung des Werkes verfälschen können. So können beispielsweise konkrete Hängungsanweisungen auf der Rückseite eines Werkes, wie bei Werken des Künstlers *Baselitz*,[859] oder Installationsbeschreibungen, die mit dem Werk zusammen herausgegeben werden, dafür sprechen, dass eine hiervon abweichende Hängung oder Installation eine Beeinträchtigung des Kunstwerkes i.S.d § 14 UrhG darstellt. Gleiches gilt für Anweisungen für eine bestimmte Beleuchtung oder eine bestimmte Anordnung wie bei dem Werk „*Left Corner Square to the Corner (five sided)*" von *Richard Serra*, welches nach seinem Willen in der linken Ecke eines Raumes angebracht werden soll.[860] Zu berücksichtigen ist aber, dass es sich hierbei nicht um absolute Verpflichtungen mit einer dinglichen Wirkung handelt, sondern derartige Informationen lediglich als Auslegungs- und Interpretations-

857 *Hohmeyer*, in: DER SPIEGEL 14/1997, S. 192.
858 BGH GRUR 1995, 668 (670) – *Emil Nolde; Erdmann*, GRUR 2011, 1061 (1063 f.); *von Detten*, S. 145.
859 *von Detten*, S. 142.
860 *von Detten*, S. 142.

hilfe im Rahmen der Interessenabwägung, aber auch bei der Frage, ob überhaupt eine Beeinträchtigung des Werkes vorliegt, dienen können.[861] Ansonsten könnte der Künstler einseitig die absurdesten Anweisungen festlegen, von denen ein Eigentümer bei Erwerb möglicherweise nicht einmal Kenntnis hatte. Überdies könnte der Künstler damit den § 44 Abs. 2 UrhG nahezu aushebeln, indem er dem Ausstellenden für den Fall der Ausstellung unerfüllbare Pflichten aufbürdete.

d) Interessenabwägung

Auch dann, wenn eine Beeinträchtigung des Werkes aufgrund einer Veränderung oder gar Verfälschung seiner ästhetischen oder geistigen Wirkung bejaht werden kann und aufgrund der öffentlichen Zugänglichkeit von Ausstellungen auch das Erfordernis der Gefährdung der Interessen des Urhebers anzunehmen ist, ist das Interesse des Urhebers an der Integrität seines Werkes und daran, dass das Werk in seiner Wirkung nicht geschmälert wird, gegen das Interesse des Ausstellungsmachers abzuwägen, die Ausstellung auf die von ihm konkret gewünschte Art und Weise zu verwirklichen. Ein pauschales Verbot diskriminierender Ausstellungen ist abzulehnen.[862] Hierdurch würden die berechtigten Interessen des Ausstellenden und unter Umständen auch des Eigentümers eines Kunstwerkes vernachlässigt. Anstelle einer pauschalen Annahme einer Entstellung oder anderen Beeinträchtigung durch diskriminierende Ausstellungen ist eine Lösung im Rahmen einer umfassenden Interessenabwägung zu befürworten.

aa) Interessen des Urhebers aus Art. 2 Abs. 1, Art. 1 Abs. 1 GG

Der Urheber kann sich, wird sein Werk öffentlich ausgestellt, auf sein Urheberpersönlichkeitsrecht, welches Ausfluss des verfassungsrechtlich verankerten Persönlichkeitsrechts nach Art. 2 Abs. 1, Art. 1 Abs. 1 GG ist, berufen. Eine nicht gelungene Ausstellung, die das Werk eines Künstlers beeinträchtigt, kann für den Künstler eine enorme Rufschädigung und damit auch wirtschaftliche Einbußen nach sich ziehen. Zu berücksichtigen ist bei Kunstausstellungen insbesondere, dass der Besucher bei diesen regelmäßig davon ausgehen wird, dass vertretene Thesen zumindest zu einem gewissen Grad wissenschaftlich fundiert und „richtig“ sind. Schließlich stellt die Vermittlung von Wissen eine der wesentlichen Aufgaben von

861 Anders *von Detten*, S. 143, der davon ausgeht, dass zumindest bei Anweisungen, die auf die gewollte Ausrichtung der Werke durch einen Richtungspfeil, die Signatur oder den Namen des Werkes hinweisen, eine absolute Wirkung zu bejahen ist, so dass diese Vorgaben zwingend Beachtung finden müssen.

862 So aber wohl *Bullinger*, S. 122.

Museen dar.[863] Dies gilt nicht nur für die kunsthistorischen Hintergründe, sondern auch für ästhetische Aspekte, die dem Besucher bei einer beeinträchtigenden Ausstellung unter Umständen verborgen bleiben. Der Kurator muss sich also bei seiner Arbeit dessen bewusst sein, dass insbesondere Besucher ohne Vorkenntnisse bei der Interpretation von Werken in besonderem Maße auf wissenschaftlich fundierte Informationen angewiesen sind und geneigt sind, unvoreingenommen die durch den Kurator vorgegebene Interpretation und ästhetische Betrachtungsweise zu übernehmen. Die Vermischung und Verschmelzung verschiedener Textgattungen wie Pressetext, Information, Kommentar und Kritik kann also unter Umständen dazu führen, dass die Interessen des Urhebers schwerer zu gewichten sind. Schließlich ist es dem Ausstellungsmacher ohne weiteres möglich, sachliche Informationen von Kommentaren und Kritik deutlich unterscheidbar darzustellen. Hinzu kommt, dass Ausstellungen – insbesondere im Bereich der zeitgenössischen Kunst – heutzutage großen Zulauf der Öffentlichkeit erfahren, so dass hier das Kriterium des Öffentlichkeitsbezuges eine besondere Bedeutung erlangt.

bb) Interessen des Ausstellungsgestalters aus Art. 5 Abs. 1, 3, Art. 14 GG

Der Kurator einer Ausstellung hat ein legitimes Interesse daran, über die Einsatzweise und Darbietungsform des Kunstwerkes frei zu entscheiden.[864] Ihm ist bei der Planung einer Ausstellung daran gelegen, sein Konzept seinen Vorstellungen entsprechend zu verwirklichen.

Der Kurator kann sich bei seiner Tätigkeit regelmäßig auf den Schutz der Meinungsfreiheit nach Art. 5 Abs. 1 GG und der Kunstfreiheit aus Art. 5 Abs. 3 GG berufen. Daneben kann er sich aber auch auf den Schutz der Eigentumsfreiheit aus Art. 14 GG berufen. Die Interessenabwägung ist somit „im Lichte" dieser Grundrechte durchzuführen.[865]

(1) Meinungsfreiheit, Art. 5 Abs. 1 S. 1 GG

Der Begriff der Meinung in Art. 5 Abs. 1 Satz 1 GG ist weit zu verstehen. Meinungen sind durch das Element der Stellungnahme, des Dafürhaltens und der Beurteilung geprägt.[866] Der Schwerpunkt der Arbeit des Kurators liegt auf der Anordnung,

863 Deutscher Museumsbund e.V. gemeinsam mit ICOM-Deutschland, Standards für Museen, Kassel/Berlin 2006, S. 20 f.

864 *Wiesner*, S. 176; *Hegemann*, in: FS Hertin, 87 (108); *van Waasen* , S. 81.

865 Zur Ausstrahlungswirkung der Grundrechte auf das bürgerliche Recht BVerfG NJW 1958, 257 (257) – *Lüth*.

866 BVerfG NJW 1983, 1415 (1416) – *NPD von Europa*.

Kommentierung und Erläuterung der ausgestellten Werke. Hierdurch will der Kurator der Ausstellung eine eigene Aussage und Bedeutung vermitteln. Der moderne Ausstellungsbetrieb erschöpft sich nicht mehr in der bloßen Vermittlung ästhetischer Eindrücke, sondern will neben der ästhetischen Bewertung auch eine Diskussion über politische und gesellschaftliche Hintergründe künstlerischen Schaffens anregen.[867] Regelmäßig sind derartige Kommentare, Überschriften, Zuordnungen und Bewertungen nicht dem objektiven Wahrheitsbeweis zugänglich, sondern stellen Wertungen dar, die dem Bereich der Meinungsäußerung i. S. d. Art. 5 Abs. 1 S. 1 GG zuzuordnen sind. Für die Zuordnung von Äußerungen zum Schutzbereich der Meinungsäußerung ist es grundsätzlich unerheblich, ob diese wertvoll oder wertlos, töricht oder rational begründet sind.[868] Auch ein abwertender Ausstellungstitel wie im Beispielsfall der Ausstellung „Entartete Kunst" ist insofern vom Schutzbereich der Meinungsfreiheit umfasst.[869] Ebenso fallen in den Schutzbereich des Art. 5 Abs. 1 S. 1 GG solche Tatsachen, die meinungsbezogen sind und damit zur Meinungsbildung beitragen.[870] Da eine erwiesen oder sogar bewusst unwahre Tatsachenbehauptung hingegen keinen Informationswert hat und zum Meinungsbildungsprozess nichts beitragen kann, fällt sie nach Ansicht des BVerfG aus dem Schutzbereich des Art. 5 Abs. 1 GG heraus.[871] Als reine Tatsachen, die einer objektiven Überprüfung zugänglich sind und damit nicht dem Schutz des Art. 5 Abs. 1 GG unterfallen, sind im Ausstellungsbetrieb beispielsweise Bildunterschriften und weitere Informationen zum Urheber oder dem Werk, wie dessen Material und Entstehungsweise, zu betrachten.[872]

Aber auch die Meinungsfreiheit hat Schranken. Diese liegen gem. Art. 5 Abs. 2 GG in den Vorschriften der allgemeinen Gesetze, den gesetzlichen Bestimmungen zum Schutze der Jugend und in dem Recht der persönlichen Ehre. Das BVerfG versteht unter allgemeinen Gesetzen alle Gesetze, die sich nicht gegen die Meinungsfreiheit an sich oder gegen die Äußerung einer bestimmten Meinung richten, sondern vielmehr dem Schutz eines schlechthin, ohne Rücksicht auf eine bestimmte Meinung, zu schützenden Rechtsguts dienen.[873] Bei der hier thematisierten Vorschrift des § 14 UrhG handelt es sich um ein solches allgemeines Gesetz.[874] Erforderlich ist demnach eine Güterabwägung zwischen der Meinungsfreiheit und dem geschützten Rechtsgut des Urheberpersönlichkeitsrechts.

867 *Hegemann,* in: FS Hertin, S. 87 (109).
868 BVerfG NJW 1983, 1415 (1415) – *NPD von Europa.*
869 So auch Hegemann, in: FS Hertin, S. 87 (108).
870 BVerfG NJW 1983, 1415 (1416) – *NPD von Europa.*
871 *Grimm*, NJW 1995, 1697 (1699).
872 So auch *Thies*, S. 239.
873 BVerfG NJW 1958, 257 (258) – *Lüth.*
874 *Thies*, S. 242.

Hier ist die besondere Bedeutung der kuratorischen Arbeit für das kulturelle Leben zu berücksichtigen.[875] Die freie geistige Auseinandersetzung setzt gerade im kulturellen Leben Offenheit und Freimut der Gedanken, zureichende Information, Kommunikation und kritische Wertung voraus. Gebote von Sachlichkeit dürfen dem Kurator keine überhöhten Fesseln anlegen.[876] Schließlich unterwirft sich der Künstler dadurch, dass er sich künstlerisch in die kritische Öffentlichkeit begibt, selbst den Bedingungen des Meinungskampfes und entledigt sich dadurch eines Teils seiner Privatsphäre.[877] Der Achtungsanspruch des Künstlers aufgrund seiner gesellschaftlichen Stellung und seiner Leistung darf daher durchaus in Frage gestellt werden.[878] Insofern finden auch pointiert kritische Äußerungen künstlerischen Werken gegenüber lediglich dort ihre Grenzen, wo erwiesenermaßen oder gar bewusst falsche Tatsachenbehauptungen aufgestellt werden oder bei reinen Schmähungen, die keinerlei Bezug zu dem verfolgten Anliegen haben.[879] Auch wenn das Urteil dem Urheber persönlich daher unpassend, pauschalisierend oder überspitzt vorkommt, muss dies dem Kurator erlaubt sein, solange es noch rational nachvollziehbar ist und keine falschen Tatsachen enthält, die den Blick auf das geistige Werk verstellen.[880] Nimmt der Kurator hingegen willkürlich das Werk beeinträchtigende Zuordnungen, Bewertungen und Parallelsetzungen vor, die nicht mehr nachvollziehbar begründet erscheinen, so ist die Grenze der kuratorischen Meinungsfreiheit erreicht.[881]

Im Ergebnis bedeutet dies beispielsweise, dass ein Künstler, dessen Werk aus vermeintlich ästhetischen Gesichtspunkten willkürlich mit den Werken nationalsozialistischer Künstler gleichgesetzt wird, sich dies nicht gefallen lassen muss, wenn hierdurch der Blick auf den tatsächlichen geistigen Inhalt seines Werkes verstellt und verfälscht wird.[882] Andererseits ist die Ausstellung eines Künstlers, der mehr oder weniger eng mit den kulturellen Institutionen eines totalitären Systems kooperiert hat, unter dem Titel „*Auftrag: Kunst*“ wohl als zulässig zu betrachten.[883]

---

875 *Hegemann*, in: FS Hertin, S. 87 (109).
876 *Rixecker*, in: MüKo zum BGB, Anhang zu § 12 Rn. 155.
877 *Rixecker*, in: MüKo zum BGB, Anhang zu § 12 Rn. 155; *Locher*, Das Recht in der bildenden Kunst, S. 238.
878 *Locher*, Das Recht in der bildenden Kunst, S. 239.
879 *Rixecker*, in: MüKo zum BGB, Anhang zu § 12 Rn. 155.
880 *Hegemann*, in: FS Hertin, S. 87 (110).
881 *Hegemann*, in: FS Hertin, S. 87 (110).
882 *Hegemann*, in: FS Hertin, S. 87 (110).
883 So auch *Hegemann*, in: FS Hertin, S. 87 (110).

(2) Kunstfreiheit, Art. 5 Abs. 3 GG

Darüber hinaus kann sich der Kurator auch auf die Kunstfreiheit gem. Art. 5 Abs. 3 GG berufen. Hierbei kommt es nicht darauf an, ob die Ausstellung urheberrechtlichen Schutz gem. § 2 UrhG erlangt, was bei einer besonderen Gestaltung der Ausstellungsräume, der Anordnung der Exponate oder der Kombination verschiedener Präsentationsmittel aber durchaus der Fall sein kann.[884] Art. 5 Abs. 3 GG garantiert nicht nur die Freiheit der künstlerischen Betätigung selbst als „Werkbereich", sondern auch die Freiheit der künstlerischen Wirkung im Sinne der Darbietung und Verbreitung von Kunstwerken als „Wirkbereich".[885] Vom Schutz erfasst ist also auch die Tätigkeit, durch die der Öffentlichkeit Zugang zu dem Kunstwerk verschafft wird. Betroffen ist hinsichtlich der Tätigkeit des Kurators daher in erster Linie der „Wirkbereich". Ist die Ausstellung selbst eigenschöpferischer Natur, so kann mitunter gar der „Werkbereich" betroffen sein.

Der Kunstfreiheit ist im Grundgesetztext zwar kein Gesetzesvorbehalt beigefügt. Der Vorbehaltlosigkeit des Grundrechts soll aber die Bedeutung zukommen, dass die Grenzen der Kunstfreiheitsgarantie nur von der Verfassung selbst zu bestimmen sind.[886] Die Schranken der Kunstfreiheit finden sich daher nur in kollidierendem Verfassungsrecht. Hier kommt insbesondere die Kollision mit dem verfassungsrechtlich verankerten Persönlichkeitsrecht des Urhebers aus Art. 2 Abs. 1, Art. 1 Abs. 1 GG in Betracht. Eine Äußerung, die in künstlerischer Form – hier in Form einer Ausstellung – präsentiert wird, ist daher jedenfalls dann unzulässig, wenn sie in den Kernbereich der Würde des Betroffenen eingreift.[887] Insofern findet auch hier eine ähnliche Abwägung wie im Rahmen der Meinungsfreiheit statt. Auch hier sind die zur Meinungsfreiheit getroffenen Aussagen anwendbar. Damit ist also nicht schon aus Prinzip davon auszugehen, dass etwa eine besonders gedrängte Hängung unzulässig sei. Allerdings muss der Ausstellungsgestalter darlegen, dass mit dieser Art und Weise der Präsentation ein besonderes Konzept verfolgt wird. Auch darf die Art und Weise einer Präsentation von Werken durchaus zuweilen provozieren und von dem alltäglichen und üblichen abweichen, jedoch muss auch hier ein Prinzip, ein sachlicher Grund dafür erkennbar werden, weshalb die Präsentation so und nicht anders erfolgen soll. Im Beispielsfall des Weimarer

884 LG München I ZUM-RD 2003, 492; *Waitz*, S. 131, 152.

885 BVerfG GRUR 1971, 461 (463) – *Mephisto*; BVerfG NJW 1985, 261 (262) – *Anachronistischer Zug*.

886 BVerfG NJW 1971, 1645 (1646) – *Mephisto*.

887 BVerfG NJW 1987, 2661 (2662) – *FJS Karikatur*.

Bilderstreits fehlte es an einem solchen nachvollziehbaren Konzept. So hieß es vielmehr in einem Begleittext zur Ausstellung:

> „*Das Ziel dieser Ausstellung besteht (...) nur in der Zusammenstellung eines großen Überblicks, der die Interpretation weitgehend dem Betrachter überlässt.*“[888]

Insofern ist davon auszugehen, dass es dem Kurator hier durchaus zuzumuten war, die Werke auf eine andere Art und Weise, welche die Wirkung der einzelnen Werke nicht beeinträchtigt, anzuordnen.

Im Ergebnis ist jedenfalls eine Ausstellung, in der ein Werk und dessen Urheber – wenn auch auf künstlerische Weise – herabgewürdigt und verunglimpft werden, indem in unsachlicher und nicht mehr nachvollziehbarer Weise Wertungen vorgenommen werden, weder durch die Meinungs- noch durch die Kunstfreiheit gerechtfertigt.

(3) Eigentumsfreiheit, Art. 14 Abs. 1 S. 1 GG

Neben den Interessen des Kurators an der freien Meinungsäußerung und der Kunstfreiheit können noch weitere Interessen hinzutreten. Da der Besitz als vermögenswerte Rechtsposition vom Schutz der Eigentumsfreiheit gem. Art. 14 GG erfasst wird,[889] kann sich auch der Kurator oder der Museumsdirektor, der nicht Eigentümer i. S. d. § 903 BGB ist, auf den Schutz des Art. 14 GG berufen. So kann beispielsweise aus Kapazitätsgründen ein Interesse des Kurators bestehen, ein Werk auf eine bestimmte Art und Weise in einem bestimmten Raum zu installieren. Unter Umständen muss er aus diesem Grunde ein großflächiges Werk in einem relativ kleinen Raum ausstellen, auch wenn es hier nicht optimal zur Wirkung kommt.

Ebenfalls hat der Kurator ein berechtigtes Interesse daran, konservatorische Maßnahmen zum Schutz einzelner Werke zu treffen. Schließlich haben viele Kunstwerke einen hohen materiellen Wert für den das jeweilige Museum im Falle einer Beschädigung unter Umständen dem Eigentümer gegenüber haftet. So ist von einem Überwiegen der Interessen des Kurators auszugehen, wenn er bestimmte Werke in einer Glasvitrine ausstellt oder Barrieren schafft, die das Berühren durch Ausstellungsbesucher verhindern, auch wenn diese unter Umständen den Blick auf das Kunstwerk beeinträchtigen. Allerdings muss in diesem Falle erkennbar sein, dass diese Maßnahmen allein zum Schutze des

888 Flugblatt der PDS, Weimar 23. Juni 1999, abgedruckt in: Der Weimarer Bilderstreit, S. 145.

889 BverfG NJW 1993, 2035.

Werkes dienen und nicht Teil des Werkes sind.[890] Eine besondere Wertung verdienen außerdem solche Werke, bei denen bereits marginale Farbänderungen die Wirkung des gesamten Werks zerstören können. Dies ist insbesondere im Bereich der Farbfeldmalerei (auch Colourfield Painting oder Post-painterly-abstraction) der Fall. Hierbei handelt es sich um eine Ausdrucksform zeitgenössischen Kunstschaffens, die sich in den 1950er Jahren in den USA entwickelte und sich durch großflächige, homogen gefüllte Farbfelder auszeichnet. Die Wirkung des Bildes wird hier allein durch die Farbe und nicht etwa durch ein Motiv erzielt. Ein unverfälschtes Farbempfinden wird bei diesen Werken beispielsweise durch das Hinzufügen einer Glasscheibe, selbst wenn dies zum Schutz des Werkes geschieht, in erheblichem Maße gestört. So dürfen beispielsweise Werke wie die des Künstlers *Mark Rothko*, der als Vorreiter der Farbfeldmalerei gilt, trotz der Gefahr der Beschädigung regelmäßig nicht hinter Glas ausgestellt werden. Dem Ausstellenden ist es zumutbar, andere Sicherheitsvorkehrungen zu treffen wie z. B. Personal zur Bewachung, technische Vorkehrungen oder Absperrungen. Auch bei anderen Werken ist zumindest die Verwendung von entspiegeltem Glas zumutbar.

4. Beweislast

Problematisch ist im Hinblick auf die Art und Weise der Ausstellung wiederum, dass den Urheber die Beweislast dafür trifft, dass eine Beeinträchtigung seines Werkes vorliegt. Er muss also genau darlegen, weshalb das Konzept oder das Thema einer Ausstellung, die Bewertung und Klassifizierung des Werkes oder die konkrete Form der Präsentation die ästhetische oder geistige Aussage seines einzelnen Werkes beeinträchtigen. Ein rein subjektives Empfinden des Künstlers genügt hierfür noch nicht.[891] Insbesondere in solchen Fällen, in denen sich der Künstler allein auf die Verfälschung der geistigen Aussage des Werkes und nicht auf die Veränderung der Ästhetik des Werkes beruft, wird es ihm Schwierigkeiten bereiten, darzulegen und zu beweisen, dass eine These oder Bewertung der geistigen Aussage seines Werkes widerspricht.

5. Zusammenfassung

Sicherlich folgt aus § 14 UrhG kein Recht auf eine optimale Ausstellung. Dies widerspräche schon dem Grundsatz, dass im Rahmen des § 14 UrhG immer eine Interessenabwägung stattfinden muss. Museen und Kunsthallen müssen insofern

890 Hierzu auch BGH GRUR 2002, 532 – *Unikatrahmen*.
891 *Dustmann*, in: Fromm/Nordemann, § 14 Rn. 10.

nicht befürchten, dass jede Ausstellung nachträglich entwertet oder gar verboten werden könnte. Denn eine übertriebene Empfindlichkeit eines möglicherweise besonders egomanischen, exaltierten Künstlers führt nicht automatisch zu einem Überwiegen seiner Interessen. Dennoch ermöglicht § 14 UrhG dem Künstler in bestimmten Einzelfällen durchaus, Einfluss auf die Art und Weise der Ausstellung seiner Werke nehmen zu können.

Fazit

Die vorliegende Untersuchung zeigt die Komplexität der Probleme im Umgang mit Werken der bildenden Kunst, insbesondere der zeitgenössischen bildenden Kunst auf. Fallen Urheberrecht und Eigentum an Kunstwerken auseinander, so treten diese Probleme insbesondere im Rahmen von urheberpersönlichkeitsrechtlichen Streitigkeiten zwischen dem Eigentümer und dem Urheber oder seinen Erben häufig offen zu Tage. Aufgrund fehlender Rechtsprechung zu vielen Fragen des Entstellungsschutzes besteht eine große Unsicherheit, wie mit derartigen Konflikten rechtlich umzugehen ist. Selbst wenn es hier einmal zu einer gerichtlichen Auseinandersetzung kommt, haben es bildende Künstler, insbesondere im Bereich zeitgenössischer Kunstformen, nicht immer leicht, obsiegende Urteile zu erzielen, ihr Kampf gegen die Beeinträchtigungen ihrer Werke ist oft schwierig, häufig vergebens.[892] Um hier zu angemessenen Ergebnissen zu gelangen, bedarf der urteilende Richter eines großen Maßes an Verständnis und Sensibilität für die Vielschichtigkeit von Kunstwerken. Bevor er eine Entscheidung fällt, muss er sich Klarheit über den zu regelnden Sachverhalt verschaffen, was zuweilen nur mithilfe eines Sachverständigen gelingen wird. Dies gilt insbesondere in Anbetracht einiger Aspekte zeitgenössischer Kunst, die zunehmend an Bedeutung gewonnen haben. Zum einen erfordert ein grundlegendes Verständnis eines Kunstwerkes und insbesondere die Bestimmung seiner Gestaltungshöhe die Erforschung der Intention des Urhebers, die sich gerade bei zeitgenössischen Werken aufgrund des Fehlens klassischer Werte der Ästhetik häufig nicht auf den ersten Blick offenbart. Andererseits können Werte, die traditionell als besonders bedeutend betrachtet wurden, wie zum Beispiel die Originaleigenschaft, bei Eingriffen in einige Werke zeitgenössischer Kunstformen, insbesondere dort, wo mit alltäglichen, seriell gefertigten Gegenständen gearbeitet wird, unter Umständen durchaus als weniger gravierend betrachtet werden. Bei Werken, in denen das Material eine eigene, über seine ästhetischen Qualitäten hinausgehende Bedeutung aufweist, ist wiederum dieser Bedeutungszuwachs im Rahmen der Auslegung des § 14 UrhG zu berücksichtigen. Gleiches gilt für den Aspekt der Umgebung in der zeitgenössischen Kunst. Auch hier bedarf es einer genauen Analyse des Werkes sowie der Intentionen seines Urhebers, um einen Ortsbezug und seine

---

892 So auch *Raue*, in: FS Hertin, S. 197.

Bedeutung für das Werk und seine Gestaltungshöhe und damit auch die Intensität eines Eingriffs feststellen zu können.

A. Zusammenfassung der Kernthesen

Zunächst kann festgehalten werden, dass § 14 UrhG die bedeutendste Schutznorm des Künstlers gegen jede Art der Veränderung seines Werkes ist.[893] Dies gilt zum einen deshalb, weil die Norm anders als § 39 UrhG nicht nur Eingriffe in die Substanz eines Werkes, sondern auch Umfeldeinwirkungen erfasst. Zudem regelt § 14 UrhG nicht lediglich das Verhältnis zwischen Urheber und Nutzungsrechtsinhaber, sondern das Verhältnis zwischen Urheber und jedem anderen Dritten, der auf irgendeine Art und Weise auf das Werk einwirkt, sei es der Eigentümer, ein Besitzer, ein Nutzungsrechtsinhaber oder ein beliebiger Dritter. Darüber hinaus erfasst § 14 UrhG nicht wie § 23 UrhG lediglich Eingriffe, durch die objektiv neue Verwertungsmöglichkeiten geschaffen werden, sondern auch solche Eingriffe, die schlicht die Integrität des Originalwerkstücks verletzen, ohne dabei weitere Verwertungsmöglichkeiten mit sich zu bringen. Gerade diese Eingriffe werden im Rahmen dieser Arbeit behandelt, so dass nur § 14 UrhG hier Schutz bieten kann.

Voraussetzung für ein Verbietungsrecht aus § 14 UrhG ist nach hier vertretener Ansicht das Vorliegen eines Öffentlichkeitsbezuges.[894] Nur dann, wenn das beeinträchtigte Werk der Öffentlichkeit zugänglich gemacht wird, kann auch von einer Verletzung der berechtigten Interessen des Urhebers gesprochen werden. Da § 14 UrhG aber lediglich von einer Gefährdung der berechtigten Interessen des Urhebers spricht, wird es regelmäßig genügen, wenn konkrete Tatsachen vorliegen, die nach allgemeiner Erfahrung unter Berücksichtigung aller Eigenschaften des Werkes und aller Umstände des Eingriffs die Möglichkeit begründen, dass das beeinträchtigte Werk von der Öffentlichkeit wahrgenommen werden wird.

Aufgrund des Erfordernisses eines Öffentlichkeitsbezuges zur Gefährdung der berechtigten Interessen des Urhebers kann der Urheber auch die Vernichtung seines Kunstwerkes in aller Regel nicht verhindern. Allein, wenn die Vernichtung eines Werkes in der Öffentlichkeit stattfindet oder auf andere Weise ein Öffentlichkeitsbezug hergestellt wird, kann zumindest die „mildeste“ Art und Weise der Vernichtung verlangt werden.[895] Ein absolutes Recht gegen die Vernichtung

893 Siehe hierzu zweites Kapitel, C. IV.
894 Siehe hierzu drittes Kapitel, C. III. 4.
895 Siehe hierzu viertes Kapitel, A. III. 3.

kann § 14 UrhG hingegen auch hier nicht bieten. Der Urheber kann lediglich in wenigen begrenzten Einzelfällen auf allgemeine zivilrechtliche Ansprüche aus §§ 226, 242 oder 826 BGB zurückgreifen, wobei deren Anwendbarkeit jedoch regelmäßig an strenge Voraussetzungen geknüpft ist.

Festzuhalten ist in diesem Zusammenhang aber, dass eine Vernichtung eines Werkes erst dann vorliegt, wenn das Werk unwiederbringlich nicht mehr als das ursprüngliche Kunstwerk wahrnehmbar oder erkennbar ist, wenn also nur noch Materialreste zurückbleiben. Wird das Werk dagegen lediglich in einen Zustand versetzt, in dem es zwar weitgehend beschädigt ist, so dass es nicht mehr repariert werden kann oder eine Restaurierung zu einer Replik des Kunstwerkes führen würde, es jedoch noch auf das ursprüngliche Kunstwerk hindeutet, so liegt noch keine Vernichtung vor. Ein solcher Zustand stellt vielmehr eine Entstellung oder andere Beeinträchtigung des Werkes dar, die unter Umständen gerade einen Anspruch auf vollständige Vernichtung oder Entfernung aus der Öffentlichkeit begründet, da aus Sicht des Künstlers das Werk in diesem verstümmelten Zustand nicht wahrgenommen werden soll. Insofern liegt auch in der Verbringung eines ortsbezogenen Werkes an einen der Öffentlichkeit nicht zugänglichen Ort keine Vernichtung.

Kommt es bei der Ausführung von Entwürfen bildender Kunstwerke zu Beeinträchtigungen des Werkes, so können im Rahmen der Interessenabwägung die Grundsätze zur Architektenhaftung wegen Kostenüberschreitung im Ansatz Anwendung finden.[896] An eine Rechtfertigung von Abweichungen, die ein Auftraggeber eines Werkes bei seiner Ausführung vornimmt, sind allerdings sehr hohe Anforderungen zu stellen. Hier wird es regelmäßig darauf ankommen, wie klar die finanziellen und zeitlichen Vorgaben des Auftraggebers für den Künstler waren und wie willkürlich das Verhalten des Künstlers auf der anderen Seite erscheint.

Erhebliche Konflikte im Umgang mit Originalwerken der bildenden Kunst, insbesondere mit zeitgenössischen Werken, entstehen im Zusammenhang mit der Restaurierung und Konservierung solcher Kunstwerke.[897] So haben Restauratoren bei der Entscheidungsfindung, ob und wie Erhaltungsmaßnahmen getroffen werden sollen, viele Aspekte des Werkes gegeneinander abzuwägen. Die zahlreichen Richtlinien und internationalen Chartas für Restauratoren zeigen, wie vielschichtig die Fragen sind, die im Vorfeld einer Maßnahme geklärt werden müssen.

896 Siehe hierzu viertes Kapitel, A. IV. 2. b) aa) (2).
897 Siehe hierzu viertes Kapitel, A. V.

Im Rahmen der Untersuchung der rechtlichen Probleme, die mit der Restaurierung von Kunstwerken einhergehen, konnte zunächst festgestellt werden, dass den Eigentümer oder Besitzer entgegen der Ansicht vieler Literaturstimmen im Einzelfall eine Pflicht zur Vornahme von Erhaltungsmaßnahmen treffen kann.[898] Eine solche ergibt sich zum einen dann, wenn ein Werk in seiner beeinträchtigten Form aktiv einer größeren Öffentlichkeit zugänglich gemacht wird. Dies gilt auch dann, wenn die Beeinträchtigung nicht von demjenigen herrührt, der den Zugang zu dem Werk vermittelt, sondern auf den Materialverfall oder die Handlung eines Dritten zurückzuführen ist. Denn in der Erweiterung des Kreises der Wahrnehmenden ist eine Vertiefung der Beeinträchtigung zu sehen. Zum anderen kann sich eine Pflicht zur Vornahme von Erhaltungsmaßnahmen auch bei bloßem Nichtstun ergeben, wenn sich das Werk bereits in der Öffentlichkeit befindet und von einem Dritten beeinträchtigt wird oder sich eine Veränderung seines ursprünglichen Erscheinungsbildes aufgrund des Verfalls des Materials ergibt. In diesem Fall trifft denjenigen, der für das Werk die Verantwortung trägt, was meistens der Eigentümer ist, eine Pflicht zur Fürsorge im Hinblick auf die Urheberpersönlichkeitsrechte des Urhebers. Auch hier müssen allerdings die Interessen des Anspruchsgegners berücksichtigt werden, so dass sich eine Pflicht zur Vornahme von Erhaltungsmaßnahmen nur nach einer Prüfung aller Umstände des Einzelfalls ergeben kann.

Die Frage der Wiederherstellbarkeit von Kunstwerken durch einen anderen als den Künstler selbst kann je nach den Eigenarten des betreffenden Kunstwerkes unterschiedlich beantwortet werden. So kommt es bei vielen zeitgenössischen Werken nicht auf die Einmaligkeit des künstlerischen Prozesses oder auf die Eigenhändigkeit der Produktion an. Einige Werke fordern gar den Ersatz einzelner Teile, damit die ursprüngliche Intention des Künstlers gewahrt werden kann. Bedeutend ist hier nicht die Originalsubstanz, sondern das Originalkonzept. Dies muss auch in der urheberrechtlichen Betrachtung Berücksichtigung finden. Werke dieser Art erlauben daher deutlich weitreichendere Eingriffe als Werke der „klassischen" Kunst, aber auch als einige andere Werke der zeitgenössischen Kunst, bei denen es gerade auf die Einmaligkeit und Individualität beispielsweise jedes einzelnen Pinselstrichs ankommt.[899]

Unumstritten führt die Verfälschung des ästhetischen Eindrucks zu einem Verbietungsrecht aus § 14 UrhG. Schwierig kann es aber zuweilen sein, zu bestimmen, ab wann eine Restaurierungsmaßnahme zu einer solchen Verfälschung geführt hat. Auch hier bedarf es einer genauen Untersuchung des Kunstwerkes

898 Siehe hierzu viertes Kapitel, A. V. 6. c) ff).
899 Siehe hierzu viertes Kapitel, A. V. 8. a) bb) (3) (c).

im Einzelfall. Hier kommt es darauf an, welche Aspekte des Werkes für seine Aussage und Erscheinung besonders bedeutend sind und inwieweit diese Aspekte von der Maßnahme betroffen sind.

Auch die Verfälschung allein der geistigen Aussage des Werkes kann zu einem Verbietungsrecht aus § 14 UrhG führen.[900] Eine solche kann auch dann vorliegen, wenn eine Veränderung rein optisch nicht erkennbar ist. So kann der Austausch eines bestimmten Materials oder Gegenstandes, der eine besondere Bedeutung für das Kunstwerk aufweist, eine erhebliche Beeinträchtigung des Werkes darstellen, gegen die sich der Urheber gem. § 14 UrhG wehren kann.

Zu berücksichtigen ist bei der Restaurierung von Kunstwerken auch der bewusst einkalkulierte Verfall oder die gezielte Selbstzerstörung des Werkes. Gehören Verfall und Zerstörung mit zum künstlerischen Konzept, so stellt das Einfrieren dieses Prozesses regelmäßig eine Beeinträchtigung des Werkes dar, die der Urheber gem. § 14 UrhG verbieten kann.[901]

Im Zusammenhang mit der Thematik der Werkverfälschung bei ortsspezifischer Kunst ist festzustellen, dass die Frage, ob ein Ortsbezug vorliegt, im Einzelfall schwierig zu beantworten sein kann. Jedenfalls kann ein solcher Ortsbezug aber nicht durch den Eintritt nachträglicher Änderungen in der Umgebung des Werkes entstehen, wenn diese bei Schaffung des Werkes nicht gezielt und bewusst mit in die künstlerische Konzeption des Werkes aufgenommen worden sind.[902]

Andererseits kann ein Ortsbezug entstehen, wenn mehre autonome Einzelwerke zu einem Gesamtkunstwerk zusammengefügt werden. Allerdings stellt die spätere Entfernung einzelner Werke aus diesem Gesamtwerk keine Beeinträchtigung der einzelnen entfernten autonomen Kunstwerke dar, sondern lediglich eine Beeinträchtigung des Gesamtkunstwerkes an sich. Diese hat der Urheber des Gesamtkunstwerkes jedoch hinzunehmen, da die Interessen der Eigentümer der Einzelwerke daran überwiegen, nicht die Verfügungsgewalt über ihre Werke zu verlieren.[903]

Ebenso wenig begründet die Umsetzung ortsgebundener Werke an einen der Öffentlichkeit nicht zugänglichen Ort ein Verbietungsrecht aus § 14 UrhG, da es hier mangels Öffentlichkeitsbezuges an einer Gefährdung der berechtigten Interessen des Urhebers fehlt.[904] Eine Umsetzung an einen anderen als den ursprüng-

---

900 Siehe hierzu viertes Kapitel, A. V. 8. c).
901 Siehe hierzu viertes Kapitel, A. V. 8. d).
902 Siehe hierzu viertes Kapitel, B. I. 1. a) cc) (4) (c).
903 Siehe hierzu viertes Kapitel, B. I. 1. a) dd) (3) (c).
904 Siehe hierzu viertes Kapitel, B. I. 2. b) ee).

lich vorgesehenen öffentlichen Ort stellt hingegen eine Beeinträchtigung des Werkes dar, welche die berechtigten Interessen des Urhebers verletzt. Diese kann der Urheber je nach Stärke und Erkennbarkeit des Ortsbezuges für den Eigentümer bei Erwerb gem. § 14 UrhG verbieten, wenn nicht im Einzelfall gewichtige Interessen des Eigentümers für eine Umsetzung sprechen.[905]

Der Umfang des Umgebungsschutzes von orts- oder umfeldbezogenen Werken der reinen bildenden Kunst ist im Sinne einer „örtlichen und geistigen Bannmeile“ zu verstehen.[906] Wird diese Bannmeile durch Veränderungen im Umfeld eines Kunstwerkes überschritten, die dem Kunstwerk in seiner geistigen Aussage oder ästhetischen Wirkung widersprechen, so liegt regelmäßig eine Beeinträchtigung des Werkes dar. Die Interessen desjenigen, der die Umfeldeinwirkungen zu verantworten hat, sind jedoch im Rahmen der Interessenabwägung zu berücksichtigen. Hier kommt es vor allem auf die Stärke des Gegensatzes zwischen Umwelteinfluss und Werkaussage und -Wirkung sowie auf die Dauer der Beeinträchtigung an. Je weiter die beeinträchtigenden Umfeldeinflüsse von einem Werk entfernt sind, desto schwieriger wird es jedoch in der Regel für den Urheber sein, die Intensität einer Beeinträchtigung seines Werkes zu begründen.

Auch im Bereich der Präsentation von Kunstwerken im Rahmen von Kunstausstellungen kann es auf verschiedene Art und Weise zu Verfälschungen kommen, die der Urheber unter Umständen gem. § 14 UrhG verbieten kann.[907] Beeinträchtigungen eines Werkes können mitunter durch die Ausstellung unter einem bestimmten Thema oder nach einem bestimmten Konzept, durch die Klassifizierung und Bewertung eines Werkes innerhalb der Ausstellung oder durch die konkrete Form der Präsentation eintreten. Zu berücksichtigen ist dabei aber, dass es für die Eröffnung des Anwendungsbereichs des § 14 UrhG einer Verfälschung der Wirkung des Kunstwerkes bedarf. Eine schlichte Herabwürdigung des Künstlers, ohne dass dabei das Werk selbst beeinträchtigt wird, eröffnet allenfalls den Anwendungsbereich des allgemeinen Persönlichkeitsrechts, nicht aber des Urheberpersönlichkeitsrechts. Insofern werden allein der Titel oder die These einer Ausstellung nur in begrenzten Einzelfällen ausreichen, um auch von einer Beeinträchtigung der einzelnen präsentierten Werke ausgehen zu können. Dies kann beispielsweise dann der Fall sein, wenn im Rahmen einer Ausstellung keinerlei weitergehende Erläuterung zu der aufgestellten These in Bezug auf die einzelnen Werke mehr vorgenommen wird und der Betrachter das Werk daher allein anhand dieser These interpretieren muss. Muss dies beim Betrachter

905 Siehe hierzu viertes Kapitel, B. I. 2. c).
906 Siehe hierzu viertes Kapitel, B. I. 3. e).
907 Siehe hierzu viertes Kapitel, B. II. 2.

unweigerlich zu einer Missinterpretation und einem Missverständnis des Werkes führen, so kann von einer Beeinträchtigung des geistigen Werkes gesprochen werden. Eher als durch These und Titel der Ausstellung kann es durch Begleittexte, Beschreibungen und Bewertungen einzelner Werke im Rahmen der Ausstellung zu Beeinträchtigungen kommen, wenn hierdurch die inhaltliche Aussage des konkreten Werkes verändert oder verfälscht wird. Am ehesten wird jedoch die konkrete Form der Präsentation eines Werkes im Rahmen einer Ausstellung als Beeinträchtigung eingestuft werden können. Beeinträchtigend wirken können hier beispielsweise die Beleuchtung, die Hintergrundfarben, die Hängungsweise oder aber das Hinzufügen von Teilen, die als dem Originalwerk zugehörig erscheinen. Auf Seiten des Ausstellungsmachers sind jedoch regelmäßig gewichtige Interessen wie die Meinungsfreiheit, die Kunstfreiheit sowie die Eigentumsfreiheit zu berücksichtigen.

B. Konsequenzen de lege ferenda?

Alles in allem erweist sich der bestehende Entstellungsschutz als durchaus geeignet und hinreichend flexibel, um des Umgangs mit der reinen bildenden Kunst und insbesondere der zeitgenössischen bildenden Kunst Herr zu werden. Anstatt der Erneuerung von Gesetzen bedarf es einer Auslegung der bestehenden Gesetze, die neue Entwicklungen, Aspekte und Eigenarten in der Kunst hinreichend berücksichtigt und ihnen Verständnis entgegen bringt.

Viele Einzelfragen auf diesem Gebiet sind jedoch noch nicht durch die Rechtsprechung – schon gar nicht höchstrichterlich – geklärt, so dass abschließend der Wunsch bleibt, dass einige der im Rahmen dieser Arbeit erläuterten Vorschläge für den rechtlichen Umgang mit der zeitgenössischen Kunst Gehör finden und eine entsprechende Diskussion beflügeln.

Schriftenreihe zum Urheber- und Kunstrecht

Herausgegeben von Thomas Hoeren

Band 1 Stefan Baufeld: Kulturgutbeschlagnahmen in bewaffneten Konflikten, ihre Rückabwicklung und der deutsch-russische Streit um die so genannte Beutekunst. 2005.

Band 2 Alexandra Kruczek: Die Bewertung der Kabelweitersenderechte der Sendeunternehmen in Deutschland und den USA. 2005.

Band 3 Larissa Marrder: Verwertung von Filmrechten in der Insolvenz. 2006.

Band 4 Felix Heinz Siegfried: Internationaler Kulturgüterschutz in der Schweiz. Das Bundesgesetz über den internationalen Kulturgütertransfer (Kulturgütertransfergesetz, KGTG). 2006.

Band 5 Karsten Lisch: Das Abstraktionsprinzip im deutschen Urheberrecht. 2007.

Band 6 Thomas Meschede: Der Schutz digitaler Musik- und Filmwerke vor privater Vervielfältigung nach den zwei Gesetzen zur Regelung des Urheberrechts in der Informationsgesellschaft. 2007.

Band 7 Thomas Hoeren/Bernd Holznagel/Thomas Ernstschneider (Hrsg.): Handbuch Kunst und Recht. 2008.

Band 8 Michael Nielen: Interessenausgleich in der Informationsgesellschaft. Die Anpassung der urheberrechtlichen Schrankenregelungen im digitalen Bereich. 2009.

Band 9 Urban von Detten: Kunstausstellung und das Urheberpersönlichkeitsrecht des bildenden Künstlers. 2010.

Band 10 Timo Prengel: Bildzitate von Kunstwerken als Schranke des Urheberrechts und des Eigentums mit Bezügen zum Internationalen Privatrecht. 2011.

Band 11 Christine Altemark: Wahrnehmung von Online-Musikrechten im Europäischen Wirtschaftsraum. Unter besonderer Berücksichtigung des Systems der Rechtewahrnehmung seit der Empfehlung der Kommission vom 18. Oktober 2005. 2011.

Band 12 Donata von Gruben: Das urheberrechtliche Entstellungsverbot im Umgang mit Originalwerken der bildenden Kunst. Unter besonderer Berücksichtigung der Eigenarten zeitgenössischer Kunst. 2013.

www.peterlang.de

www.ingramcontent.com/pod-product-compliance
Ingram Content Group UK Ltd.
Pitfield, Milton Keynes, MK11 3LW, UK
UKHW021840290926
8980IPUK00005B/562